本专著为全国教育科学"十三五"规划 2019 年度教育部重点课题"从'思维广场'到学校整体因材施教的行动研究"研究成果之一

课题批准号：DHA190457

课题组长：董君武

从有效性学习

走向

有价值学习

◎ 董君武 等 编著

华东师范大学出版社
·上海·

图书在版编目（CIP）数据

从有效性学习走向有价值学习／董君武等编著. ——
上海：华东师范大学出版社，2022
ISBN 978 - 7 - 5760 - 3107 - 2

Ⅰ.①从…　Ⅱ.①董…　Ⅲ.①中学生—学习方法
Ⅳ.①G632.46

中国版本图书馆 CIP 数据核字（2022）第 146033 号

CONG YOUXIAOXING XUEXI ZOUXIANG YOUJIAZHI XUEXI

从有效性学习走向有价值学习

编　　著　董君武 等
责任编辑　徐红瑾
审　　读　桂肖珍　汤 琪　郭 红　王 云
责任校对　王丽平　时东明
装帧设计　黄惠敏

出版发行　华东师范大学出版社
社　　址　上海市中山北路 3663 号　邮编 200062
网　　址　www.ecnupress.com.cn
电　　话　021 - 60821666　行政传真 021 - 62572105
客服电话　021 - 62865537　门市（邮购）电话 021 - 62869887
地　　址　上海市中山北路 3663 号华东师范大学校内先锋路口
网　　店　http://hdsdcbs.tmall.com

印 刷 者　上海盛隆印务有限公司
开　　本　787 毫米×1092 毫米　1/16
印　　张　17.75
字　　数　355 千字
版　　次　2022 年 12 月第 1 版
印　　次　2022 年 12 月第 1 次
书　　号　ISBN 978 - 7 - 5760 - 3107 - 2
定　　价　58.00 元

出 版 人　王 焰

目录

序

　　《从有效性学习走向有价值学习》是本极具时代性的著作,尤其在"双减"的背景下,对"有价值学习"的深入研究更有着很强的现实意义。学习当然需要效率,要重视研究与实现高效的学习。但是,只重视有效的学习,是远远不够的。有价值的学习事实上提出了一个问题:学习究竟为了什么? 学习为了强国、为了创造美好生活,为了个人兴趣爱好、个性特长得到充分的发展,这都是学习得以发生与发展的正当理由。

　　知识是无价的,这是一无可辩驳的事实。物质守恒、能量守恒是宇宙的普遍规律,凡是学过物理学的都知道这一世界的基本规律。但是,知识却不同于其他事物,它在量上并不守恒。教师并不会因为把知识传授给了学生自己因此而失去了知识。英国现代杰出的现实主义戏剧作家,擅长幽默与讽刺的语言大师萧伯纳(George Bernard Shaw,1856.7—1950.11)说过,"你有一个苹果,我有一个苹果,彼此交换一下,我们仍然是各有一个苹果;但你有一种思想,我有一种思想,彼此交换,我们就都有了两种思想,甚至更多。"这句话深刻地揭示了知识(包括思想观念等方面)的重要特点:无限延展性。正是知识的这一特点使得学习与教学得以产生。

　　然而,由此产生了现实生活的另一问题:因为,知识是无价的,于是,人们就想获得更多的知识。"只要学不死,就往死里学",由此就多了一个理由。人们发现,很可悲的是,把过重的学业负担加给学生的竟然是那些最关心、最痛爱学生的父母和教师。因为他们相信,这是对孩子前途负责的唯一选择。从古人所说的"书中自有黄金屋,书中自有颜如玉"到后来人们强调的"知识就是力量",这一切都告诉他们,只有多学点知识,他们的孩子才会有美好的前途。正是基于这样一种善良的愿望,他们几乎用尽了一切手段,把越来越重的课业负担加给他们的孩子。

　　但是,人们往往忽视了一个简单的道理:知识无价,学习却是要付出代价的。在我国基础教育阶段,学习最大的代价就是生命的消耗。知识无限,人生有涯。在有限的生命里,人们不可能掌握所有的知识。因而,"什么知识最有价值""怎样的学习才有意义"是任何教育工作者与家长不能不回答的重要问题。显然,该问题从知识本身来说是无法找到答案的。知识本身并不能证明自身的相对价值。知识的价值只能从它对人和社会的发展中寻求。

　　教育就其本质属性来说:把自然人培养成社会人的过程。这一过程决定,教育工作者必须引导学生接受社会主流的价值观,必须引导学生掌握与发展人类在历史发展过程中积累的文明财富。人类的知识与才能不是天赋的,直立行走和言语也并非天生的本能。1920 年,在印度米德纳波尔的小城被发现的狼孩证明:人从自然人走向社会人只能在人的社会中完成。教育是把人从自然人培养成社会人最重要与最有效的途径。这一社会化的过程无疑是带有强烈的目的性的。教育说到底就是一合目的性与合规律性的社会活动。

教育离开了"合目的性"学校将失去自己前行的方向，离开了"合规律性"学校就只能剩下匹夫之勇，没有可能真正实现自己的育人任务。

有效性学习更多的是研究教育教学的合规律性，研究学科的逻辑与学生认知的特点，从而使得学生在一定的时间里获得最多知识，或者在最少的时间内掌握一定的知识。

有价值学习更多的是探讨教育教学的合目的性。所以，学校要研究国家为什么要办教育，学生有什么自身的追求。只有对这些问题有了清晰的认识，才能使得教育教学实现最大的价值。

事实上，对于个体来说，人的智力是多元的，个性爱好各不一样，因而，对于个体来说，探讨有价值的学习更有特殊意义。对于每个学生来说，当学习与学生的兴趣爱好相吻合时，学习可能是种享受，毕竟"兴趣是最好的老师"。爱好所学的课程就会使学习"事半功倍"。当学习与学生的兴趣爱好相违背时，学习可能是种沉重的负担。选择最适合自己发展的领域发展，就成了"成就最好的自己"的一个重要课题，成了实现自己梦想的最好途径。

学校提供并给予学生更多选择的机会，为学生实现自己的梦想奠基，为满足国家发展提供保障，这种教育就是有价值的学习。当然，这也是有效的学习的基础，上海市市西中学在多年研究高中生个性化学习方面已经取得了很大的成绩，在此基础上，董君武校长又领衔主持"从有效性学习走向有价值学习"研究工作，在基础理论与学科教学两方面对有价值的学习开展了深入研究，这就使得该研究有了特别的意义与价值。

当然，基础教育是为中小学生成长奠基的教育。基础性是它最重要的特性，"德智体美劳"五育并举、全面发展是党的教育方针。但是，这并不妨碍他们个性的发展与兴趣爱好的形成。"因材施教"是先哲们对教育有价值教学的深刻总结与概括，很值得今天我们教育工作者细细品读，慢慢咀嚼，深刻领会，认真实践。在有价值学习的意义上来说，教学不仅要适合学生认知的特点，更要了解学生的梦想，成为每个学生成为最好的自己的助推器。

让学生个性得到自由而全面的发展是学校追求的重要目标之一。"走向"是一过程，无论在理论研究还是教学实践方面都是如此，期待在这一过程中，上海市市西中学取得更大成就。

2022 年 2 月

第一章　导论

　　有效性学习一直是学校教育关注的重要问题,在研究与实践方面已经取得了显著成效。然而,随着社会的进步和教育的发展,以及人类对于个体需要的认知和个人价值追求的觉醒,有效性学习面临着社会和教育的新挑战。学校教育不仅要重视学生的有效性学习,更要寻求一种能激发学生学习动机,强化学生主体责任,满足学生未来发展需要的学习。在这样的背景下,我们提出从"有效性学习"走向"有价值学习",不仅关注学生学习的有效性,更重视学生学习是否具有价值,这是基于对基础教育改革与发展方向综合判断而提出的一个教育命题,应该引起教育界的足够重视,并展开积极的研究与实践。也许在不远的将来,这将会成为教育研究与实践的热点之一。

第一节　有效性学习的文献综述

　　对于现有研究文献的研究,贯穿了本研究的全过程。我们以"有效性"为核心词素,对不同的关键词在电子图书馆系统对论文进行了检索,先后检索的关键词包括:有效性、有效性学习、有效性教学等。下面对与本课题密切相关的一些关键词的检索结果及部分论文(著)作一概述。

一、有效性学习相关概念的文献检索

　　以"有效性学习"这一核心词素和相关概念为关键词进行检索,了解研究现状和动态,对理论成果进行综合分析,努力使本研究在他人研究成果的基础上深化与发展。

(一)关于"有效性教学"的检索

　　在中国知网总库中检索"有效性教学"这一关键词,返回结果数为4 818条,被引前200篇文献的总被引频次为4 088次,截至2020年12月论著发文量的趋势见图1.1.1。发表的形式主要是期刊4 507条(占93.55%)和学位论文136条(占2.82%),会议论文143条(占2.97%),报纸28条(占0.58%),学术辑刊4条(占0.08%)。其

中属于中等教育、初等教育、外国语言文学、职业教育、教育理论与教育管理、高等教育、体育、学前教育、成人教育与特殊教育、中国语言文字等学科分类的共 4 736 条,占 98.2%。其他的文章涉及电力、机械、化学等,与本研究不直接相关。

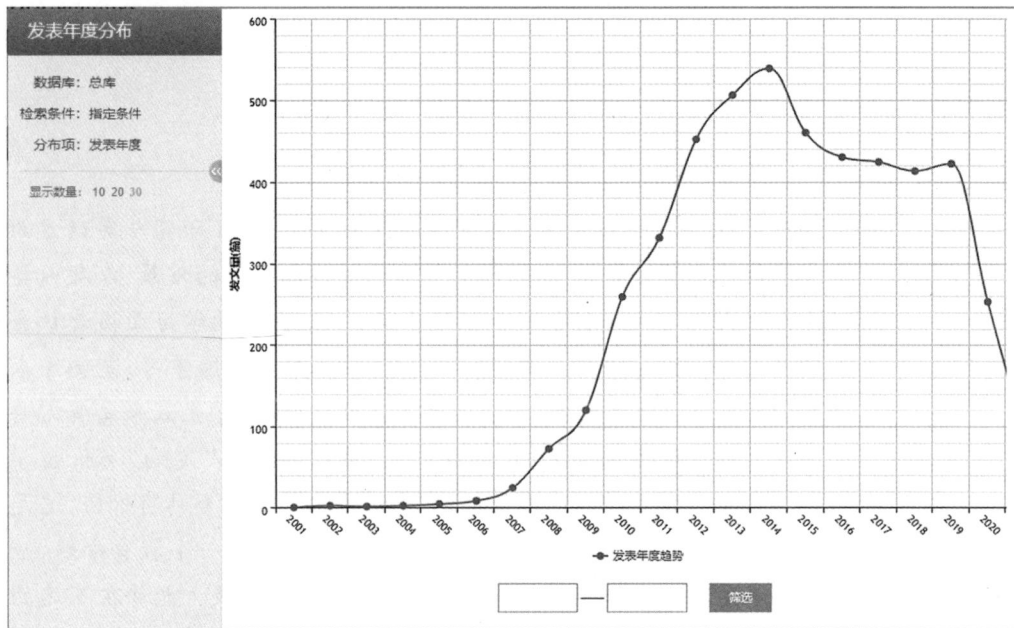

图 1.1.1

以"有效性教学""有效教学"为关键词在知网中进行搜索,查找到的相关文献从研究内容角度可以分为四类:① 对"有效性教学"特征的研究;② 影响有效性教学的因素;③ 有效性教学的评价;④ 各学科提高有效性教学的策略与方法。

有学者认为,在论述有效性教学特征的文章中指出,有效性教学的特征包括正确的目标、充分的准备、科学的组织、清楚明了、充满热情、促进学生学习、以融洽的师生关系为基础、高效利用时间、激励学生。陈厚德认为,影响教学有效性的因素有背景性要素和过程性要素两部分。[①] 吕西萍在《谈影响课堂教学有效性的因素》中指出:影响有效性教学的因素有:教学知识、调控、方法、信息传递、交往等。[②]

文献检索发现,孙亚玲在《课堂教学有效性标准研究》中制订了有效性教学的标准的框架。它有 5 个一级指标、27 个二级指标。[③] 还有一些研究者梳理了评价有效性教学的标准有五条:营造良好的学习氛围、用教学目标引领学生发展、学生主动参

---

① 陈厚德.基础教育新概念:有效教学[M].北京:教育科学出版社,2001:69-70.
② 吕西萍.谈影响课堂教学有效性的因素[J].咸宁师专学报,2002(05):106-107.
③ 孙亚玲.课堂教学有效性标准研究[M].北京:教育科学出版社,2008:51-59.

与、重视学习策略、突出创新素质的培养。可以看到,其核心是学生为主体,教学的目的是为了激发学生的可持续发展。①

研究者结合自己的不同学科特征,认为课堂教学的有效性会直接决定学生的学习效果。影响课堂教学有效性的问题在于设定教学目标时对学生能力素质的培养不够重视,教学过程不能很好地体现学生的主体地位,课堂也缺乏必要的互动。有效性教学的策略与方法是注重体现学生的主体作用,培养学生的自主学习能力。依据最近发展区理论,在充分了解学生的基础上,运用课堂充分发挥学生主观能动性,超越其最近发展区而达到下一发展阶段的水平,然后在此基础上进行下一个发展区的发展,这样能够促进学生核心素养和能力的提升。② 李勃认为:可通过积极构建问题化情境、关注学生个体差异、因材施教等方式提升教学有效性。③

(二) 关于"学习有效性"的检索

以"学习有效性"为关键词在知网中进行搜索,查找到的相关文献从研究内容角度可以分为三类:① 对"学习有效性"概念的研究;② 影响学习有效性的因素;③ 提高学习有效性的策略与方法。

郑淮、孙烨超在《论学习有效性的概念及其功用》中认为基于功用和场景分析,学习有效性被定义为支撑人们选择某种特定的学习活动(而非其他)来达成学习目标的理由。④ 而其他关于学习有效性的概念阐述主要是基于自己的研究下的定义,如郑辉、庄玉兰认为学习有效性是指学生对学习感兴趣,能够独立学习和获取知识,并将学习到的知识与技能运用到实践中去的能力。⑤ 王宁认为学习上的有效性必须综合考虑这三个因素:学习有效果,主要是指通过学习带来的个人进步或发展;学习有效率,主要是指以较少的学习投入取得尽可能好的学习收益;学习有效益,即有效学习不仅要求学习有效果,而且要求学习效果或结果与学习目标相吻合,满足社会和个人的教育需求。⑥ 杜静认为学习有效性是为了达成学生的有效学习,并发挥学生主观能动性,尊重学生的兴趣,启发学生思维、探索,给予学生触及心灵的影响,激活、提升他们在实践中积累的经验,更新其知识,拓展其理论视域,给学生理智的、以至整个人生的挑战,促使其在知识、人格、智力、思维、能力等各方面得到提升。⑦

郑辉、庄玉兰认为学习有效性受诸多因素的影响,外部因素指学习者所处的学习

① 宋秋前.有效教学的理念与实施策略[M].杭州:浙江大学出版社,2007:18-19.
② 张凤琴.语文核心素养下课堂的有效性教学探索——从"最近发展区"说开去[J].求学,2021(36):51-52.
③ 李勃.提升高中物理教学有效性的策略研究[J].科学咨询(教育科研),2021(03):279-280.
④ 郑淮,孙烨超.论学习有效性的概念及其功用[J].中国成人教育,2018(08):15-18.
⑤ 郑辉,庄玉兰.影响学习有效性的因素分析[J].南京理工大学学报(社会科学版),1998(03):74-75.
⑥ 王宁.网络学习有效性的内涵分析[J].软件导刊(教育技术),2011(05):39-41.
⑦ 杜静.新课程背景下物理教学有效性研究[D].中国期刊网硕博士论文库,2005(07):9-10.

环境及生理方面的因素,如时间、光线、声音、温度、姿势、知觉通道偏爱等;内部因素指学习者心理方面的因素,又可分为智力因素和非智力因素两方面,"非智力因素"包括有间接参与学习活动的在智力范围之外的学习者的个体动机、兴趣、情感、意志、性格等。随着新技术新媒体的发展,网络学习、远程学习成为新的趋势,王党飞、陈吉香认为,远程学习者学习有效性的影响因素,首先是学习者自身,学习者自身的学习动机过弱和学习毅力不强是影响学习效果的主要因素;其次是课程设计,课程页面设计不和谐和课程设计缺乏反馈与练习,也会减弱学习者的学习兴趣;再者是教学人员,远程学习者很难及时得到教师的帮助与反馈,学习问题如果不能及时解决,会继续加深学习的困难性。[①]

(三) 关于"有效性学习"的检索

在中国知网总库中检索"有效性学习"这一关键词,返回结果数为 294 条,被引前 200 篇文献的总被引频次为 509 次,截至 2020 年 12 月论著发文量的趋势见图 1.1.2。发表的形式主要是期刊 280 条(占 95.23%)和学位论文 6 条(占 2.04%),会议论文 7 条(占 2.38%),报纸 1 条(占 0.34%)。其中属于中等教育、初等教育、教育理论与教育管理、外国语言文学、职业教育、高等教育、学前教育、成人教育与特殊教育、体育等学科分类的共 279 条,其他的文章涉及医学、党建等,不与教育直接相关。

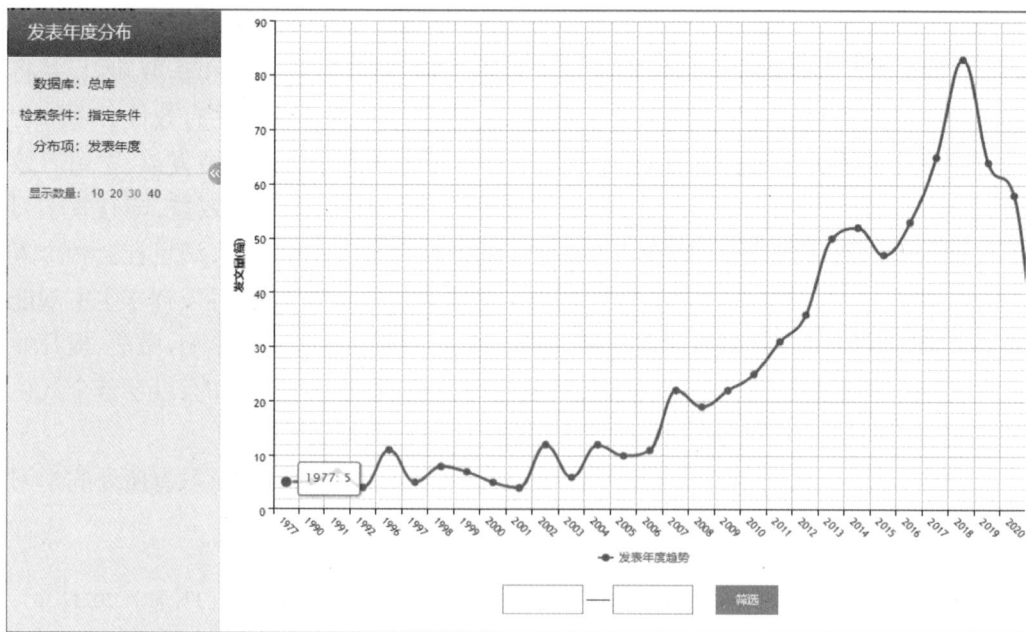

图 1.1.2

---

① 王党飞,陈吉香.影响远程学习者学习有效性的因素分析[J].新疆广播电视大学学报,2020(04):1-6.

以"有效性学习"为关键词在知网中搜索,查找到的相关文献从研究内容角度可以分为三类:① "有效性学习"产生的条件;② 影响有效性学习的因素;③ 提高有效性学习的策略与方法。

研究者从社会学、教育学、管理学等不同学科不同角度对有效性学习进行了研究,已取得的研究成果有:有效性学习产生的条件:① 内部条件一:学生固有的学习经验、已有的知识准备。② 内部条件二:学生主动的学习包括学习动机和学习策略两个方面的问题。即学生主动地利用已有的知识和经验,利用合理的学习策略对提供的学习内容进行有效加工。③ 外部条件:影响学生有效学习的外部条件相当多,包括社会、学校、家庭这样大的学习环境,也包括班级、课堂和同桌等方面。学生有效性学习的产生需要内部条件和外部条件的相互作用,二者缺一不可,其中内部条件是内因,内因起主导作用。①

邢强、孟卫青阐述了有效性学习与教学环境设计的关系,分析了影响学习的内外部因素,指出设计有效的教学环境可以促进学习者的有效学习。②

吴晓英在实践层面的研究,一方面认为是教师有意识、有计划地把有效性学习理论应用和贯穿到教学实践中的探索;另一方面认为是教育工作者通过自身丰富的教学经验出发摸索出一些行之有效的教学策略。这些对经验的积累或理论的应用,又因学生年龄特点的不同和学习领域的不同而有所不同。实践方面的研究涉及解决学生愿不愿学(学习兴趣、学习动机)的问题,解决能不能学(已有知识经验基础、思维水平、学习能力等)的问题,解决会不会学(学习方式、方法、策略等)以及乐不乐学(学习情感、态度等)的问题。③ 刘秀玲认为教师应充分考虑不同学生的学习差异,选择性地针对不同层次的学生提出不同要求,关注每个学生的有效学习,实施分层互动的课堂教学;设计丰富多样的分层增效作业形式,促进学生学习的需求性和主动性,提升学习效率;创建课内外意趣活动,通过激发学生的学习兴趣,实现学习的有效实践。让不同层次的学生都有不同程度的收获与提高,促进每个学生健康成长。④

综合"有效性学习""学习有效性"和"有效性教学"的检索结果,我们可以发现在"文化、科学、教育"类别中关于"有效性"的文章中,关于有效性教学的文章明显多于有效性学习的文章,说明目前教育工作者对有效性教学的关注和研究多于有效性学习,而且对有效性学习的研究也更多从有效性教学这一视角切入,少见直接从学生这一主体研究有效性学习的优秀成果。因此,本研究一方面突出从学生角度研究学习,对有效性学习进一步展开总结阐释和实践,而且从学习的价值范畴研究学生的学习,

① 吴晓英."深入新课程改革,促进学生有效学习"的课题研究[J].学周刊,2016(24):70-71.
② 邢强,孟卫青.论有效性学习与教学环境的设计[J].开放教育研究,2001(06):16-17.
③ 同①.
④ 刘秀玲.促进学生有效学习的策略探究[J].内蒙古教育,2017(22):67-68.

对当前教育的发展具有现实意义。

二、有效性学习概念界定与内涵

与"有效性学习"直接相关的概念,包括"学习""教学""有效性教学"等,我们对这些概念界定如下:

(一)学习与教学

1. 学习

在汉语中,"学习"包含着"学""习"两个概念。学习一词,有着不同层面的指称:广义上的学习,指人类所有实践构成的学习活动;而更为具体的层面上,学习则特指以某一特定内容为对象的学习活动。学习的本质是人们在实践中自觉地不断通过各种途径、手段、方法获取知识并内化为自身素质和能力的自我改造、发展、提高和完善的过程。哲学意义上讨论的学习"是人类自身再生产的社会实践活动","是人类个体和人类整体的自我意识与自我超越"。[①]

2. 教学

《简明教育辞典》中对"教学"给出了一个经典的界定:"教学是教师有目的、有计划地引导学生积极、主动地掌握系统的文化科学基础知识和基本技能,发展学生的智力、能力、体力,并形成一定的思想品德。教学包括教师的教授过程和学生的学习过程,教与学是相互依存、相互促进、不断矛盾、不断统一的。通过教学使学生掌握基础知识和基本技能,认识客观世界。这种认识活动是以人类已有的知识为主要对象,主要是通过专职的教师、专用的课本、专用的教学设备等媒体去认识客体。教师在传授知识的同时,总是影响着学生的思想、情感、人生观、世界观,对学生施加一种潜移默化的影响。教学要促进学生的发展,使学生比现在有更高的发展。教学是实现教育目的的主要途径,是实施全面发展教育的基本途径。"

(二)有效性学习与有效性教学

有效性教学是与有效性学习密切相关,又有一定区别的概念。关于"有效性教学",不同的学者从不同角度给出了不少定义,其中比较集中的观点是:有效性教学是指以最少的教学投入有效地促进学生的学习与进步、实现预期教学目标和满足教学需求的教学。[②]

有效性学习是为了用正确的学习方式花更少的时间,使学习的内容更多、掌握得更牢,学习效果更好,从而达到事半功倍的效果。学生有效性学习包含历时态和共时态两方面,前者包含学生的学习准备、学习过程和学习结果等历程,后者则侧重于从

[①] 左璜,黄甫全.网络化学习概念的批判与重构[J].电化教育研究,2014,35(01):24-32.

[②] 罗生全,程芳芳.大学教师有效教学特质及其养成[J].黑龙江高教研究,2012(06):12-15.

学习结果的角度考查学生"知识与技能""过程与方法"和"情感态度与价值观"等方面目标的达成度。[①]

我们理解的有效性学习是具有某一有效特征的学习,学生投入一定的时间和精力等学习成本,经过建构获得新的知识和技能,从而完成任务和解决问题,达成学习目标的行为过程。有效性学习是帮助学生花更少的时间,收获更多的知识,"学一知十",而不应该是耗费大量精力却收效甚微;有效性学习应该是让学习变得更有趣,"寓教于乐",而不应该让学生觉得枯燥乏味;有效性学习应该是做尽可能少的练习就能掌握尽可能丰富和牢靠的知识,"有的放矢","各个击破",而不应该是题海战术;有效性学习应该是帮助学生学会学习、学以致用,而不应该是仅依附于书本知识,与社会脱节。

"有效性学习"中的有效性特征应从"学生"这一主体出发,即通过选择和实施相应的学习行为及其过程,落实学生个体发展等方面的实际效果。它不仅需要关注学生在学习中表现的行为是否有效,还应关注这样的学习行为所实现的效果如何。

(三) 概念之间的联系

尽管学习与教学的目的都指向使学生掌握系统的科学文化知识和技能,发展各种能力,形成一定的世界观和道德品质。但学习是学习者主动建构的过程,是一个全层次的、较宏大的视角,它更关注教育与社会的关系。而教学虽有学习者的主体作用,但一定程度上是由教育者组织发起并在其支持下的一种学习与发展。学习是终生的,其过程指向未来;教学则伴随着教育者而存在,通常局限于某一阶段,或者说比较短暂。

有效性教学是一种以学生为中心和主体而展开的活动,是一种关注教育目的、过程、结果有效性的教学,有效性教学是支持有效性学习的一个重要方面。有效性学习不仅要讨论教学,还要讨论学生的主体学习。有效性学习的立足点是"学",背后可能有教师,也可能没有教师,这是有效性学习与有效性教学的最本质的差异。

实际上,教师的教学只是影响教与学的间接因素,它不能决定结果的有效性,学生学习的意愿来源于其本能,学习能力的强弱后天会发生变化。学习的目的是为了更好地生存,更好地适应社会,让自己成为更好的自己。对个体来说,学习是主动的,教育必须转化为学习者主动学习的动力和行为,才能实现自我建构。只有通过作用于学习行为才能影响学习的效果。由此,我们的研究应着眼于学生的学习展开。这不仅需要探究不同教学方式、学科内容对学生的不同影响,还要把握有效性学习的本质以及有效性学习发生的条件。教师的有效性教学必须指向学生的有效性学习,服务支撑从而激发促进有效性学习。

---

① 鲍银霞.新课程理念下有效学习评价指标的构建[J].教育导刊,2008(01):44-46.

三、有效性学习三要素及其它们之间的关系

"有效"的要素是理解"有效性学习"的关键词。《墨子·小取》云:"效者,为之法也。"由此,有效性学习集中表征在效果、效率、效益三个要素上。有效性学习即符合"有效"的某一或某几个要素的学习。

（一）有效性学习三要素

有效性学习主要包括学习效果、学习效率、学习效益三个要素,它们的概念与内涵分别阐释如下:

1. 学习效果

效果是指目标达成度,也就是通过学习行为之后产生结果的状况,它是考察学习有效性的核心要素之一。在我国,学习效果多指学业水平或学业成绩,人们普遍认为成绩越高,效果越好。这就窄化了对于学习效果的理解。学习效果不能仅关注知识、技能的掌握或者考试分数的高低,还应从学习结果的全面性、可持续性、水平高低、学生的整体性四个方面综合判断有效性学习实现学习效果的状况。[①] 只有从全面性、整体性的角度评价学习效果,才能判断其有效性,否则所认为的"有效性学习"则是片面的、狭隘的。

2. 学习效率

效率原是一个物理学和经济学的概念。借用经济学的观点,学习效率就是学习投入(学生所付出的时间和精力)和学习产出(学习过程实现的结果)之比。有效率就是在"规定时间内,以较少的成本投入达到这一条件下尽可能最大的效果"。[②] 即在获得同样学习结果的前提下,学生付出的时间越短、精力越少,或者在学生付出同等时间、精力的情况下,目标达成度越高,所取得的学习结果越好,学习效率就越高,反之则越低。学习效率是衡量学习有效性的一个基本指标。如果不考察学习效率,单纯考察学习结果,这样的学习很可能使学生学业负担过重,实际上很难说是有效的。

3. 学习效益

学习效益是指学生通过学习行为获得的除学业成绩之外的学习结果,对未来学习与发展产生影响力度与持续程度,以及学生的学习与社会和个人发展需求的吻合程度。学习结果对学生未来产生的影响力越大,持续时间越久,与需求满足度越高,学习效益就越高,即这样的学习更加有效益。这个"益"不仅强调了对学生主体个人未来发展的价值,更强调了对社会未来发展的意义。由此,学生在知识、品质、审美、

---

① 朱德全,李鹏.课堂教学有效性论纲[J].教育研究,2015(10):93.
② 巴班斯基.教学过程最优化——一般教学论方面[M].北京:人民教育出版社,1984:2.

体格、劳动等教育培养方面的未来成长与发展,是学习效益的重要体现,学习效益也最终体现在符合个体与社会发展需要的人才培养上。

（二）有效性学习三要素之间的关系

有效性学习由效果、效率、效益三者整合构成一个有机整体。它指能在最短的时间内使学生掌握尽可能多的知识和能力,并满足学生的需求和未来的发展。

学习效果表征着学生通过学习行为之后的目标达成程度,这是有效性学习的核心要素,离开了学习目标的达成,学习肯定低效,甚至是无效的,只有在学习效果好的前提下,我们才能进一步去讨论学习效率与学习效益。

目前,教学中往往存在这样的现象:教与学的比例远远失衡,为了节约时间,教师在课堂进行"满堂灌"。事实上,学习效果不是靠教师单方面就可以达成的,要靠师生相互作用,学生能够能动地参与学习过程,促进学习活动的有效开展,这才能称之为高效,反之,如果学生没有主动参与学习,这将极大地影响学生主体作用的发挥,也大大降低了学习的效果。

前文已经提及,效率与学习的成本与产出比有关,这就提醒我们在所有影响效果的成本中,最容易忽视的是学习时间成本的投入。更需要关注的是,学习成本不仅指课堂学习的时间,也包括课外学生付出的时间。如果让学生在课外无休止地机械地被动地做题,而不引导学生主动地探究知识,学生的收获将很小,这种高投入低产出的学习便是一种低效学习,由此可知,以学生做练习的数量多少来判断其是否高效是错误的。学习时间成本投入,不能只局限在知识获取上,投入到那些学以致用、用以致学的过程中,才能称之为高效。

学习的最终落脚点就在于学生未来的发展,学习效益是学习过程的"航盘",学习的过程即是实现学生发展的过程。任何知识只有被理解、掌握、运用,才能显现出其价值。从这个角度来看,高效学习应从学生的主观愿望出发,建构知识的内在逻辑体系,从而实现学习效益的提高,而学习一旦偏离学生的发展需要,那么这样的学习则可视为无效学习。

总之,学习效果表征着学习目标的达成程度,学习效率是学习结果与学习成本的比值,而学习效益则是学习结果对于学生需求满足程度及对学生与社会未来发展的影响力度和持续程度。这三个要素各有侧重:学习效果是学生有效性学习的核心,它决定着学生的发展方向和结果;学习效率强调的是学习成本的投入,是学生有效性学习的关键;学习效益是学生有效性学习的根本,它制约着学生的学习效率和结果,不仅关注今天结果,也关注这个结果在未来持续的时间长短。这三个要素的有机整合构成了学生的有效性学习整体,作为学习主体的学生,如果离开了学习效率、学习效果、学习效益中的任何一个因素,他的有效性学习就不可能实施完成。

第二节 有价值学习的概念阐释

"有价值学习"概念及其要素,是本研究最基本的逻辑起点。其中,"价值"是与其直接相关的一个概念,我们理解的价值是指客体能够满足主体需要的功能与作用。根据价值的定义,我们认为,第一,价值离不开"人"这一主体,正是人的兴趣、需要、人格等,才使得价值得以产生;第二,价值也离不开"物"的属性或某种行为,其为价值提供了载体。基于此,有价值学习的概念直接指向学生这一主体及其发展。满足学生的需要,并促进学生的发展,使学生将学到的知识内化成能力与素质,成就更好的自己。

一、有价值学习的概念与要素

在中国知网总库中检索"有价值学习"这一关键词,返回结果数为 881 条,被引前 200 篇文献的总被引频次为 7 558 次,截至 2020 年 12 月论著发文量的趋势见图 1.2.1。发表的形式主要是期刊 495 条(占 56.19%)和学位论文 354 条(占 40.18%),会议论文 12 条(占 1.36%),报纸 8 条(占 0.91%),学术辑刊 2 条(占 0.23%)。从中可以发现,尽管已有少量论文开始关注"有价值学习",但从总体上说,关于有价值学习少见全面、系统的研究成果与实践案例。因此,关于有价值学习比较系统的实践研究,对教育发展具有先导性的价值,对于学生培养具有现实意义。

罗杰斯将学习分为有价值学习和无价值学习:无价值学习是指学习者不经过加工思考而被动接受知识的学习形式,该学习模式对人的智力及能力提升均无实质性意义;而有价值学习则是一种主动学习状态,学习者需投入情感精力、逻辑思考及实践应用等环节,对构建价值知识体系有积极的促进作用。[①]

我们理解的有价值学习是一种从学生长远发展出发,关注学生个体特质和未来发展,顺应学习天性自然成长,激发学生内在的学习动机,满足学生个体和社会发展需要,学生积极主动投入智力、精力和时间进行知识建构、能力培养和思维提升的学习行为和过程。衡量有价值学习主要可以从四个维度进行分析评价:① 学生的学习是否符合个体发展需要;② 学生的学习是否符合社会发展需要;③ 学生的学习是否符合教育规律与学习科学;④ 学生的学习对学生个体和社会发展的影响大小与持续程度。

对于有价值学习的要素,不同专家的观点不尽一致,但他们的认识也有共同的交集,例如:学习目的、学习内容、学习方式等因素,对学生的学习与发展具有重要影响,这是很少有争议的共识。在有价值学习研究的深化过程中,我们更加深刻地认识

---

① 穆娟.罗杰斯教育思想学理价值及对高校课程建设的启示[J].中国成人教育,2018(08):84-86.

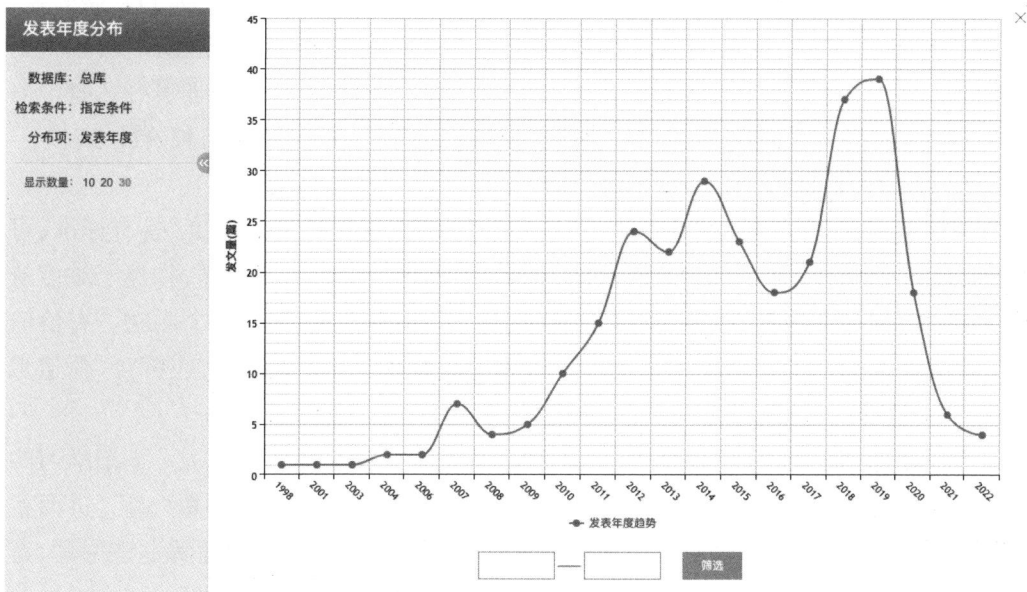

图 1.2.1

到有价值学习对于学生终身学习与发展的重要影响,并逐渐梳理出有价值学习的五大要素,即:学习目的、学习目标、学习内容、学习方式和学习成本。这些要素表现在学生学习满足学生未来发展、符合学习认知规律、促进主动建构知识以及能力和思维提升、激发学生学习的动机和持续动力等方面。对这五大要素的概念与内涵阐释如下:

(一)学习目的

学习目的回应的是诸如"为什么学习?""学习为了什么?""学习为什么而出发?"这些学习的本原问题,涉及基于学习起源追问而确定的学习方向与愿景的本质问题。当这些问题需要被具体化呈现时,通常将学习目的定义为人们进行学习所要达到的结果或实现的目标。学习目的受社会物质条件、文化教育氛围以及学生思想认识水平等制约,通过社会实践能够变为客观的物质结果和力量,满足人们社会生活的需要。[①] 由于不同社会或同一社会的不同教育以及不同家庭向学生提出的要求不同,因此,反映在学生头脑中的学习目的也就不同。美国华尔特·B·科勒斯涅克认为,学习目的有四种表现形式:① 追求长者的赞许;② 渴望获得他人的承认;③ 希望获得学习对象的实用价值;④ 追求学习活动本身的乐趣。[②]

---

① 刘蔚华,陈远,王连法,于绣文.方法大辞典[M].济南:山东人民出版社,1991:634-635.
② 谢新观,丁新,刘敬发,张冀东.远距离开放教育词典[M].北京:中央广播电视大学出版社,1999:241.

有价值学习目的应以个人和社会的需求为依据,是符合社会和个人的发展需要,是为了更加美好的生活,在体验人的幸福感、愉悦感的过程中,不断超越自我,成就更好的自己,并在成就每个人成为更好的自己的过程中,使整个社会更加美好。有价值学习目的要关注学生终身学习与社会持久发展,关注学习的持续性与长效性。

(二) 学习目标

学习目标是在学习目的的指引下,进一步明确应达到的具体程度,是有标准、可测量、有条件的。学习目标是有层次的,例如,布鲁姆把学习目标分类,构建了难度从低到高的认知水平框架,分成记忆、理解、应用、分析、综合和评价六个层次。有价值学习的目标应合乎有价值学习目的,所以,满足社会和个人发展需求,应符合"悟道觅法"和"知行合一"这两个方面。

"道"是指学习的客观规律和基本原则,道德境界和品质素养;"法"是指学习的基本途径和基本方法。有价值学习目标即是通过学习认识"道"、领悟"道",进而找到"法"、运用"法",即不仅使学生掌握根本原理、方法,更要使学生理解这些原理、方法客观存在的价值和意义。

学是认知活动,习是实践活动,学习就是人的认知活动和实践活动的统一。有价值学习目标要求学习者在已有认知的基础上,接纳新的知识,巩固或者改变原有的认知,形成新的认知。从"知其然"到"知其所以然",从"学以致用"到"学以致知",真正做到"知行合一"。

(三) 学习内容

学习内容亦称学习对象。任何学习要素在学习过程中都要通过学习主体作用于学习对象发挥作用和影响。学习内容直接制约和影响着学习主体及其行为,需要通过特定的学习行为去加工、吸收,也直接或间接影响着整个学习系统。[①]

有价值学习内容应具有个体特质性、社会需求性、综合全面性、自主选择性的特征,这样的学习内容才能为学生的有价值学习提供可能。有价值学习内容应以符合学生身心发展规律为前提,其核心是体现学生对个体未来发展的追求,应着眼于适应社会发展需要的综合能力和深度智慧的养成,既要考虑因生而异,让学生有充分自主选择的可能,还要认识到适合学生自身发展的学习内容才能凸显价值的重要地位。

(四) 学习方式

学习方式是学习者在学习知识和技能时所采取的途径、形式、程序和手段。[②] 学习方式根据不同标准有多种分类,例如:① 根据感知信息的感观通道选择学习方式,有视觉学习、听觉学习、触觉学习及综合使用各种感觉学习;② 根据环境条件选择学

---

① 谢新观,丁新,刘敬发,张冀东.远距离开放教育词典[M].北京:中央广播电视大学出版社,1999:238.
② 陈厚德.基础教育新概念:有效教学[M].北京:教育科学出版社,2001:69-70.

习方式,有单独学习、群体学习;③ 根据学习组织程度选择学习方式,有教师导学、自主学习;④ 根据技术应用选择学习方式,有传统的学校线下学习,有广播电视和互联网络的线上学习,还有全日制学习、半脱产学习或业余学习。学习者根据自身特点和实际需要,选择适宜的学习方式进行学习,能够提高学习效率。

有价值学习是学习者通过学习知识内容实现自我建构、调整和完善的过程,是人们在学习时具有个人偏好特质的行为方式与行为特征,反映学生学习活动中的个体差异,与学生的个人兴趣、学习意识、学习态度、学习品质、学习习惯有关。不同的知识类型决定学习方式应是多样化的。值得指出的是,每位学生学习方式不一定是唯一的,学生学习不同学科和内容,以及同一学科的不同阶段,学习方式就可能有差异。根据学习者的特征,有针对性的选择适宜的学习方式,方可充分体现学生的个性特征,更好地实现有价值学习。

(五)学习成本

学习成本是人们为了某种学习目的或完成某项学习任务所投入或消耗的资源,以及为此而放弃另一种目的或任务所牺牲的价值,它至少包括:学生在学习中消耗的智力、体力、时间等,教师及家长付出的智力、精力、时间和金钱等,学校及社会提供的环境、设施、设备、教材等投入的经费和资源。同时还应该考虑隐性的内在成本,如学习的热情、兴趣、意志品质等。

有价值学习成本的关键在于实现学习成本付出与实际收益的最佳平衡,以达到效率最大化、效能最高化和效益最优化。学习"必然要付出"成本,但这不等于"无止境地付出",不能以简单的时间增加,换取所谓的质量和成绩。过度和超度的投入,效果会适得其反。学习成本的适度投入,有助于质量的提升,可以更好地实现有价值学习。

学习是一种学生个体发展的过程,引导学生在学习中积极主动地投入智力、精力和时间等成本,增强学习内在动机,顺应学生学习天性,这样才能提高学习成本投入的转化率。同时,人工智能等技术的发展与应用,一定会为实现有效控制学习成本,最大限度提升学业效能提供可能和支持,从而促进学生的有价值学习。

二、有价值学习要素之间的关系

学生是学习的主体,通过有价值学习的五大要素相互联系、相互影响、相互作用,统整成一个系统,对提升学生学习品质、实现有价值学习产生综合的影响和作用。学习目的、学习目标、学习内容、学习方式、学习成本是有价值学习的五大要素,它们之间相互联系、相互影响,支撑着学生有价值学习的推进与落实。

(一)学习目的与其他要素的关系

有价值学习的目的是根本,它指引着学习目标、内容、方式和成本的方向,是对学生学习状况进行评价的价值判断的起点和依据,并通过学习过程中目标的实现、内容

的安排、方式的选择、成本的投入来落实。有价值学习目的与目标、内容、方式和成本四个要素之间的关系,分别概述如下:

1. 有价值学习的目的与目标

有价值学习的目的就是指通过学习帮助学生形成完整的独立人格和独特个性,实现量身定制的自我成长、自我实现和自我超越。有价值学习的目标是学习者根据对自我的认知和判断,在学习目的指引下达成的一种可测量的衡量标准。无论是有价值学习的目的还是目标,都必须以人的发展的客观规律为依据,它们都是学习过程的出发点和归宿点。不同之处在于学习目的是对于学习方向的概括性要求,具有普遍性导向性作用。学习目标则是特定的、阶段性学习活动产生或达成的一种结果。有价值学习目的指引着不同学习目标的设定与落实,又依赖于学习目标的达成而显现。

2. 有价值学习的目的与内容

学习目的为安排学生的学习内容、丰富学习内容提供了方向。学习目的不同,导致人们对于不同的学习内容和要求也会有所差异。有价值学习内容的安排必须在有价值学习目的的指引下展开,既要体现学生对能力与素养综合发展的要求,又要重视学生的差异性及其发展要求。在有价值学习目的指引下,学生可以根据自己的个性特点、学习兴趣,自主选择学习内容,教师也可以将有价值学习目的作为依据,选取适合学习者知识水平的学习内容,从而促进学生有价值学习。

3. 有价值学习的目的与方式

学习目的是引起、指导、控制、调节学习活动的动因,它决定、指引着学习主体对学习方式的选择。学习方式是体现学习目的的方法与途径。学校应积极探索符合认知规律和学习科学的有价值学习方式,以满足学生差异性的个体学习特质与偏好,体现有价值学习目的;而每位学生在有价值学习目的的指引下需充分认识自己的学习特点,认识不同学习方式的特点,逐渐发现最适合自己的学习方式,并在综合运用这些学习方式的过程中,持续优化和完善自身,使有价值学习得到更好地落实。

4. 有价值学习的目的与成本

学习目的指向未来,更可指引学习成本合理付出。学习是学生的一种内在需要,关注有价值学习目的可提高有价值学习成本的投入。学生的学习成长是一个自然生长的过程,有价值学习成本的投入也应该顺应这种自然规律,学习成本的投入需要在有价值学习目的的指引下更系统、更全面、更长远地去衡量,这样才能体现出其成本投入的价值。学习成本管理同样对于落实学习目的具有重大意义,重视有价值学习成本,特别关注学习时间成本的投入程度,这样才能更好地激发学习内驱力,体现学生有价值学习的目的。

(二)学习目标与其他要素的关系

有价值学习的目标是一种标准。它衡量着学习内容安排、方式选择、成本投入而展开学习过程之后学习的达成程度,是对学生学习状况进行诊断评价的一种可量化、可测量的指标。基于此,学生和教师可以根据学习目标的要求,决定学习内容的取舍、学习方式的选择、学习成本的付出。有价值学习目标与内容、方式和成本三个要素之间存在密切的联系,分别概述如下:

1. 有价值学习的目标与内容

学习目标是通过学习活动最终能达到什么样的预期效果;而学习内容则是在提出学习目标的基础上,细化达到这个目标具体要做的事情,是学习目标的具体呈现。根据有价值学习目标要求,对有价值学习内容的设计和安排,应充分考虑完成学习目标需要的现实条件和要求,科学合理地设计、安排学习内容,从而更好地提高学生的综合素养和能力;同时应以丰富的学习内容满足学生不同的现实基础和发展需要,体现有价值学习目标实现的可能性,以丰富的学习内容提供充分选择的可能,是关注有价值学习目标,实现有价值学习的具体表现。

2. 有价值学习的目标与方式

学生学习方式需要以学习者学习目标的全面达成为主要依据,学生学习过程的有价值学习方式,既包括学习方法的选择,也包括学习形式的选择。根据有价值学习目标的要求,学校和教师应该为不同学生学习不同内容、选择不同学习方式展开学习活动提供可能,不能简单地要求所有的学生以统一的学习方法或形式来展开学习活动;同时,在实现有价值学习目标的过程中,学生更容易发现适合自己的学习方式,甚至形成自己独特的思维方式和学习方法,这是学生有价值学习目标的具体表现和结果。

3. 有价值学习的目标与成本

学习目标是预期达成的学习状态,学习成本可认为是实现学习目标的一种保障。学校在引导学生配置和投入各种学习成本时,应该充分考虑学生有价值学习目标达成的可能性程度,合理配置学习成本,例如在指向学生终身学习与发展的能力与素养的培育目标的达成方面,要舍得花时间,例如,不要为了简单地提高成绩,花费大量不必要的时间,用于简单重复的"刷题"。通过合理地规划学习成本,可让学生在学习的过程中,规划自我,思考未来,使有价值学习目标的实现,成为学生迫切的愿望。

(三)学习内容、学习方式与学习成本

学生总是围绕学习内容开展学习的,学习内容掌握的深度与广度表征着一位学生的学习水平,反映着一位学生的学习状况,影响着学生学习方式的选择、学习成本的投入。有价值学习内容、方式和成本这三个要素之间的关系,分别概述如下:

1. 有价值学习的内容与方式

学习方式与学习内容之间具有密切的关系,学习内容直接制约着学习方式的选择与运用,有什么样的学习内容常常需要相应的学习方式,而不同学生的选择有可能存在一定差异。同时,学习方式又对学生理解掌握学习内容存在很大的影响和作用。不同学生对于相同内容的学习过程是有差异的,不同的学生可能会选择不同的学习方式,教师可以指导学生对自己的学习方式进行比较评判,逐渐发现在不同内容学习中最适合自己的学习方式,并更多运用于自己的学习过程中,这样的学习更具有个性特质,能更好地实现有价值学习。

2. 有价值学习的内容与成本

学习内容是学习的对象,学习成本可认为是完成学习内容的一种保障。学校在引导学生配置和投入学习成本时,需要考虑学习内容的指向目标,例如:对于指向学科方法和能力的要求,聚焦于学科素养和高阶思维培育的学习内容,可以安排比较多的学习成本进行学习;又如:对于思维层次较低的内容,完全可以采用让学生自主控制学习成本。在传统课堂中由教师组织下的统一学习,很容易造成浪费学生的学习成本的局面。因此,通过对学习内容进行选择分析,科学地规划学习成本,这样才能真正体现出有价值学习。

3. 有价值学习的方式与成本

学习方式与学习成本具有一定的匹配度。学习成本受限于学习方式的选择,不同的学习方式往往需要提供不同的学习成本,运用不同的有价值学习方式,其成本配置具有差异性,例如:学生倾听与动手操作的学习成本,学生独立学习与合作交流的学习成本,教师导学与自主学习的学习成本都不尽相同,需根据不同的学习方式合理配置;同时学生不同的有价值学习方式是基于学生有价值学习成本的选择而确定的。学习成本的控制和管理,对有价值学习方式具有关键性的影响与作用,学生在管理自己的学习成本时,可切实帮助学生找到适合自己的有价值学习方式,这样有价值学习才能实现得更充分。

总之,在学生的有价值学习过程中,这五个要素需要有机整合。学校和教师应该积极并善于指导学生,发现自己的有价值学习目的、学习目标、学习内容、学习方式、学习成本,从而实现有价值学习。

第三节　有效性学习与有价值学习

有价值学习是在有效性学习的基础上,逐渐形成的一个概念,两者之间有一定联系,但也存在根本性的区别。只有准确把握两个概念的本质,才能展开"从有效性学习走向有价值学习"这一命题的讨论与研究。本节将通过全面剖析它们之间的关系,揭示两个概念的根本性区别,进而阐述本研究的两大重点,即学科范畴和学习方式视角。

一、有效性学习与有价值学习的关系

有效性学习与有价值学习有一定的联系,事实上,有效性学习和有价值学习还是有一定的差别,下面分别从概念的渊源、内涵与要素、形式与本质方面加以阐述。

(一)概念的渊源

长期以来,有效性学习一直是学校教育研究与实践的重要问题,教育工作者立足课堂教学,探索教育规律,运用学习科学,聚焦"如何让学生学得更加有效"这一命题,从效率、效果、效益等维度开展了有益的研究探索,指向学业成绩与质量有效提高这一结果,通过大量的教学实践,积累了不少经验,取得了明显的成效。

然而,随着有效性学习的持续深化,在有效提高学业成绩的过程中,存在将"学习结果"异化成"学习目标",甚至异化为"学习目的"的倾向性危险,在这样的教育背景下,我们提出了"有价值学习"的概念,强调对于学生的学习,不仅要关注遵循认知规律和学习科学,使"学习结果"有效提高的方法与策略,更要关注有效提高这一"学习结果"的价值追求与行为选择,使学生的学习更好地满足学生个体特质、现实基础和发展需要,更加符合时代特征和社会发展需要。因此,可以说有价值学习是在对于学生学习本质更加深入研究过程中形成的,是更加关注学生学习的实践与研究,是有效性学习的一种新发展,是对有效性学习的一种新跨越。

(二)内涵与要素

有效性学习指向有效提高学业成绩与质量这一结果,主要从效率、效能、效益等维度研究"有效性"的方法与策略,其研究基本上都是围绕学习目标、学习内容、学习方式而展开,还会涉及学习时间成本(遗憾的是,这方面常常被忽略)。而学习目标、学习内容、学习方式和学习成本这些要素,也是有价值学习的重点研究范畴与要素。由此,从两个概念与要素角度分析,两者具有不少共同的研究对象及研究问题,甚至在某些问题解决的方法与策略上存在一致性。所以,从两个概念及其要素分析,可以说有价值学习与有效性学习具有密切的联系,在研究与实践过程中存在诸多共同之处。

但是,有价值学习不仅关注学习目标、内容、方式和成本这些要素,以及针对这些要素实施的方法与策略,对于提高学业成绩与质量这一学习结果也带来了一定的作用与影响,而且更加关注引发这些学习行为(包括方法、策略等)所涉及的价值导向这一要素——学习目的,关注实施这些行为的目的与出发点,强调对于"为什么学习?""为谁学习?"……对这些学习本质问题的回应性作为,是关于学习价值判断的基本出发点与归宿。所以,从这个角度考察,虽然有价值学习是从有效性学习研究不断深化的过程中发展而来,但是两者是存在根本性区别的两个不同概念。

(三)形式与本质

从显性表现形式看,有价值学习和有效性学习都关注"学生的学",侧重于学生个体学习行为的改善,都研究学生的认知规律、学习科学,以及支持学生学习的教学等因素,通过对学生学习相关的过程与环节的优化,让学生学得更快、更加"有效",学得更"好"、更加牢固。

但是,有价值学习除了关注学生通过学习获得知识与技能,发展能力与素养等方面之外,更加关注学生的学习目的,关注学生的社会化过程,强调学生对于个体与群体的关系、人生价值与社会价值的思考与行为选择,突出对于学习满足个体和社会未来发展需要的关注。所以,从本质上说,有价值学习与有效性学习是两个根本不同的概念,简单地说:高效的学习可能是有价值学习,也可能是低价值学习,甚至可能是无价值学习;而低效的学习可能是低价值的学习,却也有可能是很有价值的学习。

二、有效性学习与有价值学习的二维模型

有效性学习有高效与低效之分,有价值学习有高价值与低价值之分。我们将有效性学习从低效到高效看成一个连续变化的过程,将有价值学习从低价值到高价值也看成一个连续变化的过程,分别以 X 轴和 Y 轴方向描述这种变化趋势,由此建立平面直角坐标系,从而建构起有效性学习与有价值学习的二维统合模型(如图 1.3.1)。这样,学生任何一个学习过程中的"有效性学习"和"有价值学习"的程度都对应了"二维统合模型"描述的平面上的一点。这一二维统合模型中四个象限的意义简述如下。

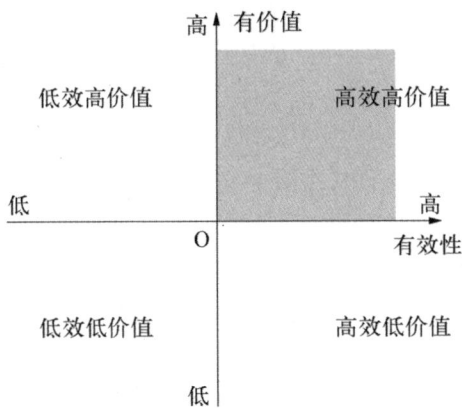

图 1.3.1

(一)高效学习下的价值高与低

"高效"一词通常解释为:效能高,效率高,指在相同或更短的时间里完成比其他人更多的任务,而且质量与其他人一样或者更好。有效性学习研究的高效学习通常表现为在相同或更短时间里完成更多的学习任务,包括学习更多内容、达成更高目标、取得更佳成绩等方面,高效学习在"二维统合模型"的直角坐标平面中可以用第一象限和第四象限上的点描述。

根据"二维统合模型"表明:高效学习存在高价值与低价值之分。例如:某些高效学习是顺应学生的学习天性,尊重学生个体特质和差异,满足学生探究欲望与发展需要,符合认知规律和学习科学,体现时代特征和社会发展方向的,这样的高效学习可以促进学生自觉、主动、合作互动、富有创造性的学习,更好地促进学生的自我完善与自我超越,更好地成就每位学生成为更好的自己,使社会也因此变得更加美好。因此这样的高效学习,也是高价值学习,高效学习与高价值学习的完美统一,应该是从

有效性学习走向有价值学习最基本的方向和路径选择。

　　另一方面,确实存在一些看似高效但其实价值不高的学习。例如:在学校教育中,教师在课堂上普遍采用"满堂灌",学生的学习在短时间内常常会表现出效果好的特征,事实上,对于部分学生而言,这种高效常常会是"短时"的,甚至会"听过就忘",难以持久,所以显现出学习的低价值。又如:有些学生以简单重复地刷题等机械性的训练来获取更高的学业成绩,从这种结果的表象观察,确实可以称得上"高效"学习,然而从人的持续学习与发展的角度考察,这样的高效学习很难说是有价值学习。因此,高效学习未必是有价值学习,我们应该以学习目的为出发点,根据展开学习的目标、内容和方式,结合学习成本的投入,以学习是否符合个体和社会发展需要,是否符合认知规律与学习科学等标准,区分高效学习的价值高低。

（二）低效学习下的价值高与低

　　从"效度"的标准来看,低效的学习常常是指人们在学习上的各种付出,没有能够在效果上及时显性地表现出来,而可能呈现出效率低、效果差或效益小等状况。因此,在习惯性的认知与思维中,人们普遍不会接受低效的学习,甚至将低效学习直接等同于低价值学习。其实,低效学习因其实施过程中学习目的、目标、内容与方式等因素的差异,也有相对的高价值与低价值之分,即存在低效高价值学习和低效低价值学习,它们分别可以用"二维统合模型"中的第二象限和第三象限来描述。

　　高价值学习的核心是帮助人们经过艰苦训练和自我克制达到人的自我解放,达到一种愉悦的自由状态和精神境界。这是学习本质的一种回归。例如:在默会知识学习的过程中,所需的成本较多,花费的时间较长,在漫长的学习过程中,要求学生会思考、会想象、会提问、会创造,这些看起来对提高考试成绩的学习结果是"低效"的,就人的社会化而言,对于学生能力、素养和思维的培育与发展却是意义深远、影响深刻而持久的,所以这样的学习尽管看似"低效",却是高价值学习。

　　当然,现实生活中,确实存在大量的"低效"学习,同时也是价值不高的学习。例如:以牺牲学生身心健康为代价,占用学生大量休息时间,甚至剥夺睡眠时间无休止、机械被动地学习;无视认知和教育规律,无底线地超前学习或"拔高学习";忽视学生的个体差异和现实基础,一味以超越认知发展可能的高标准作为目标的学习;背离学习正确目的和方向,将学习置于极度功利主义和实用主义之下的学习……诸如此类的"低效"学习,一定也是低价值学习,甚至是无价值学习。

　　将有效性学习与有价值学习统合在"二维统合模型"之下,从直角坐标平面中,就很容易发现学生的学习可分成四种类型:高效高价值学习、高效低价值学习、低效高价值学习、低效低价值学习,分别可以四个象限来描述。我们所讨论和研究的"从有效性学习走向有价值学习"这一命题,就是着眼于如何在有效性学习研究实践成果的基础上,使学生真正实现有价值学习。

三、基于学科、聚焦方式,从有效性学习走向有价值学习

我们针对当前基础教育中普遍关注"有效性学习"实践与研究,并有较多实践经验与研究成果,而对"有价值学习"这一方面至今仍鲜为重视的现象,从基层实践的视角,提出了"从有效性学习走向有价值学习"的研究命题。试图通过实践探索与研究,引发教育工作者对"有价值学习"的关注,不断追问"教育为什么而出发""学习为了什么"这样的本原性问题,回归教育本原,端正教育目的,让学习更好地满足人和社会持续发展的需要,让学习成为让人生和社会更加美好幸福的源动力,使教育在传递、传承、传播和创生文化的过程中,成为支持人类个人价值和社会价值最佳实现的强大推动力量。

(一) 范畴与视角

根据有效性学习与有价值学习的"二维统合模型"两种不同类型,走向有价值学习的研究与实践将按照如下思维展开:

"高效高价值学习"是基本的价值追求与目标,在实践探索中,要重在总结、推广与复制,不断扩大范围和程度。"高效低价值学习"走向有价值学习的实践路径有两条:其一是在有价值学习诸要素指导下调整学生学习行为,提升高效学习过程中的学习价值,逐渐走向有价值学习。其二是总结反思"高效低价值"学习中"高效"实现的过程,对学生相应的学习行为作必要的调整,以适度的"降效"来促进学习价值的提升。

而对于"低效高价值学习",研究与实践的重点在于对于"低效"进行全面剖析,对于"低效"如何改进,在方法与途径中寻找对策,尽可能提高这一学习过程中的"效度",而这一学习过程中,如果低效是实现高价值学习的必然选择或必由路径,就延续这样的学习。对于"低效低价值"学习则需要研究这一学习过程中造成"低价值"的原因,以及这样的学习是否具有存在的价值与意义,如果是没有价值与意义的学习,就应该坚决摒弃,如果是存在学习价值而没有体现出来,就应该积极地寻找对策,通过促进低价值的提升,逐渐走向有价值学习,与此同时,再进一步思考和研究"效度"的提升。

(二) 任务与内容

围绕"从有效性学习走向有价值学习"这一命题,本研究将基于不同学科特点和不同学习方式两个视角展开研究,研究的主要视角与内容概述如下。

1. 基于学科

本研究重点围绕学科特点,从学科目的、目标、过程、途径等方面阐释从有效性学习走向有价值学习,阐释有效性学习与有价值学习的统一性如何融合在学科中,在不同类型的学科中,从教师角度,对学科内容的育人价值进行再认识,对学科教学方式

进行反思和改变;探究教师怎样的教学与指导,才会使学习变得更有效和更有价值,对学生乃至社会未来发展产生积极的意义。

通过文献研究或对现有实践的质性分析和凝炼形成的有效性学习做进一步研究,确定学科研究范畴,紧扣学习视角,列举目前教学背景下学生有哪些表现是高效或低效的现象和基本特征,进行归因分析、逻辑思辨;并深化核心研究内容,根据学科定位,结合学科核心素养、学习目标、任务要求,讨论什么样的学习是有价值学习,再展开价值判断,建立学科规律性、本质性的价值评价标准,并寻找当前教育中有价值的却缺失的学科内容,就低效高价值学习如何提高效度和高效低价值学习如何通过降低效度或提高价值两个方面做讨论,并提供基于学科教学现状基础上的有效性学习走向有价值学习的路径、策略等解决方案,聚焦学生学什么,怎么学。

前文已提及,有效性学习不一定是有价值学习。有效性学习是有价值学习的基础、前提,并不是高效的学习都有价值。由此研究主要聚焦"如何使高效低价值走向高效高价值""如何从低效低价值走向高效高价值""如何坚持低效高价值学习,使其显现高价值",从下列几个方面重点展开:对于低效高价值学习通过提高效度走向有价值;对于高效低价值学习,通过降低效度甚至摒弃一些效度,从而提升学习的价值;另外也要看到低效对人的长远发展来说也具有价值性的一面。这三个方面是本研究的重点内容。

2. 聚焦方式

本研究侧重于围绕如何运用学习的不同方式,结合学习目标、内容、时间配置、资源整合等方面从方法的运用、优化、改进展开,讨论有效性学习如何走向有价值学习,并展开有效性学习与有价值学习对立统一的研究。从学生角度,对不同学习方式在学习过程中的价值进行再认识,对多种学习方式如何适切地结合运用进行剖析和实践,从而对学生个体学习与发展产生促进作用。探索两组相关联的学习方式相互融合、兼具,共同在原有关注有效性学习的层面上追求更高价值的学习,从而达到既高效又高价值的学习。

本研究立足视角在学习方式上,研究对象是学生。从学习的驱动角度,通过概念界定、特征分析、要素分析每一种学习方式后,比较性地分析讨论两种学习方式之间的共通之处及差异特点,以文献研究为主,总结现有的研究成果,结合学校通过实践推进的策略阐述研究成果。在研究过程中,明确怎样的学习方式是有效的,怎样的学习方式是低效的,以剖析每种学习方式的要素和特征为切入口,寻找到这种学习方式高效、低效的区分点,通过程序、途径等不同维度,分类讨论研究。同时建立判断这样的学习方式有效性高低的标准,寻找有效性学习走向有价值学习的突破口,结合学习目的、学习目标、学习内容、学习成本等相关因素,分步骤、分要素进行总结,凝炼科学合理运用这种学习方式的操作规范与流程，以更好地呈现从有效性学习走向有价值学习。

　　总之，有价值学习在学校教育基于学科和聚焦方式的实践和应用视域推进中，引导教师和学生全面准确理解有价值学习目的、学习目标、学习内容、学习方式、学习成本这五个要素的基本内涵和评价标准，通过恰当的方式，采取有效的措施，研究从有效性学习走向有价值学习的技术路径，并在学校教育中开展探索性实践。

第二章　语言锻铸中的文化传承

> 从有效性学习走向有价值学习,不是决然否定"有效性"的价值,而是以"价值"来深化有效性学习。这是对语文学习理论的深度梳理,是对既有经验的传承与发展。其目的是在语言的品析中提升语感,感悟情感,传承文化,使语文教育更具育人价值。

第一节　语文学科有效性学习透析

以"有效性"来透析语文学习,可以发现既有很多有益的实践经验,同时也暴露出不少问题。深究问题背后的原因,探寻解决之道,既是语文界的自省使然,同时也是社会各界的热切呼唤。

一、有益的探索与经验

语文是基础性学科,其重要性不言而喻。正因如此,提高语文学习有效性一直都是语文学科重点研究的课题。众多语文教育者立足课堂,依循理论,深入分析,教学实践,在实践中积极探索,积累了不少经验。笔者共检索出相关论著 11 本,论文 367 篇,学位论文 64 篇,在阅读后发现共性有三:"大语文""真学习""成体系"。本节将针对这三个方面进行综述。

(一)大语文:基于教材,基于课堂,拓展深化,不断超越

语文教学中,学生获取知识、培养素养主要载体是教材,傅登顺在其论文中提出:"正确领会统编教材意图和使用好统编教材是当下语文教学的重中之重。"[1]郭俊辉同样认为:语文教师要善于挖掘教材,从而提升语文教学有效性。[2] 黄镜源提出:"教师这样,课堂教学才能驾轻就熟、得心应手、游刃有余。"[3]而提高语文学习的有效性,

---

① 傅登顺.语文统编教材迈向深度教学的新构想[J].教育科学论坛,2020(31):9-14.
② 郭俊辉.新课改下初中阅读教学有效性初探[J].语文建设,2018(26):14-17.
③ 黄镜源.探索有效教学,打造语文高效课堂[J].语文建设,2016(32):7-8.

还需要联系生活，联系不同学科，拓展延伸，不断深化。大语文一直强调不可把语文教学等同于课堂教学。现今语文界对此也高度重视，吾娜·叶尔腾巴特提出："充分备课，是初中语文教学有效性的基础。教师要善于利用教参、网络资源进行课文的拓展延伸。"①王方敏认为"教师应该'有效'地使用教材文本，对教材进行有效的重组、对教材进行有效的整合、对教材进行适当的延伸。这样，在语文教学中就能达到事半功倍的效果"。②

王家伦在其著作《语文教学的"平民"建构》中提出："教材处理主要有两个层次，其一为教师和文本的对话；其二为教师通过文本，与学生的对话。"③因此语文教学必须重视挖掘文本。于漪先生提出："语文课堂教学的有效性相当程度上靠语文教师的文化底蕴……提升自己的认识水平、分析能力、文化判断力……钻研文本，有自己独特的体会与见解，上课时就不会人云亦云，而是说自己的话。"④屠锦红则认为语文教师要基于学生实际情况分析文本，因此解读文本需具有独特性："语文教师自己要认真研读文本，不可人云亦云。"⑤教师自己理解文本，才能促进学生理解文本内涵，提高语文学习的主动性、有效性。

虽然强调要基于教材，基于文本，但语文教材、文本无法等同于语文学习的全部内容，提升学生学习的有效性还需更深入的课堂实践，学者、教师对此十分重视，研究日益多元化，如李淑颖、冯实⑥等关注到了课堂上的多媒体运用对提升学生语文学习有效性的积极作用。赵晓霞提出："语文课堂还应注重从阶梯式层级目标的推进、语言文化内涵的挖掘、个性化'内在话语'的生成等方面培养学生的创造能力。"⑦陈琼⑧等提出课堂上教师有效的评价语言对于学生提高语文学习有效性大有裨益。魏薇、于璇⑨以及黎薇等则注意到了有效的课堂提问可以提高语文学习的有效性。黎薇提出："课堂问题的设置要有的放矢，问题体现'精、准、小、引'的特点，问题间要保持关联性和层次性。"⑩

顾燕萍在其论文《语文联结性学习：在寻找联系中建立体系》中提出文本的联结

① 吾娜·叶尔腾巴特.浅谈如何让初中语文的教学更加有效[A]."2020年中小学素质教育创新研究大会"论文集,2020：147-148.
② 王方敏.如何有效地使用语文教材[J].科学咨询,2017(07)：78.
③ 王家伦.语文教学的"平民"建构[M].南京：东南大学出版社,2017：116.
④ 于漪.于漪全集：语文教育卷[M].上海：上海教育出版社,2018：151.
⑤ 屠锦红.我国阅读教学改革的突围之路[J].中国教育学刊,2013(10)：59-63.
⑥ 李淑颖,冯实.提高语文课堂运用多媒体的有效性[J].教育教学论坛,2020(06)：94-95.
⑦ 赵晓霞.语文课堂教学有效性模式探微[J].中国教育学刊,2014(11)：47-52.
⑧ 陈琼.新课程背景下语文教师课堂评价语言有效性探究[J].语文建设,2013(35)：19-20.
⑨ 魏薇,于璇.小学语文教师课堂提问策略有效性的比较研究[J].基础教育,2014(04)：57-65.
⑩ 黎薇.课堂教学因"问"而灵动——初中语文教学课堂提问的艺术[J].牡丹江教育学院学报,2020(03)：127-128.

性学习,"由'线性'转向'块状':实现'言→意'的联结;由'单一'转向'整合':实现'文→文'的联结;"由'平移'转向'阶梯':实现'文→我'的联结"三个方面。① 常玉华在《让初中语文教学深入学生生活》中提出:"教学时也应紧密联系生活,充分融合课堂与现实生活,巧设生活情境,突破教材限制,从而使学生在语文学习过程中收获更多的知识,获得更为全面的发展。"②曹黎丽从生活化视角进行古诗词教学的探讨,提出要"基于生活经验,感知诗人情感;基于生活认知,善解诗词典故;基于生活理解,体悟诗词意境;基于生活环境,获得诗词精髓"。③ 而从生活入手也会帮助学生更好地学习。

(二)真学习:以学生为主体,以学习为主导,尊重规律,追求实效

叶圣陶先生曾评价教学活动:"教师教任何功课,'讲'都是为了达到用不着'教'。即教是为了不教!"教学是由教师的教和学生的学两部分构成,学生的学习是教学活动的最终目的。于漪先生指出:"施教之功就在于启发、引导、点拨、开窍,充分调动学生学习的自觉性和主动性,促使他们积极地发挥认识主体的作用。"④郭俊辉同样认为:"要提高课堂有效性,就必须坚持以学生为主体,确保学生的语文学习有效发生。"⑤

胡华琴将语文教学有效性总结为四个关注:"关注学生经验,夯实教学设计的基点;关注学生情感,挖掘课文的趣味点;关注学生思维,加强课堂的即时指点;关注学生能力,加强读写结合的练习。"⑥魏春林在其论文《把握"三个环节"打造高效课堂》中提出,打造语文高效课堂就要在课前准备、课堂施教、课后拓展"三个环节"上下功夫,而每一个环节的实施开展都不能脱离学生实际,必须坚持以学生为主体。⑦

除此之外,魏春林还注意到了课堂上民主平等的教学氛围对提高学生学习积极性的推动作用:"在民主平等的课堂氛围中,学生思维活跃,学得轻松、学得愉快,可以无拘无束地发表自己的见解,有助于发挥学生学习的积极主动性。"⑧郭俊辉提出:"注重学生的阅读感受与体验语文教学必须营造平等、民主、开放的课堂氛围,淡化教参、教师的权威,尊重学生独立思考的结果,保护学生的好奇心和想象力,鼓励学生敢于发表不同的意见,使教学过程成为师生分享彼此思考、体验、观念,实现教学相长的

① 顾燕萍.语文联结性学习:在寻找联系中建立体系[J].上海教育科研,2019(08):83-87.
② 常玉华.让初中语文教学深入学生生活[J].语文教学通讯,2020(11):47-49.
③ 曹黎丽.从生活化视角看初中语文古诗词教学的路径[J].语文教学通讯,2020(10):44-46.
④ 于漪.语文课堂教学有效性浅探[J].课程·教材·教法,2009(06):31-35.
⑤ 郭俊辉.新课改下初中阅读教学有效性初探[J].语文建设,2018(26):14-17.
⑥ 胡华琴.提高阅读教学有效性的四个关注点[J].上海教育科研,2015(10):92-93.
⑦ 魏春林.把握"三个环节"打造高效课堂[J].课程教育研究(新教师教学),2016(25):179.
⑧ 同⑦.

互动过程。"①吾娜·叶尔腾巴特同样关注到平等的师生关系对于初中语文教学有效性的提升具有促进作用,提出建立多元化的评价方式是初中语文教学有效性的关键。②

一些研究者注意到课堂对话的重要性,孙红芬在《如何展开多重对话,提升语文教学有效性》中提出:"垂直对话,搭建支架;水平对话,发展人格……将传统的单向传授变成多元的动态问答,构筑学生和文本、学生相互之间、学生和教师之间、学生和教学环境之间的多重对话,则能有效构筑多维度的网状对话框架,让学生提高阅读效果,积极深化语文教学,让学生在高效阅读中获得更多的收获。"③卢衍黄在其论文中同样提出:"阅读教学师生对话是最重要的教学形式,应当展现出对话的层次,达到更高程度的对话平衡,以适应多数学生的水平和要求,尽力避免各种类型的对话衰减,这样才能保证对话的可持续性,保证学生'学会、会学'。"④

刘通等人则关注到语文课堂中的问题设置。刘通提出:"(问题设置)以学生为教学中心,问题难度要适宜。"⑤汪主荣认为教师设置问题要代入学生的立场,"充分结合初中生的认知和理解,科学合理地对阅读教学内容进行创新和优化,激发学生的阅读积极性和主动性,要引进全新教学方法和多元化教学手段,全面深入地开展初中阶段的语文课堂阅读教学,提升初中语文阅读教学的有效性"⑥。

(三)成体系:从实践到理论形成相对完整的体系,追求立体化的综合效应

教育者在语文有效性长期探索实践的过程中,逐渐积累了丰富的经验,初步形成了较为完整的体系,致力于追求立体化、综合化的育人效应。

经过 20 多年的教学探索,于漪先生开创性地提出语文是"工具性与人文性的统一"⑦,这对当时已陷入"工具性"怪圈的教育界来说是一次及时的"拨乱反正",得到越来越多的教育者的肯定。1978 年,于漪先生提出语文的目的在于"教文育人",语文的学习不仅要关注学生学"文",更要关注到学生做"人"。她很早就关注到"教"是要为"学"服务,因此在其授课时一改传统师生单向模式,而改为师生、生生、生师三维网状模式,以教促学,以学促教,从而形成"教学相长"的师生观。她在《语文教苑耕耘录》中提出:通过"巧引""美读""情讲"和"趣溢"等教学方法创设教学情境,从而

---

① 郭俊辉.新课改下初中阅读教学有效性初探[J].语文建设,2018(26):14-17.
② 吾娜·叶尔腾巴特.浅谈如何让初中语文的教学更加有效[A]."2020年中小学素质教育创新研究大会"论文集,2020:147-148.
③ 孙红芬.如何展开多重对话,提升语文教学有效性[J].才智,2020(10):88.
④ 卢衍黄.师生对话衰减与平衡[J].中小学教师培训,2017(06):37-40.
⑤ 刘通.有效提问:"课堂革命"的一个突破口——以初中语文课堂教学为例[J].科学咨询,2020(11):226.
⑥ 汪主荣.提升阅读教学有效性的几个措施[J].语文天地,2020(03):71-72.
⑦ 于漪.弘扬人文改革弊端——关于语文教育性质观的反思[J].语文学习,1995(06):2-5.

达到教学艺术上的融通境界,培养学生质疑问难的习惯与为人处世的品德。

20世纪80年代,钱梦龙先生经过长达30多年的教学实践创造性地提出了"学生为主体""教师为主导""训练为主线"的语文导读思想,这一思想也确立了新型的师生关系。他提出了"自读式""教读式""练习式""复读式"四种语文教学法①,以语言、思维训练为载体激发学生的学习自主性和能动性,"加强学生四种能力的培养——识字写字能力、阅读能力、写作能力、口语交际能力。通过教学从而培养学生爱国情感,提高学生思想品德修养和审美情趣"②。

魏书生基于学生情况,同时结合语文阅读的特点,总结出了"定向、自学、讨论、答疑、自测、自结"的阅读教学六步教学法,通过"知、情、行、恒"四个环节来培养学生的语文自学能力和习惯,注重培养学生能力的迁移,提高实际应用能力,从而"使学生提高思想觉悟和陶冶道德情操"。③ 李吉林基于30多年的教育实践经验提出了情境教育理论及操作体系:"教师利用直观、生动的形象、道具等方式建构情境,在激发学生兴趣、调动学生情感的基础上诱发学生的自主学习能动性,让学生能乐学、趣学,让学生真正做到在'境中学、境中做、境中思、境中冶'。"④

提升语文学习的有效性,首先,要有"大语文"的观念,立足于教材文本、实际情况,在此基础上开展联结性学习,联系生活,联系不同文本,进行拓展深化。其次,必须是"真学习",以学生为主体,遵循规律,确保学习的真实发生。这些经验观念与实践的不断积累,也促进了教育者教学体系的完善,这又进一步提升了语文学习的综合效应。

二、主要问题与不足

在探索语文学习有效性的过程中,语文界既形成了有益的经验,同时也暴露出一些问题和不足。在中国知网、龙源期刊网和万方数据库等学术网站上输入相关词条可以检索到10 015条结果,共有相关文献三千余篇,其共性问题可以被归纳为以下三个方面。

(一)重"知识性",轻"兴趣性"

语文课程学习与其他学科不同,语文学习不是在学科知识的骨架中建构起来的,语文知识不具有物理知识、数学知识以及历史知识等对于课程的独立价值;语文教学

---

① 何之.钱梦龙"三主四式语文导读"简介[J].江苏教育(中学版),1984(11):21.
② 聂鸿英.钱梦龙的教育理念对我国语文课程改革的借鉴价值[J].吉林省教育学院学报,2017(10):71-73.
③ 张志公,刘国正.语文教学改革新成果选粹[M].广州:广东教育出版社,1990:254.
④ 李吉林.中国式儿童情境学习范式的建构[J].教育研究,2017(03):91-102.

中之所以需要知识,更多地是为了发展能力的实际需要。① 陆俭明指出,中学语文教学中讲授语文知识,其主要目的并非是要学生系统地掌握语文知识,知识在整个语文教育中,只起辅助的作用,也只能起辅助的作用。② 真正有效的学习不是简单地让学习者占有别人的知识,而是要建构自己的知识经验,形成自己的见解。③ 但在传统的语文课堂学习中,教师往往是误把教材的原生价值当作教学价值④,比较重视知识的灌输,忽略了对学生的分析,轻视了能力的培养,以致学生学习语文兴趣寡淡,教学效果不尽如人意。

有效学习的出发点首先是学生学习的兴趣,因此,只要我们在进行过程中深入研究教学内容,找准学生的兴趣点,注重启发,巧设疑问,激发兴趣,充分调动学生的学习积极性,达到知识能力和情感体验并重的效果是完全有可能的。在这一方面,已经有很多专家学者提出了行之有效的意见:教师应不断研究新内容,将陈旧的只依靠誊写和死记硬背的方法转换为多样记忆的方法;应该争取每一节课都让学生有新鲜感,增强他们学习的兴趣;应当营造轻松活泼的课堂氛围,让学生在愉快的心理体验中将所学知识铭记;甚至可以私下了解学生的兴趣爱好,根据学生的兴趣开展多样化的教学活动。⑤

《义务教育语文课程标准》提出:"学生是学习的主体。语文课程必须根据学生身心发展和语文学习的特点,爱护学生的好奇心、求知欲,鼓励自主阅读、自由表达,充分激发他们的问题意识和进取精神,关注个体差异和不同的学习需求,积极倡导自主、合作、探究的学习方式。"对未成年的孩子来说,积极、上进的学习态度,来自于学生内在的心理需求,来自于学生对语文学习的浓厚兴趣,来自于学生对语文课文积极的情感体验和感染熏陶之后所产生的强烈的学习愿望,来自于对未来的憧憬和美好的想象。⑥ 这就是说,态度需要情感来驱动,而情感需要兴趣来驱动。反之,如果学生缺乏学习兴趣,就会导致学习动机匮乏,有效性大打折扣。

(二)重"经验性",轻"科学性"

语文教学改革以来,涌现了许多教学大家,推出了许多教学方法,如魏书生"六步教学法"、钱梦龙"导读法"等等。语文界也出现了很多教学模式,诸如"传递—接受模式""自学—辅导模式""情境—陶冶模式""先学—后练模式"等。这是教学实践的经验总结与理论升华,确有可取之处。但这些都是从自身教学经验出发总结出的方

① 刘大为.语言知识、语言能力和语文教学[J].全球教育展望,2003(09):15.
② 陆俭明.语文教学之症结与出路[J].课程·教材·教法,2006(03):36.
③ 丁晓良.语文有效教学的基本特征[J].中学教育,2002(08):31.
④ 李海林.语文课程改革的进展、问题及前瞻[J].语文建设,2006(03):9.
⑤ 武利峰.初中语文探究法教学存在的误区以及改善对策[J].学周刊,2015(24):50.
⑥ 张大均.论因材施教的策略[J].课程·教材·教法,1998(07):35.

法,离不开特定的土壤与情境,理论建构难免先天不足。有的老师不顾自己的实际情况,照搬某种教法,把名家的教法当成了范本,结果弄得不伦不类,反而影响了自己教学的效果。① 这种现象被许多一线教师所批判。胡颖华指出:"科学合理地选择教学方法成为了提升教学质量的必然。"②由此可见,目前我们对于语文学习的认识还不尽科学,语文学科还没有建立起自己的概念体系,语文学习还缺乏大范围的、长时段的实证研究。③

在现阶段的理论研究中,对语文学习的有效性做专门研究的还比较少。④ 在教学活动中,学生是主体,一切要面对学生实际,教法和教学模式的运用更是如此。即使同一种教法、同一种教学模式在不同的时期也不一定都适合,往往需要适时调整,多种协调配合。当然,前人的经验可以借鉴、仿效,但我们应更多地研究他们成功背后的科学规律,找到可持续可推广的经验,汲取其中适合我们的养分,取其精华,为我所用。

语文作为一门学科,自有其科学性,强调语文教学的科学性不仅是重要的,而且是必要的。作为语文教师,在日常教育教学工作中,应该注意用科学的方法去指导教学实践。要突出学生的主体地位,尊重客观规律,摒弃主观抽象的纸上谈兵和照本宣科式的空洞说教,采取科学的引导方法,鼓励学生进行体验和感受,促进学生思维的发展和延伸;也要尊重学生的观点,提升学生的看法与认识,确保教学真正符合学生的成长规律、满足学生的个性发展需求。

(三)重"功利性",轻"实用性"

受传统应试思维的影响,高考、中考成了中学语文教育的指挥棒,许多教师把学习活动的过程仅仅当作实现目标的途径和手段,对学习过程中教育价值的发掘不够,没有视野的打开、没有生活的回归、没有人文素养的厚积、没有思辨能力的发育⑤,甚至在教学中以各种各样的测试来替代对语文的鉴赏与品味。忽视了学生的人文素养、道德意识的培养,严重偏离了素质教育背景下的语文教学目标。⑥

新课程标准指出:"语文是最重要的交际工具,是人类文化的重要组成部分,工具性和人文性的统一,是语文课程的基本特点。"语文学习指向的是人的一种基本的生存能力,即语言能力。语文锻炼我们的听、说、读、写等实用能力,具有工具性;语文培养我们的情感、态度、价值观,具有人文性。但过多地关注语文学习的应试功能,教学

---

① 王同来.中学语文教学中的几个误区[J].神州,2012(37):29.
② 胡颖华.初中语文课堂教学困境及出路分析[J].考试周刊,2020(32):31.
③ 汪保忠.语文教学存在的主要问题及原因分析[J].文学教育(上),2007(01):106.
④ 陈燕.初中语文课堂教学的有效性研究[D].上海:上海师范大学,2012.
⑤ 董旭午.弃本博功:语文教学失真低效的最大症结[J].语文建设,2013(13):11.
⑥ 黄伟.语文综合性学习教学实践中的误区辨析[J].中小学教材教学,2002(17)(中学文科·第6期):9.

内容被限制在考试题型中,语文学习就会过于程式化。长此以往,学生的语文视野被限定,既不能在生活、学习和工作的实际事务中运用语言文字获取信息、与他人交流沟通;又不会表达对人、事、物、景的感受、体验和思考,运用语言文字抒发自己的情怀①,语文课堂被应试目的所异化,最终使语文丧失了它的"工具性"和"人文性",语文教育的使命和魅力荡然无存。② 我们的学生总是看似学会了知识,却没有把语文内化成个人的素养,无法让语文学习指导他们的生活实践。

　　要改善这一现状,首先,要转变教师的观念。培养语言运用能力,提高综合素养是语文学科的内在规定性。树立正确的世界观及人生观,培养健全人格,为终身学习和全面发展打下坚实基础是语文课程的目标追求。熟读课标,认真落实和贯彻课标要求是每一位语文老师应尽的职责,而不是以考试为导向,以功利性的目标看待日常的语文教学。其次,要加强深度学习。语文教学有着自身的特点,语文教学实质上是通过对语言的感知理解来挖掘文本的深层内涵,进而达到与作者心灵的交流、思想的沟通和情感的碰撞。因此教师应当在深度教学的基础上促进学生深度学习,通过创建积极的学习共同体,培育良好的课堂氛围,激发学生深度表达的欲望和能力;在问题引领下,以丰富的、结构化的语文学习活动,引导学生深度参与,不断提升语文核心素养。

　　客观而言,语文学习面临困境,是多重因素造成的。首先是学习内容固化。许多语文教学内容脱离生活实际,甚至存在考什么教什么、不考就不教、教也是教套路的痼疾,最终扼杀了学生学习的热情。其次是教学方法僵化。目前教师对教学方法的创新和改进,进展并不明显,教学方法的单一性应用较为常见。最后是学习成效不够理想。语文课程本身需要长期积累,学法亦需持续改进,而急功近利的价值取向,导致学习竞争日益加剧,致使许多学生学习成效难如人意。从更深层面讲,造成这种困境的根源恐怕在于对于我们语文学习的认识比较短浅、考试评价的不尽科学与社会风气的急功近利。

第二节　语文学习的价值追求

　　目前,中国社会全面进入了现代化发展的新阶段,教育现代化的发展趋势为语文教育的变革奠定了基础。语文学科,在深化人的现代化上具有不可替代的作用,但仅以有效性为评价依据,在很大程度上阻碍了语文教学变革的全面推进,限制了语文学

---

① 巢宗祺.关于语文课程性质、基本理念和设计思路的对话[J].语文建设,2012(05):4.
② 钟启泉.中国课程改革:挑战与反思[J].比较教育研究,2005(12):18.

习的深度发展。从有效性学习走向有价值学习,发展学生的学科核心素养,是语文学习的更高追求。

一、语文学习的性质与目的

语文教育的目的在于培养有中国心的现代文明人,即通过德智融合的方式紧扣语文学习的性质,从语言建构与运用、思维发展与提升、审美鉴赏与创造、文化传承与理解方面发展学生的语文核心素养,使之获得最具终身发展价值的人格修养与关键语文能力。

(一) 语言建构与运用

叶圣陶先生指出"语文姓语",明确表达了语文教学的基本追求。语文课程标准强调"语文是实践性很强的课程",应首先着眼于培养学生的语言文字应用能力。

"语言建构与运用"是指学生在丰富的语言实践学习活动中,通过主动的积累、梳理和整合,逐步掌握祖国语言文字所具有的特点及各种运用规律,从而形成个体的言语经验,并能够在具体的语言情境中正确有效地运用祖国语言文字进行交流沟通的能力。

"语言建构与运用"是语文核心素养中最具有语文学科特质的基础素养,是具有本质意义的内容。思维、审美、文化皆以语言为基础。学生"语言建构与运用"的水平是其语文素养的重要表征之一。

因此,语文教学的核心目标便是"培养学生理解和运用祖国语言文字的能力"。教师应带领学生立足于语言文字开展丰富的语言实践活动,品词析句,积极表达,使学生具有适应实际需要的识写能力、阅读能力、写作能力、口语交际能力,正确地理解和运用祖国语文。

比如《竹节人》(六上)一文中,学习时可围绕核心句"我们全迷上了斗竹节人"徐徐展开:1. 圈画词语,体验"迷"之难度;2. 品读赏析,感受"迷"之深度;3. 质疑探究,领会"迷"之广度。学生在学习过程中,不仅要圈画关键词句、比较不同句型、推测斗者形象,还要联系个人经验、研讨背景资料,在细读品味中形成个性化的阅读体验和言语表达;此外散读、齐读、赛读、边演边读等多样化的朗读形式拉近了学生与文本、作者的情感距离,激发了学生的表达热情,促进语言的建构与运用。由此逐步体悟竹节人使人"入迷"的乐趣,从而达成深化锤炼的目标。

品词析句,不能仅仅局限在文本中的一个词、一句话、一段话或者是一篇文章,而需要以"大语文观"的视角,引领学生向真实、复杂、大量的语言实践深处进发。语文教师在教学中,要在语言细微处、疑惑处、精妙处,溯深意、识匠心,为学生的语言建构提供有价值的素材,为学生的语言运用提供广阔的空间。只有这样,学生的"语言建构与运用"才能真正落地,从而引导整个语文学科核心素养的真正落地。

（二）思维发展与提升

"思维发展与提升"是指学生在语文学习的过程中,通过语言运用,获得直觉思维、形象思维、逻辑思维和创造思维等思维能力的发展,以及思维的深刻性、敏捷性、灵活性、批判性和独创性等思维品质的提升。

思维能力的培养之于语文核心素养的提升,具有举足轻重的作用。形象思维尤其如此。子曰"圣人立象以尽意",表明了艺术形象对于作者情意的表现作用。形象思维是运用典型的艺术形象揭示各事物的特质。借助联想和想象,能够提高学生的形象思维能力,获得对语言和文学形象的直觉体验,进而促进学生思维的发展与提升。古诗词中有丰富而有魅力的形象,是引导学生增强形象思维能力的良好载体,更是引导学生沉浸古诗词审美意境,进而喜爱古诗词的重要途径。如学习《钱塘湖春行》时,可以引导学生置身诗境,设想自己就是白居易,立足诗句,调动想象,画下春行西湖的所见所闻;然后用生动的语言描绘这幅画面,品味意象,体悟感情,培养学生用具象思维理解诗歌的能力。

传统的语文学习侧重知识传授,缺少思维容量,尤其缺乏高阶思维。在核心素养视域下,高阶思维能力关注聚合、归纳和质疑思维能力的培养,强调分析、探究及创新能力的发展已成为学生思维品质发展的重要内容。在统编教材课文《伟大的悲剧》(七下)的学习中,可以通过质疑批判"作者为什么要反复向我们展现英雄恐惧的一面,是否有损英雄形象",引导学生感受斯科特等人面对悲剧时的真实心理,体会英雄遭受的痛苦、绝望和恐惧,进而探究作者的用意——南极的狂风暴雨销蚀了探险者的勇气和生命,却更反衬出英雄坚毅团结、抗争自然的伟大精神!这样的深度学习,在辨析争鸣中提升了学生的思维品质。

此外,须在丰富多彩的语文实践活动中渗透学生的思维训练,并在这种训练中发展学生的语言综合运用能力。以说明文《中国石拱桥》(八上)为例,学习时首先可以通过绘制思维导图理清文章脉络;然后创设问题情境,以赵州桥博物馆讲解员的身份讲解赵州桥,把握赵州桥的结构特点及说明顺序,在具体情境中提升学生的思维水平。

因此,构建以"思维发展与提升"为旨归的语文学习方式,应是语文教育促进学生有价值学习的一种自觉追求。

（三）审美鉴赏与创造

"审美鉴赏与创造"是指学生在语文活动中体验、欣赏、评价、表现和创造美的能力及品质。在语文的学习过程中,学生通过对优秀作品的鉴赏来品味语言艺术中蕴含的魅力,体验语言所表达的丰富情感,感受语言所展现出的思想魅力,从而激发学生的审美想象,让学生从中领悟人生哲理,并逐渐学会和运用口头、书面语言来表达美和创造美,形成学生自身的审美意识和能力,养成高雅的审美品位和情趣。

入选统编版教材的文本都是文质兼备的典范之作,不仅有着丰富的语用训练价值,同时也蕴含着丰富的人文元素和美学元素。以马致远的《天净沙·秋思》为例,学习时可以联系生活,紧扣诗句中"枯""老""昏"字,感知深秋的悲凉萧瑟;其次,激活想象,再现画面,体会"小桥""流水""人家"的欢快温馨,以乐景显哀情,进一步抒发诗人的思乡之情;最后适时拓展白朴《秋》:"青山绿水,白草红叶黄花",在对比中发现:同样都写秋,前者表达的是热爱自然、归隐田园之情,后者抒发的却是游子的羁旅乡愁、悲凉寂寞之感。通过引导学生品味语言美、感受形象美、体悟情感美,培养学生的鉴赏力与创造力,提升学生的审美意识和审美品味。

审美活动从来就和语文教育密不可分,充分发挥语文教育的审美功能体现了语文学科特质的内在诉求。培养语文审美鉴赏与创造素养的意义是推动语文核心素养整体发展的必由之路,是实现文学作品审美价值的重要环节,对学生的艺术修养提高和人格完善具有积极作用。

(四) 文化传承与理解

文化传承与理解是指学生在语文学习中,能继承中华优秀传统文化,理解、借鉴不同民族和地区文化的能力;以及在语文学习过程中表现出来的文化视野、文化自觉的意识和文化自信的态度。

以《桥》(六上)为例,小说塑造了一位普通的老共产党员的光辉形象,面对狂奔而来的洪水,他以自己的威信和沉稳、果断的指挥,将村民们送上跨越死亡的生命桥。文中的老支书是基层党员干部的典型代表。在学习时从文化角度可以明确:坚守职责、勇于担当,是中国共产党人一以贯之的政治品格,也是中国优秀传统文化中士人的精神基因,还是人类社会中一切优秀人物的共同品格。

语文教育的目的是以汉语文化为依托、以人类文化为背景的"文化传承与理解"。语文教育需要传承传统文化和理解多元文化,繁衍出新的健康的文化意义,实现文化的"增值",并形成学生的人文素养,使学生在实现文化成长的同时,也获得精神的成长和生命的成长。

语文核心素养的培养是语文教学的终极目标。语文核心素养是为了落实党和国家"立德树人"根本任务、继承我国语文教育历史经验以及顺应国际教育改革发展趋势而提出的时代命题,是知识和技能、过程和方法、情感态度和价值观三个维度的进一步发展和融合,是学科育人价值的集中体现,必须遵循学生成长规律和语文学科规律来构建。因此,在语文教学中一定要树立"大语文观",以学生发展为本,做到"德智融合",充分挖掘学科内在的育人价值,立体化施教,全方位育人,真正将立德树人落实到学科主渠道、课堂主阵地,培养全面发展的人。

二、以"价值"优化语文学习

当前,中小学阶段的课程改革应尝试突破"有效性"的樊篱,以"价值"为先导,优先解决痛点问题、焦点问题,然后实施整体优化,使语文学习既有价值,又具实效。以价值优化语文学习,需要回归教书育人,坚持学生主体,培育语文核心素养,在语言锻铸中传承文化。具体来说,策略如下。

(一)减少"低效、低价值"的机械积累行为

传统教学背景下的语文学习,往往充斥着大量的机械积累型学习任务。部分教师还可能以积累字词、朗读背诵等为主要方式,处理教材、检验学习成果。这些学习任务占据了学生大量的语文学习时间,却往往事倍而功半:极大地透支了学习兴趣,导致学生语言能力和思维品质裹足不前,更遑论培养学生的审美能力和文化意识了。并且,在这样的教学中,课堂成了教师的"讲堂",而不是学生的"学堂"。原本应该是多向的对话变成单向的"传话"。学生被动地执行,机械地操练,不理解语文学习的意义,更无法将语文学习的内涵与生活的外延建立关联。长此以往,一方面,学生语文学习的兴趣和积极性被消磨殆尽;另一方面,学习内容和形式与生活情境脱节,学无所用,以至于语文学习成了"走过场",毫无兴趣可言。

造成这一窘境的根源正是对语文学习的认识存在误区:语文学习的核心价值决不在于掌握多少静态知识,而在于激励、唤醒,在于启发、点拨,激发学生学习的欲望,关注学生的学习经历,使学生的心灵始终处于动态发展之中——就像"一棵树摇动另一棵树,一朵云推动另一朵云,一个灵魂唤醒另一个灵魂"。让学生主动在运用中巧妙地完成积累,培养语感,这样的语文学习才充满着鲜活与灵动,透射出生命的活力。

因此,在语文学科的有价值学习中,必须减少"低效、低价值"的机械积累行为,如背默抄写等,坚持以学生发展为本,加强语文学习在真实生活情境与语言情境中的应用,在应用中积累,在实践中成长,帮助学生积聚学习的成就感,发现语文学习的意义和价值。

(二)优化"低效、中价值"的反复操练行为

学生进行语文学习,是从未知到已知,从旧知到新知的过程。这一过程面临着熟练掌握和进一步再消化、再巩固的需求,这就需要练习。语文学习中的练习是指教师为帮助学生理解积累语言,读懂文章内容,了解文章主旨,感受表达方式,掌握学习规律和方法而精心设计的听、说、读、写的言语实践活动。它承担着学习理解、巩固知识、训练技能、培养能力、发展思维和熏陶情感等任务,是语文课堂教学的重要组成部分,也是培养学生语文实践能力的主要途径和重要策略之一。

语文课程标准指出,语文教学不仅要"进一步提高学生的语文素养,使学生具有较强的语文应用能力",而且还要培养学生"一定的语文审美能力、探究能力,形成良好的思想道德素质和科学文化素质,为终身学习和有个性的发展奠定基础"。语文学习过程中,学生形成学习经验,获得素养和能力的提升,是有价值学习的重要目标。这意味着教师必须在组织听、说、读、写的语文学习行为时,保障学生的主体地位,精

心设计并围绕核心问题展开教学,提高学生语文学习的有效性。

因此,语文学科的有价值学习,必须优化"低效、中价值"的反复操练行为,要在真练、精练上下功夫。教师要在学生解决问题时提供支架,并根据学生语文学习的反馈情况及时反思,开展少而精的练习巩固,避免对已掌握知识的重复训练,直击要害,主攻"痛点",使学习效益最大化。练习的时间、内容和方式决定了练习的成效。只有围绕复杂、真实、富有挑战的"真问题"展开学习,才能实现真正意义上的有价值学习。

教师需要从备课环节开始,精准把握学情,在课堂上精心设计"真问题",精练、真练,使高阶思维的发生水到渠成,在课堂内对学生获取信息、处理信息、整合信息等思辨能力进行强化训练,力求做到举一反三,让学生在面对复杂情境时能根据已有的学习经验主动建构知识的意义,实现自己获取知识、自我更新甚至创造新知识的理想目标。优化"低效、中价值"的反复操练行为,达到"以练促学""以练促教"的良性循环,从而实现语文学习价值的优化提升。

(三)深化高价值的有效学习行为

以"价值"优化语文学习,必须在减少低效低价值的机械积累行为、优化低效中价值的反复操练行为的基础上,进一步深化高价值的语文学习行为,一方面是帮助学生将语文学习与生活情境联系起来,发展素养,学以致用;另一方面是促使学生将语文学习和自我发展结合起来,使语文学习成为一个人精神成长的终身需求。学习一旦产生内驱力,必将推动学生主动进行语文学习,积极面对问题情境的挑战,提升学习的价值感与成就感。

由此,在语文学习中,我们要尽力创设有利于深化高价值的有效学习行为的方式和环境。如注重情境与学习的关联,以"真问题"引发学习兴趣,"不愤不启,不悱不发",学习兴趣能够激起学生真实而主动的学习,取代"刷题式"的机械操练或低层次的"信息加工",促进学生根据已知内容进行思考、推理、分析、整合,并作出评价与判断,从而发展必备品格与关键能力。而提升阅读素养就要求教师设计核心问题与问题链时,关注教学中的重点、难点、疑点等焦点问题,因为这些本身就是最刺激学生思维,激发思维的兴奋点之所在。在此基础上,学习主体将主动建构语文学习的意义,关注知识的内在关联,契合学习的本质,引发深度学习,从而掌握学习规律——在游泳中学会游泳,在学习中学会学习,并构建综合性、结构化的知识体系,提升语文素养,提升解决实际问题的能力。

深化的关键有三:首先,是发现高价值的语文学习内容。高价值的学习内容既要满足学生的实际需要,如真实生活中以"听说读写"为重点的语用需求,或是专业学习中的阅读与文学素养等;又要满足学生的精神需求,如获得深刻的学习体验,感悟人生的真谛,享受审美的愉悦,担当文化的传承等。其次,是选择高价值的语文学习活动。有价值的语文学习活动,具有综合性的特点,包含着多种能力的培养,契合语文的本质,体现学习的规律,甚至突破了学科界限,有利于开展深度学习。最后,实践有价值的语文学习行为。如创设真实的生活情境,设计挑战性的学习任务,在计划与决策、组织与监控、管控与合作、整合与表达、总结与反思等学习过程中培育语文核心素养。

以"价值"优化语文学习,促进学生在语文学科从有效性学习走向有价值学习,不是颠覆已有,另起炉灶,而是基于原有经验的再优化再升级,在本质上是一种增值行动。有价值的有效学习行为能帮助学生形成理性的学习经验,并迁移拓展,获得语文素养的全面提升。因此,以"价值"优化语文学习,让语文学习有意义、真实、有效地发生,是我们的努力方向,也是使命所在。

第三节 聚焦有价值学习的语文教学探索

聚焦高价值的语文教学探索,是基于有效教学的一种优化与提升,是以"价值"促进语文学习的理性回归。其重点是在全面提高语文素养的基础上,进一步重点提升阅读素养,丰厚文学底蕴,增加文化底蕴,教文育人,努力把学生培养成为有中国心的现代文明人。

一、提升阅读素养

高价值的有效教学,首先应在全面提升学生语文素养的基础上,致力于重点提升学生的阅读素养,如:激发阅读兴趣,习得阅读方法,厚实阅读积累,培养阅读习惯等。良好的阅读素养,是实现人的全面而有个性发展的重要基础。

提升阅读素养,课内阅读教学是基础,整本书阅读指导是关键。下述案例在整本书阅读的精读设计、专题研究、评价方式等方面做了有益的探索,值得我们用心学习。

案例2.1 《水浒传》(小说)名著导读①

学情分析

经过六年级的语文学习,大部分学生对读书有着浓厚兴趣,并有了一定的阅读能力,能在教师引导下,有重点、有思考地阅读经典,能与同伴积极交流阅读体验与收获。语文知识的系统学习与经典阅读的结合,不仅让学生巩固了阅读技法,也获得了提升能力的训练平台,有效地提升了语言的敏感性和语文素养。

教材处理

《水浒传》是统编教材九年级名著导读内容,是中国历史上第一部歌颂农民起义

---

① 本案例由上海市静安区教育学院附属学校王丽琴老师提供。

的长篇小说。计划安排在七年级进行阅读,用一学年的时间,采用精读与泛读相结合的方式,通过有效的"导""领",让阅读的价值稳稳"落地",有效"增值"。因为年龄特征和特定的时代背景,《水浒传》中有些内容的理解比较难,甚至有些跟当下的价值理念、法制观念存在较大差异,导读时需要选择、删减。

教学目标

1. 通过精读与泛读相结合的方式,梳理故事情节,了解人物特点,学习作者塑造人物的方法,了解小说情节构思与语言表达的艺术特色。

2. 通过改编、表演、比赛、交流等形式,培养阅读兴趣,提高阅读能力。

3. 通过研究性分享交流,多角度评说人物与小说主题,在个性化阅读中深入理解小说主题,培养批判性思维。

阅读规划与指导方案

时间规划	阅读内容	指导目标	方 法 指 导
读前指导	1. 了解书名出处与内涵。 2. 观看《水浒传》的电视剧片段。	让学生明确经典阅读的基本内容,激发学生的阅读兴趣。	1. 借助工具书与网络查找书名出处,了解书名的基本内涵。 2. 收看电视剧的精彩片段,交流观感。
	概览回目 设疑激趣	了解章回体小说的基本特点,理解回目特点,梳理回目与内容之间的关系。	1. 读一读感兴趣的回目名称。 2. 说一说这些回目中有哪些熟悉的人物与事件。 3. 聊一聊阅读本书的期待、方法、困惑等。
读中推进	精读片段 交流提升	1. 结合学生的阅读实际,精选《水浒传》中42则精彩片段,引导学生阅读经典。 2. 梳理故事情节,分析人物形象。	1. 用圈画、旁批、点评的方式,利用周末,每周至少完成两篇精选片段的阅读,并根据自身能力与需求完成"三级导读问题链"。 2. 利用课前五分钟,请一名同学复述故事、交流阅读心得,集体分享阅读感受。 3. 为人物立传,注意前后勾联,建立"梁山好汉英雄谱",每位同学至少做一份,共同分享。
	泛读全书 全面了解	1. 根据学生的自我需求,泛读全书,对名著有完整的了解。 2. 回看全书矛盾处、困惑处、精彩处,加深理解。	浏览精选片段外的其他内容,以小组为单位进行交流,每月一次。

时间规划	阅读内容	指导目标	方　法　指　导
读后分享	专题研究 深入阅读	通过研究性分享交流,多角度评说人物与小说主题,在个性化阅读中深入理解小说主题,培养辩证性思维、批判性思维。	1. 结合提供的相应主题进行研究性阅读,每学期一次。 2. 以多种形式展示阅读成果。如课本剧改编表演、"水浒知识知多少"的百题竞赛、思维导图等。 3. 亲子阅读,与父母家人交流阅读感受。 4. 阅读名家评点,深入理解。

案例分析

整本书的导读,常常会由于阅读时间的"漫长",阅读内容的"庞杂",阅读目标的"虚浮",而让阅读的价值具有很大的不确定性,加上阅读主体能力的不一致,更让阅读的效益呈现出不小的差异。

整本书导读的目标不仅是激发学生的阅读兴趣,让学生爱上这本书,有想要去认真阅读的强烈欲望,不仅使阅读的有效性达到最大化,而且使整本书阅读对学生学习与发展的深远价值得到了很好的体现与落实。本案例主要从以下四方面逐步达成目标:

一是导读"三结合"。采用精读与泛读相结合、自主阅读与分享交流相结合、文本阅读与多形式阅读成果展示相结合的方式,让名著的阅读做到有趣、有序、有侧重,兼具完整性。

二是精读有"梯级"。在老师有目的、有计划地"导领"下,精读42篇,每篇的阅读都有相应侧重点与问题设计,问题设计根据学生的实际情况,设置三个梯级——基础级、提高级、荣誉级。其中,基础级侧重于语文知识,提高级侧重于语文能力,荣誉级侧重于语文素养。

三是深入有"专题"。采用专题研究的学习方式,以小组为单位,根据学生的兴趣与能力选择相应主题,定期交流阅读收获与困惑。专题预设:我最喜欢的梁山好汉,说说梁山英雄们的"义",梁山好汉的智与勇,水浒人物上梁山的不同原因与结局,小人物也有大智慧等。

四是评价有"多元"。名著导读的评价不仅在读后展示里,也在整个阅读的推进中。评价的形式不只是"评选阅读之星",还可以采用课本剧改编与表演、"水浒知识知多少"的百题竞赛、思维导图、梁山好汉英雄谱、阅读小报展示等多种形式,有效检测、汇报阅读成果,提高阅读兴趣。

二、丰厚文学底蕴

高价值的有效教学,还应在全面提升学生语文素养的基础上,进一步丰厚学生的文学底蕴:积累文学知识,开阔文学眼界,提升文学感受力,增强其鉴赏、评判、表现及创造美的综合素养。

高价值的阅读教学,应充分关注文体特征,贴着文本肌理开展教学,尽量减少教师的机械讲解,代之以精当的学习形式引导学生以读悟文,进而提升学生的文学感受力与审美鉴赏力。

案例2.2　《沁园春·长沙》①

学情分析

高一(1)班学生的语文学习基础扎实,思维活跃,迁移能力强。在初中阶段,他们已经学过《沁园春·雪》,对毛泽东诗词有初步的接触。但因为刚从初中升入高中的缘故,缺少对文学作品尤其是诗词作品审美感悟的系统认知。有必要借由这篇词作,让学生拥有欣赏古今诗词作品的抓手,在对作品有感性认知的基础上,提高他们的审美品位,学会写品读札记。

教材处理

本文选自统编版高中语文必修上册第一单元,属于"文学阅读与写作"学习任务群,人文主题是"青春激扬",语文素养要求是"理解诗词运用意象抒发思想感情;从不同角度欣赏诗词,获得审美体验,提升审美能力"。本课引领单元人文主题,在意象的使用上丰富多样,将凌云壮志与壮丽秋景融为一体,不仅能让学生感受到祖国大好河山给予的画面美,体悟到昂扬青春激发的精神美,也是学生掌握品读诗词方法的典范样例。基于单元建议与实际学情,拟以"设计朗读方案"的情境性活动为主体,让学生从活动中抽象梳理,探究出"把握诗词情感、体悟诗词美感"的方法,最终引导学生领会青春之美,思考人生理想价值,同时提高诗词鉴赏水平及审美品位。

学习目标

1. 把握词作内容,领悟作者对大好河山的赞美及以天下为己任的豪气,体悟词作意境,逐步掌握诗词审美欣赏方法。

2. 在词作的启发下,结合自身经历,思考青春的内涵、青年的责任。

---

① 本案例由上海市育才中学柯萤辉老师提供。

教学流程

学习流程	教师导学	学生活动	预计用时	设计意图
导入新课	以毛泽东《沁园春·雪》引出"词"的文学常识； 阅读有关写作背景的材料,就感触最深的片段和细节进行交流。	回顾迁移 速读交流	7分钟	知识迁移,初步掌握"知人论世"的文学欣赏方法。
整体把握	**情境性活动**：请给这首词设计一个朗诵方案。将设计好的方案与周围同学进行交流;上台介绍朗诵方案,并说明理由。 **活动提示**：朗诵方案应包括的要素有——整首词不同部分的声音高低、声音强弱;断句停顿、节奏快慢等。 **理由可从以下几方面思考**：词作的具体内容及形成的画面;有表现力的字词,等等。	独立思考 完整表达 修改完善 讲演展示	18分钟	学生根据词的内容、词的画面、词的情感进行朗诵方案设计,说明理由中涵盖对词作的细节理解。
深入探究	通过以上活动,探究如何准确把握诗词的情感。 再次朗读整首词,探究如何体悟到诗词的美感。	梳理深化	9分钟	掌握品味诗词的"意象"与"意境",指导今后的阅读审美活动。
总结反思	学完这篇词作,结合自己的日常生活经验,谈谈"青春的价值"。 总结品读古诗词的方法：知人论世、理解意象、把握情感、体悟意境。	总结提升	6分钟	补充导入内容,形成对青春价值的理解。 形成诗词阅读审美的系统方法。
课后作业	请为毛泽东《水调歌头·游泳》设计朗诵方案,可以试着朗诵并录制音频与其他同学分享。	巩固分享		方法巩固。 深化分享。

案例分析

通过阅读教学提升学生的生命能量与文学素养,在案例中主要体现在两个方面：首先是深入挖掘教材中所蕴含的育人要素：以诵读为主要形式触动学生的情感,引导学生感悟、理解理想对人生的重要意义,将"国家"与"青春价值"紧密联系,升华自己的生活状态。其次是教学的过程与方法整体凸显"价值"内涵,真正提升学生的文学素养：通过课堂教学让学生掌握进入文学作品内部世界的方法,学会运用朗读的方式关注作品的画面美、思想美、情感美;在此基础上掌握对文学作品欣赏的理性方法,逐步提高文学鉴赏能力。

在课堂学习中,语文的学科价值得到体现与落实,具体表现为:在"整体把握"部分,通过情境性活动"为词作设计朗诵方案",在保证趣味性的同时,让学生对词作的文本内容、细节以及情感形成感性认知和初步审美,握住走入文学作品内部的"钥匙";在"深入探究"部分,通过梳理情境性活动中运用的方法,引导学生从感性判断逐步走向理性认知,转动"钥匙";这样,学生也就逐渐具备对"美"的诗词的判断、鉴赏能力,文学审美品位有了提升的可能。在"课后作业"部分,为毛泽东的另外一首词作设计朗读方案,将课堂内容与课后实践融会贯通,让学生在阅读实践中感受文学之美、表达文学之美。

高价值的阅读教学,除了贴紧文本特征,以读会心之外,还应该依循文学作品的基本逻辑,由景入情,由情悟理,带领学生沿波讨源走入文本深处。

案例2.3　《小站》(散文)①

学情分析

六(7)班学生思维活跃,表现欲强,课堂学习气氛浓郁。但是,对文本的把握常流于浅表,既不能深入理解文本内涵,也限制了借文本阅读提升写作能力的宏愿。由此,通过对优质文本的阅读探讨,打通读写之间的隔膜,实现学生语文学力的综合提高,是这堂语文课的任务。

教材处理

本文选自统编教材六年级第一学期第五单元,单元导语中有"用心感受生活,发现生活中的美"的人文主题,也有"抓住文章的中心,感受作者观察的细腻、描写的巧妙;注意体会文章选取适当的材料或事例表现中心的写法"的语文要素。本单元共有三篇文章——《夏天里的成长》《盼》和《小站》,作为一篇自读课文,作者袁鹰把视线落在20世纪北方铁路沿线普通小火车站上,凸显工作人员对工作的尽职尽责,对小站的精心设计,对生活的热爱以及对美的创造。篇幅短小,易读易懂,适合用于对本单元人文主题和语文要素的验证及提升。本堂课拟从"景""情""理"三字入手,完成对文本的解读,进而强化对本单元学习目标的达成。

学习目标

1. 梳理文中小站的景物,感受作者寄寓其中的情理。
2. 提升对中心与材料之间关系的认识。

---

① 本案例由上海市铁岭中学陆惊鸿老师提供。

教学流程

学习流程	教 师 导 学	学生活动	预计用时	设 计 意 图
导入新课	法国雕塑家奥古斯特·罗丹说过："生活中从不缺少美,而是缺少发现美的眼睛。"如果,命运把你安排在一个偏僻的山坳里,四周除了光秃秃的石头山,没有什么秀丽的景色,火车开过,两侧只有逼面而来的山崖和巨石。这里没有你想要的美,你该如何面对呢?	初读文本思考问题交流讨论	5分钟	激发兴趣;明确:美,有时是需要创造的。
整体把握	1. 小站人创造的美有哪些? 你是如何理解这些美的? 2. 作者是如何来写这些美的? 表达了怎样的情感? 3. 既然文章旨在借小站的美来赞美小站的人,为什么还要花笔墨写小站之"小"呢?	再读文本分析景物感受情感思考主旨	20分钟	理清作者所写之景,感受作者传递之情,思考文章的中心。
拓展深化	古罗马贺拉斯说:"无论风暴将我带到什么样的岸边,我都将以主人的身份上岸。"孔子曰:"夫芝兰生于深林,非以无人而不芳。"这两句话用来评价小站人合适吗?	研读文本独立思考小组讨论课堂交流	10分钟	对文章主旨的深挖,不能仅满足于赞美小站人的层面上,更要理解小站人真正值得赞美的是什么。
总结反思	"景""情""理"三者之间的关系。		3分钟	点明教学目标。
布置作业	以小站人的身份重新构思本文。		2分钟	检验教学效果。

案例分析

按图索骥、沿波讨源是阅读的常规思路,由此,沿着作者笔底下景物,感受作者传递的情感,进而思考蕴藏其中的哲理,以"景""情""理"三字串联起课堂教学就成了本堂课的构思。

学生终究会明白,为什么文章里出现了"红榜""黑板报""宣传画",小巧精致的"喷水池"、娇艳的"杏花",还有边歌边舞的"蜜蜂",因为这些富有特征的景和物无一不融注了小站人的心血,是他们心灵的写照,同时也是文章主旨的有力支柱。学生也一定能感受到作者要赞美的不仅是小站人忠于职守、关心他人的那颗纯朴而美丽的心,更是对他们热爱生活、创造美好的生命姿态的讴歌;他们身上没有被动委屈、没有孤芳自赏,他们身上体现出的是远高于贺拉斯和芝兰的境界,那是一种积极健康的主人翁精神。

学生通过探究的"明白"和"感受",本质上是一种超越了知识的语文学科的学习价值,这样的语文学习,对于学生而言是非常有价值的。所以本节课的教学设计既能落实感受生活、发现生活中的美的人文主题,甚至会激发学生,当生活中没有美时,就用自己的智慧和努力创造美的勇气。同时,材料与中心之间密不可分的关系一样会在本课的教学活动中得到强化,进而达成本单元语文素养的学习目标。

三、增加文化积淀

高价值的有效教学,最终还应在全面提升学生语文素养的基础上,努力增加学生的文化积淀,增强学生学习中国传统文化、革命文化以及社会主义先进文化的自觉性,拓展学生的文化视野,提升其文化思辨力,为学生的未来发展树魂立根。

高价值的有效教学,应从品味语言出发,深入理会文字背后的人文精神,然后通过对比辨析,赋予传统文化观念以崭新的时代价值。

案例 2.4　《烛之武退秦师》(文言文)①

学情分析

高一学生已初步具备结合注释读懂文言文的能力,但对文意理解还浮于表面,对史传文学接触较少,对这类文本的特点和文化意蕴认识得不够深刻。学习史传文,有助于学生了解中华文化的历史传承,深化学生对传统文化的认识。

教材处理

本文选自统编版高中语文必修下册第一单元,人文主题是"中华文明之光",所属任务群是"思辨性阅读与交流"。本单元前三篇是诸子散文,包含了儒、道思想的精华,后两篇是史传文,在叙事写人方面具有引人入胜的艺术魅力。《烛之武退秦师》作为《左传》中的经典文本,叙事详略有致,写人生动传神,蕴含着丰富的人文精神,体现着春秋时期对"礼"的推崇。基于课标、教材与学情的特点,本文分两个课时进行教学,第一课时带领学生理解文意,积累文言知识,体会烛之武的说理艺术,本课(第二课时)则围绕史传文学的特点展开,通过对比阅读、诵读体会、思考探究等方式归纳其叙事特点,并对历史叙事进行思辨性阅读与表达,提高认识历史文化的能力。

学习目标

1. 整体把握文章内容,理解重要词句,体会史传散文叙事写人的特点。

2. 结合背景,辩证认识历史人物与事件,理性评价史传中的思想文化。

---

① 本案例由安徽省合肥市第八中学蒲洁老师提供。

学习流程	教 师 导 学	学生活动	预计用时	设计意图
导入新课	以钱钟书对于史家叙事的评价引入史传文学的特点。		1分钟	激发兴趣,初步感知。
整体把握	1. 对比阅读,感知本文叙事的特点。与《春秋僖公三十年》中对这一事件的简短描述对比,初步感知本文的叙事特点。 2. 因声求气,揣摩语言背后的情味。关注文中虚词的使用,朗读体会,感受人物的性格、心理。 3. 缘事明理,探究人物行为的准则。思考以下问题:晋因何要攻打郑?烛之武为何先辞后许?夜访秦伯的情节是否合理?晋师为何撤退?	速读简析 对比感知 朗读品味 思考探究	25分钟	深入文本,运用对比、朗读、探究等方法,整体把握史传文学在内容与写法上的特点。
总结梳理	归纳史传文学的特点:基于史实,情节完备;语言生动,人物传神;渗透时代观念。		2分钟	归纳强化。
拓展深化	1. 阅读深化:引顾炎武《日知录》,结合历史背景,进一步体会《左传》对"礼"的重视。 2. 思辨交流:秦先与晋合围郑后又与郑结盟的举动,是否符合"礼"的准则?"礼"在当今是否有其存在的价值?	以"自组织"形式,在深入理解基础上,读 读、想想、议 议、讲讲、写写	10分钟	思考深化。
总结反思	总结反思学习的内容、过程与方法。		2分钟	回想深化。
课后作业	自主阅读《郑伯克段于鄢》,结合本文所学,任选一个角度进行解读,不少于200字。			拓展深化。

案例分析

　　通过有效的文言文教学来提升学生的语文素养与文化思辨力,在案例中主要体现在:

　　一是对文本重要理念的挖掘,即春秋时期军事、外交中对"礼"的推崇。面对礼崩乐坏的时代,《左传》重申"礼法"之准则,如晋侯、秦伯的排序,晋攻打郑以对方"无礼"为理由,烛之武因家国大义对郑伯的请求先辞后许,秦穆公出于礼节必须接待夜访的长者烛之武等,都体现了史家对"礼法"的推崇。

　　二是在教学过程中注重学习方法的渗透,如在"整体把握"部分通过对相关史料比较阅读,深化对原文特点的认识;采用因声求气的方法理解虚词内涵,从而进一步理解人物形象;在"拓展深化"部分引入辅读资料,深入领会本文思想观念的同时,也拓展了学生的文化视野;结合已知理念反观叙事对象,并有效结合课外文章,引导学生进行思辨性的阅读与表达,有助于读写目标的达成。

三是基于"文化传承与理解"这一核心素养,本文在整体把握作品思想内涵的基础上,注重引导学生领会经典中的人文精神,结合当下的社会生活,思考其现代意义,有助于增强学生学习中国传统文化的自觉性。

高价值的有效教学,不但要品味语言文字,结合语言情境倾听文字背后的文化意蕴,还要联结古今中外,从更为广阔的人类文化的视角加以辨析,使之具有更加丰厚、更加开阔的内涵与价值。

案例2.5　《桥》(微型小说)①

学情分析

六(1)班学生在语文学习方面,基础扎实,学习兴趣与能力较强。但六年级学生初次系统接触小说类文本,千头万绪,面面俱到容易"消化不良"。《桥》作为微型小说篇幅短小,有利于学生的阅读理解。在理解感悟文本内容的基础上,人物形象是最吸引学生的要素。因此,拟重点引导学生抓住文中关键词句,感悟老汉不徇私情、英勇献身的崇高精神。在对人物形象的挖掘中理解小说人物的典型性,从而为学习小说类文本打下坚实的基础。

教材处理

本文选自统编教材六年级第一学期第四单元,人文主题是"虚构世界"。《桥》是本单元第一篇课文,作为一篇微型小说,情节一波三折,作者满怀深情地塑造了一位普通的老共产党员的光辉形象。面对狂奔而来的洪水,他以自己的睿智沉稳、高风亮节、果决指挥,将村民们送上跨越死亡的生命桥。他把生的希望让给别人,把死的危险留给自己,是党性和人性完美结合的化身。基于单元建议与实际学情,拟结合同样讲述危难时刻英雄人物抉择的经典课文《"诺曼底"号遇难记》片段作适度拓展,以比较的方式,对主题、对人物进行更深刻的理解,实现学生文化积淀的发展与提升。

学习目标

1. 通过品词析句,分析老汉的人物形象,理解小说主旨。

2. 学习体会阅读小说的方法,初步形成批判性思维的意识。

---

① 本案例由上海市育才初级中学沈燕老师提供。

教学流程

学习流程	教师导学	学生活动	预计用时	设计意图
导入新课	抓住要素,概括故事: 迅速浏览课文,用一句话概括课文内容,注意抓住要素。	默读圈画并小结。通过小组合作读议议,分别从肖像、语言、动作等角度圈画描写老汉的语句,选最有感触的一点旁批。由发言人完整地介绍这位老汉。	2分钟	巧用要素,提纲挈领。
整体把握	赏析描写,认识老汉: 小组合作读议议,分别从肖像、语言、动作等角度圈画描写老汉的语句,选取最有感触的一点说说老汉是一个什么样的人。		15分钟	从人物描写的角度,整体把握人物形象。自组织小组的协作学习,使课堂效率得到极大提升。
节奏调整	完整介绍后发现老汉无名,小组探讨:老汉为什么没有名字?	自组织小组读议交流2分钟后全班交流,达成共识。	4分钟	一词寓褒贬,学会真正认识小说中的人物形象。
拓展深化	比较品析,理解老汉: 1. 改写结尾,为小伙子留一条生路。请大家来评判一下,这样写行不行? 2. 改变老汉的身份,小组探讨是否还会发生同样的故事。	品读故事结尾改写版本。自组织小组读议后评判其可行性。再读原版结尾,读出对人物形象的体会。	14分钟	从读者走向作者,从感性走向理性,通过对文本的批判性思维,提升对人物的理解能力和对文本的阅读能力。
总结反思	总结反思学习的内容、过程与方法。		3分钟	回想深化。
布置作业	1. 本文原题为《山洪》,作者在反复修改后将其改名为《桥》,你觉得哪个标题更合适呢?请说说理由。 2. 推荐阅读法国作家雨果的《"诺曼底"号遇难记》,比较哈尔威船长与老汉的形象异同。	学生根据课堂学习经历独立思考后畅谈本课的学习路径,小结小说的学习方法。	2分钟	分层布置,拓展深化。

案例分析

这是一个常读常新的经典文本,老汉这个人物在不断出现危机并解决危机的过程中,党性与人性(父性)得到了高度统一。通过阅读本文可以增强学生对文化的传承与理解,在案例中主要体现在三个方面:

一是以精巧的问题设计引导学生深入理解社会主义先进文化。通过自组织小组的协作共学，对"老汉为什么没有名字？""儿子不死行不行？"和"老汉换个身份行不行？"这三个问题做了步步深入的思考，有利于学生思维品质的提升，也更能凸显优秀文化的价值。"桥"的内涵在这一思辨过程中得以彰显：这是一座生命之桥！是老汉用自己的血肉之躯筑起的不朽的桥！是以老支书为代表的优秀共产党员密切联系群众的"桥"！

二是在文本细读的基础上质疑辨析，在心灵洗礼中自觉传承优秀文化。通过对结局的改编使学生感悟到悲剧色彩越浓，越能衬托出人物品质的高贵。小说中老汉割舍了比自己生命更重要的东西——儿子的生命来为信念献祭，凸显了人物的大爱无疆，形象更高大，更令人崇敬，使读者震撼，真正值得拥戴，有种夺人心魄的英雄美。这种坚守职责、勇于担当的精神是中国共产党人一以贯之的政治品格，也彰显了中国优秀传统文化中仁人志士的精神基因。

三是跳出对文学作品中的典型的机械狭隘的看法，对人物的共性与个性形成有更深刻的认识。通过与同类型人物哈尔威船长的比较，学生们对主题、对人物的理解达到了新的高度：在危难面前，所有具有这些高贵品质的人，所有真正的强者、强有力的领导人，都应该挺身而出、勇于担当！学生在此过程中从读者走向作者，从感性走向理性，不仅提升了对人物的理解能力和对文本的阅读能力，更可贵的是对文本的划时代价值进行比较辨析评价，增强文化自觉，拓展文化视野，真正提升了文化思辨力，获得了精神的洗礼和生命的成长。

聚焦高价值的语文教学探索，使语文学习实现了价值回归，变得越来越有意思。其实质是进一步回归语文教学规律，回归学生的身心发展规律，以立德树人为核心追求，为每一位学生的长远发展、全面发展奠定基础。

从有效学习走向有价值学习，是语文学习的全新追求。这是一个不断正本清源实现语文学习价值回归的过程：回归立德树人这一教育的根本任务，回归语文教育的性质与目的，回归语文学习的本质规律，回归人的身心发展规律，在语言锻铸中提升语感，感悟文学，传承文化，使语文教育充满人文主义的气息，闪耀出温暖人心的智慧火花。

第三章　数形关系中的思维提升

> 在教育改革进程中,有效教学和有效学习在提高学习效率和提升教学效果等方面确实发挥了积极作用。然而,我们在强调传授知识与培养能力的同时,在"育其行""育其心"上做得还不够,离培根和铸魂尚有一定的距离。为此,我们提出在有效学习的已有成果基础上,更需关注有价值的学习。本章旨在对当前数学学科关于有效学习取得的成果进行全面梳理,引发对命题"有效 ≠ 有价值,高效 ≠ 高价值"的深入思考,并经过学习研究提出数学学科有价值学习的特征及可能实现的几种路径。

第一节　数学学习有效性透析

数学学科的有效学习,是指学习者主体基于自身需要,积极有效地运用数学学科的学习资源和学习策略开展的自主的、内发的、自我提高的学习。它包括学习过程的有效性和学习结果的有效性,强调的是"会学",关注的是"学会"。本节运用文献综述的方式,对目前有效性学习的现状进行阐述,归纳整理数学学科在有效性学习研究方面取得的主要成果及存在的不足。

一、数学学科有效性学习的成果概述

(一) 概念教学中的有效性学习

数学概念(mathematical concepts)是反映客观事物在数量关系和空间形式方面的本质属性的思维形式。[1] 数学教师以国家规定的课程目标为教学目标,在教学过程中针对不同类型的数学概念,选用与之相适合的教学方式与方法,从多角度对数学概念进行阐述和说明,帮助学生对数学概念的内涵与外延进行全面深入的理解,在获得教学效果的同时也产生了教学效率。数学概念中的有效性学习不

---

① 王晓辉.数学课程与教学论[M].长春:东北师范大学出版社,2005:131.

仅包括数学知识的掌握,还包括学生在经历概念学习的过程中获取的方法以及形成的价值观。

汤海侠在《浅谈初中数学中的概念教学》①一文中提出:当前数学概念的教学中存在着重"形"的机械记忆而轻"义"的理解把握,重视技能的训练而轻概念的掌握以及孤立教学而轻结构同化等问题,所以要"以合理的定义和数形结合的方式","注重数学概念中的关键字词","以体系化的教学方式促进概念的学习"。教师在教学中引导学生对概念的重难点进行认真分析,在掌握核心要素的基础上加强对概念外延的理解和扩充,对于概念的各项规定与条件逐一认识并综合理解,进而牢固掌握。同时,将数学概念置于一定的体系中加以审视,明确新旧概念中的有机联系,引导学生找出概念之间的相互关系,并联系成概念网络,以此提高学生的理解能力和学习效率。

张殿宾在《对高中数学教学的着力点分析》②中认为:学生的数学知识要扎实,在此之上,有效的问题设置能激发学生学习的兴趣,培养学生的创新思维能力,从而更好地推动数学课堂教学效率的提升。教学时,教师精心设置具体的教学环节,以数学知识的发展过程为载体,按数学的认知规律设计教学,使学生参与到概念的形成过程中来,经历研究一个数学对象的基本过程,提高发现和提出问题、分析和解决问题的能力。例如,在学习"双曲线"这一节内容时,准备一根绳子、一支马克笔、两个图钉和一块画板,教师利用教具引导学生亲手画出双曲线的一支,通过这样的方式可以激发学生探究的兴趣和学习的愿望,提高学习的效率,也能适当地缓解学生的紧张心理,降低学生在主观上对学习解析几何单元的畏惧感,更重要的是通过示范过程中的有效提问、引导以及类比椭圆概念的形成过程,给出双曲线的具体定义,使学生真正参与"双曲线"概念的形成过程。

吴水荣在《提高高中数学有效性的几点思考》③中认为:数学概念的有效性学习要联系现实原理将抽象问题具体化。教师可以从生活中挖掘和教学内容相关的素材,设计生活情境,让学生在情境中探索新知识,提高他们的思维积极性,利用知识和经验理解数学概念,有效掌握数学知识的本质。例如"幂函数"的学习中,从正方体水池的边长 a 与池底地砖的面积 S、水池的体积 V 之间的关系引入,形成表 3.1.1。

以此类推,得到幂函数 $y = x^{\alpha}$ 的定义,其中 x 是自变量,α 叫做 x 的幂指数。这是幂函数概念教学中的典型例子,通过熟悉的函数 $S = a^2$ 归结出幂函数的一般式,从而得到幂函数的科学定义。以上揭示概念的教学过程,学生可以循序渐进地学习以获

①　汤海侠.浅谈初中数学中的概念教学[J].科学大众(科学教育),2013(01):49.
②　张殿宾.对高中数学教学的着力点分析[J].赤子(上中旬),2014(12):308.
③　吴水荣.提高高中数学有效性的几点思考[J].读与写(教育教学版),2017(06):102.

表 3.1.1

具 体 问 题	函数关系	一般化
已知正方体水池边长为 a ,求池底地砖的面积 S .	$S = a^2$	$y = x^2$
已知正方体水池边长为 a ,求水池的体积 V .	$V = a^3$	$y = x^3$
已知正方体水池池底地砖的面积为 S ,求边长 a .	$a = S^{\frac{1}{2}}$	$y = x^{\frac{1}{2}}$
已知正方体水池的体积为 V ,求水池的边长 a .	$a = V^{\frac{1}{3}}$	$y = x^{\frac{1}{3}}$

取新的知识,同时也了解了学习此种函数的现实意义,在过程中层层理解概念,为今后学习指数函数、对数函数打下基础,同时也提高了教学的效率。

数学概念教学中,学生有效性学习受到广泛的重视,数学概念有效教学在学生学习能力的培养与提高以及对数学感性和理性的认识等诸多方面卓有成效。当然,概念教学中教师重"教"轻"学",重"理论诠释"轻"联系实际"的现象依然存在,概念教学的环节仍需进一步完善,学生的参与度还需进一步加强。

(二) 定理教学中的有效性学习

数学定理的有效性学习,首先要求学生明确定理的条件与结论、所说明的事实及定理的表达形式,然后掌握其证明方法,明确应用范围及如何用来进行推理和解决实际问题,再进一步就是掌握一些重要定理的推广,加深对知识的系统化理解。本节内容收集了当前具有代表性的关于定理教学中的有效性学习。

数学定理是从真命题(公理或其他已被证明的定理)出发,经过受逻辑限制的演绎推理,被证明为正确结论的命题或公式。定理学习分为下位学习、上位学习和组合学习[①]:下位学习指认知结构中原有的有关观念在包容和概括水平上高于新学习的知识时所进行的学习,比如学习了函数的性质,再学习具体的指数函数、对数函数及幂函数的性质,学习的新定理可以纳入已有的认知结构中;上位学习是指在原有几个观念的基础上学习一个包容性程度更高的命题,比如先学习圆、椭圆及双曲线,再学习圆锥曲线,通过归纳、总结已经学过的有关知识获得新定理;组合学习是指学习者的认知结构里既无上位也无下位的观念同化新命题,但他的认知结构中有某些观念可以用来理解和推演新的命题,比如圆心角的弧度制计算公式,学生可以用路程、时间及速度的关系去理解演绎,通过寻找新定理与原有认知结构中有关内容的联系,在此之下进行类比学习。

---

① 何小亚.与新课程同行——数学学与教的心理学[M].广州:华南理工大学出版社,2003:85－87.

从数学史知识出发创设教学情境。《从"勾股容方"到均值不等式》①一文中提到：当我们带着HPM(数学史与数学教育)的眼光去欣赏数学历史文献时，这些文献已不再是过时的、冰冷的陈列品，而是鲜活的、生动的、充满教育意蕴的思想养料。每一个定理都在历史的长河中积淀了众多前辈的思想精华，最终形成在我们的教科书上。单成香在《高中数学定理教学中若干思考》②一文中介绍了理解对于高中数学定理学习的重要性，强调了理解可以推动知识的迁移，可以促进记忆，明确了不可以采用简单的记忆教学，并且提供了关于定理有效性学习的几种方法：一是重视公式、定理的推导过程，弄清楚来龙去脉；二是增加知识引入方式的多样化，激发学生的求知欲望；三是教学时强调特例与条件；四是提高教师对学生数学学习能力的认识。

顾庆梅在《基于APOS理论视角下的数学定理教学》③一文中将定理教学分为四个阶段。第一阶段为活动阶段(Action)，包括教学引入和探究新知，在学生已有的认知发展水平和知识经验的基础上设计数学教学活动，并结合操作实验及一些内在的思维活动，让学生在学习新定理时不会有陌生感，并能形成清晰明了的认识。第二阶段为过程阶段(Process)，将设计的教学活动重复多次，学生熟悉以后可以对活动内容反复思考，直接找出事物的共同属性，形成定理。在此阶段，学生体验知识的形成、发展和演变过程，感受从特殊到一般的认知规律，提高了数学猜想和数学归纳方面的能力。第三阶段为对象阶段(Object)，将前面两个阶段的动态过程慢慢凝聚成一般意义上的静态的数学对象，这个阶段学生将新定理看成一个学习对象，关注定理本身的特点、性质及应用。第四阶段为图示阶段(Scheme)，学生对新定理进行总结，建立概念、定理、定义之间的联系，形成综合的心理图示。顾庆梅老师还表明，并不是所有定理的教学都是遵循四个阶段顺序模式，四个阶段有时也会发生穿插和循环。

数学定理的有效教学能极大地激发学生探究数学的热情，增强学生学好数学的信心，引发学生的深度学习，实现学生对新知识的意义建构，唤起学生强烈的情感共鸣。当前，学生的问题意识和创新意识还比较薄弱，素养培育背景下的数学定理教学还需要教师开展更多的研究，进行探索、总结、反思和完善。

（三）习题教学中的有效性学习

数学习题课教学是数学教学活动的基本组成之一，对于学生学习、理解数学知识和思想起到了关键作用，所以探讨习题教学的有效性有非常重要的意义。习题教学有效性可以从教师教、学生学及教学效果三个方面去突破。教师教学的有效性指的是有效的习题课教学内容、教学方法、教学资源及课时安排；学生学习的有效性指的

① 汪晓勤.从"勾股容方"到均值不等式[J].数学通报,2015,54(02)：7-9.
② 单成香.高中数学定理教学中若干思考[J].中学生数理化,2014(11)：68.
③ 顾庆梅.基于APOS理论视角下的数学定理教学[J].考试周刊,2019(77)：58-59.

是有效的学习方法及习题课的有效参与;教学效果的有效性指的是知识与技能、过程与方法及情感态度与价值观的体现。

冯丽在《谈中学数学习题讲评课的有效性教学》①一文中认为:教师应该转变传统的数学习题评讲模式,采用现代化的教学方法,为数学习题讲评教学提供重要的保障。她提出两点措施:一是教师要对学生的错误进行归类,分析错误的原因,根据学生的错题情况去指导。比如"不等式 $ax^2 + ax + 1 > 0$ 恒成立,求实数 a 的取值范围",教师在整理学生的错题时发现,学生容易忽视对 a 进行的分类讨论,所以在讲解之前可以将典型的错误投到屏幕上,组织学生之间互相讨论,互查互纠,完善和修正解法。经过详细的讲解和相关的教学活动,学生会更加印象深刻,这一过程要争取让全体学生都主动参与进来。二是要重视学生的数学能力,提高学生的数学素养。在讲解时,不能只停留在答案的评定,教师要注重解题思路的传授,帮助学生找到规律;要教会学生如何找到解题切入口,帮助学生进行思路分析,提高学生解决问题的能力;要重视对学生数学思维的培养,让学生在解决实际问题的时候运用数学思维,提高数学意识,寻找通性通法。在讲解时,也不能只停留在答案的讲解,教师要注重解题思路的传授,帮助学生找到规律;要指导学生进行知识分类,明确本题的知识点,帮助学生找到知识点薄弱的地方;要引导学生总结解题的方法,根据不同的题目条件,选择合适的解题方法。

张传鹏在《关注数学思维,演绎精彩课堂》②一文中认为:理性的思维是以数学问题为载体,在解决问题的过程中形成的,老师在讲题时不要把答案直接写下来,因为这样的教学过程只注重知识的灌输,而没有锻炼学生的思维能力和自主解决问题的能力。在问题解决的过程中,尽量运用启发式教学,多给学生尝试的机会,让他们遵循数学的思维自然展开思考,帮助学生形成自己的思维习惯和模式。张老师认为,习题课的有效学习应该使得学习者能讲清思考问题的办法,揭示问题的本质;教师要关注学生所想的,提供学生尝试的机会。学生的学习不能仅停留在预习、听讲、复习、作业这些环节,还应去思考,教师可以陪同学生一起思考,哪怕学生提出的思路不是最优方法,只要有想法就是质的不同,要多尝试,只有不断尝试,才能取得进步,收获知识与方法。

黄秀凤在《高中数学习题课教学有效性探讨》③一文中认为:学生经过有效的习题课教学,能达到举一反三,解一题会一类的效果,以激发学生学习的主动性,使其思维能力和智力水平都得到提升,实现预期的教学效果。黄老师根据多年的课堂教学

---

① 冯丽.谈中学数学习题讲评课的有效性教学[J].新课程学习(中),2015(02):122-123.

② 张传鹏.关注数学思维,演绎精彩课堂——习题课有效性教学的一点探索[J].中小学数学(高中版),2013(02):58-60.

③ 黄秀凤.高中数学习题课教学有效性探讨[J].亚太教育,2016(35):110.

经验,总结了以下几种教学策略:一是以"焦点"为突破口讲解数学习题。在习题课教学中要找"焦点",使学生之间形成访谈型的教学模式,习题的内容设置要有层次性、典型性和灵活性,要有基础题也要设置一些有深度的问题,既要有量又要有质,采用焦点访谈法方式。当学生解题思维受阻时,就有了焦点,其他内容就是外围,对于外围不需要太多关注,启发和诱导即可,对于焦点问题要加强分析,寻找突破口。师生访谈可以集中学生的智慧,使得学生的思维得到锻炼,能力得到提升。二是激发学生的创新思维,提升习题课教学的有效性。激发学生的创新思维要提前做好准备,在选择习题的时候尽量挑选能够一题多解的题目,这样学生就会打破传统的定势思维,勤于动手动脑,在正向思维的同时也能逆向思维,使学生成为数学习题课堂的真正受益者。

现实中大量重复性、机械性的习题让学生对数学失去了兴趣,甚至于讨厌数学,这使得在数学习题教学上的投入成本与实际产出效果严重不符,低效甚至无效的数学习题课使学生对数学望而生畏。如何将现有的习题课教学模式与策略进一步优化,如何在提高学生解题能力的同时,将习题课改进和发展为培养学生核心素养的主阵地就显得尤为重要。

二、数学学科有效性学习存在的问题

有效教学的理念在数学课堂教学中占据着主要的地位,无论是从教学效率、教学效益,还是从教学效果而言,数学课堂教学与学习方式确实发生了可喜的变化。但是,受观念的影响,迫于考试的压力,数学学科有效性学习依然存在着一些问题,影响着数学教学质量的提高。

(一)高效课堂内低价值和无价值学习依然存在

片面追求课堂高效,导致教学功利化日趋明显。在日常的学校教学评价中,"教学目标达成率""作业质量与正确率"成为了两个重要的评价元素。"高效课堂"之"高效",往往被理解为在最短的教学时间内完成最大的教学任务量。这种错误理解的评价标准势必导致师生一起追求学习的技巧化与功利化。我们是否反思过:运用"题海战术",学生在单位时间内机械地刷了大量的题目,以达到"熟能生巧"的效果,考试的时候的确可以增加一些得分,但学生的思维水平真的提高了吗?经过一段时间,学生还能记住多少?是否真的实现"学为所用",体现"学有所值"?因此,在这样有着浓厚的"功利化"色彩的课堂内,学生学习的价值和有价值学习常被"悬置"和"忘却"。

(二)学生的人文精神和创新能力的培养依然缺失

当前,为达到教学的高效,教师努力寻求最有效的手段、方法和条件,把课本知识最为快捷地传授给学生。教学是否"高效",教师重点关注传授知识是否"快捷",是否"有效",是否"丰厚",这样的教学价值观在课堂实践中表现为:强调教学的"外烁""灌输"与"注入"。[①] 教师关心的是学生脑子里装进去的知识的多少,却忽视了培养人获取知识和运用知识的能力。更有甚者,教师凭借自己在教学中的绝对地位和支配作用,成为了课堂话语权的掌控者,压制着学生的话语权利,对学生的批判性意见"敷衍了事",无情地扼杀了实现学生想象力的基本条件,最终导致对学生的人文精神和创新能力培养的缺失。

(三)现实的教学实践与课程改革理念依然脱节

当前,课程改革给教学改革带来了指令式的压力,构成了强有力的冲击,更给教学改革提供了重大的发展机遇。以往从教学效率视角思考的教学改革过分重视"预设的结构性和目标的物质性",人为忽视"生成的活动性和学习的过程性",导致教学实践中的人们对于某些具体结果的关注,从而使那些存在于过程中的、与学生发展深刻相关的、有价值的东西没有发挥它应有的作用。因此,现实的教学实践与课程改革理念依然存在着一定差距,新的理念指导实践需要完成对片面的、仅仅强调"认知的有效教学"的超越。从这一层面上来说,关于"有价值学习"的研究作为一个新命题,需要我们认真反思追求"有效教学""高效课堂"的真正要义,需要我们对教育教学价值进行重新思考。

很多一线教师结合自己的教学实际,从数学的概念、定理及习题的有效教学等方面提出并践行了不少策略,如:概念的有效教学中"形""义"的理解同等重要,重视技能的训练与概念的掌握也同等重要,不可以孤立教学而轻结构,基于学生扎实的数学基础在引入方面下功夫,通过有效的问题设置激发学生的学习兴趣,培养学生的创新思维,从而更好地推动数学课堂教学效率的提升;定理的有效教学要注重过程化设计,要让学生参与进来,还可从数学史的角度让学生感受定理发展的魅力,从而更直观地去理解和体会定理;习题的有效教学要采用现代化的教学方式,不可满堂灌,要注重学生的理性思维在解题过程中的体现,教师设计题目时可考虑一题多解、多题一解的改编策略。

通过文献研究的方法,我们看到有效教学和有效学习在教育实践中取得了一定的进展,但也存在一些不足和问题,有待于我们更加深入地研究与实践,篇幅有限无法一一列举。

第二节　数学学习的价值追求

教育并不是让学生成为已有知识的"仓库"(虽然掌握一定量的知识也是必要

---

① 周先进.学会关心:教学价值观的反思与重建[M].北京:教育科学出版社,2012:31-33.

的），而是要成为进入社会、参与实践并创造幸福与美好的未来的开拓者。为此，学生必须以主动的、明辨是非的、独立思考的方式，把人类已有的实践（认识）成果转化为自身将来参与社会实践的能量，成为有能力、有担当、有责任感的社会一员。有价值学习观认为，教学不是把知识平移、传输、灌输给学生，而是由教师带领学生进入知识发生的情境、过程，引导、帮助学生成为知识发现的"参与者"而不是旁观者。换言之，学生并不是静待接受知识，而是主动"进入"知识发生发展的过程，"亲身"经历知识的"再形成"和"再发现"过程。因此，学习的过程，不仅仅是学习知识，更不止于学习知识，甚至学习知识本身只是手段，目的在于使学生能够作为主体"参与"到人类的伟大实践，了解并感悟知识背后所蕴含的情感态度与价值观，提升学生的文化水平与精神境界，使其成为具有高级社会性情感（高级社会性情感是由人的社会性需要引起的对客观事物的内心体验，包括道德感、理智感和美感）、积极的态度以及正确的价值观，有社会责任感、勇于担当的未来社会的主人。

总之，有价值学习的意义在于，通过学习让学生"参与"人类已有的社会实践，使学生在认识历史、了解历史的前提下，成为能够展望未来、创造未来的社会实践主体。数学学科有价值学习具有以下四个特征：

（1）建立结构性关联，实现经验与知识的相互转化；

（2）组织浸入式体验，实现理智与情感的相互交融；

（3）重视本质与变式，实现解构与建构的相互联结；

（4）注重迁移与应用，实现内化与外化的相互作用。

一、建立结构性关联，实现经验与知识的相互转化

数学知识不是一堆零碎分散、杂乱无章的信息，而是有内在逻辑且紧密关联的知识体系。同时，学生学习数学的过程也不是孤立的，而是要在外部资源（教师、同伴、学习材料等）的影响下，依据当前学习活动的需要去联系、激活、调动已有的知识或经验，以融会贯通的方式对学习内容进行组织，从而建构、丰盈自己的知识结构。

建立结构性关联，不仅指将学习对象与已有知识结构建立关系，而且还应包括学生的学习方式。在进入教学之前，教师应该帮助学生唤醒、激活以往的经验，使之能够自然而然地进入并辅助当下的学习，最终通过改造、融合等办法实现以往的经验融入当下的教学并得以提升和结构化。换言之，有价值学习的显著特征之一，就是学生通过调动以往的经验来认识当下的学习对象，并运用系统化思维将学习对象与已有的经验建立起结构性关联，实现以往的经验与学生个体能够操作和思考的内容（对象）的相互转化。

建立学习对象与已有知识结构的关联,以一道2018年上海高考题为例

例3.1 已知实数 x_1、x_2、y_1、y_2 满足:$x_1^2 + y_1^2 = 1$,$x_2^2 + y_2^2 = 1$,$x_1x_2 + y_1y_2 = \dfrac{1}{2}$,则 $\dfrac{|x_1 + y_1 - 1|}{\sqrt{2}} + \dfrac{|x_2 + y_2 - 1|}{\sqrt{2}}$ 的最大值为_____。

分析:目标式 $\dfrac{|x_1 + y_1 - 1|}{\sqrt{2}} + \dfrac{|x_2 + y_2 - 1|}{\sqrt{2}}$ 中含有两个绝对值及四个参数,这样的结构会让考生产生强烈的不适感,但也不是完全陌生,给人"似曾相识却无从下手"的感觉。因此,考生解答此题需要考虑如何认识和处理这两个绝对值,以及如何才能消去四个参数 x_1、x_2、y_1、y_2,此时就需要"激活""调取"与问题相契合的关联知识(见表3.2.1)。

表3.2.1 知识与经验关联表

题干呈现（已知条件）	关联知识（数学表征）	转换问题
实数 x_1、x_2、y_1、y_2	点 $P(x_1, y_1)$,$Q(x_2, y_2)$	数形转换
$x_1^2 + y_1^2 = 1$	点 $P(x_1, y_1)$ 在圆 $x^2 + y^2 = 1$ 上	圆 $x^2 + y^2 = 1$ 上两动点 P、Q
$x_2^2 + y_2^2 = 1$	点 $Q(x_2, y_2)$ 在圆 $x^2 + y^2 = 1$ 上	
$x_1x_2 + y_1y_2 = \dfrac{1}{2}$	$\overrightarrow{OP} \cdot \overrightarrow{OQ} = x_1x_2 + y_1y_2 = \dfrac{1}{2}$	$\angle POQ = 60°$ 为定值
$\dfrac{|x_1 + y_1 - 1|}{\sqrt{2}}$	点 $P(x_1, y_1)$ 到直线 $x + y = 1$ 的距离	求 P、Q 两点到直线 $x + y = 1$ 的距离之和的最大值
$\dfrac{|x_2 + y_2 - 1|}{\sqrt{2}}$	点 $Q(x_2, y_2)$ 到直线 $x + y = 1$ 的距离	

从上面的分析不难看出,学生凭借对 $\dfrac{|x_1 + y_1 - 1|}{\sqrt{2}} + \dfrac{|x_2 + y_2 - 1|}{\sqrt{2}}$ 的直观感受,关联点到直线的距离公式 $\dfrac{|Ax_1 + By_1 + C|}{\sqrt{A^2 + B^2}}$ 的结构特征,将问题转化为"距离之和",自然就会走上"代数转几何"的解题之路。接着,不断从已有经验中调取"单位圆方程""向量的数量积公式""向量夹角的计算公式"等,最终实现问题的

解决。

建立结构性关联的学习方式,以一道 2017 年高考题为例

例 3.2 已知椭圆 $C: \dfrac{x^2}{4} + y^2 = 1$,设直线 l(斜率存在)不经过点 $P(0,1)$,且与 C 相交于 A、B 两点,若直线 PA 与直线 PB 的斜率之积为 -2,求证:直线 l 经过某个定点。(有改动)

数学认知结构是数学知识结构和数学活动经验在人脑中的反映,是数学知识结构、数学经验内化的结果。学生掌握必要的解题策略(经验)是有效解决数学问题的前提,能依据具体数学情境选择合适或最优的解题策略是关键。建立结构性关联的学习方式,因学生基本活动经验的不同而存在一定差异。

学生基本活动经验 1: 设点 $A(x_1, y_1)$,$B(x_2, y_2)$,将题目条件直接转化为代数形式,希望通过方程组 $\begin{cases} \dfrac{x_1^2}{4} + y_1^2 = 1 \ , \\[2mm] \dfrac{x_2^2}{4} + y_2^2 = 1 \ , \\[2mm] \dfrac{y_1 - 1}{x_1} \cdot \dfrac{y_2 - 1}{x_2} = -2 \end{cases}$ 得到 l 的方程,显然计算过于繁琐,无功而返。

学生基本活动经验 2: 联立直线与椭圆方程,已知一个交点求出另一个交点,分别得 $A\left(\dfrac{-8k_1}{1 + 4k_1^2}, \dfrac{1 - 4k_1^2}{1 + 4k_1^2}\right)$,$B\left(\dfrac{-8k_2}{1 + 4k_2^2}, \dfrac{1 - 4k_2^2}{1 + 4k_2^2}\right)$,进而得斜率 $k_{AB} = \dfrac{k_1 + k_2}{1 - 4k_1 k_2}$;再依据条件 $k_1 k_2 = -2$,代入化简得 $k_{AB} = \dfrac{k_1 + k_2}{9}$;最后将直线方程写成

$$l_{AB}: y - \dfrac{1 - 4k_2^2}{1 + 4k_2^2} = \dfrac{k_1 + k_2}{9}\left(x + \dfrac{8k_2}{1 + 4k_2^2}\right)$$

即 $y = \dfrac{k_1 + k_2}{9}x - \dfrac{7}{9}$,进而求出定点。

学生基本活动经验 3: 从结论出发,先设直线 $AB: y = kx + m$,通过题目的条件找出 k 与 m 的关系,找到直线 AB 的变化特征,进而求出定点。

学生基本活动经验 4: 通过图形的"对称性"判断出定点一定在 y 轴上,取 PA 的斜率为 1,则 PB 的斜率为 -2,先求出特殊的点 A、B,然后猜想直线 l 经过的定点,再

对猜想出来的定点进一步验证其一般性。

上述四条基本活动经验,不一定每一条都能给学生带来成功的喜悦,有的经验会因为计算繁琐而导致解题半途而废。只有在学生出现了旧有经验不能适用时才会发生有价值学习,这种学习最大的特点是:它会在原有的基础上产生新的增长点。

仲秀英在《学生数学活动经验研究》①一文中提出了数学活动经验获得的四个大致阶段。向立政在《数学基本活动经验的获得》②一文中将这四个阶段做了进一步的优化,提出了经验萌发阶段、经验明晰阶段、经验抽象阶段、经验重构阶段。在此基础上,笔者结合教学实践,将不同的学习行为活动与各个经验阶段相对应,形成了结构性关联学习方式的关系图(图3.2.1)。

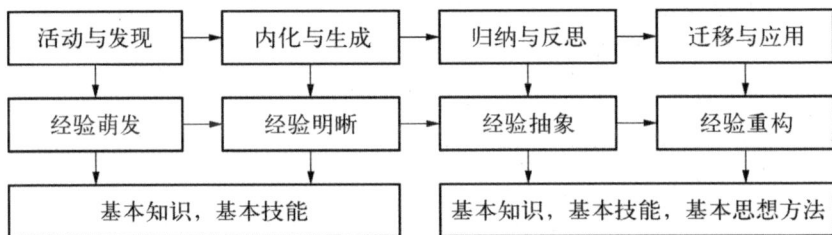

图 3.2.1　结构性关联学习方式关系图

二、组织浸入式体验,实现理智与情感的相互交融

数学里有很多概念、公式、公理和定理,为了追求效率,教师常常会简化甚至忽略其发现的过程,用"短平快"的方式直接将知识"灌输"和"平移"给学生。在这样的学习过程中,学生会毫无感觉地将数学"干货"生硬地吞下,根本体会不到其背后蕴含着的深刻、复杂的情感以及数学思想方法。因此,通过教师的引导以及精心的教学设计,组织学生进行浸入式体验,让学生主动"探索""发现""亲历"知识形成的过程,将符号化的知识"打开",将静态的知识"激活",全身心地体验知识本身蕴含的丰富、复杂的内涵与意义就显得尤为重要。当然,学生的"活动""亲身经历"不必要像人类最初发现(发明)知识那样,而只要是典型地、简约地、模拟地经历结构性的关键环节便可生发学生的内心体验。唯有在学习经历中让学生成为活动的主体,"具备文化修养和审美能力,成为数学文化的继承者",才有可能让学生成为一个具体而丰富的人。

因此,在有价值学习中,我们倡导数学学习不应是"颈部以上的"冷冰冰的理智

---

①　仲秀英.学生数学活动经验研究[D].重庆:西南大学,2008.

②　向立政.数学基本活动经验的获得:例探其基本过程、水平层次和主要特征[J].中国数学教育(高中版),2017(09):2-5.

活动,而是理智与情感共存的、鲜活而有温度的活动。学生的浸入式体验,必将伴随着与学伴(教师或同学)的交流、沟通、合作、竞争等活动,这些活动本身就还原并体现了知识发现过程中人与人之间的相互支持、信任、竞争与合作。当学生全身心地感受到伴随着活动而来的欣喜或痛苦的感觉经历的时候,学习过程便成为了学生体验社会性情绪、情感,进行积极正向社会化的重要活动(上一代人对下一代人传递文化和实施教化的过程,即向他们传授新的知识、技能,传播新的价值观念和行为规范的社会化过程)。下面以 HPM 视角下"数系的扩充与复数的概念"进行浸入式体验设计。

（一）回顾旧知,铺垫新知

解下列方程,复习一元二次方程的解法(配方法、求根公式法、因式分解法)和根的判别式:

（1）$x^2 - 2x - 3 = 0$;（2）$x^2 - 2x - 1 = 0$;（3）$x^2 - 2x + 5 = 0$。

说明:对于(3),代入求根公式得 $x = \dfrac{2 \pm \sqrt{-16}}{2}$,突出负数的平方根形式。

（二）引入问题,凸显矛盾

尝试用因式分解法解一元三次方程:

（1）$x^3 - 6x = 0$;（2）$x^3 + 21x - 20 = 0$。

介绍卡丹公式:实系数一元三次方程 $x^3 + px + q = 0$ 的一个根可表示为

$$x = \sqrt[3]{\left(-\frac{q}{2}\right) + \sqrt{\left(\frac{q}{2}\right)^2 + \left(\frac{p}{3}\right)^3}} + \sqrt[3]{\left(-\frac{q}{2}\right) - \sqrt{\left(\frac{q}{2}\right)^2 + \left(\frac{p}{3}\right)^3}}。$$

学生利用公式表示上述两个一元三次方程的根,分别为:

（1）$x = \sqrt[3]{\sqrt{-8}} + \sqrt[3]{-\sqrt{-8}}$;（2）$x = \sqrt[3]{-100 + \sqrt{-243}} + \sqrt[3]{-100 - \sqrt{-243}}$。

让学生亲身体验到一个实数可以表示成带有负数的开平方的形式的组合,解除他们的学习心理障碍。

（三）引入新数,明确规定

寻找负数的平方根,讨论 $x^2 = -1$,引入新数 $i^2 = -1$,i 称为虚数单位。

将引例中两个一元三次方程的根用虚数单位去表示,由此归纳出统一的表达形式 $a + bi(a,b \in \mathbf{R})$,引出复数的概念。

（四）直观理解,揭示本质

从数学概念的二重性(过程和对象)理解复数的代数形式;对实部和虚部讨论,揭示实数集与复数集之间的关系。

从静态和动态两个不同的角度加深对复数几何意义的理解(见表3.2.2)。

表 3.2.2　复数的几何意义

静 态 分 析	动 态 分 析
复数、有序数对和平面向量的一一对应关系	把−1的作用看成是绕原点按照逆时针方向旋转180°

（五）回顾反思，总结提升

回顾中小学阶段整个数系扩充的过程，明确扩充的目的和原则，体会数学发展与数学内部需要特别是现实需要之间的重要联系（见表3.2.3）。

表 3.2.3　数系扩充过程中的运算法则与包含关系

数系＼运算	自然数	引入负整数→整数	引入分数→有理数	引入无理数→实数	引入虚数→复数
加法	√	√	√	√	√
减法	×	√	√	√	√
乘法	√	√	√	√	√
乘方	√	√	√	√	√
除法	×	×	√	√	√
开奇次方	×	×	×	√	√
开偶次方	×	×	×	×	√
自然数集 **N** ⊆ 整数集 **Z** ⊆ 有理数集 **Q** ⊆ 实数集 **R** ⊆ 复数集 **C**					

三、重视本质与变式，实现解构与建构的相互联结

本质与变式是数学呈现方式的两个不同侧面，是反映人们对数学认识的水平与深度的一对哲学范畴。本质决定变式，是变式的根据，总是表现为一定的规律；变式是本质最鲜活、最生动的呈现，总是从不同的侧面这样或那样地体现着事物的本质。把握事物本质的过程，是解构非本质属性的干扰、分辨本质与非本质属性区别的过程，也是对学习内容进行有价值加工的过程。

在日常数学学习中，对于同一个问题可以从不同角度去审视，或可以通过不同的途径去解决；同样，多个具有相同或者相似特质的问题，我们可以找到此类问题的共性，也可以用同一种方法去解决。因此，数学学科有价值学习倡导：通过不断迁移数学问题的非本质属性、不断变换思维角度，让学生在对学习对象进行有价值加工、建构事物本质的过程中把握数学本质，再采用不同的形态、表述、结构和方法将数学本质"解构"出多样的变式，实现"解构—建构—再解构"的紧密联结，以此提高学生的数学思维能力，形成其数学思维品质。

从一道 2016 年的浙江高考题谈起

> **例 3.3** 已知向量 a、b，$|a| = 1$，$|b| = 2$，若对任意单位向量 e，均有 $|a \cdot e| + |b \cdot e| \leqslant \sqrt{6}$，则 $a \cdot b$ 的最大值是 _____．

解： 由 $|(a + b) \cdot e| \leqslant |a \cdot e| + |b \cdot e| \leqslant \sqrt{6}$，得 $|a + b| \leqslant \sqrt{6}$，展开得 $|a|^2 + |b|^2 + 2a \cdot b \leqslant 6$，整理得 $a \cdot b \leqslant \dfrac{1}{2}$，即 $a \cdot b$ 的最大值为 $\dfrac{1}{2}$。

解答此题用到的是三角不等式 $||a| - |b|| \leqslant |a \pm b| \leqslant |a| + |b|$，其中 $a, b \in \mathbf{R}$，其本质是"三角形中，恒有两边之和大于第三边，两边之差小于第三边"（特别地，当三边共线时，两边之和或两边之差等于第三边）。

变式 1 将三角不等式的右边推广至更一般的结论，即

$$|\lambda_1 a_1 \pm \lambda_2 a_2 \pm \cdots \pm \lambda_n a_n| \leqslant |\lambda_1 a_1| + |\lambda_2 a_2| + \cdots + |\lambda_n a_n|,$$

其中 $\lambda_i \in \mathbf{R}, a_i \in \mathbf{R}, i$ 为正整数．

变式 2 用有向线段表示三角形的三边，边长就是对应向量的模，于是有

$$||a| - |b|| \leqslant |a \pm b| \leqslant |a| + |b| \quad \text{（向量形式的三角不等式）。}$$

变式 3.1 把 $\triangle OAB$ 置于平面直角坐标系中，不妨设 $O(0,0)$，$A(x_1, y_1)$，$B(x_2, y_2)$，将 $|OA| + |OB| \geqslant |AB|$ 坐标化，于是有

$$\sqrt{x_1^2 + y_1^2} + \sqrt{x_2^2 + y_2^2} \geqslant \sqrt{(x_1 - x_2)^2 + (y_1 - y_2)^2} \text{ (三角不等式的解析形式1)} 。$$

变式 3.2　以 $-x_2$、$-y_2$ 分别替代 x_2、y_2，有

$$\sqrt{x_1^2 + y_1^2} + \sqrt{x_2^2 + y_2^2} \geqslant \sqrt{(x_1 + x_2)^2 + (y_1 + y_2)^2} \text{ (三角不等式的解析形式2)} 。$$

变式 4.1　将三角不等式的解析形式推广至三维，有

$$\sqrt{x_1^2 + x_2^2 + x_3^2} + \sqrt{y_1^2 + y_2^2 + y_3^2} \geqslant \sqrt{(x_1 \pm y_1)^2 + (x_2 \pm y_2)^2 + (x_3 \pm y_3)^2} 。$$

变式 4.2　再将三角不等式的解析形式推广至 n 维，有

设 $x_i, y_i \in \mathbf{R}$，$i \in \{1, 2, \cdots, n\}$，其中 n 为正整数，且 $n \geqslant 2$，那么

$$\sqrt{\sum_{i=1}^{n} x_i^2} + \sqrt{\sum_{i=1}^{n} y_i^2} \geqslant \sqrt{\sum_{i=1}^{n} (x_i \pm y_i)^2} \text{ (三角不等式的解析形式3)} 。$$

变式 5.1　把 $\triangle OAB$ 置于复平面 xOy 中，设 $\overrightarrow{OA}$、$\overrightarrow{OB}$ 对应的复数分别为 z_1、z_2，则有

$$\big| |z_1| - |z_2| \big| \leqslant |z_1 \pm z_2| \leqslant |z_1| + |z_2| \text{ (三角不等式的复数形式1)} 。$$

变式 5.2　将三角不等式的复数形式 1 的右边推广至更一般的情形，有

$$|z_1 \pm z_2 \pm \cdots \pm z_n| \leqslant |z_1| + |z_2| + \cdots + |z_n| \text{ (三角不等式的复数形式2)} 。$$

帮助学生把握知识的内在联系与本质，是教师的重要工作。学生把握了本质便能举一反三，由本质而幻化出无穷的变式，实现知识与方法的迁移。更为重要的是，建构知识本质的学习过程，能够使学生"学会学习"，形成对学习对象进行有价值加工的意识与能力，能够提升学生的智慧水平，加强学生与知识间的内在联系。

从一道立体几何题说起

例3.4　人教版普通高中教科书数学必修第二册第 114 页，8.3.1 棱柱、棱锥、棱台的表面积和体积的例1：
　　如图 3.2.2，四面体 $ABCD$ 的各棱长均为 a（称为"正四面体"），求它的表面积.

变题 1：正三角形有这样的结论："若 P 是正 $\triangle ABC$ 内任意一点，则 P 到三条边的距离之和为定值，该定值为正 $\triangle ABC$ 的高。"类比上述结论，猜想正四面体的一个结论，并验证你的猜想。

学生运用类比思想得出结论："若 M 是正四面体 $ABCD$ 内任意一点，则 M 到四个面的距离之和为定值，该定值为正四面体 $ABCD$ 的高。"实现了知识的迁移后，再通过从"等面积法"到"等体积法"的方法上的迁移，进一步验证结论的正确。

变题 2：正四面体 $ABCD$ 的棱长为 a，求它的内切球的半径 r。

可运用"等体积法"解之，也可直接运用变题 1 的结论得出：内切球的半径为正四面体高的四分之一，即 $r = \dfrac{\sqrt{6}}{12}a$。

变题 3：正四面体 $ABCD$ 的棱长为 a，求它的外接球的半径 R。

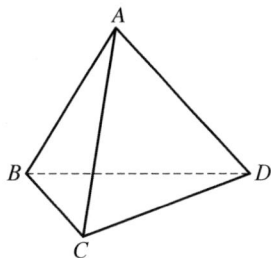

图 3.2.2

对于变题 3，学生用不同的方法解决：

方法一，如图 3.2.3，借助特征直角三角形 MOD，运用勾股定理求解。

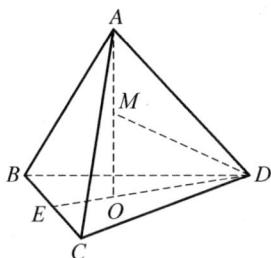

图 3.2.3

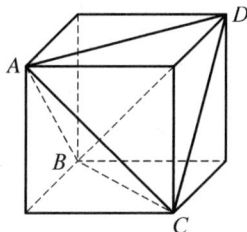

图 3.2.4

方法二，如图 3.2.4，将正四面体补成正方体，则正四面体的外接球即为正方体的外接球。因为正四面体的一条棱是正方体的一条面对角线，所以正方体的棱长为 $\dfrac{\sqrt{2}}{2}a$，体对角线长为 $\dfrac{\sqrt{6}}{2}a$，而外接球半径是体对角线长的一半，即 $R = \dfrac{\sqrt{6}}{4}a$。

方法三，运用变题 1 和变题 2 的结论。正四面体的外接球的球心 M 到四个顶点的距离相等，不难得出 M 到四个面的距离也相等，所以外接球的球心就是内切球的球心，可得外接球的半径与内切球的半径之和为正四面体的高。

变题 4：正方体 $ABCD - A_1B_1C_1D_1$ 的棱长为 a，求四面体 AB_1CD_1 的体积。

换一个角度审视正四面体，学生运用"割补法"求解体积之后，揭示正方体的体对角线与正四面体的高之间的本质联系。

数学学科核心素养本质上反映的是数学的思维品质，把握问题的本质使学生思维品质的"主干"粗壮而坚韧，通过丰富的变式让学生思维品质的"枝芽"青葱而繁茂，这种"变"与"不变"的辩证统一正是数学有价值教学的魅力所在。

四、注重迁移与应用，实现内化与外化的相互作用

早期的教育心理学研究者将迁移（Transfer of Learning）定义为先前学习的知识与

技能对新知识和技能的学习与获得的影响。① 当代流行的观点认为迁移是一种学习对另一种学习的影响。② "迁移与应用"是学生将所学知识转化为综合实践能力的必然过程。学习对象的结构性关联以及随着体验活动深化而展现的深刻性与丰富性,学生学习的自主性、创造性都在应用中得以显现,并在迁移中得以培养与加强。

"迁移与应用"与"结构性关联""浸入式体验""本质与变式"联系紧密。结构性关联本身就是一种迁移,有"结构"的支撑才能去"应用";"迁移与应用"是对浸入式体验的结果的验证,而浸入式体验的目的是最终能够实现"迁移与应用";"本质与变式"强调学生对教学内容的内化,而"迁移与应用"则强调学生对学习结果的外化。

在数学学科有价值学习中,"迁移与应用"是重要的学习方式而不只是对学习结果的检验方式。"迁移"是经验的扩展与提升,"应用"是将内化了的知识外显化、操作化的过程,也是将间接经验直接化、将符号实体化等从抽象到具体的过程,是知识活化的标志,也是学生学习成果的体现。

数学教学中常常采用类比迁移的方法。学生在准确把握两者本质结构特征的基础上,概括出一般原理,将自己在一种情境中获取的经验加以"泛化",运用到另一种新的情境,从而建立起新旧情境之间的联系,在头脑中形成比较完善的知识网络,加深对数学知识的理解。

例 3.5 若数列 $\{a_n\}$(n 为正整数)是等比数列,且 $a_n > 0$,则数列 $b_n = \sqrt[n]{a_1 a_2 \cdots a_n}$($n$ 为正整数)也是等比数列。类比上述性质,若数列 $\{c_n\}$(n 为正整数)是等差数列,则 $d_n =$ _____(n 为正整数)也是等差数列。

分析 解答此题,需要学生通过等差数列与等比数列的互变规律,将等比数列 $\{a_n\}$(n 为正整数)的一个性质向等差数列 $\{c_n\}$(n 为正整数)与之对应的性质进行正迁移。通过迁移类比可知,$d_n = \dfrac{c_1 + c_2 + \cdots + c_n}{n}$($n$ 为正整数)也是等差数列。

这种向同类相似问题迁移的例子还有很多。比如:平面图形向空间几何体的类比迁移,圆向椭圆的类比迁移,椭圆向双曲线的类比迁移,函数向数列的类比迁移,实数运算向向量运算的类比迁移,等等。学习的正迁移越大,说明学生通过学习所产生的适应新的学习情境或解决新问题的能力越强,学习价值就越高。

---

① ML Gick, KJ Holyoak. The cognitive basis of knowledge transfer[J]. Transfer of Learning: Contemporary Research and Applications, 1987(9): 47.
② 莫雷.教育心理学[M].广州:广东高等教育出版社,2002: 262.

例 3.6 正数 a、b、c、a_1、b_1、c_1 满足条件 $a + a_1 = b + b_1 = c + c_1 = k$,求证:$ab_1 + bc_1 + ca_1 < k^2$。

分析 条件 $a + a_1 = b + b_1 = c + c_1 = k$,转化为 $\dfrac{a}{k} + \dfrac{a_1}{k} = \dfrac{b}{k} + \dfrac{b_1}{k} = \dfrac{c}{k} + \dfrac{c_1}{k} = 1$。

由于 a、b、c、a_1、b_1、c_1 均为正数,所以 $0 < \dfrac{a}{k} < 1, 0 < \dfrac{b}{k} < 1, 0 < \dfrac{c}{k} < 1$。

设 A、B、C 是三个独立事件,且 $P(A) = \dfrac{a}{k}, P(B) = \dfrac{b}{k}, P(C) = \dfrac{c}{k}$。

因为 $P(A + B + C) = P(A) + P(B) + P(C) - P(AB) - P(BC) - P(CA) + P(ABC) = \dfrac{a}{k} + \dfrac{b}{k} + \dfrac{c}{k} - (\dfrac{ab}{k^2} + \dfrac{bc}{k^2} + \dfrac{ca}{k^2}) + \dfrac{abc}{k^3} \leqslant 1$,所以 $1 > \dfrac{a}{k} + \dfrac{b}{k} + \dfrac{c}{k} - (\dfrac{ab}{k^2} + \dfrac{bc}{k^2} + \dfrac{ca}{k^2}) = \dfrac{a}{k} - \dfrac{ab}{k^2} + \dfrac{b}{k} - \dfrac{bc}{k^2} + \dfrac{c}{k} - \dfrac{ca}{k^2} = \dfrac{a}{k}\left(1 - \dfrac{b}{k}\right) + \dfrac{b}{k}\left(1 - \dfrac{c}{k}\right) + \dfrac{c}{k}(1 - \dfrac{a}{k}) = \dfrac{a}{k} \cdot \dfrac{b_1}{k} + \dfrac{b}{k} \cdot \dfrac{c_1}{k} + \dfrac{c}{k} \cdot \dfrac{a_1}{k}$,即 $ab_1 + bc_1 + ca_1 < k^2$。

故命题得证。

高中数学中,"概率论"安排在"不等式"之后,此例运用了后学的知识去解决已学的问题,实现了后继学习对先前学习的逆向迁移。这种逆向迁移可以让学生将前后学习的知识融会贯通,将知识网络相互衔接和整合,从而帮助学生构建更为完整的知识体系。

当然,除了知识的横向迁移之外,还有方法上的纵向迁移,即把较为简单的理智技能作为一个组成部分加入到较为复杂的理智技能中去。

例 3.7 证明素数有无穷多个。

分析 运用反证法,通过构造新数加以解决,具体如下:

设素数有有限多个,不妨记作 $t_1, t_2, \cdots, t_n$,其中 n 为正整数。构造新数 $T = t_1 t_2 \cdots t_n + 1$,于是 T 仅有两种可能,或是一个显然比一切 $t_1, t_2, \cdots, t_n$ 都大的素数,或是一个包含比 $t_1, t_2, \cdots, t_n$ 都大的素数因子。但无论是哪种情形,都与假设相矛盾,故素数必有无穷多个。

毋庸置疑,欧几里得的经典证明的妙处在于,利用反证法构造出一种新数,从而把非常抽象的问题变成具体的问题,使得解决问题极为简洁,这种方法的迁移运用不仅留给人的印象深刻,而且能从中感受到数学解题方法的独特并令人陶醉神往。

数学是有用的,这里的"有用"不仅包括能够用数学的眼光去观察世界,并运用数学的知识解决实际问题,而且还包括能用数学的思维去思考、去解释现实生活中的现象,更表现在经历数学学习的过程中发展数学思维,培养良好的品质,提升对科学乃至生命价值的认识与理解。因此,数学学科的价值追求不应只局限于短期的"高效",而应着眼于长远的未来,其根本目标是使教育回归促进人的发展。在关注学生获得数学知识与技能多少的同时,应该带给学生的是:更多数学发现过程的经历,更多数学思想方法的感悟,更多数学文化精神的渲染,更多对生命的呵护与尊重。这正是数学教育的价值追求,也是数学学科学习的价值所在。

第三节　聚焦有价值学习的数学教学探索

在有效教学和高效课堂的理念驱动下,传统的以教师讲授为主的数学课堂已经发生了很大的改变,学生可以通过自主学习、小组讨论、合作探究等形式开展以学生为中心的主动学习。这样的形式使得课堂教学在达到高效率的同时,也在一定程度上培养了学生的合作意识和创新意识,但我们必须承认在学生素养的培育和终身发展的落实等方面,依然显得"力不从心"。指向核心素养培育的课程改革,促使我们对聚焦有价值学习的数学教学进行探索,其核心目标是培养学生具有与之终身为伴的数学思维、关键能力与数学品格,形成用数学思维思考问题的习惯,养成刻苦钻研的数学精神,进而积淀素养凝练智慧。

一、以驱动性问题为载体的情境创设

知识的获得来源于对问题的认识和解决过程,一个好的问题往往能够提供给学习者一个广阔的多向度的探索空间。以驱动性问题为背景的情境,是基于课程标准,以高度凝炼的驱动问题为表征,通过有趣又有亲和力的呈现,激发学习者学习课程内容的注意力和内驱力,引导学习者对问题进行深入探究。以驱动性问题为背景的情境是为学习而设,是通过现实世界的学科化促成学科知识的现实化。情境、任务、目标、学习成果是整体中紧密相关的部分,需要一体化设计。因此,对数学学科而言,以驱动性问题为背景的情境创设,就是要聚焦数学的核心概念,从数学史中寻求"何来""为何""何往"的答案,通过创设具有挑战性、开放性、贯穿性和社会性的问题情境,激发学习者产生更主动、更有价值的学习。

案例 3.1　谁围出的面积最大①

环节一：发现问题，创设情境

从著名的数学家欧拉小时候的故事讲起。

【情境1】小欧拉的爸爸养的羊变多了，原来的羊圈显得有点小了，爸爸决定建造一个新的羊圈。他在一块足够大的、空旷的土地上计划建造一个长 40 米，宽 15 米的长方形的羊圈。

（1）你能帮他算一算这样围成的羊圈有多大吗？

（2）如果四周都围上栅栏，至少需要多少米的栅栏？

【情境2】爸爸准备动工时，发现栅栏只有 100 米，他还能完成原先的计划吗？有没有可能爸爸围出来的羊圈比原计划还要大？

【情境3】100 米栅栏围成的长方形的最大面积是多少？

情境1，以真实的生活情境引出数学问题，在帮助学生复习基本概念的同时，拉近了学生与数学家的距离，激发了学生学习的兴趣。

情境2，基于学情创设的情境，让学生将头脑中潜在的"长方形的周长大，则面积就大"这样的想法显现出来，充分展示学生的思维过程，让不同能力水平的学生表达自己的观点，产生思维碰撞，为展开深度对话做好铺垫。

对于情境3，大家发现可以拿出很多方案，如 40×10，33×17，30×20，25×25 等，甚至还有诸如 30.5×19.5 的答案。于是，教师"趁热打铁"顺着大家的争论，给出本堂课的主题（最优解问题）也就"水到渠成"了。

环节二：解决问题，合作探究

【探究一】同桌合作：将长度为 100 米的栅栏围成长方形，选取 8 组不同的长和宽，记录在表格中，再计算出相应的面积。

组别	一	二	三	四	五	六	七	八
长								
宽								
面积								

【探究二】小组交流：根据记录表记录的数据开展组内（4—6 人为一组）交流，经集体讨论后，组长给出本小组的结论：在长和宽分别为多少时，围成的面积最大。

【探究三】成果展示：选取 1—2 个具有典型想法或结论的小组，围绕以下问题进

---

① 本案例由上海市松江区民乐学校王素凤提供，有改动。

行班级分享。

问题1：周长是100米,怎样确定长方形的长和宽?

问题2：长方形的周长一定,面积是否不变?

问题3：长方形的周长一定,面积什么时候最大?

问题4：表中的数据如何做到有序?

问题5：你还能从这些记录中发现什么规律?

设计意图：给予学生充分的时间去思考、记录、观察、比较、讨论、交流和展示,让学生经历数学研究的一般思路和方法,直观地发现围成的长方形面积与长、宽之间的关系。受小学生知识和能力的限制,经过猜想和验证的结论只能是不完全归纳法,但在整个问题解决的过程中,学生获得的数学研究方法和体会到的数学精神对他们将来的发展可谓是意义深远的。

环节三：提出问题,拓展延伸

问题6：用长度为100米的栅栏围成一个羊圈,要求围出来的面积尽可能的大,你会如何设计呢?

设计意图：本节课并没有因为教学任务的完成而划上句号,教师以驱动性问题为载体的情境创设,环环相扣,层层递进,可谓"一石激起千层浪",一个问题的解决催生出新的问题,不断地将学习引向深入。多年后,学生离开课堂,可能很多具体的知识都会遗忘,但这种"联系起来思考问题的方法和深入思考问题的习惯",将让学生受用终身。

二、以核心素养为基础的知识链构建

数学学科的核心素养是指在数学学科知识、技能的学习过程中,感悟数学学科的核心思想与方法,从而形成必备的学科观念、学科能力,并掌握学科本质。[1] 学科核心素养由四个层级构成：最底层为"双基层",以基础知识、基本技能为核心;第二层为"问题解决层",以解决问题过程中所获得的基本方法为核心;第三层为"学科思维层",是指在系统的学科学习体验、认识及内化等过程中逐步形成相对稳定的思考问题、解决问题的思维方法和价值观,实质上是初步得到学科特定的认识世界和改造世界的世界观和方法论[2];最顶层是"数学精神层",是数学双基层、问题解决层、学科思维层的深化和升华,也是数学核心素养体系形成和持续发展的动力机制。只有把学科学习过程中的知识与技能、问题解决、学科思维上升到精神层面,素养才有终极意义,学习才真正变得有价值。[3]

---

① 朱立明.基于深化课程改革的数学核心素养体系构建[J].中国教育学刊,2016(05)：76.

② 李艺,钟柏昌.谈"核心素养"[J].教育研究,2015(09)：17-23.

③ 吕世虎,吴振英.数学核心素养的内涵及其体系构建[J].课程·教材·教法,2017,37(09)：12-17.

案例3.2　正弦定理（第一课时）（苏教版普通高中教科书必修第二册）

一、知识链建构

"正弦定理"是苏教版普通高中教科书必修 2 第 11 章"解三角形"中的第 2 小节内容，以下从三方面对本节内容进行分析：一是从整章内容上看，用正弦定理和余弦定理解三角形，是典型的用代数（边角关系式）的方法来解决几何（三角形）问题，可"建系解形"去研究；二是从章节联系上看，高中数学课程的安排是将解三角形安排在"三角函数""平面向量""三角恒等变换"知识之后，可借"箭"得角去研究；三是从学段衔接上看，运用正弦定理求解三角形中的边或角，是基于学生在初中已掌握解直角三角形的活动经验，是解特殊（直角）三角形的进一步延伸，可迁移用"化直"（包括借"高"化直和借"圆"化直）的想法去研究。基于分析，正弦定理的知识链建构如图 3.3.1 所示。

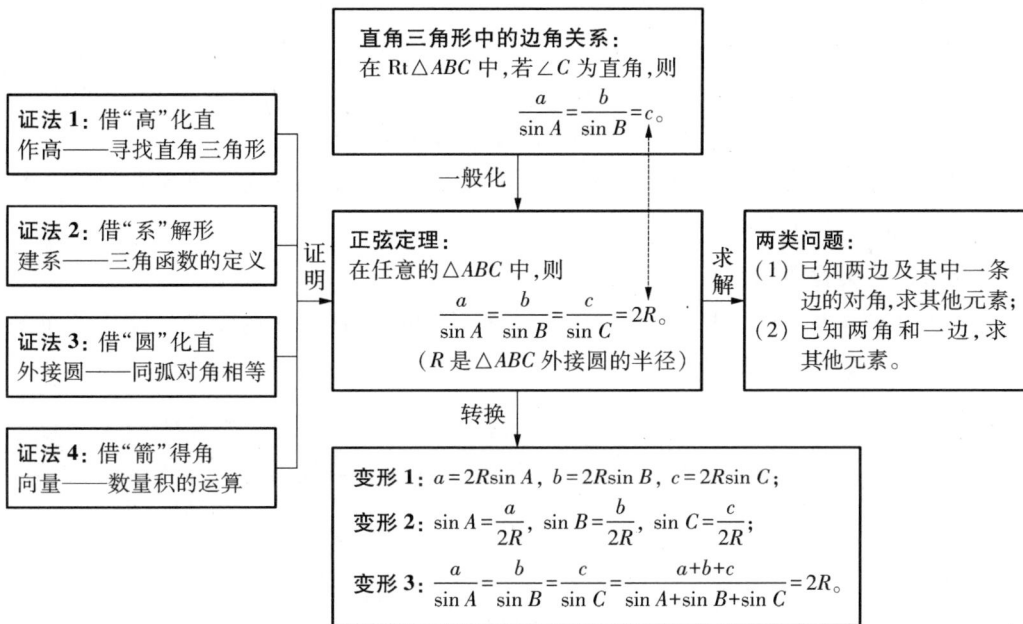

图 3.3.1　正弦定理的知识链

二、教学设计

环节一：复习引入

【问题1】你对三角形的边和角的关系都有哪些认识呢？

设计意图：情境设置的本质是为了提出问题，激发学生学习探究的欲望，其除了应该具有实用性、有效性，还应该具有连续性，也就是要着眼于学生的最近发展区，拉近初、高中知识之间的距离。

环节二：数学探究

【问题2】如图 3.3.2,在 △ABC 中,已知 ∠A 所对的边 BC 的长为 a ,∠B 所对的边 CA 的长为 b ,∠C 所对的边 AB 的长为 c ,三角形的三边长 a 、b 、c 和三内角 A 、B 、C 的大小之间是否有更为准确的量化表示呢?

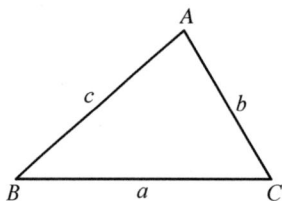　　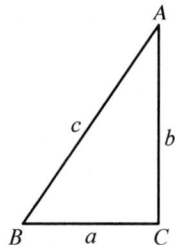

图 3.3.2　　　　　　　　　　　图 3.3.3

本质揭示：如图 3.3.3,在直角三角形 ABC 中,∠C 为直角,依据三角比可知 $\sin A = \dfrac{a}{c}$,$\sin B = \dfrac{b}{c}$,变形得 $c = \dfrac{a}{\sin A} = \dfrac{b}{\sin B}$,由于 $\sin C = 1$,于是恒有 $\dfrac{a}{\sin A} = \dfrac{b}{\sin B} = \dfrac{c}{\sin C}$。

【问题3】这个等式是否适用于其他类型的三角形呢?

设计意图：利用直角三角形中的边角关系引入课题,符合从已知到未知的认知规律,体现由特殊到一般的数学思想。

环节三：实验猜想

打开几何画板,如图 3.3.4,通过改变三角形 ABC 的顶点 A 的位置来改变三角形 ABC 的形状,验证等式是否成立。

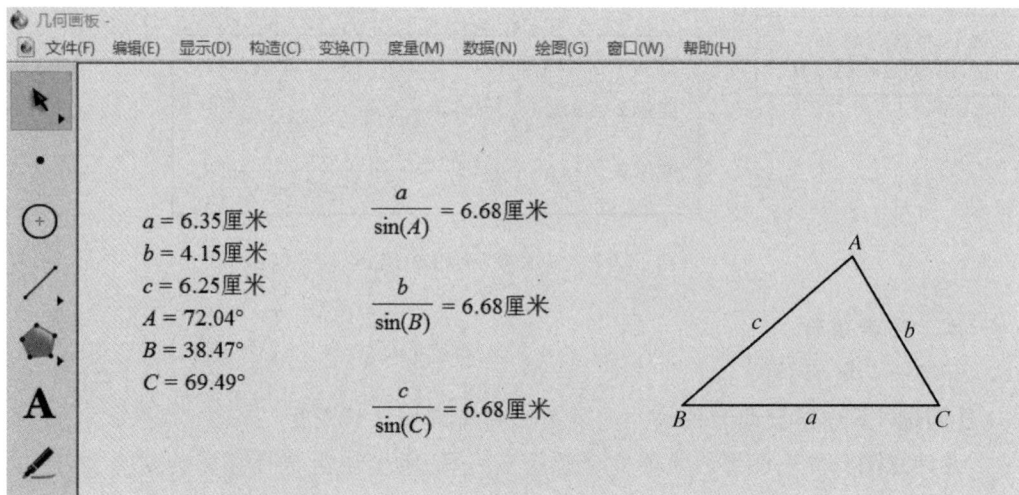

图 3.3.4

猜想：对于任意三角形 ABC，都有

$$\frac{a}{\sin A} = \frac{b}{\sin B} = \frac{c}{\sin C}。$$

即在一个三角形中，各边和它所对角的正弦之比相等。

设计意图：引导学生猜想结论，并借助几何画板的演示解释结论，学生通过观察发现猜想的合理性，形成初步结论，为进一步严谨的代数证明提供直观感知。

环节四：建构论证

【问题4】你能用数学的方法来证明你的猜想吗？

方案探索：

（1）转化为直角三角形中的边角关系（借"高"化直）；

（2）建立直角坐标系，利用三角函数的定义（借"系"解形）；

（3）通过外接圆，将任意三角形问题转化为直角三角形问题（借"圆"化直）；

（4）利用向量的投影或向量的数量积产生三角函数（借"箭"得角）。

严格论证，引导学生具体实施上述预设思路。

对正弦定理的理解：

（1）适用范围：正弦定理对任意三角形都成立。

（2）结构形式：分子为三角形的边长，分母为相应边所对角的正弦的连等式。

（3）揭示规律：正弦定理指出的是三角形中三条边与对应角的正弦之间的一个关系式，是三角形中边与角的一种数量关系。

（4）主要功能：实现三角形中边角关系的转化。

环节五：运用感悟

例题 1　在 $\triangle ABC$ 中，已知 $A = 30°$，$B = 120°$，$b = 12$，解三角形。

例题 2　在 $\triangle ABC$ 中，已知 $a = 26$，$b = 13$，$B = 30°$，解三角形。

结论　正弦定理可以解决两类问题：（1）已知两边及其中一条边的对角，求其他元素；（2）已知两角和一边，求其他元素。

【问题5】正弦定理中包含了几个等式？每个等式中有几个量？它可以解决三角形中的哪些问题？

【问题6】根据图 3.3.5 中的数据，哪几个可以直接使用正弦定理解三角形？

设计意图：在开放的活动中，引导学生经历"提出猜想—画板验证—推理论证（方案探索—严格论证）"等环节，感悟数学的严谨之美，并通过一题多证的方式，感受数学的开放之美，同时，培养学生分析、解决问题的能力。其中，方案探索的过程是唤醒并迁移已有活动经验的较高层次能力的表现。

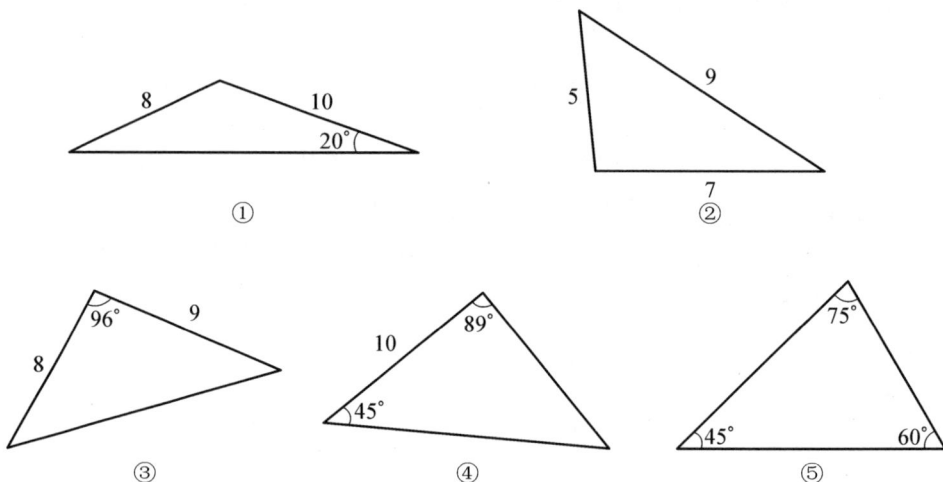

图 3.3.5

环节六：拓展升华

【问题7】若定理中的正弦改成余弦,结论还成立吗?（选择特殊三角形进行验证）

【问题8】从"借圆化直"的方案中,有什么新的发现?

【问题9】正弦定理的等比式可以有哪些不同的表达形式?

变形1 $a = 2R\sin A$，$b = 2R\sin B$，$c = 2R\sin C$。

变形2 $\sin A = \dfrac{a}{2R}$，$\sin B = \dfrac{b}{2R}$，$\sin C = \dfrac{c}{2R}$。

变形3 $\dfrac{a}{\sin A} = \dfrac{b}{\sin B} = \dfrac{c}{\sin C} = \dfrac{a + b + c}{\sin A + \sin B + \sin C} = 2R$。

环节七：总结深化

【问题10】请在横线上添加适当条件,并请同桌解答.

在 △ABC 中,已知_____,解三角形.

设计意图：让学生即学即用,在解决问题的过程中正确理解正弦定理运用的场景,及时总结方法,并通过提出问题加深对定理的理解。

【问题11】课后,用思维导图的方式总结本课所学的内容。

设计意图：用思维导图辅助学生构建知识网络。

三、以深度学习为价值取向的学习方式

所谓深度学习,就是指在教师的引领下,学生围绕着具有挑战性的学习主题,全身心积极参与、体验成功、获得发展的有意义的学习过程。在这个过程中,学生掌握学科的核心知识,理解学习的过程,把握学科的本质及思想方法,形成积极的内在学

习动机、高级的社会性情感、积极的态度、正确的价值观,成为既具独立性、批判性、创造性又有合作精神、基础扎实的优秀的学习者,成为未来社会历史实践的主人。[①]

纵观课程改革,数学教师开展了多种教学模式,如小组合作、分层教学、有效课堂,看似教学氛围热闹、师生互动频繁、充满生机与活力,但细究之后会发现,少部分数学教学游离于学科知识与本质之外,对教学内容理解的深度不够,学生的数学思维表面化,缺乏对数学知识的深度思考,更不要说培养核心素养了。

于是,以深度学习为价值取向的学习方式成为了解决上述问题的突破口。教师在深刻理解教材教学思想的基础上启发学生智慧,发展数学思维,把课堂变成师生深度对话与交流的场所。以深度学习为价值取向的学习方式具有以下两点优势:(1) 让学习者有独立、长时间的思考,使他们在思考过程中发展自身数学思维,提升对知识理解的深度;(2) 让课堂有积极、深刻的深度对话。对话是课堂教学的基本形式,学生在深度对话中经历对知识的层层深入,通过抽丝剥茧般的探究来掌握问题的本质,借助对话形成数学语言的逻辑性、缜密性,养成良好的情感、态度与价值观,而这也正是数学教育的价值追求。

案例3.3　基本不等式(第一课时)(沪教版普通高中教科书必修第一册)

基本不等式是不等式章节的学习重点,也是难点。本设计运用微课,坚持自学为主、学有所用的原则,在翻转课堂里实施强化感悟、注重拓展的策略,采用微课引领,先学后教,以学定教,深度对话,立足创新的方式,带领学生去发现去思考去延伸。

环节一:课前预学

学生观看视频(5—8 分钟微课)、阅读教材相关内容之后,完成预学任务单。

(一) 整理笔记(略)

(二) 预学自检

1. 求证:$x^2 + 1 \geqslant 2x, x \in \mathbf{R}$。

2. 用">""$\geqslant$""<""$\leqslant$"填空:

(1) 若 $x > 0$,则 $x + \dfrac{1}{x}$ _____ 2;　　　　(2) 若 $x < 0$,则 $x + \dfrac{1}{x}$ _____ 2;

(3) 若 $x \neq 0$,则 $\left| x + \dfrac{1}{x} \right|$ _____ 2。

3. 设 a, b 为任意实数,比较下列各题中两式的值的大小:

(1) $a^2 + 4b^2$ 与 $4ab$;　　　　(2) $a^2 + 3 + \dfrac{4}{a^2 + 3}$ 与 4。

---

① 郭华.深度学习及其意义[J].课程·教材·教法,2016,36(11):25-32.

4. 叙述"基本不等式1"和"基本不等式2"之间的联系和区别。

（三）我的困惑：（预学后存在的疑问，或想进一步知道什么等）

___

设计意图：利用丰富的线上教学资源，组织学生开展课前预学，完成对基础知识的初步了解。通过预学自检，检查反馈预学的效果，为教师的备课提供素材。

环节二：预学反馈

问题1：你能用三种不同的方式叙述基本不等式吗？

见表3.3.1。

表 3.3.1

	符 号 语 言	图 形 语 言	文 字 语 言
基本不等式1	对任意的 $a \in \mathbf{R}, b \in \mathbf{R}$，有 $a^2 + b^2 \geq 2ab$，当且仅当 $a=b$ 时等号成立。		任意两个实数的平方和不小于它们积的两倍。
基本不等式2	对任意的 $a>0, b>0$，有 $\dfrac{a+b}{2} \geq \sqrt{ab}$，当且仅当 $a=b$ 时等号成立。		任意两个正数的算术平均数不小于它们的几何平均数。

问题2：基本不等式具有怎样的本质特征？

见图3.3.6。

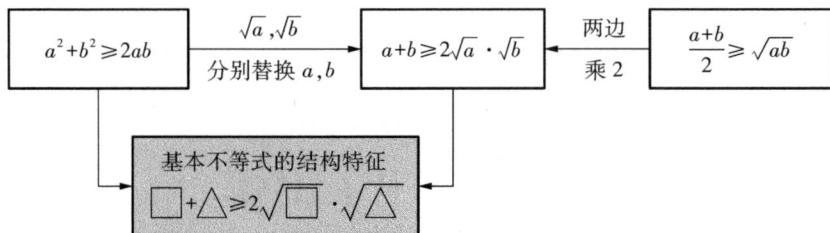

图 3.3.6

设计意图：这是对预学自检结果的反馈，也是对预学内容的深化。

环节三：对话释疑

例题 已知 $a > 0, b > 0$，求证：$\dfrac{b}{a} + \dfrac{a}{b} \geq 2$，并指出等号成立的条件。

变题1 条件改为" $a < 0, b < 0$ "，结果如何？
变题2 条件改为" $ab > 0$ "，结果如何？
变题3 条件改为" $ab < 0$ "，结果如何？
变题4 条件改为" $ab \neq 0$ "，结果如何？

小结 运用基本不等式证明其他不等式时，常用整体思想进行相关量的代换。此外，还应注意条件的限制，必要时需转换条件。

设计意图：在实际操作中掌握运用基本不等式求最值的基本方法和主要步骤，加深学生对基本不等式内容的全面掌握，为"建构深化"埋下伏笔。

环节四：建构深化

问题3：为什么叫"基本不等式"？

放手给学生去"创作"。从基本不等式的结构特征出发，通过代换、变换、移项、添项等手段，让学生去发现更多的不等式，形成知识网络（如图 3.3.7）。

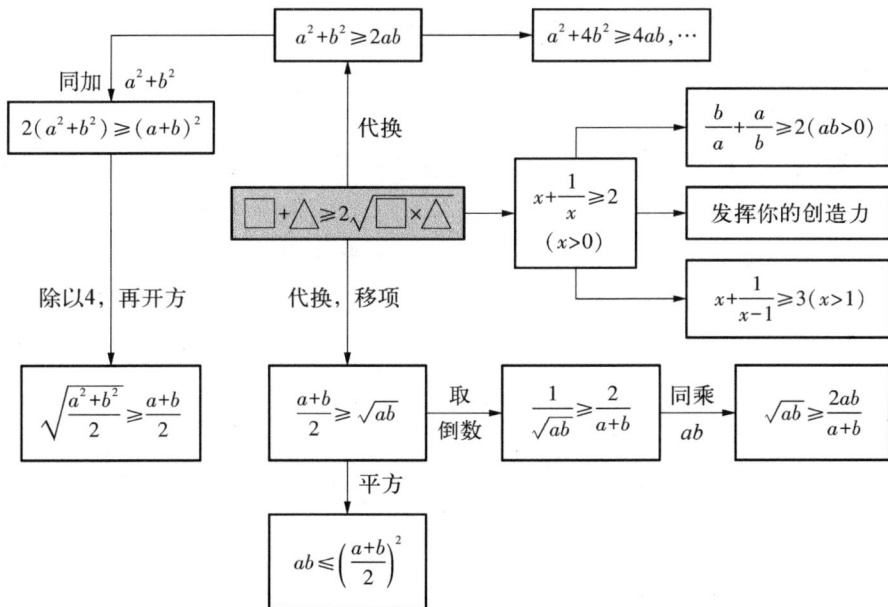

图 3.3.7

设计意图：给学生充分的时间进行深度学习，基于对本质结构的理解进行多样化的变式，实现真正意义上的"迁移与应用"。

四、以培养高阶思维为目的的学习评价

数学是思维的体操。在教学中培养学生的高阶思维,是数学学习基本的价值追求。夏雪梅教授认为,相对于抽象的思维策略,学习科学中的高阶思维是与人如何学习这些具体学科内容相关联的,学习者在真实情境中能获取可迁移的活性知识,被已知与未知之间的不协调不断激发出期待和好奇,最终实现外显化的表达与知识共同体中的反省。

数学学习如何培养高阶思维？很重要的一点是,教师要改变学习评价方式。以培养高阶思维为目的的学习评价,就是要求教师抛弃僵化的思维定势,积极鼓励学生提出问题,引导学生主动探究问题,允许学生生成真问题。

案例3.4 探究一个三角形可以被分割成两个
等腰三角形的条件（综合实践课）①

环节一：实验与发现

【实验1】将图3.3.8中的三角形纸片折一次。

（1）你能用折痕将它分割成两个三角形吗？

（2）你能用折痕将它分割成两个等腰三角形吗？

设计意图：培育学生的高阶思维,首先要培养学生的学习兴趣。以兴趣为驱动,才能更好地越过思维的障碍。设置低起点问题,让学生能够初步感知：（1）一个三角形分割成两个三角形的含义；（2）不是所有三角形都能分割成两个等腰三角形的。这是循序渐进地引导学生逐步迈向高阶思维的开阔地。

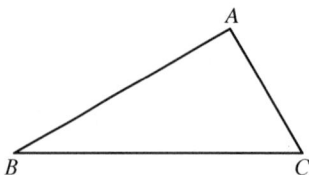
图3.3.8

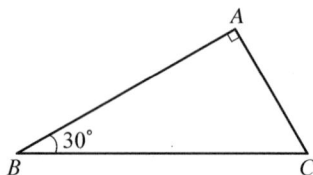
图3.3.9

【实验2】将有一个内角为30°的直角三角形纸片（如图3.3.9）折一次,你能用折痕将它分割成两个等腰三角形吗？

---

① 本案例由上海市松江区民乐学校袁涛提供,有改动。

学生经过尝试,拿出方案(如图3.3.10)。

【实验3】将顶角为120°,有一个内角为20°的三角形纸片(如图3.3.11)折一次,你能用折痕将它分割成两个等腰三角形吗?

给学生充分的时间,拿出两套方案(如图3.3.12和图3.3.13)。

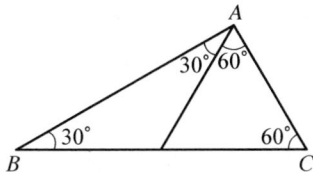

图 3.3.10

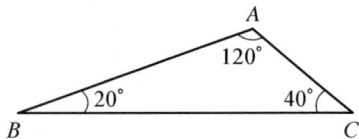

图 3.3.11

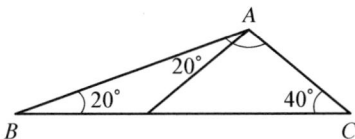

图 3.3.12

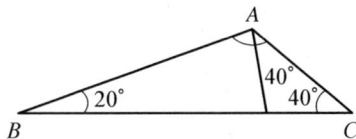

图 3.3.13

引导学生进行小结:

(1)分割线要经过三角形的某个顶点;

(2)不能分割最小角;

(3)分割的方法可能不唯一。

设计意图:化繁为简、化抽象为具体是帮助学生向高阶思维转化过程中最主要的教学手段。"折纸实验"中所提出的问题是系列问题,先从简单问题切入,再从学生比较熟悉的图形(直角三角形)入手,旨在启发学生问题解决的思维,发现解决问题的思路,并能总结概括出操作方法上的共同特征。

【实验4】同桌比赛:每位同学为自己的同桌设计一个三角形,要求对方只能折一次,用折痕将三角形分割成两个等腰三角形。共进行三轮,以成功次数较多者获胜。

赛后,学生总结发现:

(1)不是所有的三角形都能被分割成两个等腰三角形;

(2)折一次,能够被分割成两个等腰三角形的三角形,它的内角之间存在固定关系。

设计意图:通过"设计—解决—再设计—再解决"的过程,培养学生的逆向思维,学生在设计过程中可能有一些盲目性、偶然性,但是"偶然的设计"恰恰成为验证条件的资源。学生是"问题解决"的主体,高阶思维的培养不是依赖教师的传递和学生的被动接受去实现的,而是通过学生主动发现、积极探索、实践体验、解决问题而内化的。

环节二：探究与猜想

探究：如图 3.3.14，在 △ABC 中，∠A = α，∠B = β，∠C = γ，若 △ABC 能够被分割成两个等腰三角形，则 α、β、γ 之间需要满足怎样的数量关系？

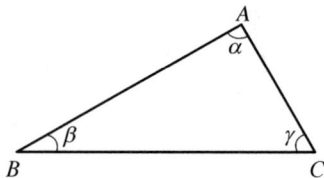

图 3.3.14

结论：在线段 BC 上取一点 D，连接 AD，使得 BD = AD。

（1）若 AD = AC，则 ∠ACD = ∠ADC，得 γ = 2β（如图 3.3.15）；

（2）若 AD = CD，则 ∠DCA = ∠DAC，得 γ = α − β，又因为 α + β + γ = 180°，所以 α = 90°（如图 3.3.16）；

（3）若 AC = CD，则 ∠CDA = ∠CAD，得 2β = α − β，即 α = 3β（如图 3.3.17）．

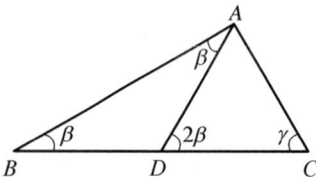
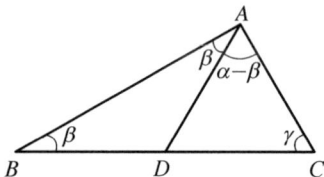
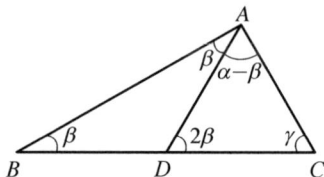

图 3.3.15　　　　　　图 3.3.16　　　　　　图 3.3.17

学生总结：

以下情形的三角形可被分割成两个等腰三角形：

（1）当原三角形有一个内角是另一个内角的两倍时，则分割第三角；

（2）当原三角形是直角三角形时，则分割直角；

（3）当原三角形有一个内角是另一个内角的三倍时，则分割三倍角。

设计意图：结合图形，与学生一起分析如何把文字语言转化为符号语言，让学生了解建模的意义和重要性。在探究过程中，学生逐渐明白并不需要证明两个等腰三角形，只需"画一证一"，即先画一个等腰三角形，再证另一个也是等腰三角形即可。同时，证明过程中引导学生进行分类讨论，培养学生客观全面地看待问题和分析问题的能力。

环节三：质疑与验证

练习：依据图 3.3.18 中提供的数据，判断下列三角形能否被分割成两个等腰三角形？如果能，说出分割方法；如果不能，简述理由。

质疑：当原三角形有一个内角是另一个内角的两倍时，不一定能被分割成两个等腰三角形。

原因：若被分割的第三角是三角形内最小的角，则不能分割。

进一步探究：如图 3.3.19，在 △ABC 中，∠A = α，∠B = β，∠C = 2β，且 α > β，若 △ABC 能够被分割成两个等腰三角形，则最小角 β 需要满足怎样的条件？

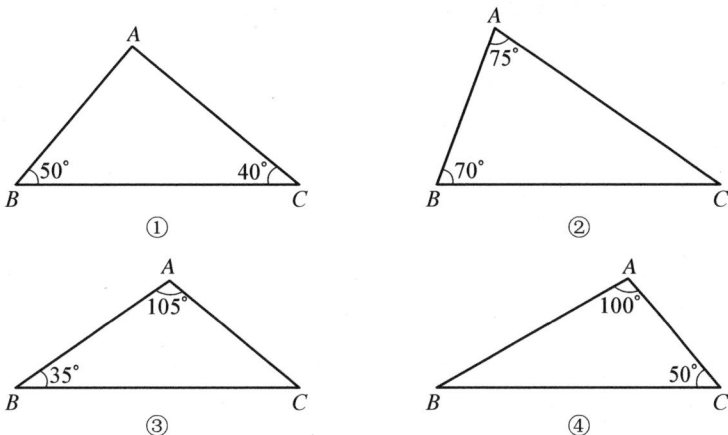

图 3.3.18

结论：当最小角不超过 45° 时,若内角关系中有 2 倍或 3 倍的关系,则这个三角形可以被分割成两个等腰三角形。

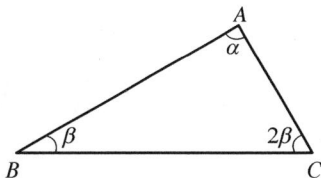

图 3.3.19

设计意图: 对具有"一个内角为另一个内角的两倍"的条件的三角形的特殊情况进行进一步研究,让学生体验探究是一个逐步深入的过程,"猜想"未必正确,培养学生严谨的治学态度。学生在质疑之后会产生深入学习的强烈欲望,感受到数学推理的乐趣,体会到数学之美。

环节四:反思与迁移

反思 1:有一个等腰三角形可以被分割成两个较小的等腰三角形,试求其顶角的度数。

反思 2:为什么实验 3 中的三角形(图 3.3.11)可以有两种分割方法? 而练习中的第②题的三角形(图 3.3.18②)只有一种分割方法?

设计意图: 培养学生问题解决的能力,树立学生的问题意识,养成反思的习惯。

我们常说"教无定法""教学是一门遗憾的艺术"。也许因为有"不确定"和"遗憾",让教学变得愈加具有魅力和吸引力。数学课堂教学作为一种有明确目的性的认知活动,无论课程改革走到哪一步,如何使得我们的课堂、我们的教学更有意义和价值,都应当成为教师永恒的追求。我们应当在课程教材实施的引领下,坚守学生主体地位,充分发挥主观能动性,对高效课堂中学习的方式与方法不断进行调整和优化,真正做到让学习更有效、更有用、更有价值。

第四章 语言运用中的文化理解

英语学科有效性学习的实现，促进了学生对语言知识的应用和语言技能的提升。而从有效性学习走向有价值学习，更是在传承和发展已有经验的基础上，彰显和聚焦英语学科在文化自信、国际理解、多元思维等方面所具有的独特育人价值。英语学科有价值学习的研究与实践，是基于对英语教学的深度思考的大胆探索。

第一节 英语学科有效性学习透析

有效性学习对于英语学科来说十分重要，近年来引起了许多教育界人士的关注。有效性教学是支持有效性学习的重要途径，中小学一线教师和高校学者对此开展了大量的实践和研究，形成了不少有效性教学的方法和策略，积累了一定的经验和成果。

一、支持有效性学习的英语教学概述

要实现英语的有效性学习，最重要的途径就是提高英语教学的有效性，英语有效性教学的实施策略近年来颇受关注。

（一）英语学科有效性教学的概念综述

在知网上检索后我们发现，关于英语有效性教学的研究从 2006 年开始越来越受到关注，文献数量也从 2006 年开始呈逐年上升的趋势。以"英语""教学""有效性"为关键词索引，搜索到相关文献 8 989 篇，和英语教学相关性较大的文献有 7 235 篇。其中，与"词汇"教学相关的有 1 077 篇，与"语法"教学相关的有 701 篇，与"阅读"教学相关的有 1 514 篇，与"听说"教学相关的有 229 篇。

俞云莉在《对英语有效性教学理论的价值审视与实践探索》一文中提出，基于对有效性教学理论的概念与发展的基本认识，比照教育部《英语课程标准》，"英语课程要从学生的学习兴趣、生活经验和认知水平出发，倡导体验、实践、参与、合作与交流的学习方式，发展学生的综合运用能力，使语言学习的过程成为学生形成积极的情感

态度、主动思维和大胆实践,提高跨文化交际意识和形成自主学习的过程"。客观上就是要求教师首先要转变教学观念,必须将教师作为教学主体与学生作为学习主体两者有机结合,兼容并包,并通过教学实践不断提高自身的教养资质,只有教师自身"高效",学生才能"有效"①。

彭玲玲则侧重从现代化教学手段和教学思想角度阐述,认为英语有效性教学指的是教师在课堂上运用现代化教学手段和全新的教学思想,使学生在全面获取语言知识的同时,综合能力也得到锻炼和提升。这个表述突出对学生在英语课堂教学中主体地位的尊重,尤其注重教师和学生在课堂上互动的开展,使学生能够在掌握方法的基础上独立学习,以创新性思维探索新知。②

还有部分学者从教学的付出和教学的所得之间的比例来阐述。汪志刚把英语有效性教学定义为保证课堂教学实效,并且尊重教学活动规律,通过合理的教学活动安排,保证教学工作在有限的时间内获得较佳的教学成果,保证教学效率的英语教学。③杨晨提出,英语教师应当遵循教学的客观规律,在保证教学质量的前提下,尽量减少资金、人力、精力的投入,同时以学生的学习为出发点,提高学生的英语水平,培养学生的英语兴趣,使学生能够在教学之后从事其教学之前不能从事的学习。④

沈德立⑤提出课堂教学的四个基本特征,包括高速记忆、教学策略、学习质量和愉悦学习,认为教学效率和知识、能力、非智力因素成正比,而和学习时间与脑力负担成反比。由此,杜娟、于洋基于沈德立提出的四个基本特征,总结出英语课堂教学效率的评价公式:$E=(H+A)/(T1*T2)$,直观地量化表征教学效率。⑥ 其中,E 代表教学效率,H 代表学生掌握的英语知识,A 代表学生形成的英语实用能力,T1 代表学生投入的课内学习时间,T2 代表学生投入的课外学习时间。这个教学效率评价公式可以反映出一些学者对于英语教学有效性的解释和理解,通俗地说,英语课堂教学的目标在于学生掌握知识及提高能力,英语课堂有效性就是指通过教学活动,学生在学业上从不懂到懂,从少知到多知,从不会到会。

（二）英语有效性教学的方法和策略综述

通过在知网上对于"英语""有效性教学"的文献检索,我们发现了近十年的英语有效性教学方面取得的不少成果,总结并提炼了一些策略和方法。例如:针对词汇

① 俞云莉.对英语有效性教学理论的价值审视与实践探索[J].新课程研究(基础教育),2010(04):12-14.
② 彭玲玲.高中英语新课程有效教学的问题与对策探讨[J].中国校外教育,2018(08):98.
③ 汪志刚.高中英语课堂有效性教学的理性思考[J].英语广场(学术研究),2014(08):163-164.
④ 杨晨.高校英语有效教学思考[J].才智,2014(16):200.
⑤ 沈德立.高效率学习的心理学研究[M].北京:教育科学出版社,2006.
⑥ 杜鹃,于洋.基于特征的生态英语教学效率评价方法探究[J].外语学刊,2012(05):125-128.

教学,唐珺指出了有效性教学策略,它包括:重视起始教学,激发学习兴趣;重视语音教学,强调音形结合;教授构词规律,帮助词汇扩充;指导使用词典,培养学生自学能力等。① 针对语法教学,阮毅贤采用"情景—体验—归纳—运用"流程,立足学生体验,归纳语法知识,促进语法的输出运用②;许蓉则提出三维语法教学策略,即让学生明白形式(form),弄清楚该结构在语境中的意义(meaning),更要求学生学会因地制宜地灵活运用(use),来促进学生综合运用语法的能力,提高语法教学有效性。③ 针对阅读教学,王永祥提出有效性教学策略有:阅读前激活背景知识,激发学生的阅读兴趣,帮助学生理解文本;读写结合,更好地帮助学生理解阅读文本;注重阅读策略的指导,促进学生有意识地习得阅读技能;反复诵读与师生讨论相结合,促进学生获取文本信息的同时内化语言。④

总之,一线教师结合自己的教学实际,从语法、词汇、阅读、听说、写作等方面提出并实践了不少教学策略,取得了一定成效。而在英语有效性教学研究成果中,任务型教学法、情境教学法和支架式教学法,得到了广大英语教师的认可和运用。

1. 任务型教学法

任务型教学被描述为教师根据教学内容,设计任务,学生用所学外语进行有目的交际,完成各项任务来实现教学目标的教学活动。任务型教学在理念上强调以学生为主体,在原则上强调语言的运用,做中学(learn by doing)能满足学习者个性发展,能提高学习者的学习兴趣和动力,从而提高学习者用所学外语进行交际的能力。根据威利斯的理论,任务型教学框架包括三个环节:任务前阶段(pre-task),教师通常借助主题任务布置,帮助学生熟悉任务,使用视频、音频、文本、图片等多种方式,帮助学生掌握与任务相关的词汇、句型等;任务环阶段(task-cycle),学生在教师的引导和监督下,分组完成任务,通过口头或书面的形式进行汇报和展示,学生可以进行分析和评价任务的完成情况,最后由教师作简短点评、概括和总结;语言聚焦阶段(language focus),主要是教师帮助学生掌握语言,训练学生对句法、词汇等方面的运用和意识,包括完成课堂和课后练习等。⑤

2. 情境教学法

情境教学是一种在优化教学过程中不断积累的教学方法。教师通过创设并利用各种情境,帮助学生利用先前的知识与已有的经验在当前情境中进行学习和认知,激

① 唐珺.提高词汇教学有效性的策略[J].教学月刊(中学版下),2007(11):41-43.
② 阮毅贤.高中英语语法教学有效性探究——以定语从句为例[J].英语教师,2016,16(13):140-142.
③ 许蓉.高中英语语法教学实践与思考——以人教版 Module 4 Unit 2 Working the land(Grammar)教学为例[J].福建基础教育研究,2012(01):78-80.
④ 王永祥.高中英语阅读教学的有效途径探索[J].基础外语教育,2017,19(01):79-86,111.
⑤ 刘永安.任务型教学实证研究[J].海外英语,2015(13):46-47.

发学生建构知识。在英语教学中,情境的创设是根据英语教学内容结合实际生活设计的,英语教学内容反映到实际生活中的表现方式是多种多样的,所以英语教学中情境创设的形式也是多种多样的,教师通过多样化的呈现方式将英语的基础知识和技能更好地融入实际情境,让学生真正领悟到英语知识的内涵和用法。同时,教师要认识到情境教学的对象是学生,所以要针对学生的实际情况,充分利用学生的兴趣,引导学生积极主动地参与到情境教学中去,有利于学生之间的相互交流学习,还有利于学生积极主动地配合教师的教学工作,达到学生有效学习的目的。英语教学的目标和内容是设计情境教学的依据和基础,所设计的情境一定要与英语教材和课堂教学内容相一致。在情境设计的过程中,一定要因材施教,结合学生的实际情况进行设计,使情境符合学生的知识结构、理解水平、感情和生活的体验等,从而使学生能主动积极地参与学习,从而提高教学的有效性。①

3. 支架式教学法

支架式教学法是建构主义者借鉴维果茨基(Vygotsky)的"最近发展区"理论,借用建筑行业中使用的"脚手架"(scaffolding)作为概念比喻学习过程中的脚手架的一种教学方法。奥万多认为"支架式教学法是指通过简单的语言、教师的示范、视觉辅助手段与图形、协作学习和动手型学习等方式来为学习者的学习提供框架支持"。② 安尼塔(2004)指出支架式教学法包括"暗示、提醒、鼓励,将问题细分为若干步骤,提供范例,或任何能使学生成长为自主学习者的方式"。③ 欧共体"远距离教育与训练项目"(DGXⅢ)提出,支架式教学法应当为学习者建构对知识的理解提供一种概念框架(conceptual framework),这种概念框架是为发展学习者对问题的进一步理解所需要的,从而将复杂的学习任务加以梯度化的分解,以便于使学习者的知识架构理解,逐步导向为能力建构的一种教学方法"。④ 根据支架的不同作用,可以分为目标型、示范型、问题型、技巧型和工具型等支架。目标型支架,即制订一定阶段性或终极性学习目标,从而让学生明确某一阶段或最终努力的方向。示范型支架是为学生的学习提供一个可以模仿的范例或者一个可以更换内容的框架。问题型支架是指教师为启发学生思考而设计的一系列进阶问题。教师在教学过程中结合不同的学习内容教给学生不同的学习方法或技巧,并指导学生进行实际应用的就是技巧型支架。为了保证学生学习任务的顺利完成,教师提供的认知、会话、协作平台,如知识库、语义网

① 刘正喜.新课标下英语情境教学策略的优化[J].教学与管理,2012(27):132-133.

② Ovando C., Collier V., Combs M. Bilingual and ESL Classrooms: Teaching Multicultural Contexts (3rd ed.) [M]. Boston: McGraw-Hill, 2003. 345.

③ Woolfolk Anita. Educational Psychology[M]. Boston: Allyn and Bacon, 2004.

④ 李征娅.支架式教学策略在小学英语课堂中的体现——基于两节小学英语骨干教师课堂语料的分析 [J].湖北经济学院学报(人文社会科学版),2011,8(05):191-192.

络、PPT 等都属于工具型支架。①

二、英语学科有效性学习的评价及现状

基于有效性学习的评价方法及相关文献研究,我们可以发现英语教师通常用三种方法来评价学生英语学习的有效性,但结合英语学习的现状来看,这三种评价方法各有利弊。

(一) 英语学习的相对评价法

最常见的是相对评价法,就是通过选取和设立实验班和对照班,分别实施不同的教学策略,并选取不同维度的对照因素,如目标词汇的掌握情况、目标语篇的阅读速度和理解准确率、听力水平的提升情况等,将实验班和对照班进行对比,比较优劣,以确定开展教与学的成果。但是,实际上影响上述学习结果的因素与变量很多,英语学习是一个复杂的过程,如果简单地用词汇认知准确数量、阅读理解得分情况、听力测试得分高低等来判断,就认定学习是有效或无效的,那么这样的评价结论其准确性和合理性都值得质疑,更重要的是这样的评价窄化了英语语言学习,从某种程度上也扼杀了学生英语语言学习的发展可能。

(二) 英语学习的形成性评价法

形成性评价法,就是在学习的过程中,不断调整和改进教学活动,通过实施形成性测试和平行性测试,对标教学目标进行结果分析,使学生能够牢固掌握语法知识、记忆更多单词、准确获取语篇信息等,就可以认定英语学习是有效的。如果实现上述学习结果的单位时间可以被缩短,就可以从效果角度来认定这样的英语学习是高效的。但是,能通过形成性测试和平行性测试进行结果分析的英语学习,往往局限在语法、词汇等语言知识和部分技能,教师通过强化单位时间内教学效果的巩固,争取在最少的时间内使学生学得更多、记得更牢、考得更好,也就是关注到了英语学习效果和效率的评价,而对英语学习的效益往往考量不够。

(三) 英语学习的个体内差异评价法

个体内差异评价法,就是以评价对象自身各个元素为基准进行判断的一种方法,通过对比评价指标的现在或过去,或把一个评价指标的若干侧面相比较,取得评价结论。比如:一些教师在英语阅读教学过程中借助多元化的教学策略激发学生个体更积极参与英语阅读的兴趣,让学生主动进行英语阅读,自发产生求知欲望。他们认为当学生的阅读时间变长,阅读能力增强,通过阅读获取的信息增多,那么无疑是有效性学习最好的体现。这样的评价方法兼顾了英语学习的效果和效益,但对于兴趣、欲

---

① 岳铁艳.大学英语网络自主学习环境下"脚手架"搭建策略探索[J].辽宁工业大学学报(社会科学版),2013,15(05):124-127.

望等的强弱大多是通过观察和描述,这很难进行量化界定和比较。《上海市高中英语学科教学基本要求(试验本)》用基本要求和行为描述用词范例对英语学习水平进行界定,如:知晓名词复数形式的基本构成方法(水平 A),找出议论文中的论点和论据(水平 B),推断语篇中关键词句的隐含意义(水平 C),就日常生活中的话题进行书信交流、发表演讲、参加辩论、撰写报告(水平 D)等;同时绘制了英语学科核心能力矩阵,对语言运用、学习策略、语言文化要达到的要求进行了描述,如:能在英语实践活动中善于沟通,能通过中外文化对比,形成理解、尊重与包容的态度,在交流中增进对中华文化的认同,并主动弘扬中华优秀文化等,关注到了英语学习的个体差异和个体发展,兼顾了英语学习的效果、效率和效益。遗憾的是,许多一线教师依然感觉对于英语语言所承载的文化、思维等较难评价,在实际教学操作中也往往难以落实。

通过对英语教学有效性评价方法及其应用的文献研究,我们可以看到,英语学科的有效性学习在教育实践中取得了一定进展,有其积极的一面,但也存在一定的局限性。只有想清楚英语学科学习的本质目的和核心因素是什么,才能总结经验方法提出更有效的方法和策略。事实上,英语学科的教与学不仅要有"有效性",更要"有价值",以"价值"为核心,来解决目前英语学科教与学实践中依然存在的一些弊端和不足。

第二节　英语学习的价值追求

英语学习有其独特的、不可替代的育人价值,在持续的英语课程与教学改革进程中,英语学习的价值越来越清晰,实现英语学科有价值学习的路径也越来越清晰。具体的聚焦点和观察点可以帮助英语教师更好地开展教学,促进学生在英语学科有效性学习的基础上,更好地走向有价值学习。

一、英语学科的育人价值

随着全球化的深入发展和人类命运共同体愿景的确立,让人们普遍具备英语能力已经成为了社会发展的时代需求,英语学习独特的育人价值也越发得到认可。要探索英语学科的有价值学习,就必须要清醒地认识到英语的育人价值及其本质所在。

(一)英语学习是时代和社会的要求

对于以汉语作为母语的广大学生而言,英语是世界上很多国家所使用的官方语言、第二语言和第一外语,从全世界来看,除了以英语为母语的国家外,45 个国家的官方语言是英语,世界三分之一的人口都会讲英语。而且,全世界75%的电视节目是英语,四分之三的邮件是用英语书写的,英语是国际合作与交流中十分重要的国际通用语言之一,是全球经济、文化、科技等领域最有影响力的主要通行语言,也是中国与世界沟通与交流的重要桥梁之一。因此,运用英语进行跨文化交际是成为全球化、信息化时代现代社会公民的基本素养之一。学习和使用英语对汲取人类优秀文明成果、借鉴外国先进科学技术、传播中华文化、增进中国与其他国家的相互理解与交流具有重要意义和作用。①

据 2019 年的《中国职场领域英语能力现状与需求的调查分析》②可知：涉及纺织、工程、电力、酒店、餐饮、医疗、金融等各种行业,有 72.2% 的招聘者表示所在单位经常使用英语,尤其是外资企业和跨国业务偏多的企业,高频使用英语的比例高达 87.09%。具体到各项英语知识或技能,67.24% 的招聘者认为语言表达流利最重要,其次是语言表意准确,占 53.41%。这表明,英语交流能力受到重视和关注,即能否顺畅地与对方交流,准确交流信息。而且,许多领域的决策性岗位尤其需要良好的英语驾驭能力,英语能力与工作成效有一定的相关性,有些企业甚至将英语作为高层管理会议或协商决策的工作语言,同时领导者还需具备一定的跨文化知识和策略,以提升国际交流与沟通能力,跨文化交际能力对视野拓展、管理思路创新和涉外事务处理都具有积极作用。

（二）英语学习的独特价值

面对未来社会对人才的要求,英语学习在人的培养方面有其不同于母语教育的作用和不可替代的价值,主要表现在三个方面。

1. 育文化自信的优秀人才

随着全球化和中国的发展,从国家到个人,与世界的接触越来越多。国际化背景下,不同国家的法律道德、行为习惯、价值判断等都不一样,情况越复杂,越需要用一种超越民族和国家范畴的世界格局视角,客观地定位和分析自己,充分理解本国文化,尊重包容地对待多元文化,吸纳优秀文明成果,提升眼界,站得更高,看得更远,从容自信地面对世界,看待问题,处理事务。

同时,让学习者站在全球视角看待人类发展,更有助于他们看清历史和现实,也更有利于他们透彻地理解国际化背景下国家之间的关系,学会正确地对待国际形势和国际关系,认识到国家在全球经济、政治、文化等各领域的地位,认识到中华民族生生不息、发展壮大到今天,在世界范围屹立不倒,正是因为中华文化的丰厚滋养,挖掘并发现中华优秀传统文化的突出优势和独特价值,进一步增强文化自信,培养家国情怀,成为服务国家的优秀人才。

2. 育国际理解的世界公民

语言是人类沟通的主要工具和媒介,语言承载着一个国家的文化传统和一个民族的思维方式。"一个国家文化的魅力、一个民族的凝聚力主要通过所使用的语言来

---

① 梅德明,王蔷.普通高中英语课程标准(2017 年版)解读[M].北京: 高等教育出版社,2018: 31.

② 魏兴,吴莎,张文霞.中国职场领域英语能力现状与需求的调查分析[J].外语界,2018(01): 43 – 51.

表达和传递。掌握一种语言就是掌握通向一国文化的钥匙。学会不同语言,才能了解不同文化的差异性,进而客观理性地看待世界,包容友善相处。"①

让学习者在吸收借鉴人类一切优秀文明遗产的同时,通过跨文化比较,使其尊重不同文化,包容多元价值,增进国际理解,从感知到意识,从意识到修养,从修养到行为内化,逐步形成新的认知、积极的人生态度和良好的人文素养,从而获得正确的行为取向和价值判断,促进良好的心智发展和品格培养,成为具有国际视野和理解的世界公民。

3. 育多元思维的学习个体

语言的背后是思维方式。高阶思维,如分析、评价、创新等,都有语言的参与和调节,可以说,语言是思维的工具,是高阶思维发展的介质。同时,语言又是文化的构成要素和重要载体,不同文化孕育了不同的视角和思维模式,这些差异会反映在语言的差异上,同时又作用于思维。我们知道,在汉语背景下,我们习惯于形象思维,习惯于含蓄、间接表达,习惯于由表及里的思考方式,而英语体系更凸显逻辑思维、直接表达,强调的是先果后因的思考方式。通过学习英语,学习者可以跳出汉语的思维方式,去接触和体会不同的思维方式,弥补单一语言带来的思维局限,发展多角度思考、认识世界的能力,通过思维方式的丰富,全面提高思维品质。

随着全球化时代、数字化时代和人工智能时代的到来,传统产业和传统工作的逐渐消失,全新产业和工作岗位的不断变更迭代,学习越来越成为一种自主的行为,学习形态也呈现多样化:移动学习、自主学习、合作学习、探究学习、深度学习等,善于学习、善于思考、视野宽广、具有开拓性和创造性的人才能更好地适应和立足于未来。我们可以看到,面对未来的不确定性和世界局势的多变,英语学习在加强沟通能力,形成多元视角,开拓国际视野,提升思维品质,养成跨文化意识等方面,有着不可替代的作用。

总之,通过英语学习可以培养学习者的家国情怀、国际视野、全球意识、跨文化比较与文明互鉴意识、多元思维认知与审辨能力以及中外人文交流、对话与合作的能力和直接学习并汲取世界文化精华与文明进步成果的能力,也为未来参与国际事务、传播中华文化、讲好中国故事、阐释中国特色、参与构建人类命运共同体奠定必要的胜任力基础。②

二、英语有价值学习的实践路径

英语学习的社会时代需求和独特育人价值,让我们认识到,语言知识的掌握和语

---

① 新华网.习近平同德国汉学家、孔子学院师生代表座谈[EB/OL].(2014-3-29)[2021-10-1]http://www.xinhuanet.com/world/2014-03/29/c_126331994.htm.

② 梅德明.普通高中课程标准(2017年版)教师指导·英语[M].上海:上海教育出版社,2019:3.

言能力的增强,也就是英语学习的工具性特征的有效达成,固然是英语学习要关注的焦点之一,但从英语学习的育人价值角度来看,需要我们在英语教与学的过程中,更全面、更前瞻地关注文化意识的增强、思维品质的提升和持续发展的能力,也就是说,要增加对于文化性、思维性和发展性的关注和落实,回答好英语学科“为谁培养人”“培养什么人”“怎么培养人”这三个问题。这为我们指明了实现英语有价值学习的方向和路径,进一步可以通过具体的观察点来判断和评价英语有价值学习的程度和水平。

(一)聚焦文化性,培育必备品格

英语学习的文化性,一方面表现在通过英语学习可以获得中外文化知识,包括英美等国家以及中国的文化、风俗习惯等;另一方面表现为通过英语学习逐渐形塑品格,也就是“理解文化内涵,比较文化异同,汲取文化精华,形成正确的价值观,坚定文化自信,形成自尊、自信、自强的良好品格,具备一定的跨文化沟通和传播中华文化的能力”。课程标准中的这一表述,不仅清晰地界定了英语学习的文化性,也明晰了聚焦文化性,促进必备品格形成的学习路径。

在英语学习中,不能仅重视语言知识的学习和语言技能的培养,而应该意识到教材中语篇反映的文化传统和文化现象,关注到语言承载的文化内涵及反映出的文化差异。例如:

《英语(上教版)》必修第一册第一单元中的“Our World”单元,就特别聚焦了文化知识,并在 Cultural Focus 板块,通过语篇“How to study culture”,以 objects,festivals,behaviors,ideas 四个方面来展现抽象的文化,引导学生如何了解文化、看待文化、理解文化。同时,提供了丰富的优秀中华文化知识,如:中国传统文化产品中的中国结、灯笼、龙舟,中国传统节日中的春节、国庆节和中秋节,引导学生更好地理解和认同中国文化内涵。

《英语(上教版)》必修第一册第二单元中的 Reading 语篇“Where history comes alive”侧重文化差异和比较。文章将中国历史文化名城西安和意大利著名城市佛罗伦萨放在了一起:西安,古称长安,是古代唐朝的首都,丝绸之路的开端,玄奘西行的起点,“一带一路”的核心,著名景点兵马俑、大雁塔、大明宫和城墙等,无不展现了古都西安的繁荣昌盛和人文魅力;佛罗伦萨是欧洲文艺复兴运动的发祥地,历史文化名人米开朗基罗、莱昂纳多·达·芬奇等创造了大量珍贵的艺术作品,都归因于这座文化古城和艺术天堂的浓郁文化氛围。教材这样安排,为学生通过比较学习增进对中西方文化的理解与内化提供了可能。

《英语(上外版)》必修第一册第二单元的 Reading A 介绍了墨西哥人表示时间的一个词“ahorita”,其字面意义为“马上”,但其真正含义依情境而变,可能表示“马上”,也可能表示明天、一小时后甚至永远不。这样的表达容易引起学习者的困惑,文中的这样一句话"I discovered that understanding 'ahorita' took not a fluency in the language, but rather a fluency in the culture."完全说明了语言学习与文化理解密不可分。

在英语学习中,这样的例子还有很多,需要教师关注,引导学生通过比较与判断认识世界文化的多样性,比较中外文化之间的异同,增进理解,促进尊重和包容,作出合理的评价,同时深入认识中华文化,增强文化自信,在学习和传播中华优秀文化的过程中,逐步养成健康的审美情趣和积极的道德情感,内化于心,外化于行,形成文明素养和良好品格。

(二)关注思维性,提高综合素养

英语学习的思维性包含两个方面:一是汉语与英语本身表达方式所反映的不同的思维方式,通过英语学习可以弥补单一语言学习的思维局限性,发展思维能力;另一方面是在英语学习过程中,通过观察、比较、分析、推断、归纳、建构、辨识、评价、创新等学习活动的开展,增强思维的逻辑性、批判性和创新性。英语学习的思维性常常体现在英语教材和教与学的过程中。例如:

《英语(上教版)》必修第二册第三单元中的 Reading and interaction 板块的语篇 "Going global"中,作者为了证明"the human population has never been bigger"这一观点,使用了大量的数据,"For more than two million years, humans moved around, finding plants to eat and hunting animals for meat. Then, just 10,000 years ago, we invented agriculture. At that time, there were only about five million humans, but this figure quickly doubled. The population reached a billion in 1805, and since then it has multiplied seven times. Experts believe that about 6% of all the humans that have ever lived are alive right now."这充分体现了英语语言表达的特点,有理有据,客观直接,用大量数据支撑观点,直观且具有说服力。

《英语(上教版)》中的 Deep reading 和 Mini-project 板块提供了许多具有思维要求的学习活动,如必修第一册第三单元 Deep reading 要求学生推测作者给出 facts and figures 的用意,根据已有的事实和数据,让学生推测作者要表达和支持的观点,直接指向学生的逻辑性思维和批判性思维能力的培养;必修第二册 Mini-project 板块提出 "How has globalization changed our lives?"的思考题,并给出六个角度(food, local language, festivals, technology, transport, housing),启发学生从不同的视角联系自己的实际生活,思考全球化带来的利弊影响,既培养学生的逻辑性思维和批判性思维,又为其创造性思维活动提供了支架。

《英语(上外版)》更是提供了 Critical Thinking 板块,直接指向学生批判性思维的培养,如必修二第二单元的 Critical Thinking 板块中,要求学生 Reflect on what you have learned in this unit and make a list of different ways animals are treated. If you were an animal living with humans, how would you like to be treated? 引导学生站在不同的视角

和立场思考分析问题,又通过 Compare an animal's needs with the way humans treat it. Try to find possible ways to develop a harmonious relationship between humans and animals.引导学生对比两方观念的差异,并且努力找到求同存异的方法。

在英语学习中,不仅要关注语言表达的形式,意识到中英文表达上的差异,还应该关注语篇结构的功能,以及语篇所承载的观点、态度、情感和意图等,学会不盲然接受,而是意识到质疑和求证对于思维发展的重要性,并体现在学习中,提高思维品质和综合素养。

(三)重视发展性,推动持续学习

发展性是指学生为适应和满足自身和社会发展的需要而展开学习。从英语学习的角度来说,至少包含:学习英语的内驱力和主动积极的态度,以及运用恰当的学习方法、自主调适的学习策略、拓宽英语学习渠道等来实现持续高效英语学习的能力,同时树立终身学习的理念,养成终身学习的习惯。

在英语学习中,要认识到英语学习方法和策略的重要性、持续性和渐进性,注重主动参与语言实践,通过渐进的持续学习,学会自我评价、自我调适和自我管理。

《英语(上外版)》和《英语(上教版)》在每个单元学习后,都提供了 Self-assessment 板块,引导学生对每个单元的学习情况进行评价和反思。《英语(上外版)》针对单元学习的成果,引导学生进行总结回顾,同时围绕学习成果提出三个思考题(1) Which of the above have you done well? Why and how? (2) Which of the above do you still find difficult? Why? (3) What do you plan to do if you find something difficult? 引导学生基于自己的学习情况进行评价,并就自己存在的学习问题主动进行策略和方法上的调整。《英语(上教版)》更是结合每个单元的学习内容提供了具体的评价量表,设计了自评、他评环节,以及基于自评和他评的行为调整计划,此外还通过一系列的 Reflective questions,如 Are you satisfied with your contributions to the survey task in the mini-project? How do you feel about working with your classmates? Have you noticed the differences in how verb-ed and verb-ing forms are used for descriptive purposes in English? If it is not easy for you to understand, how do you plan to solve the problem? 等来引导学生思考语言的文化差异、学习过程中的团队合作,掌握学习方法与策略,培养元认知能力,发展学习能力。

同时,还应主动拓宽学习渠道,充分利用课内外各种学习途径,获取知识和信息,进行选择和整合,助力自己的英语学习。同时,要自主学习与合作探究并重,发展适合自己的英语学习方法和策略,养成良好的学习习惯和学习能力,保持不断学习的兴趣与动力,坚持终身学习。

(四)有价值学习的观察点

围绕英语学习的文化性、思维性和发展性,开展有价值学习,必须重新审视英语学习的学习内容、学习方法和学习过程等要素,充分考虑语言与文化的融合性、语言学习和思维发展的交融性,以及语言学习的发展性和持续性等特征,以此观察和评价有价值学习的达成程度。从有效性学习走向有价值学习的观察点主要包含以下三个方面。

1. 从任务型教学走向英语学习活动

任务型教学倡导用英语做事情,在做中学,要求学生在活动中使用语言,掌握语言技能,学习过程主要表现为信息的处理和传递,关注点是语言能力,强调的是语言的运用,突显了语言的工具性。在实际的教学中,可以发现许多教师设计的任务更多是聚焦在语法和词汇的操练和使用上,这在有限的范围里虽然有效,但英语学习价值存在局限性。

而《普通高中英语课程标准(2017 年版)》提出的英语学习活动观是:"在主题意义引领下,通过学习理解、应用实践、迁移创新等一系列体现综合性、关联性和实践性等特点的英语学习活动",明确了活动是英语学习的基本方式,语言知识和能力服务于多元信息的输入、分析和处理,学生学习和尝试运用语言理解与思考、体验与表达,培养文化意识,发展多元思维,形成学习能力,最终促进学科核心素养的发展,实现育人的综合价值。因此,从任务型教学走向英语学习活动,可以作为教师在教学过程中,判断和评价从有效性学习走向有价值学习程度的观察点之一。

2. 从简单情境走向主题单元整体学习

情境教学要求教师创设情境激活学生已有认知,激发学生兴趣,从而主动参与到学习情境中,配合教师教学,同时教师将语言知识和能力融入情境中,帮助学生学会运用语言知识,提高学习的有效性,强调因材创设、方式多样,关注语言知识的内涵和运用。虽然情境创设中蕴涵了文化性要素,但教师在实际教学创设情境时,多数是基于语言知识和技能,创设的情境也多局限在导入环节或课堂教学最后的巩固输出环节,情境也往往比较单一,这些导致语言的运用较为机械。

真实世界中的学习情境往往是由围绕一个主题意义的复杂活动组成的。在英语学习中,正如《普通高中英语课程标准(2017 年版)》指出的:"主题语境、语篇类型、语言知识、文化知识、语言技能和学习策略这六个要素是一个相互关联的有机整体。所有的语言学习活动都应该在一定的主题语境下进行,即学生围绕某一具体的主题语境,基于不同类型的语篇,在解决问题的过程中,运用语言技能获取、梳理、整合语言知识和文化知识,深化对语言的理解,重视对语篇的赏析,比较和探究文化内涵,汲取文化精华;同时,尝试运用所学语言创造性地表达个人意图、观点和态度,并通过运用各种学习策略,提高理解和表达的效果。"也就是说,在一个主题引领下开展的单元整体学习,体验、探究、感悟、理解,解决复杂的真实问题,才更符合真实世界中的学习情境,对于学生未来的发展才更具有指导意义和实际价值。

3. 从知识能力支架走向教、学、评一体化

支架式教学指导教师将复杂的学习任务进行梯度化的分解,由易到难,由浅入深,由低到高,帮助学生逐步完成知识的建构和技能的获得;同时支架式教学也是一种帮助学生走向成为自主学习者的方法。但是,在实际教学中,支架式教学虽然有效地为学生搭建了知识能力支架,但忽视了搭建"帮助学生逐渐走向自主学习者"的支架。

其实,除了为知识的学习搭建支架,为学习者搭建学习能力提升的支架更为重要,包括掌握调控策略促进学习的有效性,以及关注情感策略的元认知策略以提升可持续学习能力,促进人的可持续发展,实现以人为本的育人价值。《普通高中英语课程标准(2017年版)》又指出:"要形成教、学、评统一的有机评价体系。通过评价使学生在英语学习过程中不断体验进步与成功,认识自我,建立自信,调整学习策略,以此促进学生英语学科核心素养的全面发展。使教师获得英语教学的反馈信息,对自己的教学行为进行反思和调整,不断提高教育教学水平。"评价应具有过程性、支架式和多元化的特点,从学习结果量化走向以促进学生的自主可持续发展为主导,关注学生的全面发展和综合素养,聚焦学生的发展与成长,促进学生从有效性学习走向有价值学习。

认识到英语学习在人的培育和发展中对文化自信、国际理解、多元思维等方面所有具有的独特价值,在英语学习的过程中就必须聚焦文化性、关注思维性、重视发展性,实现必备品格的培养和综合素质的提高,同时使学习者能具备持续学习的动力和能力,使有效学习进一步走向有价值学习。英语教学也要随之改善,着力在综合性、整体性等方面加强研究和实践,教、学、评全方位提供英语学习的有力支持,引导学生不断开展更有价值的学习。

第三节　聚焦有价值学习的英语教学探索

英语学科从有效性学习走向有价值学习就要求教师必须关注英语学习的文化性、思维性和发展性,从英语学习活动观的视角来开展教学设计,关注主题意义,进行单元整体设计,努力促进教、学、评的统一。

一、英语学习活动观视角下的教学设计

在英语学习活动观的视角下,教师应审视课堂学习活动设计的合理性和有效性,为学生设计有情境、有层次、有实效的学习活动,学生通过学习理解、应用实践、迁移创新等层层递进的语言、文化、思维相融合的活动,加深对主题意义的理解,在活动中习得语言知识,运用语言技能,阐释文化内涵,比较文化异同,评析语篇意义,形成正

确的价值观和积极的情感态度。

（一）有价值学习目标设定

有价值学习目标不应该只是简单的语言知识学习,而更要致力于素养和能力的发展,更重要的是能从价值层面来审视。无论是语篇阅读活动,还是语言应用活动,习得语言都是最基本的学习目标,学生如果能达成理解中西方文化,能从不同的维度来思考和解决问题,能用英语来讲好中国故事的目的,从而增强文化自信、民族自信,这样的学习活动则更有价值。

案例 4.1 Painter with a Pulse①

上外版教材第二单元 Arts and Artists,属于"人与社会——艺术文化"主题,围绕艺术与艺术家的话题展开,其中第一篇文本改编自 *China Daily* 介绍故宫"清平福来"齐白石特展的文章。学生学习这篇课文,可以感受中国一代绘画大师的作品魅力与个人魅力,增进对中国艺术大师的了解,关注并热爱中国艺术,愿意介绍中国艺术,传播中国文化。因此,该篇课文的学习目标可以作如下设定:

After this period, students will be able to:

1. recognize the basic features of Qi Baishi's paintings in terms of themes, styles, symbolic meanings or messages by scanning;

2. apply the knowledge learnt to distinguish a typical painting of Qi Baishi from other artists' works, and explain the reasons by describing its features orally;

3. explain the meaning of "pulse" in the title orally with the evidence found in the text through group discussion;

4. develop the interest in Chinese arts and the admiration for Chinese artists.

对照这样的目标,学生通过学习,了解中国的绘画艺术,学习用英语介绍中国绘画艺术,体会中国艺术家的魅力,感受艺术创作的持久生命力与活力,感受这种致力于创作的精神给世界艺术带来的影响和价值,从而产生对中国艺术家的敬仰,使学生能充满自信地传播和介绍中国艺术。这样的目标,才能引领学生开展更有价值的学习。

（二）指向目标的学习活动设计

在有价值的目标引领下,不同水平层次的学习活动,诸如学习理解类活动、应用实践类活动、迁移创新类活动等,都应该为达成有价值的目标来开展。

---

① 本案例由上海市市西中学张蒙老师提供。

1. 学习理解类活动：学生通过语篇阅读，从语篇中获取、梳理、概括、整合信息，习得要完成学习任务、达成学习目标所必要的语言和文化背景知识，直观感知并理解语言所表达的意义和语篇承载的文化价值取向，也为更高层次的学习活动打好基础。

2. 应用实践类活动：在学习理解基础上，学生应用语言完成任务，开展描述、阐释、分析、判断等交流活动，在这个过程中，学生的逻辑、归纳、演绎、批判等思维都能得到提升和发展，学生是在应用语言而不是单纯地学习语言，其学习的价值也得到了更好的体现。

3. 迁移创新类活动：这类学习活动主要包括推理与论证、批判与评价、想象与创造等，不仅对学生的思维能力有促进，学生还必须针对价值取向进行推理与论证，通过自主、合作、探究等学习方式，综合运用语言技能，进行多元思维，创造性地解决问题，理性表达观点，逐渐形成正确的价值观。应用语言完成真实的任务，传递正确的态度和价值观，进一步增加学习的价值。

例如：针对案例 4.1 中的语篇，学生先通过阅读，梳理语篇的主要内容，提取与中国绘画艺术相关的具体信息（见表 4.3.1）：

表 4.3.1　信息梳理表

Themes	Styles	Symbolic meanings/messages
Shrimps, crabs, fish Flowers Vegetables Fruit bat Vases Figures Landscapes, birds Insects Pigeons	* use shades of dark ink * in a realistic way * rich in artistic expression and detail * reflect a trend of modern art in a typical Chinese way	* prosperity, rich harvests * remind people of the countryside and of their hometowns * hope for a stable and harmonious life, a common wish among Chinese people * everyday emotions * world peace

接着，应用这些信息，学生讨论鉴别与判断哪些作品是属于齐白石的，并口头表达作出判断并给出依据。最后，学生结合"Qi Baishi is a painter with a pulse"这句话，分析评价齐白石等中国艺术家，进而设计"向世界介绍中国绘画艺术"的宣传海报和文案。

这样层层递进的学习活动，始终围绕有价值学习目标来开展，学生在习得语言的同时，把英语作为工具，聚焦的是对中国绘画作品的了解和欣赏，是对中国艺术家的敬仰和学习，是对传播中国文化的思考和设计，潜移默化地逐渐形成民族自豪和文化自信,因此,这样的语言学习活动更具价值。

在英语学习活动视角下,学生是通过参加活动主动建构文本意义的阅读者,是运用已有的背景知识和文本中所学到的知识进行应用实践和迁移创新的使用者,学生是整个学习过程的主体。教师要站在学生发展的角度来思考,重视学生的学习体验、收获和感受,确保学习目标的价值性。而且,学习活动的设计不求全,也不求按部就班,而应该基于学生的认知水平和学习水平,根据不同内容的学习活动实施的可行性,在适当的环节设计适切的学习活动,从而逐步达成教学目标。

总之,根据英语学习活动要求,在有价值的学习目标的引领下,通过适切的学习活动的设计与安排,使学生的语言能力、思维品质、文化意识和学习能力等学科核心素养得到落实,聚焦学生通过英语学习在文化自信、国际理解、多元思维等方面取得的发展和进步,才能使学生的英语学习更有价值。

二、主题引领下的单元整体学习

语言的发生一定是在某些主题范围或主题语境中的。《普通高中英语课程标准(2017 年版,2020 年修订版)》明确指出:学生对主题意义的探究应是学生学习语言的主要内容,直接影响学生对语篇理解的程度、思维发展的水平和语言学习的成效。主题引领不仅包含规约着语言知识和文化知识的语境,更包含有机渗透情感、态度和价值观的意义语境。英语学科的学习过程中,单元是承载主题意义的基本单位,主题引领下的单元整体学习,对学生学习和发展产生的作用和价值更大。

(一)从主题意义出发的单元整体学习设计

单元中的语篇不可能每篇都采用精读的方式学习,要把对主题意义的探究作为学习的核心任务,充分挖掘特定主题所承载的文化信息和发展学生思维品质的关键点,需要将特定主题与学生的生活建立密切关联,学生根据实际需要,采用精读和泛读相结合、听说读写相结合的方式,学习和运用语言,开展对意义和文化内涵的探究,体验不同的生活,不断丰富阅历和思维方式,树立正确的世界观、人生观和价值观。

案例 4.2 Surviving the Earthquake①

本单元的主题是“灾难生存”,围绕“人与自然——灾害防范”的主题语境,以不同类型的语篇(记叙文、说明文、新闻报道、影像博客)呈现,学生可以学习与“灾害防范”相关的词汇表达,了解幸存者感受并倾听其心声,学会一些求生小技巧、创建个人

---

① 本案例由上海市育才中学朱婷婷老师提供。

应急计划等,感知在灾难性环境下所体现的人性光辉和人格崇高魅力,树立正确的"三观"。为此,单元整体学习安排如下:

1. 泛读语篇5 "How to survive natural disasters?",运用英语,学习地震科普知识,了解求生技巧,为单元主题学习作好准备;

2. 精读语篇1 "Surviving the earthquake",感受地震的危险情形,体会和理解幸存者的感受,在"人与自然"的冲突中,解读人们面对灾难所展现出来的精神,感受人们在自然灾害中展现的人性光辉和崇高人格,通过选择面对灾害的态度,树立人类命运共同体意识;

3. 聆听语篇2 "Typhoon Mangkhut struck Southern China",了解另一种灾难:台风,知晓台风"山竹"来临前人们应对台风的策略及台风造成的损害情况,丰富主题相关信息的获取以及语言表达,再通过模拟"当地救灾中心(DRC)"采访这种听说活动,身临其境地描述和感受,丰富学习体验;

4. 仿写语篇4 "Tsunami",从定义到细节,完整介绍一种自然灾害,并概要地提出面对此种自然灾害的应急建议,使关于灾害主题的学习向真实生活应用迁移;

5. 小组项目探究活动,学生进行真实场景角色扮演,并制订常见自然灾害(台风、洪水、雪崩、森林火灾、地震、海啸等)及所应采取的相应措施和求生方法,完善制订自然灾害应急预案,通过真实项目活动,引发学生面对真实问题的更深入的思考。

(二) 满足单元整体学习需求的目标分解与落实

在主题意义引领下,每个课时的教学设计都要为达成单元整体学习目标服务,有机整合课程内容要素,根据学习实际需要有所侧重,聚焦主题意义,以螺旋上升的方式逐步呈现。随着学习的推进,学生通过围绕主题意义的各种学习活动,不断加深对主题意义的理解和认识,不断开展新的思考和探究,思维水平和能力不断得以提升。例如:案例4.2中呈现的在单元整体学习设计的基础上,第二课时的学习目标分解与落实过程如下:

Learning Objectives:

By the end of this class, students will be able to:

1. know the damage caused by the earthquake;

2. understand the feelings of the survivors of the earthquake;

3. perceive the spirits that help people to survive the earthquake.

Learning Focuses:

1. To appreciate the vivid descriptions about the situations of the earthquake.

2. To feel the power of nature and learn to deal with disastrous circumstances.

Learning Procedures：

Stages	Students' Activities	Purposes
Pre-Reading	1. Introduce the "disaster file" of the earthquake. 2. Watch a video clip, and answer two questions.	• To review the basic information related to the earthquake. • To present historical facts of 1906 San Francisco Earthquake.
While-Reading	3. Clarify the structure of the text. 4. Feel the sounds of nature before and during the earthquake, and appreciate expressive descriptions. 5. Explore the voices of humans shortly after and days after the earthquake, and perceive feelings and spirits.	• To figure out the text structure. • To know the damage caused by the earthquake and taste the vividness of language. • To better understand the survivors' feelings and perceive the spirits that help people survive.
Post-Reading	6. Talk about the most impressive scene in the text by describing the situation, feelings and spirits. 7. Share understandings of the text title "Surviving the Earthquake".	• To encourage students to air their voices about the scene that impresses them most. • To reflect on the text title and deepen students' understanding.

基于单元整体学习的需求,针对这一课时的学习目标,在学习过程中,学生始终围绕主题,以英语为工具,在获取信息、感受体验真实生活的同时,不断思考并解决问题,不断共情理解世界,使语言学习更具价值。落实过程体现了如下三点:

1. 循序渐进,巧妙衔接前后学习

第一,衔接前一课时。阅读前阶段既帮助学生复习上节课学习内容,又引出本课对具体地震事件的关注,螺旋式上升学习。第二,衔接随后课时及单元学习活动。阅读后阶段学生选择文中印象深刻的场景进行讨论,一为复现本课学习内容,二为下一课时深层讨论作铺垫;三为单元学习活动(灾难场景角色扮演)立意作适当引导。

2. 尊重起点,搭建"台阶"激发学习

由于地震离学生生活较远,学生缺乏相关体验,通过补充影像信息,搭建主题语境学习的"台阶",既可以多渠道积累主题语境词汇,为学生在主题语境中使用语言进行流畅地表达奠定基础,也可以拓宽视野,丰富体验和感知,助力学生更深入的思考。

3. "声"临其境,三条线索贯穿始终

第一,实现"入境"。学生通过深度阅读,感受描绘地震危害的生动语句,通过朗读和听地震声音,活用教材,"声"临其境,感同身受。第二,达成"体情"。学生通过倾听幸存者"心声",启发思考,促进思维提升。第三,完成"共情"。学生通过模仿市长口吻朗读出"声"而感受精神,促进品格养成。

主题意义引领下的单元整体学习,是让学生以"用英语做事情"为出发点,与真实生活建立密切关联,在丰富而真实的语境中,解决真实的复杂问题。学生围绕主题意义,在单元学习活动中不断体验和丰富认识,提高能力,促进理解,树立正确的世界观、人生观和价值观,在提升英语学习有效性的同时,进一步促进英语学科有价值学习的实现。

三、支架式教、学、评一体化设计

《普通高中英语课程标准(2017年版,2020年修订版)》将英语课程的学习评价界定为通过对学习情况的过程性观察、监控、记录和评估,全面了解学生的个性特征、学习效果和发展潜能,关注学生的学习过程和成长经历。也就是说,评价活动应该成为学习过程的有机组成部分。教师在教学过程中要通过为学生搭建知识和技能学习的脚手架,帮助学生逐步达成学习目标,评价也应该贯穿在整个学习过程中,帮助学生体验学习成就,不断反思和调整自己的学习,逐步提升学习能力,为未来的可持续学习和发展奠定基础。

(一)更有价值的评价指标设定

评价作为学生学习的"指挥棒",不仅仅是为了判断学生在学习过程的某一时刻达到了怎样的学习水平,而更应关注学生的成长与发展状况。英语学习的评价指标不应该仅仅局限在语言知识的学习水平,还应该关注学生参与学习活动的兴趣和投入度、解决问题的思维水平、多维度思考问题的能力、选择合适的方法和策略自主学习的能力等,全面关注学生的语言能力、文化意识、思维品质、学习能力等,把重心从语言的有效学习转向更有价值的人的发展。这样的评价能全面反映学生的个性特征、学习效果和发展潜能,从而更好地发挥其导向和激励作用。

例如:案例4.2的学习设计包括"真实场景角色扮演"这项探究活动,教师设计了教、学、评一体化的评价量表(见表4.3.2),具有开放多元的特点:自评、互评、师评相结合,过程性评价与终结性评价相结合,定量评价与定性评价相结合,注重评价主体的多元化、评价形式的多样化、评价内容的全面性和评价目标的多维化。这样的评价,引导学生不仅关注语言知识的学习情况,同时也关注自己在综合能力、思维水平、学习能力、价值取向等各方面的表现,从而促进学生围绕学习的主题更深入地学习和思考,引导学生关注学习本身,包括学习过程和学习方法等,促进学生在合作、创新、能力发展和综合素养提升等更有价值的方面得到成长和发展。

表 4.3.2　灾难场景角色扮演活动评价表

评价指标 （权重）	好 （100%—80%）	一般 （80%—60%）	需要改进 （60%—0）
场景选择 及描述	灾难场景选取既体现背后深度又渗透德育；介绍场景的文字充分概述故事背景	灾难场景选取能体现背后深度；介绍场景的文字能基本概述故事背景	灾难场景选取毫无立意价值；介绍场景的文字基本不能概述故事背景
参与活动 意识	积极主动参与单元学习活动	比较积极主动参与单元学习活动	不太积极主动，学习兴趣不浓
合作与 默契交流	主动配合组员，分工合作，虚心听取组员意见，主动表达自己的观点	能配合组员完成分工任务，能听取组员意见，能较准确地表达自己的意见	不太愿意参与小组活动，不太愿意倾听组员意见，不喜欢发言
资料搜集 能力	运用多种渠道，搜集大量灾难场景背景资料，所有资料都和主题相关；资料丰富完整，很有价值；整理归类有条理	运用网络或书籍，搜集一些基本资料，资料大部分和主题相关；资料比较丰富完整，大部分有价值；能归类整理	单一渠道地搜集到部分资料，大多资料和主题无关；且资料少，不完整，极少量有价值；不能归类整理
思维创新	所提建议有一定创新性，很合理，可操作性强	所提个别建议有一定创新性，比较合理，有一定的可操作性	所提建议不够合理
角色扮演 表演	表演动作、声音、语速、语调等都能突出灾难中人物的心情和感受，突出人物性格特点，很感人，很精彩	表演动作、声音、语速、语调等都能较好突出人物的性格特点，表演比较精彩	表演动作、声音、语速、语调等不能很好地突出人物的性格特点，表演不够精彩
特色加分	运用多媒体，在道具、服饰、舞台、音乐、以及与观众互动等方面给人留下深刻印象，很有特色	运用多媒体，在道具、服饰、舞台、音乐，以及与观众互动等方面有一定的设计，较有特色	在演出中未考虑道具、服饰、舞台、音乐，未能与观众互动
总分和 评语			

（二）支架式教、学、评要体现活动观

英语学习的评价也应体现活动观的理念和各维度的表现。在评价实施的过程中，教师可以采用提问、学生讨论、小组活动等方式使学生的思维外化，观察学生综合运用语言的行为表现，实现更有效的评价，把握学生在英语学习中各方面的达成程度和后续发展应注意的关键问题；同时通过适切的评价，引导学生关注

自己分析问题和解决问题的能力表现,关注自己的思维发展水平,从而激发学生参与学习的兴趣,学习克服困难调控情绪的策略,从而实现教、学、评一体化支架的最大价值。

案例4.3　Technology all around us 评价设计①

本单元的学习,围绕"身边的技术"这一话题,以丰富而高质量的输入,达成"学生能够就日常生活中的技术应用进行口头或书面介绍和评价"这个目标,也就是要求学生能够就"身边的科技"表达自己支持或反对的观点,且需要言之有据,言之有理,从而发展学生的辩证思维。因此,在学生学习过程中,我们设计了对于技术这一话题的正向语汇和负向语汇汇总评价导图(见图4.3.3)。通过学习,在完成这一评价导图的基础上,学生各选一项进行造句表达,内容与身边的技术相关,然后完成评价表的自评部分,量规指标包括:能从正反两方面来认识身边的技术、能提供合理理由证明自己的观点,同时在自评时描述和反思自己是如何获取信息,以及如何克服完成作业时遇到的困难的。

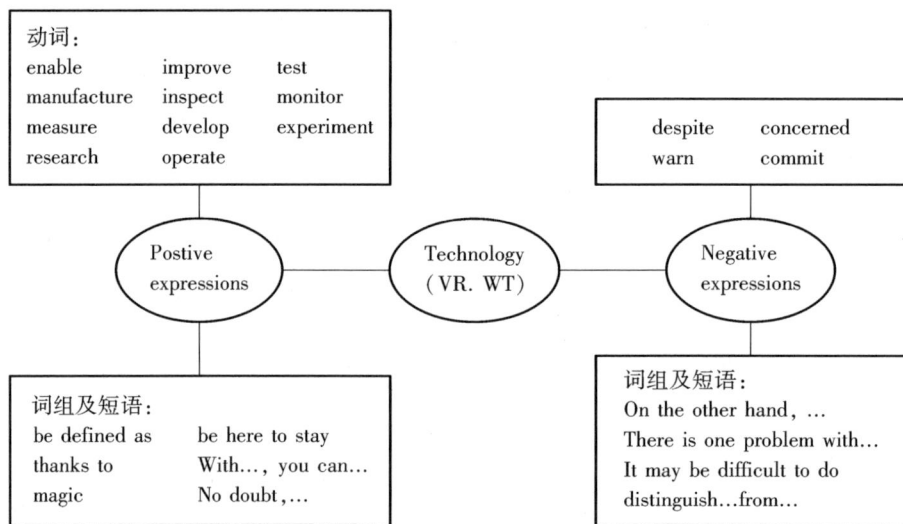

图 4.3.1　正向语汇和负向语汇汇总评价导图

学生参照评价,在完成学习活动时,除了关注自己造句的语言知识正确与否外,也会关注自己在造句中所体现的思维水平,在学习过程中获取信息的能力水平,还会反思自己遇到困难时采用的学习策略。教、学、评结合,既能帮助学生检验单元核心

---

① 本案例由上海市市西中学英语教研组提供。

语汇认知和运用的掌握情况，对知识和技能进行评价，也引导学生辩证地看待技术，培养辩证思维能力，还能指导学生边学习、边反思，有助学生元认知策略的学习，提升学习能力。

在教、学、评一体化的设计中，要注意量规的清晰可操作和学生学习的进阶性，充分发挥评价对学习的指引作用，引导学生作为评价主体，经常反思自己的语言能力现状和发展进程、学习方法和策略、学习兴趣和动机，更要不断反思自己学习过程中对文化的理解、多元思维的能力发展、价值取向的正确建立等方面。英语学科的教、学、评一体化支架的搭建，致力于促进学生成为有文化意识、思维能力和责任担当的学习者，支持学生未来的可持续学习和发展，更有助于英语学习对人的发展性价值的体现。

总而言之，要使英语学习对于人的成长与发展有价值，需要明确英语学习在人的学习和发展过程中所起的作用，围绕有价值学习的目标，开展主题单元整体框架下的教学活动，结合一体化的评价设计，引导学生准确判断和分析不同文化，传递中国优秀文化，提升思维能力，发展学习能力，能独立地面向未来的生活、工作，乃至世界。这样的英语学习才是既有效又更具价值的学习。

第五章　科学实证中的规律探究

自然科学领域的物理、化学、生物等学科(本章简称为自然学科)的发展,对人类生产、生活方式有重要作用和影响。物理学主要研究自然界物质的基本结构、相互作用和运动规律[1],化学主要研究在原子、分子水平上的组成、结构、性质、转化及其应用[2],生物学主要研究生命现象和生命活动规律。[3] 这三门在研究对象上各有不同的学科,作为中学阶段自然学科的基础课程,有助于学生认识自然、理解自然、建构自然图景,有助于引导学生体验科学探究过程、体会科学研究方法、形成科学思维方式,有助于增强学生的创新意识和提升实践能力,最终能引领学生形成科学态度、塑造正确的世界观和价值观。

第一节　自然学科学习有效性透析

在物理、化学、生物学科培养学生核心素养的教学中,需要培养和提升学生认识世界、科学探究、科学思维和创新实践的能力,学生在这些学科的学习中存在一些共性。教育工作者在促进学生有效性学习方面积累了不少经验,形成了一定的成果。

一、自然学科有效性教学概述

在自然学科有效性学习的实施途径中,最重要的就是开展有效性教学。在知网上以"物理教学""有效性"为主题进行检索,搜索到相关文献3 607篇,以"化学教学""有效性"为主题,搜索到相关文献3 406篇,以"生物教学""有效性"为主题,搜索到相关文献2 535篇,从文献的数量上不难发现,自然学科教学有效性的研究与实践,是教育工作者关注的一个问题,他们对教学有效性进行了深入的探讨。

---

[1] 中华人民共和国教育部.普通高中物理课程标准[S].北京:人民教育出版社,2017.
[2] 中华人民共和国教育部.普通高中化学课程标准[S].北京:人民教育出版社,2017.
[3] 中华人民共和国教育部.普通高中生物学课程标准[S].北京:人民教育出版社,2017.

张凤霞在《新课程背景下高中物理课堂教学有效性研究》一文中,从学生和教师两个要素出发,对有效教学进行了讨论,提出:"有效"不能只局限于学生可观的、短期的进步。教学是显性的,但更多是隐形的。我们要考量教育的后劲,以长远的理念看待我们的教学,不能急功近利,要确立终身可持续发展的理念。"有效"要关注教师的发展。新课程理念不仅关注学生的发展,同时关注教师的发展。教学是教师发展的平台,教师应不断从教学中获得教育智慧、获得专业成长,这是教学最根本的吸引力,也是维系教学可持续发展的动力源泉。[1]

赵彦美在《化学课程有效教学策略研究》一文中,则从"教"与"学"两个角度出发对有效教学进行了阐述,强调:教学是教与学的交往、互动。教学不再是单纯的讲授和倾听,因为教学不单单是信息单向传递的过程,还是新的意义建构和多向回馈的过程。在此过程中,教师的教和学生的学只有互相适应,双方相互交流、相互沟通、相互理解、相互启发、相互补充,在这个过程中教师与学生分享彼此的思考、见解和知识,交流彼此的情感、观念与理念,丰富教学内容,求得新的发现,从而达到共识、共享、共进,实现教学相长和共同发展,这样的教学才是有效的,师生适应性越高,越容易取得更好的学习效率。由此可见,教学不是教师教、学生学的机械相加,传统的严格意义上的教师教和学生学,将不断让位于师生融洽的互教互学,彼此将形成一个真正的"学习共同体"。[2]

许建东在《高中生物教学有效性的研究》一文中,从"评价"角度出发,对有效教学进行了探索,指出:在评价范围上,应从片面的只限于智能范围的单一性评价向全面的包括知识、情感、态度、价值观等各方面的综合性评价转变。在评价方法上,要从以考试测验为主、片面强调定量分析,向注重观察与调查、了解内在因素的定性分析转变,要注重终结性评价和形成性评价相结合,特别重视形成性评价。在评价功能上,应从片面强调刺激学生的个体竞争意识功能,向注重激发学生的团体竞争意识和自我竞争意识的功能转变。[3]

另外,也有人从理论与操作两个层面对有效教学进行了探讨,如蔡丽珍在《高中新课程物理有效教学的策略研究》一文中指出:在理论层面上,高中新课程物理有效教学应是指在教学中使学生学会学习物理,经历科学探究的过程,用物理学的思想和方法去解决问题,提高物理相关能力的教学活动;在操作层面上,高中新课程物理有效教学则应指物理教师以尽可能少的时间、精力和物力投入,取得尽可能好的教学效果,从而实现预期的教学目标而组织实施的教学活动。这也意味着要提高物理教学的有效性,取决于教师的教与学生的学两个方面。[4]

---

① 张凤霞.新课程背景下高中物理课堂教学有效性研究[D].济南:山东师范大学,2011.
② 赵彦美.化学课程有效教学策略研究[D].西安:陕西师范大学,2005.
③ 许建东.高中生物教学有效性的研究[D].上海:上海师范大学,2007.
④ 蔡丽珍.高中新课程物理有效教学的策略研究[D].福州:福建师范大学,2009.

现有的研究与实践中,有效性教学将教师与学生视为"学习共同体",教学有效性取决于教师与学生双方的经历,当教师的教和学生的学互相适应,互相启发,互为补充,相得益彰,教学才是有效的,学习才是有效的。

二、自然学科有效性学习的问题与对策

诸多专家与教师对自然学科学习的探索与研究,不仅从教学有效性角度进行了实践与提炼,还从学习内容、学习方法及作业设计等维度进行了探讨与研究。

(一)忽视知识体系的构建

每一门自然学科都有其相对独立的知识体系,对于中学阶段的学习,我们并不要求学生建立完整的、系统的知识系统,但需要指导学生根据部分原理与知识形成知识脉络,内容可以不断进行补充与拓展,结构可以不断加以调整与完善。目前不少同学学习自然学科的困境是,知识是相对孤立的、零碎的、片段的,未能形成相应的系统的学科学习观念,因此再多的时间投入,学习产出都是相对低效的。

物理、化学、生物三门自然学科的学习均有一个由浅入深的过程,需要经过一定的学习时间和学习经历,才能达到学习的效果,因此不少研究者从"学习进阶"理论角度出发,对知识体系的建构提出了见解。

张雪燕在《基于学习进阶理论的中学化学教学设计》中提出,以进阶形式实现化学知识体系的构建,学生对化学概念理解掌握的过程为:观察认知阶段,即从普遍现象中找出一般共性;理解阶段,由具体的化学现象、化学问题抽象出一般的化学概念,通过这些概念之间的关系理解化学知识,构建系统知识体系;应用阶段,学生对化学知识的理解上升为化学思维,形成化学观念,并积极应用于化学实践。[1]

包红燕在《借鉴学习进阶理论,建构高中生物核心概念》中提出,所谓的学习进阶是指学生在学习生物核心概念的时候,遵循连续的、典型的学习路径,对核心概念进行由简单到复杂建构概念序列的活动。该理论在高中生物核心概念教学中的应用,不仅可以帮助教师优化传统的教学方式,还可以使学生厘清概念关系,建构准确的概念认知,打好生物学习基础。[2]

自然学科的知识构建应该不是一蹴而就的,有效的学习应遵循原有的学习水平、能力基础,由浅入深地梳理概念,循序渐进地深化概念,拾级而上形成相对完整的知识脉络,以使学习目标有效达成。

(二)忽视知识获得的方式

不少同学自然学科的学习方法相对单一,存在以记忆、背诵为主的现象,忽视信

---

① 张雪燕.基于学习进阶理论的中学化学教学设计[J].数理化解题研究,2020(20):98−99.
② 包红燕.借鉴学习进阶理论,建构高中生物核心概念[J].试题与研究,2020(22):74.

息的采集、证据的推理、模型的认知等有效的学习方法,然而重视科学实验正是一种提升自然学科学习有效性的重要途径。

科学实验是物理、化学、生物学科进行学习的重要方法,在教学中,如果能依据教学内容和学生特点,合理设计实验,可以最大程度引发学生的好奇心和学习热情,从而通过引导学生主动去观察、思考实验现象,来提高学习的效率和效果。例如,苏晓在《趣味化学实验在高中化学课堂教学中的作用》一文中提到的实验设计,"铁盐和亚铁盐"教学中,教师可设计"茶水变色"的小实验:准备一壶刚泡好的茶,让学生们看清楚茶汁的青白色。把茶汁倒进一个烧杯里,浅棕色的茶水就变深了,再把茶汁倒进另一个烧杯里,茶水又变成清亮的浅棕色。此时,课堂气氛非常活跃,学生迫切地希望探究"茶水变色"的谜底。这个有趣的小实验极大地激发了学生学习"铁盐和亚铁盐"一课的兴趣。①

科学实验的过程揭示了科学现象的本质及其规律,学生通过观察与实践,可以探索新知识,获取新知识,以最有效的方式掌握自然学科的知识及规律。

(三)忽视学习载体的使用

在物理、化学和生物的学习中,都会涉及到微观知识的探究,由于无法直观获得体验,往往成为学习中的难点之一,而现代信息技术作为有效的学习载体,合理运用便可成为破解这一难题的有效方法,从而提高学习的效率。

例如,国秀龙、张丽杰在《基于现代信息技术的高中物理实验教学》一文中提到,高中物理实验教学中有部分实验是涉及微观物理现象的实验,这类实验现象用传统的实验手段,学生很难观察到,教师在课堂上也不易操作。只听教师的讲述,学生无法得到感性认识,对知识的理解存在障碍。我们可以利用现代信息技术制作动画来模拟微观世界中的物理现象,让学生通过生动形象的动画理解微观世界中的物理知识。② 再如,周桂霞在《现代信息技术和化学课堂教学深度融合的途径》一文中也提及:化学教师在讲解物质结构时,可以借助多媒体展示氯化钠以及水等多种物质的观察图像,对比石墨和金刚石在结构上的差异。向学生讲解水电解实验知识时,可以借助 Flash 制作模拟的动画,用直观的方式向学生传递抽象的化学知识。这样不仅能提升学科教育的趣味性,也能突破化学课堂教学的难点,逐渐强化课堂教学的成效性。③

另一方面,物理、化学和生物的一些科学实验往往会因为实验过程中的突变或实验结果难以测量,影响观察、记录、分析、理解,进而阻碍实现探究和学习,成为实验教学的难点之一。现代信息技术却可以瞬间及时记录并合理应用,便于观察、记录并探究。例如,曹开华在《用现代信息技术破解化学实验教学的困惑》一文中表示,许多化

① 苏晓.趣味化学实验在高中化学课堂教学中的作用[J].焦作师范高等专科学校学报,2016,32(03):2.
② 国秀龙,张丽杰.基于现代信息技术的高中物理实验教学[J].科技视界,2020(16):173-174.
③ 周桂霞.现代信息技术和化学课堂教学深度融合的途径[J].名师在线,2019(23):85-86.

学反应没有明显的实验现象,或现象稍纵即逝,可重复性差,要认识其变化机理、特点和规律,就得借助数字化实验系统,用传感器将实验环境中的重要信息提取,并通过计算机配套软件进行处理转化为可视图像,直观感知反应进程。在实际教学中,如教师常根据溶液颜色的变化说明 Cu^{2+} 与 H_2O 分子或 NH_3 分子配位作用的强弱,但涉及无色金属离子和无色配位粒子(如 Ca^{2+} 与牛血清蛋白质分子)之间的作用,就无法通过颜色变化进行观测,这时可通过电导率传感器实验监测出混合溶液的电导率,并在电脑上准确而直观地展现出来,反映出反应过程中离子浓度的变化,通过数字化实验,将抽象概念的不明过程细节可视地呈现,使教学疑惑得到有效化解。[①]

在自然学科的学习中,合理使用信息化手段使原本难以理解的抽象问题显性化、可视化,使学习难题与瓶颈得以破解,不仅有利于提升学习效率,同时也有助于学生信息素养的提升。

(四) 作业"机械化"

作业是课堂学习的巩固、延伸和升华,学生通过作业进一步理解学习内容,运用所学方法解决问题,从而达到自主学习的功能。因此作业是学习系统中不可或缺的一个重要环节。而作业设计和布置简单机械,仍不鲜见,盲目地刷题,机械重复依然普遍,机械化的另一面则是人性化,关注人的发展,关注学习的各个方面,包括了知识的获得,技能的掌握,还有思维品质、学习能力的提升等。

从已有自然学科的作业优化策略的研究成果来看,主要集中在:作业的设计讲求目标明晰、内容多元、形式多样;作业的布置讲求选择性和差异性;作业的评价讲求自我评价和自我完善的功能。

从优化作业内容角度来分析,除了常规纸笔作业之外,实践型作业的设计成为一种深化学习内容的有效方式。例如,殷志洋等在《高中生物作业的优化设计》一文中写道,实践类的作业能引导学生把所学知识转化为生活能力,让他们充分体验学以致用的成就感。实践型作业是指将课本知识与生活实践结合起来的作业类型,用书本上的理论知识指导并解决生活中的问题,在问题解决过程中实现理论联系实际,完成课堂教学目标。高中生物教师可针对所学内容设计贴近学生生活、注重实践的生物作业,如关于遗传规律的小调查、关于植物光合作用的小研究、关于细胞基本结构的小实验等,并让学生详细地记录实验过程与实验相关数据,形成科学严谨的实验报告,培养学生敏锐的洞察力、良好的动手能力和严谨细致的数据收集能力。[②]

从优化作业布置角度来分析,作业的设计应充分尊重学生的个体差异,体现选择性和差异性,不同性格特征、能力水平的学生可选择不同层次的作业,以达到最高效地实

---

① 曹开华.用现代信息技术破解化学实验教学的困惑[J].知识经济,2019(16):2.
② 殷志洋,张文秀,姜玉涛.高中生物作业的优化设计[J].教育观察,2017,6(04):3.

现个性化的知识巩固、技能强化、思维锻炼的功用，从而满足学生的不同学习需求。车肖华在《高中化学新课程作业设计研究》中提及，不同学生存在很大的差异。设计作业时，教师要考虑学生的差异性，以促进不同层次、不同类型学生的发展。"分层次"操作，使不同层次、不同类型的学生都有所收获、有所提高、有所发展，基础得到保证，负担得到减轻，满足不同差异学生实际发展的需要，调动了学生做作业的积极性。[1]

从完善作业评价角度来分析，作业是学生对学习内容理解和掌握的反馈，作业评价则是学生进一步了解学习水平并明确学习方向的重要方式，评价将对学生的学习兴趣、学习态度和学习方向起到非常重要的作用。同时，针对差异性作业布置，作业的评价也应具有多层面的方式，以达到评价高效的目的。例如，杨迪在《高中物理分层作业实施策略的研究》中指出，教师对"物理分层作业"的评价可以采用多层次、多方面地客观评价，建立立体式的评价方式，从而实现通过"物理分层作业"帮助学生提高自我认知、树立信心、积极向上；通过作业提升教学质量，圆满完成教学任务。根据对"物理分层作业"进行评价的时间，可以将评价分为及时评价、延时评价和阶段性评价。[2]

作业作为学习的重要环节之一，缺乏内容的趣味性、差异性和科学的评价机制，重复的机械操练往往使学生身心疲惫，心生厌倦，而改进的策略则从设计、布置和评价等维度提出了实践方法。

从已有的研究成果中，我们应该可以发现自然学科学习的有效性，已成为广大教师关注的焦点，在研究的过程中，为了摆脱学生学习的困境，在提升学习的热情，加强学法指导，探索教学方法等方面，都取得了值得借鉴的实践经验。

第二节　自然学科学习的价值追求

当今世界，科技创新正成为创新发展的核心，创新驱动成为许多国家谋求竞争优势的核心战略。谁在创新上先行一步，谁就能拥有引领发展的主动权。我国也明确提出：要坚持创新在我国现代化建设全局中的核心地位，并提出"把科技自立自强作为国家发展的战略支撑"。而自然科学的基础学习正是提升科技创新能力的基石，是培育高新技术的源头，遵循自然科学学习的规律，形成正确的观念，习得探究的方法，培育思维方式，提升社会责任将成为自然科学学习的价值追求。

从科学发展与基础教育两个维度来看，自然学科是科学发展的关键领域，是科技创新的基础。提高学生自然科学的素养，发展学生的科学能力，深化学生对科学核心

---

[1]　车肖华.高中化学新课程作业设计研究[D].武汉：华中师范大学,2007.
[2]　杨迪.高中物理分层作业实施策略的研究[D].大连：辽宁师范大学,2020.

第五章　科学实证中的规律探究 ／ 107

概念与本质的理解,无疑是自然学科学习的聚焦点,探寻自然学科学习的价值追求,是引领学习观念、方式和技术的核心问题。

一、形成认识自然的正确观念

在自然学科的学习中,对科学发展的历史、科学的价值、科学知识、科学研究过程、科学方法、科学精神等方面的知识内化都是形成科学观念的重要渠道。自然学科的学习中,认识自然正确观念的形成是指向学习价值目标达成的基本要求。在教育部颁布的 2017 年版课程标准中,对物理、化学、生物学的学科学习中所要形成认识自然的学科观念均有详细表述,在标准解读中也有详尽的说明。

《普通高中物理课程标准解读》中指出,物理学是研究物质的基本结构、物质运动的一般规律、物质之间相互作用的一门自然科学,物理观念是从物理学视角形成的关于物质、运动与相互作用、能量等的基本认识,是物理概念和规律在头脑中的提炼与升华,是从物理学视角解释自然现象和解决实际问题的基础。

例如:通过虚拟的电场线、磁感线建立起电场、磁场等抽象概念的学习,学生可以体验看不见摸不着,但它又是客观存在的事实,认识到物质是不以人的意识而客观存在的;通过动力与阻力、引力与斥力、卢瑟福的核式结构与玻尔的量子轨道的学习,学生理解既矛盾又相关的存在,体悟无处不在的对立与统一。

《普通高中化学课程标准解读》中指出,化学知识与观念是人类在科学实践中认识物质世界及其变化过程所形成的知识体系和经验总结,是化学学术共同体通过科学探究、运用科学思维与方法,在原子、分子层面上对物质的组成、结构、性能和转化规律等进行研究,所形成的化学核心概念和学科观念。通过高中化学学习,学生能建立物质是客观存在的、物质是由元素和微粒构成的,物质的结构决定物质的性质,物质的转化是有条件的、转化过程中遵循质量和能量守恒等化学学科核心观念。

例如:在讨论化学变化的实质时,化学实验中产生气体、生成沉淀、发出耀眼光芒、释放热量等丰富、直观的实验现象,揭示了分子断键、原子重排而生成新的物质的规律,并由此感悟世界上的物质都是在不断地变化、运动、发展的科学观念,静止是相对的、运动是绝对的辩证思想。

《普通高中生物课程标准解读》中指出,生命观念是科学家经过实证后的想法和观点,汇总了生命世界中的自然法则,体现了人们对生命世界理性的认识和科学的视角,是科学的自然观和世界观的具体展现。生命观念也是学生讨论生命现象和研究生命现象的基本思想方法,帮助他们区别和排除封建迷信、伪科学等干扰,作出理性的决策。

例如:在"分子与细胞"的学习中,从"细胞是生物体结构功能与生命活动的基本单位""细胞的生存需要能量和营养物质,并通过分裂实现增殖"两个大概念出发,学生从微观层面深入地理解生命本质,并形成对生命本质及活动规律的认识,对健康生活、人与自然和谐共处的认同,以及对生物科技、伦理问题的思考,树立起生命观念。

综上,自然学科的学习均有其科学阐释世界的独特功能,有助于学生形成科学的自然观和世界观。

二、习得自然学科探究的方法

科学探究是人类探索和了解自然、获得科学知识的主要方法,也是学生学习科学的主要方式,是一种综合的、关键的科学能力和素养。科学探究包括提出问题,猜想与假设,制订计划与设计实验,进行实验和收集证据,分析与论证,评估、交流与合作等要素。自然学科的学习中,探究方法的习得是指向学习价值目标达成的重要途径。

问题意识是探究的基础,在生活与学习中发现问题,提出可以通过科学探究进一步探索、实验、建模的问题是实施科学探究的起点。证据意识是探究的要点,基于各种科技手段与方法收集信息并加以呈现和使用是实施科学探究的保证。信息能力是科学探究的关键,将收集到的诸多信息进行提取、筛选、分类、描述与评估,依据证据得出合理的解释或具有创造性的推断是完成科学探究的核心。合作意识是探究的助推,通过协作与交流、反思与迭代,可使科学探究更为深入与完善。与此同时,还将形成科学严谨的探究态度,锲而不舍、勇于质疑的精神,大胆而理性的创造能力。

例如:在化学学科关于电池的学习中,氧化还原反应中反应物间存在电子转移或偏移,闭合电路导线中存在电子的定向移动,这两个看似截然不同的过程会存在怎样的联系?创设了这样一个跨学科的问题情境,激发学生研究的热情,去探索实现化学能向电能的转化。学生首先运用已有的化学、物理的相关知识筛选出具有价值的信息,讨论发现如果有合适的装置将原本氧化剂与还原剂间直接转移的电子"引出",经导线转移,即可在导线中产生电子定向移动,从而形成电流。而后学生借助于一些常见的材料搭建装置模型,用苹果做反应的氧化剂,稀硫酸、锌丝做还原剂,铜丝代表导线,通过小组成员的合作,设计出能量转化装置的苹果模型。接着,教师对各小组模型的评价使学生对问题解决的方向更加明晰,依据模型学生开始了实物装置制作,也就是原电池装置的制作。整个学习过程,学生以问题的探究作为学习的起点,利用已有的经验作为信息的基本来源,将实验中所获得的证据加以分析、加工,结合模型大胆进行假设与创作,最后合作完成电池的搭建,使知识建构与方法习得同时提升。

三、培养自然学科的思维方式

思维方式是具有意识的人脑对科学事物(包括科学对象、科学现象、科学过程、科学事实)的本质属性、内在规律及事物之间相互联系的概括和反映。自然学科的学习中,思维方式的培养也是指向学习价值目标达成的重要途径。

自然学科学习中,依据研究对象和与之相关的问题,从多维的具象中,聚焦、抽离出本质特征,建构一个便于观察、易于分析、具有拓展应用价值的模型,是一种常用的研究方法,基于此的思维是一种重要的科学思维能力,即科学建模的思维方式。

例如:物理学习中,学生对在竖直平面内的圆周运动的模型形成理解后,对于货车转弯、汽车过拱桥、飞机的俯冲运动等均可自主迁移;化学学习中,学生对金属钠的学习,可以通过实验、推理、讨论、总结的方式形成金属单质的性质模型,从而对于其他物质的研究产生演绎、借鉴和融通的效果;生物学习中,学生学习"细胞的物质输入与输出"这部分内容时,可根据科学家的实验现象,分析磷脂分子的排列方式以及蛋白质与磷脂的组合方式,制作生物膜的流动镶嵌模型,体会生物膜结构与功能相适应的特点。

自然学科的学习中,善于从已有的现实依据中发现问题,对现象进行反思与质疑,具有批判的思维能力,进而敢于创新与挑战,并提出独特的、创新的并有价值的观点,也是重要的一种科学思维方式,即批判与创造性思维。

综上,自然学科的思维方式能够帮助学生正确地获得新知识,学会使用已有的知识进行假设、论证、建构新的观点。库恩曾指出,科学思维本质上是社会性行为,不是只发生在人们头脑中的过程。科学思维是获取知识的过程,这就包括所有为了获取更多知识而进行的有目的的思维过程。

四、形成科学态度与责任担当

科学态度指通过自然学科的学习,在认识科学本质的基础之上,理解科学技术与社会、环境、人类发展的关系,形成对科学技术正确的态度,对待事物实事求是的态度,进而形成学生对国家、对人类社会的责任。自然学科的学习中,科学态度与责任担当是指向学习价值目标达成的必然结果。

比如,物理课程学习中包含与能源相关的章节,要求学生了解自然界存在的多种形式的能量,太阳能、水能、风能、核能等,了解在有效且安全可控的前提下,核能可以成为解决能源紧缺的方法之一,了解核能利用中出现的泄露事故、废料处理困难的综合问题,了解核武器的发展,并通过核能的和平使用,体会核科学家为人类作出的巨大贡献,体会科学技术的应用在造福人类的同时,也可能带来社会问题,科学活动应有其自身的道德规范与约束。

比如,化学课程学习中包括化学与社会发展主题,学生可依据物质的性质及其变化认识环境污染的成因、危害及防治,以酸雨的防治和废水处理为例,了解国家的法律、法规和政策,强化公众参与环境治理的责任。

比如,生物课程学习中包括生物与环境模块,学生可通过关注环境焦点问题,关注生态学的发展进程等,形成保护环境、维护生态平衡的主动意识,人与自然和谐发展的可持续发展观念。

再比如,在日常生活中,我们对"瘦肉精""染色馒头""毒豆芽"等公众事件并不陌生,在"谈添加剂色变""我们恨化学"的舆论之下,在大众对化学产生误解之时,学生应该能够甄别,化学添加剂本身是无害的,而非法添加剂才是安全的罪魁祸首,若对化学的理解只停留在破坏环境、危害生命等这一极端则未免令人唏嘘。化学是人类认识和改造物质世界的主要方法和手段,实际上高效的化学药物、化学添加剂、化工产品大大提高了人类的生命及生活质量,非法、滥用化学物质才会危及社会与人类,我们的学生应在掌握自然学科技能的同时,作出对人类社会高度负责的价值选择。

综上所述,自然学科的学习从科学本质正确认识的基础上,对科学对象、科学理论、科学现象、科学研究等形成特有的价值态度,理解包括人类活动对自然环境、生活条件和社会变迁的影响,形成促进人类社会可持续发展的责任感。

第三节 聚焦有价值学习的自然学科教学探索

以遵循自然学科学习的规律为基点,以自然学科学习的价值追求为目标,本章将从基于进阶理论的单元学习和基于真实情境的自然学科学习两个维度,探讨自然学科有价值学习的实践。

一、基于进阶理论的单元学习

学习进阶描述的是学生在学习核心概念时逐渐深入的学习路径,刻画了学生在理解概念时的认知发展过程,呈现了渐进式的思维过程。运用学习进阶理论设计并实施单元学习方案,有助于学生开展自然学科的有价值学习。

(一)进阶理论概述

美国国家研究委员会(National Research Council,简称"NRC")在 2005 年的报告《国家科学评价体系》中,首次明确提出了学习进阶,并认为其重要价值在于,"是促进课程标准、课堂教学与考试评价三者一致性的有效工具"[1]。经国内外多年的理论与实践研究,学习进阶理论逐步完善并形成体系,普遍认同:学习进阶理论关注学生学习的阶梯性,用始阶水平与终阶水平来描述学生学习之前与学习之后的状态。在进阶的过程中,学生的知识建构能力与问题解决能力都会逐步提升,同时前后阶梯又存在着相互作用性。在学习某个主题内容相当长的时间段中,学生对该内容的理解和思考将日趋成熟、不断深入。

---

[1] National Research Council. Systems for State Science Assessment [M]. Washington, D. C.: The National Academies Press, 2006: 3.

（二）单元学习的特征

单元学习应该是一个完整的学习过程。单元是一个系统，是由若干个具有一定联系的内容所构成的；单元的大小和内容并没有严格的规定，要根据学习目标、教材内容及实际情况进行划分。单元学习的特征如下：

1. 单元学习目标统整性

单元学习目标是依据单元学习主题，从科学本质的核心概念出发，具有统整性的知识、方法与价值观念形成等方面的整体目标。单元学习目标将引领单元学习活动的设计更具逻辑性、层次性，指导单元学习评价更有综合性、实践性。

2. 单元学习内容系统性

单元学习内容围绕某个核心概念，充分考虑学生学习的认知特点与学习需求，将具有相互关联的问题、概念、理论等组织起来，以单元活动为载体，以真实的学习情境为依托，实现学习的发生与发展。

3. 单元学习活动真实性

单元学习活动设计时，一般以单元目标为依据，分解目标的实施阶段后，将核心任务分解成若干个前后递进、彼此关联的活动，以真实问题解决为主线，在真实的学习体验中获得方法与能力的提升。

4. 单元学习评价综合性

单元学习评价依据单元学习目标与内容，根据不同的单元活动量身定制，是检验目标是否达成的学习工具，是对学生单元学习过程的总体表现及其学习成果所进行的过程性评价，应具有评价内容、评价方式、评价维度、评价过程的全面综合。

单元学习重视个人态度的变迁、特殊能力和应用技能的获得，重视通过学习单元来获得具有完整性的学习经验，获得相关知识及解决实际问题的能力，从而形成完整而科学的学科观念，与自然学科的价值追求相符。而以往的以教材章节为标志的学习，导致学生所学的知识相对支离，不易产生综合的实际价值，从而降低了学习的兴趣与乐趣。

（三）基于进阶理论的单元学习要素

单元是"同一主题下相对独立且自成系统的内容整体"，单元学习则是以相关主题与任务为线索串联起来的学习内容的基本单位，以建构系统化、结构化的知识体系，形成逻辑化、整体性的思维脉络。因此基于进阶理论展开一系列由简单到复杂相互关联的概念序列，开展系统化、多样化的学习活动，可以帮助学生形成知识网络，达成素养提升的目的。构建进阶理论为指引的单元学习主要包含以下要素：

1. 学习目标进阶，梳理知识的脉络结构

单元学习目标进阶包含学习的起点在哪里、要到哪里去，如何进阶式地抵达。学习的起点是学生学习的基础，终点是单元学习的达成目标，进阶式抵达则是有层级的

重要概念发展的路径,从而形成结构化的知识脉络结构。

2. 学习内容进阶,细化具体的学习任务

单元学习中,进阶式抵达终点往往需要大量的任务群作为具体的学习载体。因此,依据进阶式的学习目标,体现层次性、实践性与整体性的学习任务是形成学习思维与能力提升的重要途径。

3. 学习评价进阶,完成有效的学习诊断

学习的过程与质量实现可测、可评是学习的终端问题,进阶理论下的评价应细化、分解评价标准,围绕单元内容创设情境评测环境,以问题解决的导向完成评价设计。

(四)基于进阶理论的单元学习案例

案例5.1　"化学反应速率"单元学习设计①

化学反应速率单元,围绕"大理石与盐酸反应速率的研究"包括两大部分内容,其一是通过实验数据的定量分析,认识化学反应过程中速率变化的基本特征,确立使用平均速率来表征化学反应快慢的现实意义,并引发思考,化学反应速率并不匀速,有哪些因素会影响化学反应速率呢? 其二是影响化学反应速率因素的实验探究,这部分内容学生要发现问题、分析问题、设计方案、实验验证,发现并总结影响化学反应速率的规律,进而解决调控大理石与盐酸反应速率方法的问题,体验科学研究的过程。这一单元的学习将化学知识与技能的学习、化学思想观念的构建、科学探究与问题解决能力的发展、创新意识和社会责任感的形成等多方面的要求融为一体,体现化学课程在帮助学生形成未来发展需要的正确价值观念、必备品格和关键能力中所发挥的重要作用。

【单元进阶规划】

Ⅰ.学习目标进阶

学习目标分解为三个方面:了解化学反应平均速率的表示方法,认识其对化学研究的重要价值;运用变量控制的方法,实验探究浓度、温度、催化剂等因素对化学反应速率的影响;运用化学反应速率相关知识解释生产、生活中的现象(图5.3.1)。知识目标进阶的同时,科学探究的方法也从定性、定量进阶至实践应用。

Ⅱ.学习内容进阶

单元学习内容结构完整,体现了化学源于生活,服务于生活的观念,符合学生的认知规律。学习内容的编排层层递进,从感性认识到理性分析,从定性观察到半定量、定量测定,能够促进学生理性思维方式的形成,提升问题解决的能力,在实际教学

---

① 本案例由上海市风华中学余瑾提供,有改动。

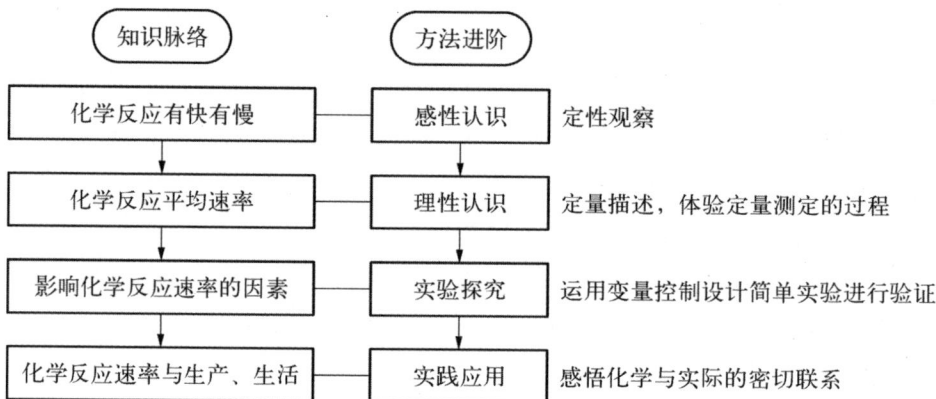

图 5.3.1　单元学习目标的知识进阶与方法进阶

中可以构建教学单元,进行基于进阶的整体性设计。"化学反应速率"这一单元,从认识化学反应速率到影响化学反应速率因素的探究,学习内容进阶设计见图 5.3.2。

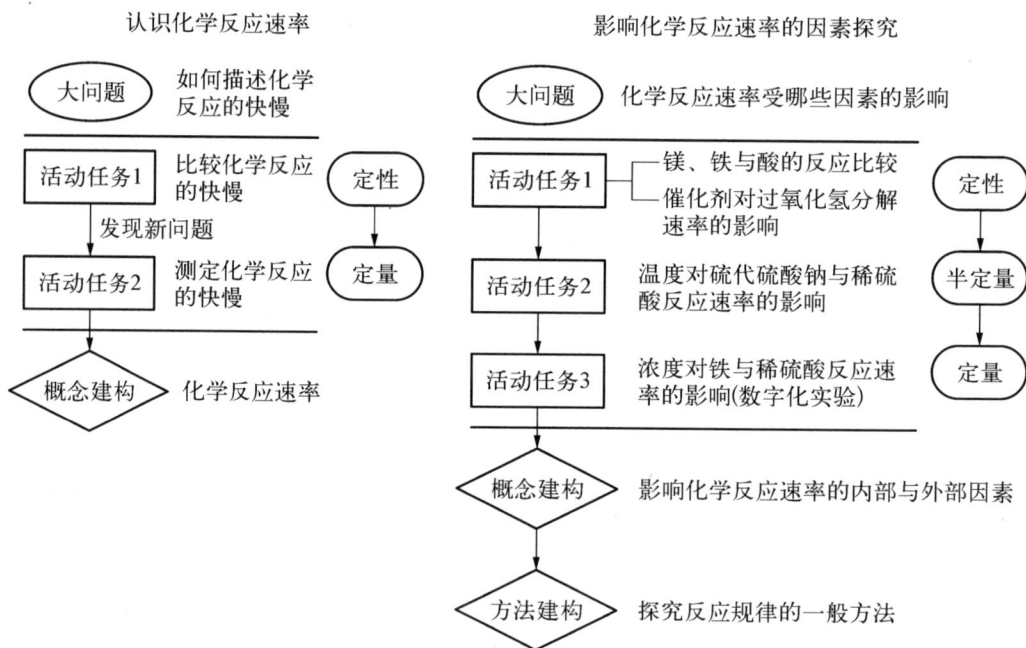

图 5.3.2　"化学反应速率"学习内容进阶

Ⅲ. 学习评价进阶

在单元学习中,面对不同要求、不同层次的学习活动,需采取不同的评价方法。以化学反应速率为例,参照学习活动观测指标的多寡,评价方法主要分为三大类:口头评价、要点评价以及量表评价(图 5.3.3)。教师在教学实施中一般会将三种评价方法有序整合,体现学习评价的进阶,客观全面地评价学生的学习表现。口头评价是一种常见评价方法,在课堂学习中随时发生。本案例在"化学反应快慢"学习中,采用要点评价;而在"探究影响化学反应速率的因素"学习中,采用量表评价(见表5.3.1)。

评价方法

口头评价 → 要点评价 → 量表评价

学习评价的进阶

图 5.3.3
学习评价进阶

第一课时　活动 1　化学反应快慢的评价要点

1. 尽可能选择速率差异明显的对照组。若不一定属于化学变化的现象要有具体说明,如爆炸反应应表述为爆竹爆炸或氢气、氧气混合爆炸等。

2. 通过观察判断反应的快慢,对于现象上差别很小的可以先不做结论。

3. 能从定量的视角给出可靠方法的说明,如测质量、测量生成气体的体积等。

量表评价

表5.3.1　探究影响化学反应速率因素的评价量表

评价项目	A	B	C
研究对象	能够选择合适的化学反应实施影响化学反应速率因素的研究,并说明理由	能够选择合适的化学反应实施影响化学反应速率因素的研究	无法确定选择的原则
研究方法	能联系实际选择恰当的快慢比较方法(定性或定量),注重变量控制在研究中的运用	能选择化学反应快慢的比较方法,在实验中能考虑到变量的控制	采用了不合理的比较方法(如全部用观察,或全部用定量测定),没有考虑其他变量的控制
实验过程	能够按照实验方案完成验证,操作规范	能完成实验验证,操作规范	过程未遵照预先的设计进行
研究结论	结论与研究过程存在因果关系,结论描述严谨客观	能依据实验得出结论,无科学性错误	无法通过实验得出结论,或编造结论
合作交流	小组成员有分工、有效合作,实验中遇到分歧能协商讨论	小组成员有分工,基本能协调实验中出现的分歧	缺少合作交流

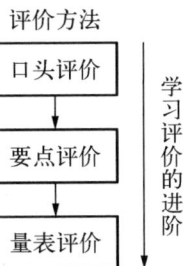

案例分析

本案例以单元学习为设计起点,从学习目标、学习内容、学习评价三个维度对进阶式的学习规划,提出了具体的实施路径。案例中,单元学习目标将整个单元的知识脉络体系进行了完整的进阶式建构,同时对单元内知识架构中所能够习得的学习方法也进行了系统的进阶式规划,从而进阶式地抵达整个单元目标,提供了所需达成的知识、方法的路径。案例中,单元学习内容以进阶式任务群作为具体的学习载体,这些具有层次性、实践性与整体性的单元学习任务群,成为学习过程中学生思维与能力提升的重要途径。案例中,围绕单元内容创设情境评测环境,以问题解决的导向完成评价设计,对进阶理念下的单元学习评价进行了分解,尽可能地细化、分解评价标准。本案例是一个相对完整的进阶理论下的单元学习,学生在建构知识概念、形成知识体系的同时,探究的学习方法和科学思维均得以培养与发展,体现了自然学科的学习价值,是学生开展有价值学习的一种探索。

二、基于真实情境的自然学科学习

物理、化学、生物等自然学科的形成均与人类生产生活密切相关,其发展历程对实际生产、生活方式具有重要影响,因此自然学科的学习也应充分重视真实情境的创设,通过情境提出问题,展开联想,开展讨论,归纳知识,发展思维,提升能力,使学习价值得以真正体现。

(一)借助科学史实情境

自然科学的发展过程,实际上就是人类对自然界各种科学规律与现象的认识、运用、发展与创造的过程,集中体现了人类探索和改变世界的历程。借助科学发展历程的情境,可以让学生了解自然规律的探求过程,科学概念与定理的形成过程,体会并理解科学的本质。借助科学家追求科学真理的情境,可以让学生感受科学探索的艰辛,感受为了真理勇于献身、百折不屈的精神,敢于质疑、敢于创新的精神。

例如:物理必修模块"机械运动与物理模型"中,要求学生从了解近代实验科学产生的背景出发,认识实验对物理学发展的推动作用。在"近代科学之父"伽利略为维护真理而进行不屈不挠的科学史实情境中,学生可以体会到,欧洲文艺复兴时期的思想解放激发起人们对自然的兴趣和探索,人体解剖、绘画艺术等方面的进步使观察实验和数学分析相结合的科学思维方法得以发展,因此科学进步与社会的发展密不可分;在伽利略把科学实验和科学推理结合在一起的科学史实情境中,学生可以理解实验是物理学研究的基础,为新发现、认识规律和创建理论提供条件。案例5.2对于"工业合成氨"的教学设计,就是围绕科学史实而展开的。

> **案例5.2　"工业合成氨"教学设计①**
>
> 沪教版化学高一教材第六章第3节"化工生产能否做到又快又多"一节,学生是

---

① 本案例由上海市六十中学赵屹提供,有改动。

在学习了化学反应速率和化学平衡原理的基础上,对合成氨生产过程的学习。一般的教学设计思路为:由教师介绍合成氨工业的重要性,学生根据反应原理分析合成氨反应的特点,从化学反应速率和化学平衡两个角度来分析讨论合成氨的适宜条件,最后综合速率、平衡等影响因素,总结出工业合成氨的适宜条件。

这样的设计,在一定程度上可以体现化学反应原理对实际生产的指导作用,但如果可以在课堂上真实呈现科学家发现问题、解决问题的探索过程,提供解决问题的模型,指导学生积极探究,学生将更能体验到在真实的科学发展进程中,科学工作者们竭力探索、敢于创新的经历,了解自然规律的真实探求过程,体会并理解科学的本质。为此,我们的学习分为五项任务,任务的设计中呈现一系列史实情境,学生通过问题的解决,实现有价值学习。

学习任务 1:合成氨工业条件的选择与优化

[情境 1] 1900 年,勒夏特列将氮气与氢气混合,在高压下制得氨气,但由于混有空气而引起爆炸,他随即放弃了实验。德国化学家能斯特通过理论计算,认为合成氨是无法进行的,他并未发现是由于使用了错误数据才导致得到错误的结论。直到1907 年,哈伯等人以金属锇作为催化剂,第一次成功制取了氨,为合成氨工业打下了坚实的基础。因为对工业合成氨发展的推动,德国化学家哈伯被授予了 1918 年的诺贝尔化学奖。

[问题 1] 当时合成氨的难点在哪里?哪些措施可以加快 N_2、H_2 合成 NH_3 的反应速率?如何提高混合气体中氨的含量?

学习任务 2:催化剂的选择

[情境 2] 1907 年,哈伯发现金属锇具有催化作用,但锇是贵金属,地球储量较少,价格高昂,且锇蒸气具有剧毒。1909 年 2 月,艾尔文·米塔施(Alwin Mittasch)提出多组分体系催化剂设想,在一年半时间内,针对 2 500 个催化剂进行了 6 500 次实验,最终发现组成与耶利瓦勒(Gallivare)磁铁矿相近的混合催化剂效果优异。目前,我国刘化章教授发明 $Fe_{1-x}O$ 基氨合成催化剂,属于世界首创、国际领先,并在世界范围内广泛应用,同时确立了以单相原理为核心的 $Fe_{1-x}O$ 催化剂理论体系。

[问题 2] 面对催化剂的筛选,一般应考虑哪些因素?

学习任务 3:温度的选择

[情境 3] 催化剂的性能指标除了催化效果外,还有耐用程度及起燃温度等。在科学家寻找不同催化剂的过程中,这些催化剂的起燃温度都越来越低。

[问题 3] 温度是如何对化学反应速率和化学反应平衡产生影响的?温度对催化剂会产生什么样的影响?

学习任务 4:压强的选择

[情境 4] 哈伯所建立的合成氨工厂单日可达 30 吨,为了继续提高合成氨的产

率,以化工专家博施为首的团队,经过无数次实验,1913 年双层反应塔被投入生产线中,合成氨工厂的日产量得以大大提高。而博施本人因为改进了高压合成氨的方法,同时成功使用铁触媒替代了有毒的锇催化剂,实现了合成氨的工业化大规模生产,并于 1931 年获得诺贝尔化学奖。

[问题 4] 在合成氨工业中,应该使用什么样的压强更合适?

学习任务 5：合成氨的现状与未来

[情境 5] 2007 年德国哈伯研究所的埃特尔教授,因对合成氨的反应机理作出了实证,因此获得诺贝尔化学奖。

[问题 5] 能否根据合成氨反应的微观过程模拟图,尝试分析合成氨的过程? 工业合成氨及其相关领域,究竟是夕阳产业还是依然大有前途?

案例分析

本案例在教学设计中,选用了一系列合成氨工业在科学发展历程中的真实史实情境为学习任务的线索,最大程度呈现了合成氨工业的实际研究历程,学生真实感受科学家在研究过程中所面对的发现问题、解决问题并应用于新问题的过程,学生真实感受科学探索的艰辛,科学家敢于质疑、敢于创新的精神,从而激发出学习的兴趣,这也是自然学科学习的重要价值所在。

(二) 依托生活经验情境

学生在进行物理、化学、生物的学习之前,已经基于生活体验和已有知识积累了大量的经验情境,这些经验可以成为构建新概念的基础。学生从已有经验的基础上,对数据、符号、现象等信息重新加工,抽离出本质特征,经过思维加工建构起新概念,是一种依托生活经验情境的学习方式。

例如,物理学科中,加速度概念的学习,课标解读中提供了如下情境。情境一：火车和小轿车都由静止起动,经过相同的时间,小轿车速度的变化量比火车大很多。经验告诉我们,小轿车比火车速度变化得快。情境二：小轿车和一辆大货车同时起动,要产生相同大小的速度变化量,大货车需要的时间更长。经验也告诉我们,小轿车比大货车速度变化得快。那么大货车和火车哪个速度变化得更快呢? 这就要对"速度变化快"的属性进行概括,所谓"速度变化快"是指单位时间内速度变化大,即速度变化量与所用时间的比值较大。因此,速度变化量与时间的比值就能够体现速度变化快慢的特征,把它定义为加速度。物理概念学习,需要在经验情境的基础上,经历"概括共同属性、抽象本质特征"的思维加工过程。

生物学知识的学习更是大多来源于生活,与生活息息相关,联系生活实际问题的学习方能真实有效地引发学生思考的真正发生,达到激发学生学习动力的功效,以下案例以新冠疫情为情境贯穿学习全过程,用问题链引领思维活动与情感体验的真正发生。

案例5.3 "微生物传染病的传播和预防"教学设计①

"传染病的传播和预防"是沪科版高中《生命科学》教材中"微生物"的第4节内容。本节主要包含微生物传染病的传播、病原菌和病毒的致病过程、微生物传染病的预防等三个相互联系的问题。高二学生之前已经学习过了传染病和免疫相关的知识，但他们将所学的知识和认识社会、解决与社会有关的健康问题联系起来的，在实际情境中解决问题的能力还有待提高。因此在本节内容的学习过程中，以与学生日常生活关系密切的热点问题"新冠肺炎"为情境，分三项学习任务，逐层递进的问题引导学生展开讨论与学习。

[情境] 什么引发了新冠肺炎？以热点话题"新冠肺炎"创设情境，营造氛围，设疑激发学生的兴趣，从而引入微生物传染病的核心概念。

学习任务1：新冠病毒从哪里来？新冠肺炎如何传播？

学生根据学习材料提供的案例线索，逐条分析，得出微生物传染病传播的三个环节。再引导学生通过分析微生物传染病传播曲线图，从免疫角度得出群体中的防控措施，锻炼学生读图、分析、对比和表达能力。

学习任务2：新冠病毒的传播速度为什么这么快？新冠病毒如何致病？

通过视频"新冠病毒侵入人体的过程"的呈现，学生分析总结病毒进入细胞的方式和病原体寄生的特点。学生联系实际，从生物学的角度理解感染后的三种不同状态，学会理性看待微生物传染病的危害。

学习任务3：如何预防感染新冠病毒？

在学生提出防控新冠肺炎的具体措施之后，由教师引导学生围绕微生物传染病传播的三个环节，归纳总结微生物传染病的预防措施，在落实本节内容学习目标的同时，把理论知识与实际问题相联系，提升学生自我健康管理的能力和意识，提升生命质量。并且，通过学生比较微生物传染病传播曲线图中的病例数和易感人群的变化趋势，得出早发现、早报告、早隔离、早治疗的意义，使学生感悟到预防微生物传染病既是珍惜自己生命，也是尊重他人生命，需要全社会所有成员参与，提高责任感和使命感。

案例分析

本案例中，学生在新冠疫情的大量生活体验中，积累了大量的经验情境，这些经验都成为构建新概念的基础，从疫情的传播到防控均具有现象经验储备的基础，是一种经验情境学习方式的典型案例。案例中，在形成对自然本质认识的同时，学生的学习深化了对人类活动与自然环境关系的认识，形成了促进人类社会可持续发展的责任感。案例所呈现的学习过程，反映了在教育过程中，学生有价值学习的追求。

---

① 本案例由上海市六十中学蔡锦蓉提供，有改动。

(三)创设科学探究情境

实验探究是科学探究活动的核心,实验探究学习是提升科学探究能力的重要载体。实验学习是物理、化学、生物等自然学科学习的重要手段,合理利用实验的情境,发现问题、积极思维、寻找策略、动手实践、积极探索、展开学习,是投入探究式学习的重要途径。

例如:生物必修模块"分子与细胞"中,要求学生理解酶在细胞内的物质和能量转变中的地位和作用。在学习中,创设酶催化作用的高效性和专一性的探究情境,通过影响酶活性的因素的实验设计,初步尝试探究相似课题的实验设计,运用对照实验、控制变量等方法,提高实验结果的可靠性,从而建构起核心概念并发展科学探究能力。

创设科学探究情境也是物理实验学习的重要手段,DIS探究实验以学生为主体,基于提出的问题和学生的经验,在学生好奇心的驱使下,以问题为主导,让学生参与、体验、思考,并针对问题寻求可能实现的解决方案。以下案例以DIS实验为载体,尝试以科学探究情境的创设为主线,完成知识形成、方法体验、思维提升等维度学习价值的提升。

案例5.4　"用DIS研究加速度与力和质量的关系"教学设计[①]

本实验选自上海沪科版《物理》高一教材第三章"牛顿第二定律"一节。通过之前的学习,学生已经知道:力是改变物体运动状态的原因,即产生加速度的原因,对力与运动的关系有了定性的认识。本节的探究性实验将得出加速度与力和质量之间的定量关系,为牛顿第二定律的推出提供实验依据,使学生对力与运动的关系有进一步的理解。为此,把探究性实验分解为四项学习任务,并设置相应的问题,引导学生在探究过程中学习。

学习任务1:确定实验方案

[**问题1**] 本实验涉及加速度 a、作用力 F、质量 m 三个物理量之间关系的研究,应该采用什么研究方法?

[**问题2**] 如何用控制变量法设计实验方案?

学习任务2:了解实验器材,明确测量方法

本实验中用到的实验器材有位移传感器、数据采集器、计算机、带滑轮的轨道、小车、小车配重片、小桶、砝码。实验装置如图所示(图5.3.4):在桌面上放置平直导轨,导轨一端固定有定滑轮,导轨上放置小车;细绳与导轨平行,一端连接小车,另一端跨过定滑轮,悬挂小桶。

---

① 本案例由上海市六十中学任嘉浩提供,有改动。

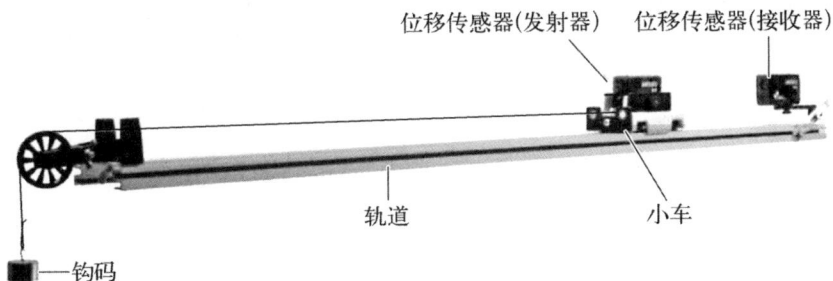

图 5.3.4　实验装置

那么,如何测定加速度、力、质量这三个物理量呢?

[**问题 3**] 如何测量加速度?

[**问题 4**] 用天平可以测出小桶的质量,装入桶内的砝码每个质量为 5 g,则如何改变作用力 F 的大小?

[**问题 5**] 如何测量小车的质量? 如何实现小车质量的改变?

学习任务 3:研究质量不变的情况下,加速度与力的关系

[**问题 6**] 通过描点,同学们发现数据点有哪些特征?

[**问题 7**] 如何归纳加速度和作用力的关系?

学习任务 4:研究受力不变的情况下,加速度与质量的关系

曲线比较难确定两个物理量的关系,我们通常可以从最简单的情况入手,猜想它们可能满足反比关系。选择新的坐标轴进行研究,以 $1/m$ 为横轴建立新坐标系,如果作出的图像是过原点的倾斜直线,那就说明猜想是正确的。

[**问题 8**] 如何归纳加速度和质量的关系?

案例分析

本案例为物理实验探究学习,学生在设计实验方案、确定实验器材和测量方法、实验操作、数据处理及得出结论的过程中,感受控制变量和归纳方法,学生提升了根据研究方法制定实验方案、基于证据得出结论并作出解释的能力,体现了物理学习方法与思维提升的价值追求。

综上所述,在自然学科的学习中,遵循自然学科学习的规律,形成正确的观念、习得探究的方法、培育思维方式,提升社会责任均为自然学科学习的价值追求,而笔者仅从基于进阶理论的单元学习和基于真实情境的自然学科学习两个维度对学习历程、学习方法等实践经验加以总结与提炼,期待更多的教育同仁一起深入研究与探索。

第六章　社会观察中的本原揭示

　　教育的目的在于促进学习主体的发展,学习的本源就是要满足学习主体的发展需要,社会学科的学习应从社会观察这个本源上去思考、借鉴与探索。那么,如何引领学生在社会学科的学习中追寻到这个本源? 这就涉及到教育理论与实践探寻的一个核心问题——有效性学习与有价值学习。其中,有效性学习让学习基于经验、突破经验、创造经验而自然发生、建构新知、重塑未来;而有价值学习,以人为本,增强学生的创新意识,助力学生的健康发展,兼顾知识的传授、情感的交流、智慧的培养和个性的塑造,社会学科的学习因此而生动透亮。

第一节　社会学科有效性学习透析

　　社会学科是一门兼具思想性、综合性、人文性与实践性的课程,主要包括政治、历史、地理等学科,对于培养时代需要的合格公民和复合型人才,具有十分重要的意义。社会学科的有效性学习是教育理论与实践研究的问题之一。学校教育,可以通过对学习主体、学习方式、学习环境的考察和研究,打造良好学习平台、创设学习情境等措施,提升学习有效性。

一、社会学科有效性学习概述

　　社会学科有效性学习研究中,众多学者聚焦教材,深耕课堂,不断探索形成了不少成果。笔者在"中国知网"检索到相关论著 12 本、论文 623 篇、学位论文 114 篇,学习后发现社会学科有效性学习具有四点共性:"教材生活化""教学情境化""策略多元化"和"学科综合化"。本节将围绕这四个方面进行概述。

(一)教材生活化,让学习基于经验而自然发生

　　有效性学习中,教材是课堂教学的载体,是教师组织教学的依据,也是学生学习的主要资源。现代教材观认为,不能把课本作为唯一的教学素材,教学内容不能仅局

限于呈现教材内容,要深入学生所处社会环境,充分挖掘社会生活素材,才能让教学充满生命力。教师可在理清教材架构的基础上,创造性地对教材内容进行整合,并选择恰当活动方式呈现教育内容,搭建起学生和教材之间沟通的桥梁,实现教育目标。闫彬在《初中道德与法治课教学人文性实践路径》中指出:"深入挖掘教材中有助于学生身心成长和健康的案例、情境,并适当改编以满足知识传授和适应学生实际特点。"①陈丽松在《地理教学生活化的有效性策略探究》中同样认为:"教材只是教与学的工具,而非唯一的教学资源,用生活中的地理素材来替换、改进教学内容,可避免从书本到书本、从概念到概念的枯燥,有利于缩短教材与学生生活的距离,有利于有效完成学习任务","适当引入生活常识,可以让学生有效学习地理"。②

杜威强调:"学校的最大浪费就是学生在接受一种脱离实际的教育,这种学习使学生学习时缺乏兴趣和激情,走向社会后发现知识与生活脱节,不能解决实际问题。"因此,有效运用学生的生活实践,有助于建立学生原有的认知结构与新知识的联系,有助于学生有效探索,提升思维深度与品质。对于历史学科而言,由于史实存在于特定的时空,学生认为历史远离自己的生活,继而学习过程中会出现枯燥无味的心理。王涛在《让学生"活在历史中"》提倡对历史教材进行积极的开发与充分利用,"引导学生积极参加校外的历史考察和社会考察,在实践中发现问题,并运用已学的知识、技能和方法去解决问题,提高实践能力",例如"在进行《改革开放》内容的教学时,设计'三代过年方式调查''老照片展''家谱制作'等教学内容,让四十年前的改革开放通过学生家庭亲人之口生动地呈现在学生面前"。③

教材生活化的处理可以把学生从课堂引入现实生活,从生活经验中激发学生的求知欲,并引导学生反思,使学生学得有趣、学得有用、学得有效。

(二)教学情境化,让学习突破经验而建构新知

建构主义认为:所有的知识都是从情景和活动中产生,学生不是知识的被动接受者,而是积极主动的探索者,教师的作用就是要创设一种独立探究的情境,以使学生积极主动地参与教学活动,激发并维持对知识的兴趣与爱好。朱小超等在《情境教学模式三大核心要素"真"思考》中强调:在政治课上践行情境教学模式,将更有助于学科核心素养的落地,如在《友谊与成长同行》教学中,教师可以围绕"交友的原则",从家庭、学校、社会多角度发现教育教学的"最佳场合",创设教育教学的多重真情境。

---

① 闫彬.初中道德与法治课教学人文性实现路径[J].中学政治教学参考,2020(25):56-57.
② 陈丽松.地理教学生活化的有效性策略探究[J].西部素质教育,2016,2(01):137-138.
③ 王涛.让学生"活"在历史中——初中历史学科的教学价值与学生发展之我见[J].中国教育学刊,2018(S1):191-193.

情境教育是利用心理场,形成推进教育教学活动的正诱发力。① 李影在其论文《浅谈情境教学法在高中历史教学中的应用》中谈及:教师可以创设语言情境,通过语言节奏与情感的变化,使学生沉浸在学习氛围中;还可以创设问题情境,鼓励学生探究历史,建构新知,提升学生的历史学习效果。②

在有效性学习中,教师还可以合理地应用现代信息技术,选择合适的教学资源,创设情境,从而培养学生有效学习的能力。视频资源作为通过信息技术所形成的声像一体资源,较为直观形象,便于学生形成直观的情境认识。张士宏在《视频资源在高中地理教学中的应用研究》中指出:在现代信息技术的支持下,高中地理教师可借助视频资源来丰富地理知识,为学生自主建构学科知识作准备,可以视频资源"创设直观情境""丰富地理现象""解释地理规律"三方面,全面丰富学生的地理认识,使其自觉地展开地理探究与学习。③

微课作为多媒体技术基础上发展起来的教学形式,主要通过运用信息技术将教材内容以短小精悍的形式呈现,创新了传统教学模式,建构了全新教学情境,有助于激发学生学习主动性。刘兴的《微课在初中道德与法治教学中的实效性》提出:微课具有主题明显和教学活动灵活两个优点,因此教师可以发挥微课的情境教学新模式,帮助学生寻找到学习的乐趣,提升学习效率。

可见,社会学科的课堂教学不仅仅是传授知识,更应该通过情境化的学习唤醒学生的内部动机,让学生主动参与到学习活动中,主动开展探究,建构新知。

(三)策略多元化,让学习创造经验而融会贯通

课堂教学既包括教师的教,也包括学生的学,是师生双方信息传递、情感交流、共同发展的过程,只强调其中一方的责任与义务都是不妥当的。学生作为学习的主人、课堂教学的主体,应该科学地采用各种学习方法,切实提高学习有效性。赵亚夫提出:"历史课堂中学生为教学的主体,所有的教学智慧在课堂上释放的总是着眼于学生的未来发展"④;陈辉提出了有效性学习的多种策略,例如"自主学习""合作学习""探究学习"等策略。⑤ 顾云萍在《高中历史有效教学的研究》认为一节课是否有效的判断依据是:"教与学的主体都意犹未尽",教师可以通过"有效激发学生学习动机""提高课堂讲授的有效性""提高课堂提问的有效性""提高学生作业有效性"等多元

① 朱小超,李洪山.情境教学模式三大核心要素"真"思考——以初中道德与法治课为例[J].天津师范大学学报(基础教育版),2021,22(04):51-56.
② 李影.浅谈情境教学法在高中历史教学中的应用[J].中学政史地,2020(12):62-63.
③ 张士宏.视频资源在高中地理教学中的应用研究[J].才智,2020(12):52.
④ 赵亚夫.历史课堂的有效教学[M].北京:北京师范大学出版社,2007:46.
⑤ 陈辉.高中历史新课程的理论与实践[M].北京:高等教育出版社,2008:89-90.

化方式促进学生有效学习。① 顾海燕在《基于学生深度学习的有效地理课教学现象分析》中提出了地理深度学习策略,强调深度学习的归属就是实现学生的自主学习,让学生自主意识到学习是自己的责任,学习的效果只能由学生自身来体现。② 合作学习也是实现深度学习的有效策略,朱千里指出:"教师通过设计科学有效的合作问题,才能激发学生的求知欲,引导学生主动思考和建构,满足不同学生的发展需求,促进深度合作学习的生成。"③

一些学者还关注到情感教育策略对有效性学习的重要性,王永伟在《论初中道德与法治课的情感教育》中提出:"教学活动不是教师一个人的事情,而是学生和教师在交流互动中实现认知因素和情感因素的和谐统一的过程"④,情感的渗透可以充分体现在备课、上课、课外活动中,可以有效激发学生的内在情感,正确认识社会学科应有的精神风貌,提高教育教学的有效性。另外,罗明等人在《培养学生主体意识的历史学科育人探索》中认为"历史学科育人是一项细致、兼具长时段和系统并需投入情感的工作,要使学科育人的内涵真正转化为学生自觉秉持的素养,需要教师有机统整代表主流价值观的育人要求与学科内容,让学生通过参与和切身体验来感悟历史中的真、善、美,以此唤醒他们的自主精神,激发他们的主观能动性"⑤,这才是历史学科学习切实有效的方法。

总之,学生需要掌握具体的学习策略,从而在特定的学习情境中,能动地选择恰当的策略进行学习,才能真正成为学习的主人,实现有效性学习。

(四) 学科综合化,让学习超越经验而重塑未来

加强对社会学科课程整合的研究,是当前新一轮课程改革的迫切任务之一。牛学文在《社会学科课程在教学改进中不断前行》中提及:"社会学科教学经历了从'分科教学'向'综合教学'、从'以教为主'向'学为中心'、从'教教科书'向'依标而教'的转变,解决了社会学科教学的关键问题。"⑥为了达到新课程改革的目标,促进学生之间相互交流、共同发展,实现综合性学习,各门社会学科进行了一些有益的探索,刘金凤在其《初中道德与法治课教学中融入历史学科知识的方法探究》中指出"在初中道德与法治课教学中融入历史学科知识是必要的选择",并强调"政治与历史也是跨学科学习的最佳搭档",教师可以利用历史学科知识调节课堂气氛,提高学生对内

---

① 顾云萍.高中历史有效教学的研究[D].武汉:华中师范大学,2016.
② 顾海燕.基于学生深度学习的有效地理课教学现象分析——以"亚洲的位置和范围一节"为例[J].文化创新比较研究,2018,2(03):127-129.
③ 朱千里.有效问题设计嵌入的初中地理深度合作学习[J].现代教育,2020(12):50-52.
④ 王永伟.论初中道德与法治课的情感教育[J].华夏教师,2019(12):51-52.
⑤ 罗明,张川.培养学生主体意识的历史学科育人探索[J].历史教学问题,2019(02):110-113.
⑥ 牛学文.社会科课程在教学改进中不断前行[J].人民教育,2019(02):73-75.

容学习的兴趣,从而让学生更好地理解政治课程的意义。① 杨林在《历史学科有效开展思想政治教育的思考》中强调:"教师要有责任意识,要主动思考和研究历史课与思想政治教育的结合点,并认识到历史学科,特别是教材是开展思想政治教育的良好载体",继而培养学生的学习兴趣,可谓一举多得。②

围绕"立德树人"这一根本任务,社会学科纷纷将"家国情怀"作为核心素养的重要组成部分。陈杰等人的《地理课程家国情怀"沉浸式"培养的教学探索》探讨了"家国情怀"的内涵与培养方式,指出地理课程要培养的"家国情怀",既与历史、政治等学科的相关内容有联系,但又有其特点和侧重,引导学生进行"家国情怀"的内在塑造,进而促进全球视野的拓宽。③ 历史学科也强调家国情怀的培养,包世平在《历史课堂中如何培养学生的家国情怀》中提出:教师应该充分挖掘教材中的家国情怀资源,并给学生创设生动的情境,在潜移默化中引发学生情感的共鸣。④ 社会学科间存在着的内在逻辑和价值关联,使学科综合化成为一种必然,这既是一种有效、有趣的改革方式,也是提高学生学习质量和提升学习能力的行之有效的方法,能够有效促进学生发展,有效达成预期的教学效果。

综上,现有的研究与实践表明:提升社会学科学习的有效性,从"教材生活化""教学情境化""策略多元化"和"学科综合化"四个方面开展的尝试与探索,可以让学习基于经验而自然发生、突破经验而建构新知、创造经验而融会贯通、超越经验而重塑未来,既合宜亦有益。

二、社会学科有效性学习存在的问题与不足

当前,社会学科的有效性学习,已经逐渐为教育工作者认可和接受,并不断地被引入到对学生的综合素质培养中,但同时也存在一些问题和不足,有待进一步改进和发展,主要表现在:

(一) 研究层面的问题

在"中国知网"平台上,以"篇名""关键词"为检索项,时间跨度从 2000 年 1 月至 2021 年 8 月,共检索到与本课题相关的各类文献万余条,影响力、理论与实践一致性问题分析如下:

---

① 刘金凤.初中道德与法治课教学中融入历史学科知识的方法探究[J].科学咨询(教育科研),2020(08):211.

② 杨林.历史学科有效开展思想政治教育的思考——以初中历史教学为例[J].中国民族教育,2021(01):59-60.

③ 陈杰,叶回玉.地理课程家国情怀"沉浸式"培养的教学探索[J].天津师范大学学报(基础教育版),2019,20(04):67-70.

④ 包世平.历史课堂中如何培养学生的家国情怀[J].亚太教育,2019(09):85.

1. 学科研究的影响力问题

检索项"篇名"	有效性学习	有效性学习特色与价值	有效性学习影响力
检索结果	4 419	0	0
检索项"关键词"	**有效性学习**	**有效性学习特色与价值**	**有效性学习影响力**
检索结果	14 152	3	0

可以发现,关于社会学科有效性学习发表的研究成果虽然数量较多,但论文实际运用的影响范围较小。且已有的研究多为角度单一的理论阐述,大部分从"教育"或"教学"这一背景出发,多是关于某一学科的内容、教法、学法的有效性研究,在实证研究上少有针对性强的学科特色和价值的研究,社会学科有效性学习研究的核心影响力有待提升。

2. 理论与实践的一致性问题

检索项"篇名"	有效性学习	有效性学习的理论研究	有效性学习的实践探索
检索结果	4 419	399	78
检索项"关键词"	**有效性学习**	**有效性学习的理论研究**	**有效性学习的实践探索**
检索结果	14 152	3 772	3

从理论研究与实践探索的一致性来看,社会学科的有效性学习的研究呈现出重理论研究、轻实践探索的不一致倾向,造成了这一内容上理论与实践之间存在着隔阂,一些研究中关于有效性学习策略的探寻,也仅仅只是停留在知识传授、技术改进层面的跟进,鲜有挖掘有效性学习实践背后的价值升华研究,这在一定的程度上使得有效性学习与密切关注时代风向标、配合教育教学改革实践需要、因时因地因事制宜的要求有一定的偏差,这对于深层次推进有效性学习的研究造成一定的困难。

(二)实践探索的问题

1. 教师教学中的问题

社会学科有效性学习在现实教学中存在的问题主要表现为:教师教学视野不够宽广,教学习惯墨守成规,教学方式单一陈旧,技术手段的落后导致创新能力不强;以学生为中心的教学与研究意识薄弱,教学过程不能充分体现学生的主体价值,其价值角色定位失准,对于学生学习方式的转变关注较少,过多注重学科知识与技能的培养,忽略学生核心素养的发展。

2. 学生学习中的问题

社会学科的学习具有综合性、抽象性、实践性的特征,学生如果不了解这些特点,在学习过程中就会表现出以知识碎片化学习为主,不善于开展系统学习、主题学习;不注重理性思考和推理,强化死记硬背的学习方法;深层阅读、深度思考能力欠缺。例如:李庆凤将学生地理学科有效性学习中的问题表述为:学生地理观察能力差,生活中缺乏对地理的体验;忽视对重要地理概念的理解,认识停留在概念的表层;学习过程忽视知识的联系,掌握的知识单一碎片;注重地图知识的意义,忽略其工具的作用,以及地理实践少,理论与实践结合不到位。

3. 教学评价的问题

教学评价质量的高低往往会影响教学活动的最终效果。以往的评价多以单一的终结性评价(考试成绩)为主,学生的努力目标会集中于应对考试。如果我们改变单一的评价方式,对学生的学习改用过程性评价,则效果就会有截然不同的改变。例如,如果教师把学生在课堂上听课和回答问题的表现作为评价内容之一,这样,学生在听课和回答问题的时候必定会更加用心,也能更深刻地体会出学习的价值所在。这种贯穿学生学习全过程的评价,对于丰富社会学科学习的教学评价实践,培养和提升学生的学科核心素养具有积极意义。张芝燕在《高中思想政治课学习过程性评价存在的问题及对策研究》一文中做了比较完整的剖析:由于高中思想政治课学习本身比较复杂,教师对过程性评价的认识不是很到位,学习过程性评价缺乏科学的评价指标体系及学习过程性评价的氛围缺失等原因,使得高中思想政治课学习过程性评价出现评价标准难以把握且评价体系混乱、评价方法简单、部分学习过程性评价的内容以知识为主,及教师未能根据评价建议创建完整的学习过程性评价条件等问题。[1]

总体来看,社会学科的有效性学习过程中还存在着诸多问题和不足,具有很大的改进和发展空间。尽管教育者们一直在探寻研究,也取得了一定的成效。但这些问题的存在,尤其是育人方式的转变、育人价值的淬炼,有效性学习始终没有走向更深的层次、更高的水平,这就需要我们作更深入的理论研究与实践探索,探寻社会科学学科学习的内在价值,努力从有效性学习走向有价值的学习。

第二节 社会学科学习的价值追求

社会学科学习的价值,是指学习过程与结果能满足主体(教育者、受教育者和社会)的一定需要,亦即学习的存在、作用及其变化对一定主体需要及其发展的适应。

---

[1] 张芝燕.高中思想政治课学习过程性评价存在的问题及对策研究[D].武汉:华中师范大学,2018.

社会学科的有价值学习,简单地说,就是对人和社会发展的积极意义。在社会学科学习的过程中,学习主体在一定的价值观念引导下,会根据学习的客观状况及其本质属性、发展规律作出辨识,再对学习能否满足自身和社会发展的需要及其程度作出评估,这便是价值判断。进而,学习主体会考量学习的属性和功能与诸类需要间的效用、效益或效应关系等等,这便是价值选择。价值判断是价值选择的前提和基础,学习者总是在价值判断的基础上进行价值选择的,价值选择带有鲜明的行为意向性,充分反映了学习主体的自觉能动性,价值选择不仅贯穿于社会学科学习的全过程,而且也体现于实践行为、社会生活的各个方面,价值选择的正确与否,直接影响学习主体一生。因此,社会学科的有价值学习,体现在学生通过相关的知识学习,建立正确的价值判断标准,学会正确的价值选择,并付诸实践。

社会学科的有价值学习,概括起来,主要表现为下列四个方面:

一、社会学科有价值学习的主体性追求

社会学科学习的主体性价值主要通过学习主体的发展表现出来,即学习主体知识水平的发展、实践能力的提高、价值水平的提升,与其相对应的特点是科学性、自主性和发展性。

所谓科学性是指学习内容的逻辑结构和关系的客观性、合理性,这是学科学习的基础;所谓自主性是指学习主体的学习实践的自主性、主动性,这是学习价值实现的关键;所谓发展性是指学习对学习主体终身发展的意义,即引导学习者树立正确的人生价值取向,为终身发展奠定基础,这是学习的价值目标所在,亦是主体发展价值的实现过程。

例如:唯物辩证法的学习中:"一分为二"的知识培养学生运用客观冷静、全面分析对待问题的基本方法,去处理学习与生活中两难问题的能力;"具体问题具体分析"的理论帮助学生在实践中懂得想问题、办事情,不能盲目冲动"一刀切",要以时间、地点、条件为转移;"两点论与重点论的统一"的方法更是从"两点是有重点的两点、重点是两点中的重点"这样的辩证逻辑思维出发,教会学生在错综复杂的世界中作出价值判断与价值选择,做事情、看问题要厘清主次,辨别是非,把握好重点与主流。又如地理学科的学习,站在地理知识的角度,帮助学生学会从地理视角认识和欣赏自然与人文环境,提升生活品味和精神境界,将保护地球的理念和科学探索的精神内化,在日常生活中养成节约资源和保护环境的习惯,进一步增强尊重自然、热爱祖国和关心家乡的情怀。如此,在帮助学习者追本溯源寻求学习的灵性与智慧的过程中,在探究思考生命的本质与社会发展的意义里,学习者的主体意识日益增强,学习主体的发展日趋完善。

通过主体发展价值的追求,学习者不仅树立了正确的世界观、人生观、价值观,在家国天下情怀、情感道德培育方面获得长足发展,而且还掌握了正确处理自己与他人、社会、自然关系的方法,形成了创造人生价值与未来幸福的必备品格和关键能力,

奠基生命的全面健康发展。这是社会学科的学习赋予学习主体生命完整成长的最高价值体现,其根本要义是为每一个学习者提供适合个性和特长的发展,其核心意义在于帮助每一个学习者发现更好的自我,发展和成就最好的自己,与社会和谐共处,成长为社会的合格公民、国家的栋梁之材。

二、社会学科有价值学习的素养性追求

社会学科学习的内容丰富多彩,集中呈现了其在知识学习、方法能力、情感态度方面的价值优势,对于人文素养、道德水平的提升与良好社会风尚的形成,有着极其重要的正向意义。

以中华优秀传统文化在哲学学习中得到很好的落实和传承为例,运用成语俗语、古文诗词、传统谚语、名言佳句来表明哲学思想与揭示哲学道理,使学习内容独具历史文化的脉络风格和精神气魄,让人文气息与书香素养一同扑面而来。

例如,那些言简意赅、朗朗上口的成语俗语,激发学生学习哲学的强烈求知欲和好奇心。"按图索骥"否认了一切从实际出发,"未雨绸缪"揭示了原因和结果的关系,"听其言,观其行,知其心"点出了透过现象才能够认识本质……

又如,那些意境悠远、诗情画意的古诗词,带给学生"诗画中有知识,知识融于诗画"的美感愉悦与生活情趣。"人间四月芳菲尽,山寺桃花始盛开"解释了事物矛盾的特殊性,"竹外桃花三两枝,春江水暖鸭先知"阐明了实践是认识的来源……

再如,那些脍炙人口、催人奋进的名言佳句,帮助学习者顿悟人生的真谛与意义。"艰难困苦、玉汝于成"激励我们在尊重客观规律的基础上充分发挥人的主观能动性,"山重水复疑无路,柳暗花明又一村"启示我们要正确对待事物发展的前进性与曲折性……

同样,在地理学习中,浩如烟海的中华优秀传统文化里亦不乏描写地理事物、解释地理现象、揭示地理规律和特征的成语俗语、古文诗词、传统谚语、名言佳句。

例如,李白的"朝辞白帝彩云间,千里江陵一日还,两岸猿声啼不住,轻舟已过万重山",诗中以"轻舟"沿江下行来形容长江流速之快,而"彩云间"三个字,描写白帝城地势之高,突出长江上下游的落差之大,形象地描绘了我国长江三峡的两岸青山、江水湍急、山重水绕的自然景观。

又如,诗句"忽如一夜春风来,千树万树梨花开。"(唐·岑参)就是快行冷锋形成寒潮的极好写照,形象地说明冷锋过境时先刮风后降水或雪的天气变化特征。

还有,"风吹草低见牛羊""浅草才能没马蹄""一川碎石大如斗""风沙茫茫大如天",描绘的是我国北方从东到西的自然景观,反映的是水平自然带经度地带性的规律——由于从东到西的水分递减,形成了"草原—草原荒漠—荒漠"的自然带景观:"风吹草低见牛羊"(《敕勒川》)可以很好地理解内蒙古东部牧草茂盛牛羊肥壮的温

带草原景观；"一川碎石大如斗"（《走马川行奉送出师西征》）形象地描绘了我国西北地区由于深居内陆，降水稀少，风沙大碎石多的荒漠景观。

再如，古诗词中有许多与月相相关的诗句，借用一些诗句，学生可以准确理解不同月相出现的农历时间、方位和形状等知识。如用诗句中的时间和月亮的升落情况判断月相——张继《枫桥夜泊》："月落乌啼霜满天，江枫渔火对愁眠。姑苏城外寒山寺，夜半钟声到客船。"和司空曙《江村即事》："钓罢归来不系船，江村月落正堪眠。纵然一夜风吹去，只在芦花浅水边。"将以上两首诗中的月相判定为上弦月的主要依据分别是："夜半"而"月落"；"月落正堪眠"（人们"正堪眠"，即睡意正浓，寓意夜已深。深夜而"月落"应是上弦月，此乃用时间点月相）。举一反三，王维《鸟鸣涧》："人闲桂花落，夜静春山空。月出惊飞鸟，时鸣春涧中。"（"夜静"而"月出"应是下弦月）。欧阳修《生查子》："去年元夜时，花市灯如昼；月上柳梢头，人约黄昏后。"黄昏后月亮刚刚升到柳梢的月相是满月。

自然地理知识内容广泛、抽象、繁琐，不易理解。而古诗词篇幅短小、语言精炼、文辞优美，描述事物和现象用语简单明了、恰如其分。学生通过赏析古诗文，化繁为简，融会贯通，地理知识理解更透彻，记忆更深刻，而且经久不忘。

俯拾皆是的优秀传统文化，让社会学科的学习内容富有情趣、学习形式活泼新颖、学习效果精彩纷呈。这种将政治、地理、历史文化精髓与时代特色有机结合并进行传播的社会学科的学习，以文"化"人，温馨学习过程，提升人文素养，支撑学习者的德性和精神的成长，满足学习者发展的需要，学习由此增添了实实在在的温度。

社会学科有价值学习的素养性追求，体现了培育学生的价值引领：引领学生开展观察、思考与探索，在掌握知识、体验情感中升华思想品质，成为自信、有文化的中国公民。在这一价值的实现上，跨学科融合学习被认为是具有突破性意义的一大创新之举，学生在关联和使用不同学科的知识解决跨学科问题过程中，增进其对各学科知识的理解。在社会学科的学习过程中，开展跨学科融合学习，有利于通过学习内容、学习方式的跨学科融合，发展学生综合能力，提高综合素质。同时，结合真实复杂情境与不同学科的融合，可以更好地让社会学科的学习内容富有情趣、学习形式活泼新颖、学习效果精彩纷呈，提升学习者的人文素养，支撑学习者的德性和精神的成长，满足学习者健康发展的需要。

三、社会学科有价值学习的思维性追求

社会学科的学习，注重理性思维价值的追求，即以追求知识和真理为中心，将所获得的感性材料，通过理性思辨的形式，达到对真理（规律）的把握，从而更好地认识世界，简而言之，就是通过相关学习，培养理性思维，求真知、求真理。理性思维价值在学习中主要表现为学生根据已有的学科知识建构，开展深刻真实的思考，逐步掌握

科学的方法,进而认识世界、适应世界、学会合作、学会生活,正确处理自己与他人、社会、自然的关系。

例如,历史学习中,重视"史由证来,证史一致,史论结合,论从史出"的史学思想与方法的培养,基于基本史料信息,了解史实,习得分析、归纳、解释、综合历史的方法,在白描或速写历史面相的基础上,从长时段和大空间拓展观察视阈,理性发掘历史表象背后的逻辑机缘,将史料植入、求证、辩伪与叙事、理解、解释无痕链接,力求"史事—史实—史是—史识"交互共振,以"小切口"剖析内容主旨下的核心历史事件,夯实学科核心素养,彰显历史学科思维的理性价值。

又如,思想政治课的理性价值,就是培养学生的理性思维。学生的理性思维培养,并不仅仅是学生对本学科事实、概念、原理、方法、观点和实践知识的机械记忆,而是通过教师专业的教学设计,营造与现实社会相符合的学习情景,激活学生的思维,引导学生借助于学科知识工具,深刻地真实地思考,自主建构学科知识之间的逻辑联系,优化自身的知识结构,帮助他们更好地认识世界,适应世界。

在体现理性思维价值过程中,学生理性思维的发展至少具有三个特征:第一,通过学习与实践,对所学的知识有真实的理解,可以通过自主分析建立知识之间的逻辑关系,或解释相应的现实生活,或提出有意义的问题,并尝试努力寻求解决的方法。第二,在集体学习中,能与他人围绕着同样的学习内容合作学习,在学习交流中,认真倾听和回应他人的言语,努力理解他人观点的背景和原因,并合理地表达自己的思想。第三,在学习实践中,能够清晰地提出个人的理论观点或实践设计,并合理地阐述支撑自己观点或设计的学科理论基础。

理性思维培育的价值,关注学生的全面成长与高阶思维发展,培养科学的思维方法,提升学习的潜在能力,知晓善恶,明辨是非,学会理性客观冷静处世。在学习过程中,学生理性地思考学习内容,建构合理的知识逻辑,相互合作,借助知识工具,思考和解决现实的问题,从而更好地加深对学科的认识和把握世界,学会生活,真正达到学习的思维性价值。同时我们也要清醒地看到,学生囿于年龄、阅历、经验的限制,靠一己之力无法顺利达成这一价值的实现,需要教师在教学中创设与现实生活关联度高、任务导向明确的真实情境,引导学生面对情境中各种不同思想、观点、问题的思维碰撞,或在自主辨识、分析探究的基础上作出理性判断与选择,或在小组合作交流讨论中集体解决问题,方能实现真实有效的理性价值引导,彰显学科学习的效度。

理性思维培育的价值,体现了社会学科培育学生的品质要求。政治、历史、地理学科都注重学生思想认识和思维方式的培养,旨在提升学生思维能力与思想水平,而知识、思维以及思想是分为不同层级的,如果学习过程只是停留在知识、思维及思想的表层,就成了没有深度的浅层学习,无助于学生深化思想和拓展思维;反之,只有引领学生走向知识、思维及思想的广度与深度延展与拓掘的学习,才能触及高阶思维、提升思辨能力。在这一价值的实现上,辨析式学习因其独特的辩证性思维特征为越来越多的学习者所青睐。通过开放的辨析式学习过程,学习者理性面对各种不同观点或生活中的两难话题,或在自主辨识分析的基础上作出判断,或在小组交流讨论的基础上作出选择,实现真正有效的理性思维引导与发展。例如道德与法治的两难话题、人伦与法治的冲突话题、坚持爱国和理性爱国的思考、归还拾物索要报酬是否应该等等,这些话题,围绕两难中的"该"与"不该"的焦点问题,展开是非曲直的辨析,直击学生心灵深处,引发学生理性思维,提升学生思辨能力。这种辨析式教学不仅需要训练学生深刻的思维,还需要训练学生深刻的思想,正是这种思维与思想的融合,确保了学习的深度。在深度思辨的层层推进过程中,学生的思维深度也在逐层递进,学生思想中的一些模糊与错误的认识得以不断地廓清与澄明,有效培育学生的理性精神。

四、社会学科有价值学习的社会性追求

社会性价值追求,反映了社会学科培育学生的关键能力要求,这项能力与问题解决力、决策力、组织力、执行力以及领导力等诸多能力紧密关联,可以在生成性、开放性的社会实践活动中,借助调查研究、参观访问、角色扮演、探究反思等兼具广度与深度的路径,促进学生社会化实现,凸显学生的主体价值,培育有担当、能实践的新一代公民。

例如,青少年模拟政协活动就是一种结合青少年学生自身特点,依托教材教学内容,借鉴中国人民政治协商会议组织、提案形成等方面的制度规定和会议形式,引导青少年了解并有序参与中国特色社会主义民主政治的实践形式。这一深度实践,培养学生通过发现问题、作出调研、撰写提案、发布新闻并集中展示等途径和方式参与公共事务、合理表达利益诉求、影响公共活动及公共决策的意识和能力,引导投身实践、知行合一,有效落实社会性教育价值。

又如,历史学科的学习中,同样要求让师生身处社会化的教学实景之中,在反思、研究、分析中抵达对唯物史观、时空观念、史料实证、历史解释与家国情怀的价值追求,这既是现实的要求,也是时代的唤醒。因此在历史学科学习过程中,教师会让"社会历史的逻辑"代替"逻辑的历史社会",重视"史由证来,证史一致,史论结合,论从史出"的史学思想与方法的培养,让社会生活真实地、充分地展现在学生面前,把事实过程、理论观点放在一个真实而复杂的多维社会化空间中呈现,让学生突破了时空限制,及时发现学习之间的内在关联,思维更加活跃、学习热情高涨,综合能力提高、综合素养提升,最终让核心素养落地生根,这无论是对于学生的个人成长还是整个社会的进步与发展都极具价值。

综观社会学科有价值学习的主体性、素养性、思维性、社会性四个方面的价值追求,不难发现:社会学科的学习,无论是从既有的知识学习、人文素养的提升、理性思

维的培育,还是延伸到社会的实践内容,如马克思主义的基本立场和观点、社会生活的基本常识和能力、健康科学的人生态度、中国特色的社会主义核心价值体系、时空观念、史料实证、历史解释、家国情怀等等,其价值追求都明确指向育人的最高境界——"世界观、人生观、价值观"的养成。社会学科的有价值学习,指引学习者开展观察、探索与思考,在掌握知识、体验情感中升华思想品质;帮助学习者在错综复杂的世界中辨别是非、厘清真假、掌握科学的思维方法、解决成长过程中的实际问题,完善生命意义,提升人生境界;引导学习者增强社会责任感和使命感,坚定正确的理想与信念,成为合格公民,成为社会栋梁之材。一言概之,社会学科的有价值学习,在促进学生向合格的社会栋梁之材转变的育人价值,具有无可替代的独特作用。

第三节　聚焦有价值学习的社会学科教学探索

教育改革与创新,呼唤社会学科从有效性学习走向有价值学习。社会学科的有价值学习,要体现主体性、素养性、思维性和社会性的追求必须实现从知识走向能力、从浅层走向深度、从理论走向实践、从方法走向价值观的改变,帮助学生在学习中习得专长,发现问题,解决问题,训练高阶思维,持续进步,不断融入"学习即研究,研究即发现,发现即成长"的真实学习中。

一、单元整合教学的议题式学习,从知识走向能力

议题式深度学习,正逐渐成为社会学科指向核心素养的一种重要形态。议题式学习,是指以学生真实生活情境中具有开放性、指向性、思辨性、综合性、系列性的探究话题为抓手,以结构化的学科知识为支撑和主线,以培育学科核心素养为目标,通过学生参与社会实践、课上合作探究等方式展开的一种学习。[1] 议题式深度学习,坚持"学习内容议题化""议题活动深度化"原则,课前师生基于课程标准将教学内容凝练成相关议题,学生带着议题在课堂上历经讨论与思辨之旅,或带着议题走进社会,在调查活动中带着数据和问题回到课堂,经过课堂的深度探究和合作分析,再次回到社会实践活动中,理论与实践有机结合解决问题,让学生经历"理论—实践—再理论—再实践"的深度学习之旅。毕建华在《议题式教学促进深度学习》中从"基于真实情境精选中心议题、基于知识整合优化设计教学活动、基于高阶思维搭建问题支架、基于价值引领强化辨析与选择、基于迁移与应用推进反思与践行"五个方面明晰了议题式深度学习的有效方法与策略。[2] 在如何提出议题、巧设议题上,张奕富的

---

① 郭秀敏,许海鸥.学科核心素养主导下的议题式教学[J].北京教育(普教版),2019(05):80-81.
② 毕建华.议题式教学促进深度学习[J].思想政治课教学,2018(10):51-53.

《基于思想政治学科核心素养的议题式教学路径探寻》强调：能够促进深度学习的议题设问要有梯度。根据学生的认知水平，层层深入，引导学生思考。要巧妙设置议题角度，锻炼学生辩证思维能力和逻辑思维能力。让学生学会用联系、发展、全面的观点看问题。通过合理的形式、合乎逻辑的推理，创造性地生成新的观点，找到解决问题的恰当方法。[①]

普通高中课程标准（2017年版）实施以来，社会学科逐步形成了基于单元教学的议题式学习模式，通过基于课程标准的教材知识整合，组成教学单元，并由师生共同参与凝练相关议题，在议题式学习中获取信息、发现问题、分析问题并解决问题，旨在激发学生和教师创生智慧，更好地基于学习认知起点、认知水平能力开展课堂教学，促进学生有价值学习。例如：现行教材中的中国特色社会主义、社会主义核心价值观、中华优秀传统文化、革命传统教育、国家安全观、全面依法治国等知识，都可以整合成单元整合教学的形式，就地取材用于开展主题鲜明的议题式学习活动。

案例6.1 "实现中华民族的伟大复兴"学习设计[②]

学习目标

一是，观看国庆街头采访视频，围绕议题，分析人民对伟大祖国和美好未来的期盼，理解中国梦的本质就是国家富强、民族振兴、人民幸福。二是，围绕脱贫攻坚话题，根据相关议题，探究中国人民如何追求幸福生活梦；分析中国共产党在脱贫攻坚中的作用，理解中国梦与中国共产党的关系，明确实现伟大梦想必须坚持中国共产党的领导，理解中国共产党的初心和使命与实现中国梦的一致性，自觉拥护党的领导；在分析具体案例中，理解中国梦和个人梦的关系，理解中国梦和世界梦的关系。三是，通过搜集中国在追梦路上所取得的成绩，结合对国家发展层面战略规划的学习，理解今天中国人民比历史上任何时期都更接近、更有信心和能力实现中国梦。

学习过程

以议题"如何实现中华民族伟大复兴的中国梦？"举例：

实现中华民族的伟大复兴，就是中华民族近代以来最伟大的中国梦。这个梦想凝聚和寄托了几代中国人民的夙愿。我国在追梦路上所取得的成绩，世人瞩目，国人骄傲，这些成绩非常了不起，涵盖航天、军事、交通、产业发展、城市建设、生态保护等许多方面。围绕"脱贫攻坚"，一起来看看中国人民在追求"幸福生活梦"的道路上取得了哪些阶段性成绩，以及是如何取得这些成绩的。

---

① 张奕富.基于思想政治学科核心素养的议题式教学路径探寻[J].思想政治课研究,2019(05):123 - 125.

② 本案例由上海市华东模范中学吴景惠老师提供。

（一）讨论文件1：阐释中国共产党在脱贫攻坚中的作用，探究中国梦与中国共产党的关系。设置三个分议题。

1. 中国共产党为什么这么重视脱贫攻坚工作？

2. 中国共产党围绕扶贫所作出的重要指示和重大部署，对我国开展脱贫攻坚，起到了什么作用？

3. 实现幸福生活梦的路还很长，过程中会遇到新的困难和挑战，这对我们党提出了什么要求？

小结：新中国成立以来，特别是改革开放以来，我们党团结带领人民，成功走出了一条中国特色扶贫开发道路。要想全面打赢脱贫攻坚战，我们必须继续坚持和发展中国特色社会主义，由中国共产党团结带领人民群众，同困难与挑战作伟大斗争。

（二）讨论文件2：在安徽省金寨县的脱贫故事中，探究中国梦与个人梦的关系。设置两个分议题。

4. 为什么直到2020年，金寨县才成功脱贫摘帽？

5. 如今，高铁为什么能修到金寨？又为什么要修到金寨？

小结：打赢脱贫攻坚战，不仅是我们整个国家和民族的梦想，也是金寨人民的个人梦和金寨县的地方梦。个人梦、个别地方梦的实现，离不开国家梦、民族梦的实现。人民既是中国梦的创造者，也是中国梦的享有者。

（三）讨论文件3：结合国际社会对我国减贫事业的关注和评价，以及中国主动推动全球减贫事业的案例，探究中国梦与世界梦的关系。设置两个分议题。

6. 国际组织和世界各国为什么如此关注我国的减贫事业？

7. 中国为什么一直积极倡导和推动全球减贫事业？

小结：消除贫困不仅能造福中国人民，也能造福世界各国人民。中国梦也是奉献世界的梦，中国愿意在力所能及的范围内承担更多的国际责任和义务，为人类和平与发展作出更大贡献，与世界各国共建人类命运共同体。

案例分析

本案例中，围绕"实现中华民族伟大复兴的中国梦"其中1个大议题，设置了7个分议题开展单元学习活动，经过课堂的思考、理解、探索与讨论，使教师和学生共同经历"将知识凝练成议题、在议题中开展活动、在活动中生成价值"的智慧之旅，论证了实现中国梦，必须在中国共产党领导下，与困难和挑战进行伟大斗争，建设好伟大工程，推进好伟大事业；表达了今天的中国人民比历史上任何时期都更接近、更有信心和能力去实现伟大复兴的中国梦的美好感悟；感受了自觉拥护党的领导，自觉将小我的梦想融入中国梦之中，勇担青年学生的责任与使命。经由这样的议题式学习，繁杂的知识通过单元整合学习，顺利实现了知识走向能力的华丽转身，实现了价值引领。

综上,单元整合教学的议题式深度学习,以议题活动为载体,以学科知识为基石,以问题解决为过程,以核心素养为导向,正逐渐成为当今核心素养时代拓宽"学习场域"、促进有深度学习的一种有效方式,让学生在真实学习中解决真实问题,促使社会学科学习由知识导向型向素养导向型转变,以真正达成学科核心素养,落实"立德树人"的根本任务。

二、复杂真实情境的探究式学习,从方法走向价值观

社会学科是为了满足学生社会化成长需要的,因此必须在社会情境下开展学习。社会学科中的情境包括政治、经济、文化、历史、地理等生活情境,根据不同情境对学生成长的作用,还可以分为简单情境、复杂情境和具有挑战性的情境。其中,复杂真实的情境学习与有价值学习的实现关联度其高。

复杂真实的社会情境有助于推动学生的有效学习过程,落实学科核心素养的培育。李婷提供了情境材料选取以及情境活动设计的方法:"注重情境材料的学理性,开展问题式情境活动;注重情境材料的思辨性,开展问题式情境活动;注重情境材料的体验性,开展实践型情境活动。"[1]陈锐利指出:"教师应注重从学生已有认知经验出发,联系当前的社会热点,选取贴近学生生活的素材,利用学生的认知冲突,利用多媒体技术等多种途径来创设有效学习情境,将教学内容置于社会背景之中,启发学生观察、思考,提倡自主、合作、探究学习模式,注重学生发现问题和解决问题能力的培养。"[2]王晓娜分享了创设情境的经验:"向终而始,搭建情境创设的基本框架;以题引境,整合情境创设的议题资源;因生设境,创设恰当适度的教学情境。"[3]这种情境创设,实现了与核心素养目标的有机融合,让原本无法直接观测和度量的社会学科核心素养有了显性的情境任务载体。

社会学科是一门有别于其他学科的"综合性"课程,符合学生认识水平的真实社会情境有助于学科核心素养的培育,有助于实现学习的价值,其中,探究式学习法可以更好地体现社会性的价值追求。

案例 6.2　东方文明古国印度[4]

初中地理课程内容以区域地理为主,紧密联系生活实际,具有区域性和生活性,

---

①　李婷.基于核心素养的思想政治课情境活动教学研究[J].思想政治课研究,2020(02):153-155.
②　陈锐利.立足学生思维发展　创设有效学习情境——略论初中地理教学情境创设的典型途径[J].教育革新,2020(05):33.
③　王晓娜.议题式教学中的逆向情境创设[J].教学月刊·中学版(政治教学),2019(04):51-53.
④　本案例由上海市华东模范中学李莉老师提供。

学生在生活化的情境中认识地理事物的空间分布和空间结构,理解不同区域的自然地理和人文地理特征、发展差异及区域联系。而要培养学科核心素养,关键在于教与学的设计。

背景分析

人口问题是东方文明古国"印度"一课中教学内容的重要组成部分,教材中对印度人口问题的探讨仅停留在现象层面,主要让学生了解印度人口问题的现状。作为世界第二人口大国,印度的人口问题不仅对其自身的发展产生重大影响,同时也深刻影响着世界人口状况。对印度人口问题进一步深入地探讨不仅有助于学生理解印度的国情和发展状况,作为与印度国情相似的中国,也可以帮助学生对我国的人口基本国情和政策有更多的理解,同时对人口问题的深入探讨,能够激活学生的思维,激发学生的求知欲,丰富学生课堂知识的广度和深度,在探究过程中帮助学生树立科学的人口观。为此,设计了三个探究性学习任务,帮助学生建立人地协调观。

（一）探究一　人口现状

问题根据"2017 年世界各国人口数量"图和"印度与中国的人口变化"图,从数量上看印度人口具有怎样的特点？从增长速度上看又具有怎样的特点？

人地协调观落实:在这一过程中,通过展现目前印度人口的现状,再通过人口数量与各国的横向对比和在时间维度上的纵向比较,让学生形成"印度人口多对其资源、环境、社会带来影响"的问题意识。

（二）探究二　庞大人口的影响

问题:PPT 中展示印度人真实生活的图景,小组合作讨论,庞大的人口数量给印度带来哪些影响？并分享交流。

人地协调观落实:通过"人口多带来的影响"这一问题的探究,帮助学生形成分析人地关系的能力。人口问题带来的不利影响体现的就是人类在发展过程中人口不断繁衍对地理环境造成的压力与迫害。

追问:同学们发现印度人口多带来了很多不利影响,请进一步思考,大量的人口有没有给印度带来好处呢？

人地协调观落实:通过追问这一环节,拓宽学生思路,让学生能够全面、辩证地去分析问题,对印度人口问题的思考更加全面深入。

（三）探究三　人口政策

问题:根据两张印度发行的邮票,你能推测出印度采取怎样的人口政策吗？

追问:这一政策在印度的实施没有得到很好的落实,你认为要让这项政策落地实施,印度政府还需要采取哪些配套措施？

人地协调观落实:这一设计,引导学生根据前面的分析,能够提出"协调人地关系的策略"。即,学生可以用学到的知识去解决相关的人地矛盾问题,促进人与自然的和谐发展。

案例分析

探究式学习的基本流程为"情境观察—问题创设—开展探究—解决问题",教师在安排教学内容时,选择符合学生认知特点、结合学生生活经验的社会情境或案例,从现实问题入手,注重问题引导,坚持"内容情境化""情境问题化""问题探究化"的原则,收集展示一些真实的社会情境或案例,创设由易到难、由浅入深,梯度层次明显的问题,让学生在追问中形成问题意识,开展观察与探究,不断解决问题,最终达到以问导知、化知为行的目的。

创设真实情境的有效学习,旨在激发学生和教师创生智慧,发现学生已有认知水平和认知能力,发现问题、分析问题、解决问题,从而有助于更加精准地指向学科核心素养和能力的培养与品格的培育。

三、跨学科融合式的深层次学习,从浅层走向深度

社会学科课程主要研究社会现象及其规律,有着历史文化传统积淀和人文环境渊源的基因,相互具有融合的特点。社会学科的有价值学习,教师可以充分挖掘各学科之间的联系,不拘泥于单一学科而是采用跨学科学习,在跨学科融合式的学习场域中,立足于学生实际,综合运用资源、内容和手段等展开学习。郭华夏、陈宏之、蔡东就跨学科融合共生之路提供了思路:多学科融合课需要有一个中心议题,然后围绕着这个中心来组织各学科的知识,在多个学科中形成解决问题的合力,通过多门学科资源的介入,有效地化解问题,更好地达成教学目标,并在问题探究的过程中全面培养和训练学生的学习能力和综合素养。[①] 沈琪、严艳提出了跨学科综合学习的方法:以一个学科为主,跨另一学科的方式重组教学形式,实现跨学科教学形与质的嬗变。通过内容和学情分析,寻找关联点、明确目标、解决重难点问题的方案,运用微课、探究学习、数字媒体技术和 Surface 平板互动系统,转变学生学习方式,提高跨学科学习的实效性。[②] 肖述剑指出:跨学科整合更要在理念思维上树立共同体意识,内容设计上注重对学生高阶思维能力培养,方法路径上开发运用互联网跨界资源,有效提升跨学科学习水平。[③]

随着教改的深化,逻辑思维和辩证思维等思维能力的培养,成为跨学科学习的重点,这既是现实的要求,也是时代的呼唤,在社会学科学习中,教师引导以"生活的逻

---

① 郭华夏,陈宏之,蔡东.核心素养导向的政史地跨学科课堂建构[J].思想政治课教学,2020(03): 33-37.
② 沈琪,严艳.核心素养导向下的美术与地理跨学科教研探究[J].教育参考,2019(05): 87-93.
③ 肖述剑.跨学科整合:提升思政课教学质量的有效途径[J].湖北成人教育学报,2020,26(02): 72-75,85.

辑"代替"逻辑的生活",生活真实地、充分地展现在学生面前,把事实过程、理论观点放在一个真实而复杂的多维空间中呈现,运用综合性的知识和理论来引导学生深度学习。

案例6.3 "转型中的中国"学习设计①

2012年,上海市市西中学首创"思维广场",以学习空间改变撬动教学深度变革,在语文、英语、政治、历史、地理等必修课程中,建构了"目标引领—自主研习—合作研讨—思辨提升"的教学流程,实现了学生在对目标、内容、方式、进程与伙伴等进行充分选择基础上的自主学习。2020年,学校启动了语、政、史、地四门学科的融合式教学,安排4个班级连续上4节课,每次活动以一门学科为主导,确定总目标,然后各学科确立分目标,并编制学生研学讨论题,统整学习资源,汇编学习任务单,学生在4—8名教师指导下开展学习。2020年12月,以历史学科为主导,选择了《转型中的中国》为学习任务,并确立了学习总目标为:通过多学科多视角解析中国的转型,理解中国发展至今的"变"与"不变",更好地理解"中国"的过去、现在与未来,从历史中来,尝试关注现实,辩证看待中国转型的机遇与挑战。然后,四门学科聚焦共同的素养主旨,结合课程标准、统编教材和教学实际,研制学科分目标。比如,历史作为主导学科,围绕核心素养的培育要求,设定了学习目标:1. 从多角度分析中国各时期不同的发展模式、转型动力与影响;2. 能够分辨不同的历史解释,尝试从来源、性质和目的等多方面,说明导致这些不同解释的原因,并加以评析;3. 从中国的转型中汲取经验教训,能够为解决现实问题提出自己的观点,培养历史使命感和社会责任感。基于各学科的总目标与分目标,经项目组教师多次研修,将本次跨学科融合式学习分解成3项子任务和14个讨论主题,并整合了一系列资源,在学生自主学习的基础上,根据自己的兴趣、爱好、特长等需要,选择性参加教师主导或同学发起的主题讨论。

(一)积水成渊,经济变迁

学习任务涉及人类"三次革命"、城市转型与发展、上海市"十四五"规划的五大新城建设、从新冠疫情引出的中美经济发展比较分析4个主题,例如:

1. 人类社会历经农业革命、工业革命和信息革命,在此过程中,中国也被不断形塑并形成了具有自身特点的生产和协作模式。

请从以上三者任选其一,谈一谈中国是如何进入该经济范式的,以及在进入到新范式的过程中,中国是如何应对范式更替的困难的。

2. 改革开放四十多年来,中国的经济迅速发展,已成为世界第二大经济体。在新

---

① 本案例由上海市市西中学王璐老师提供。

冠疫情的阴霾下,中国在全球主要经济体中率先恢复增长,成为世界经济中的亮点。2021年一季度,中国GDP总量达到24.93万亿元,同比增长18.3%。今年2月,美国银行全球研究部亚洲经济学负责人乔伦曾表示,到2035年,中国GDP将实现翻倍。甚至,中国还将在2027年至2028年左右超过美国成为全球最大的经济体。

你赞同乔伦的论断吗? 查阅资料,说说你的观点和你作出该判断的依据。

(二)筚路蓝缕,制度革新

本学习任务涉及中国传统的"家国同构","走出帝制"的时机与动机,十九届四中全会将"数据作为生产要素"的意义和影响三个问题,例如:

3. 历史学家秦晖认为中国周代向秦代转变的过程就是由"小共同体"向"大共同体"转型的过程,具体表现为将人们对家族的忠诚转移到作为国家代表的君主之上,以此完成"大一统"的建构,并就此形成社会秩序与意识形态。

结合所学谈一谈你是否赞同秦晖的判断。如果赞同那么在共同体转型过程中可能会遇到怎样的问题? 如果不赞同请说说具体的理由。

4. 随着现代信息技术的发展,世界已经跨入了互联网+大数据的时代。在党的十九届四中全会通过的《中共中央关于坚持和完善中国特色社会主义制度、推进国家治理体系和治理能力现代化若干重大问题的决定》中指出,"要鼓励勤劳致富,健全劳动、资本、土地、知识、技术、管理和数据等生产要素按贡献参与分配的机制……"这是中央首次在公开场合提出数据可作为生产要素按贡献参与分配。

查阅资料说一说:为什么数据作为独立的生产要素参与分配具有突破性意义? 它会产生哪些积极的影响?

(三)冲决网罗,思想突破

本学习任务涉及"转型"与"传承""守正"的关系、由"轴心时代"理论引出的"共性"理解、中国"西化"与"近代化"的关联、对胡适等倡导"全盘西化"下中国新诗的欣赏与反思、《小二黑结婚》的"民族化"与"群众化"、现代乡土小说代表人物语言风格的比较,以及传承和传播中国优秀文化金点子的征集7个讨论主题。例如:

5. 20世纪中期,德国学者雅斯贝尔斯提出"轴心时代"理论,认为包括中国"百家争鸣"在内的公元前500年前后的人类文化突破现象具有一定共性。据此,美国史学家史华兹认为其共性便是都具有走向超越的倾向,而以色列社会学家艾森斯塔特则认为共性集中在对世俗秩序的积极构建。

请结合材料与所学谈一谈:你是更赞同史华兹还是艾森斯塔特? 你认为"百家争鸣"的核心特点是什么?

6. 中国新诗革命是五四新文化运动最先开始的、最重要的组成部分,其发生普遍认为是以1920年胡适《尝试集》和1921年郭沫若《女神》的出版为标志。胡适把白话新诗视作反对旧思想、提倡新思想,反对旧文学、提倡新文学的突破口,提出新诗必须

"推翻词调曲谱的种种束缚;不拘格律,不拘平仄,不拘长短;有什么题目,做什么诗;诗该怎么做,就怎么做"(《论新诗》)。

你认为陈序经、胡适等倡导的"全盘西化"在中国新诗的创作实践中有没有得到实现?请表明观点,并以自己欣赏的一首中国新诗或一个新诗诗派为例进行论证。

7. 文运与国运相牵,文脉同国脉相连。优秀传统文化是一个国家和民族传承发展的根本和精神命脉。习近平同志指出,中国特色社会主义文化"源自于中华民族五千多年文明历史所孕育的中华优秀传统文化"。中华优秀传统文化既须薪火相传、代代守护,更要与时俱进、革故鼎新。我们唯有以科学态度对待传统文化,以创造性转化与创新性发展的路径赓续传统文化,充分发挥优秀传统文化在社会系统中的涵养功能,大力推动优秀传统文化走向世界舞台,才能切实传承创新中华优秀传统文化,进而厚植新时代中国特色社会主义的文化沃土,助力社会主义现代化强国建设和中华民族伟大复兴中国梦。

请你为新时代创新传承中华传统文化、大力推动优秀传统文化走向世界舞台提一个金点子。

"转型中的中国"主题很大,通过三个板块"积水成渊,经济变迁""筚路蓝缕,制度革新""冲决网罗,思想突破",给学生直观呈现了中国转型的三个基本维度:经济、政治、思想,提供了学习的基本框架与思路,也保证了跨学科融合式学习目标的达成。

学生深度学习后,完成一项作业:"任选中国历史上的一次转型时期,从转型的产生原因、转变方式、主导力量、遭遇问题、社会意义等任意角度切入,谈一谈你对'转型中的中国'的理解。"

案例分析

在本案例中,四门学科都围绕本学科核心素养要求,研制了学习目标。各学科的分目标是总目标的延伸、拓展和深化。此次总主题宏大,语文学科作为一门语言学科,关注思想层面的转型,通过"文学作品的阅读与分析",切入口小,更加具象直观地展现历史中人的"情感"与"思考";地理学科更为关注的是经济层面的转型,以一个"区域"为切入口,讨论转型中如何做,可以细致讨论政策的落地、实施需要考虑哪些因素,有怎样的影响。有了这两门学科从微观视角加持,政治和历史学科较为宏观的讨论则有了依托,更加水到渠成。历史学科从过往的历史出发,讨论"转型"的动力与影响,政治学科则以当下的现状为依托,讨论中国当下如何做的问题。四门学科的分目标紧扣主题,又充分体现学科特点,最终能够聚合、并发成强大的凝聚力,注定了思维广场成为学生头脑风暴的舞台,多学科出发进一步丰富了学生看待问题的角度,丰富了学生理解、分析问题的能力,这都是单纯历史课堂无法达到的效果,这也是跨学科融合式教学的魅力所在。

作为历史主导的跨学科融合式教学,"转型中的中国"这一主题以时间轴长跨度为基础,又在浩如烟海的历史发展中紧抓关键历史节点即"转型"中的中国,富有历史感,同时内涵广阔,内容宏大,单独从一个学科视角难以阐释,非常适合成为跨融主题,且各学科都能发挥所长,游刃有余地从各自学科特色及视角来参与讨论。

跨学科学习,突破了不同学科间无形的限制,实现了不同领域知识之间的内在关联;学生思维更加活跃、学习热情高涨,综合能力提高、综合素养提升,个性得到发展,真实实现深度学习,让核心素养落地生根,这无论对于学生的个人成长还是整个国家和人类的发展都具有积极作用。

四、参与社会实践的活动式学习,从理论走向实践

社会实践不只是简单的空间领域或环境,而是"由社会成员按照特定的逻辑要求共同建设、提供给个体参与社会活动的主要场所"。积极参与社会实践的活动式学习,旨在让师生身处教学实景之中,在反思、研究、解析中获得更深的感悟,诱发思考的嬗变,从而推进有价值学习的变革,切实丰厚教育教学的底蕴。①

根据苏联心理学家维果茨基的研究,社会实践活动具有挑战性,这种挑战性就是要让学生的学习处于"最佳发展区",才能真正发展学生的能力和品格,也才能真正让学生获得成长的成就感。基于学生的学情创设具有挑战性的社会实践情境任务,在一个情境任务的统领下,对学习知识进行整合,让所学内容结构化、条件化、情境化,有利于学习者学习动机的激发及问题解决能力的培养。这种富有挑战性的社会实践活动情境创设,张更立、沈静提出了可行的有效方法:为不同发展水平的学生创设"通达式"社会实践活动情境,为不同学习风格的学生创设"抛锚式"社会实践活动情境,为不同愿景需求的学生创设"支架式"社会实践活动情境。② 陈静指出:用挑战性任务的形式将学习者卷入社会实践活动任务情境中,通过有趣、复杂、综合的任务驱动,展开合作、探究、互动、分享的学习过程。在实施过程中,要深度理解挑战性学习的意蕴、内核、特征;要深度建构,经历挑战性任务的创编、整合与深化;更要深度推进,应对挑战性任务的困难,聚焦思维生长及学科素养培育。③

在有挑战的社会实践活动中,教师并不告诉学生解决问题的方法,而是巧妙地借力问题情境中一切可利用的资源,创建富有挑战性的任务,在情境中敏锐捕捉学生的疑问点、迷惑点以及困难所在,及时准确地给予指导、引发和支持学生自己解决问题。

社会学科的社会实践以活动为主要开展形式,强调学生的亲身经历与现场体验,

① 祁顺成.基于"学习场域"的思考[J].中小学校长,2018(06):28-30.
② 张更立,沈静.建构主义视野中儿童的有效性学习[J].内蒙古师范大学学报(教育科技版),2012,25(04):42-44.
③ 陈静.挑战性任务:如何走向深入?——从深度学习的角度谈起[J].江苏教育,2020(22):21-25.

主张学生手与脑、心与灵合一,积极主动参与到各项活动中去,在现场考察、实验操作、实践探究等活动中发现和解决问题,发展实践能力和创新精神,形成团队协作能力,提升公共参与素养。学生在社会实践中,常利用多样化的学习方式,如资料搜集、调查、访谈、考察参观、观察、记录、反思、测量、实验、制作、服务、辩论、交流展示等。

案例6.4 依托互联网的政府治理可以缓解超大城市交通拥堵①

实践准备

学生自主形成实践小组,进行合作学习,经过讨论最终确定社会调查主题为"依托互联网的政府治理可以缓解超大城市交通拥堵"。

制订方案

根据调查研究议题,制订方案计划,确定文献资料收集的范围,包括文献的内容范围、时间范围和类别等。

然后,采取恰当的方法收集文献资料,包括设计文献收集大纲并与掌握有关文献的单位的联系。

资料收集采取各种有效的收集办法并整理资料:

(1) 采用各种索引收集文献的方法。学生充分利用了报纸杂志及书籍索引,包括《全国报刊索引》《人民日报索引》《新华月报总目录》《复印报刊资料索引》等各种综合性的、专业性的书籍目录、年鉴。

(2) 专家咨询法。这是不了解文献编排法或不熟悉索引法的学生采取的一种收集资料的方法。他们到档案馆或图书馆,请教管理人员介绍该馆文献编排的方法及查找技巧。

(3) 详略阅读与精全记录相结合法。详而略地阅读资料,即详细阅读重点资料、大略了解一般性资料;精而全地记录资料,就是适当、准确地记录调查过程中收集的精言妙语并作记录,减少疏忽遗漏。

(4) 整理和分析资料,对资料进行"去粗取精","去伪存真"的辨别。

形成报告

在社会调查研究中进行统计分析,所采用的基础性方法主要有图表法、对比分析法、因素分析法等。在经过社会调查,得到了大量的数据并进行了有效分析后,依照文献综述、正文、结论、结尾等几个部分组成的结构形态,各学习小组形成了《依托互联网的政府治理可以缓解超大城市交通拥堵》的社会调查研究报告,顺利完成了社会实践活动。

---

① 本案例由上海市市西初级中学陈磊老师提供。

案例分析

开展社会调查实践活动,教师可以了解学生的认知起点,学生可以找到学习的话题点和兴趣点,从而为课堂中的继续学习以及课后的社会实践做好扎实准备工作。这一过程看似平凡无奇,但正是这种学生在教师指导下自主开展社会调查的形式,才为以后教师确认学生认知起点、从容实施教学提供了必要条件;才为学生找到学习"兴趣点",言之有"实物"夯实了必备基础;也为理论与实践具体的统一创造了实现条件。

综上所述,社会学科的有价值学习,通过从知识走向能力、从浅层走向深度,从理论走向实践,从方法走向价值观的改变过程,让社会学科的学习价值真实落地,让处于"拔节孕穗期"的学生获得精心引导和栽培,获得人格的健全和全面的成长,为学生的终身发展服务;让每一个学习者寻找和发现更好的自我、发展和成就最好的自己,与社会共处共生,成长为大写之"人"。

第七章 艺体修习中的品格塑造

艺术和体育教育工作者在促进学生有效性学习方面展开了积极的实践与研究,取得了一定成效。但如何从有效性学习走向有价值学习,使学生艺术和体育学习更有价值,这是当前的时代命题。

艺术学科旨在孕育学生对艺术的终身兴趣,亲近祖国民族文化,认识世界文化的多样性;感悟艺术所表达的民族精神和对国家的热爱,发现艺术中的真善美,形成健全的人格。[①] 这对于提高学生的艺术水平,丰富学生的生活,陶冶学生的情操,发展学生的形象思维,培养学生的创造力和想象力,整体提高学生的素质,具有重要意义。体育学科在人的发展中具有独特的功能和使命,以身心健康为基本目标,关注学生锻炼意识、习惯与能力的培养,在锤炼学生意志品质、提升文明素养和社会适应能力等方面都具有积极的作用。

第一节 艺术学科有效性学习与价值追求

通过艺术学习,能够具有丰富的审美情感,健康的审美观念;关爱艺术、关爱自然、关爱生命,具有较敏锐的艺术感染力和主动的探究精神,增强与人合作、与人和睦相处的意识,提高意志品质,促进健全人格的发展。围绕艺术学科目标与任务的落实,艺术教育工作者在提升学习有效性方面展开了积极的实践研究。

一、艺术学科有效性学习的现状分析

艺术学科有效性学习不仅仅指学生艺术知识的学习,还包括学生运用艺术知识能力的培育,学生能够在快乐中获得知识,并且对所学的艺术知识充满了兴趣。这样学生的学习不仅仅在认识上有所发展,在感情上也能得到满足。艺术能够让学生感

[①] 上海市教育委员会教学研究室.春风化雨润育无痕——中学艺术学科育人价值研究[M].上海:上海教育音像出版社,2013:32.

受美、展示美,教师的责任表现为在有限的时间内让学生充分理解艺术知识,提高艺术素养和能力。提高教学有效性是促进学生有效性学习的前提和基础,这需要教师主导性与学生主体性的充分发挥。

（一）以端正育人发展观念促进艺术学习有效性

在学校教育中,艺术育人主要是指学校通过艺术教育,使学生感受到美的熏陶和感染,从而在思想上受到震撼和启发,在潜移默化的影响中,使学生的思想、感情、行为发生变化,从而正确地对待生活,看待问题,确立人生观、世界观和价值观,塑造健康积极的心理状态和精神面貌。

1. 确立艺术育人理念

孔子就曾提出过"兴于诗、立于礼、成于乐"的思想,在孔子看来,"乐"是成就个人完美性格的最终环节,"乐以冶性,故成性变修身也"。"乐"对人的教育,不是靠外在的强制,而是寓教于乐、潜移默化的。寓教于乐是把教育的思想、内容渗透到教学活动之中,是艺术育人的一种方法,例如以学唱歌曲、欣赏音乐美术作品等艺术活动,让学生在"乐"中受教。艺术是育人的重要媒介和方式,明确艺术育人的理念,才能更好地发挥艺术育人功能,实现寓教于乐的效果。

2. 以艺辅德：以美启真,以美导善

"以艺辅德"就是要通过艺术教育,促进学生美育的发展,开发学生的创造性,促进学生思维的发展,使学生在感受美、欣赏美、体验美和享受美的过程中,感知、发现甚至创造学习和生活中的美好,领悟世间事物发生、发展的规律和真谛,从而热爱学习,热爱生活,热爱自然。道德的发展和培育是一个潜移默化的过程,艺术教育对道德发展的引导作用体现在:通过使学生感受到校园生活和学习生活的愉悦,提高艺术素养,提升文化品质,融入学校教育之中,从而实现艺术教育向其他领域的延伸,以开放式、动态的学习方式激发学生的学习欲望,增强学生的自信心,在艺术熏陶中,积极参与文化的传承,陶冶高尚的审美情操,完善人格。

3. 以艺促教：寓教于乐,以美促学

"以艺促教"就是要将美育的理念贯彻于文化教育的实践过程中,在知识教学、道德教育等教学实践中,融合美育的思想,实现五育的融合,促进教学过程的顺利进行,提高教育实践的趣味性,提升教育目标的全面性。教育本身就是一门艺术,教师要基于学生的不同发展阶段的特点与状况,设计好每一堂课、每一次活动,讲究方式和方法,注重教育手段的艺术性,教育形式的创新性,创造一个以学生为主体,便于学生发展自身创造性、便于交流合作的轻松环境和氛围。在这样充满乐趣的学习环境中,能够使学生保持注意力集中、思维活跃的状态,从而促进学生自主探究、乐于探究。这是教学艺术性的一种体现。

（二）以培育学科核心素养促进艺术学习有效性

教育部颁发的《普通高中艺术课程标准（2017 年版）》中明确提出，艺术学科核心素养由"艺术感知""创意表达""审美情趣"和"文化理解"四个部分组成。进一步强调艺术教育的重要性，引导教师理解艺术教育本身的素养内涵，直抵重点和核心。① 艺术学科对于开发和培养学生的人文关怀、想象力、创造力和审美能力都具有不可替代的作用，通过培育艺术学科核心素养，有助于更好地落实立德树人根本任务。

1. 艺术核心素养的内涵

艺术感知是对艺术语言、艺术形象、思想情感的感受和认知，是人们联通主客观世界的重要感知能力。创意表达是要全神贯注，聚焦于"创造性的艺术表现活动"，"创"是独特而又活泼的灵魂，也包括动感十足的驱动力。因"创"而生的"意"，是"创"的灵魂所赋予艺术的崭新实体，是期待着被表达的"有意味"的内容和形式。审美情趣体现为"审美愉悦、高雅气质、人文情怀"目标所概括的艺术涵养和对真善美的精神追求。文化理解是要让学生参与艺术鉴赏，理解艺术精神，在弘扬中华文化艺术优秀传统方面，要提升文化认知，增强中华民族的文化自觉和文化自信；在促进跨文化交流方面，要尊重世界文明多样性，分享世界各民族艺术，加深国际理解。②

2. 培育艺术核心素养的教学探索

在聚焦艺术核心素养的教学探索中，马黎明强调师生互动，重视师生、生生之间信息交流，形成"学习共同体"，达到共识、共享、共进的目标，他提出"情景引导探究"教学策略，通过创设具体、生动的场景、情节，唤起学生的内心感受，激起学生的学习情感，学生变被动学习为主动探究，不断体验成功的乐趣，从而提高学习有效性。③ 孙美提出：运用多媒体技术，利用直观、形象、生动的特点，集艺术性与实用性于一体，符合学生心理特点。多媒体画面色彩艳丽，形象逼真，与音响浑然一体，可以充分调动学生视听感官，通过多媒体导入可以有效地在上课之初便引发学生兴趣，引起学生注意力④，促进学生有效性学习。

3. 培育艺术核心素养的评价特点

培育艺术核心素养的评价的重心应该从考察学生艺术知识和技能的掌握程度转向关注学生针对现实情境和需要综合运用艺术知识、技能的意识和能力，要反映学生在艺术学习中达到艺术课程的具体要求和达成艺术课程所设定的四个具体核心素养的程度，不仅评定学生的艺术能力，还要评价学生艺术思维的发展水平。艺术学习评价要以艺术素养为本位，可以利用真实、动态和交互的情境化测评考察学生的艺术核

---

① 中华人民共和国教育部.普通高中艺术课程标准（2017 年版）[M].北京：人民教育出版社，2018：99.
② 陆振权.普通高中艺术课程标准学科核心素养解读[J].现代教学，2020（10A）：26－27.
③ 马黎明.艺术学科"情景引导探究"教学策略[J].现代中小学教育，2010（03）：57－59.
④ 孙美.导入艺术，演绎初中音乐课堂精彩[J].江苏教师，2013（19）：88.

心素养,基于信息技术的"艺术成长记录袋"评价方式让学生成为自我评价的主体,并能更全面和客观地评价学生的艺术素养。① 学科核心素养的建构,既体现了对艺术学科本质特征的挖掘与遵循,也体现了对学生终身喜爱和学习艺术的发展需要的满足,使学科育人价值进一步得到完善,也为深化艺术教育改革提供了更为清晰的价值导向和时间思路。②

(三) 以关注单元整合教学促进艺术学习有效性

《全日制义务教育艺术课程标准》中明确指出,"艺术课程综合了音乐、美术、戏剧、舞蹈以及影视、书法、篆刻等艺术形式和表现手段……艺术课程不是各门艺术学科知识技能数量的相加,而是综合发展学生多方面的艺术能力"。可见,艺术学科并不单单是音乐、美术的相加,而是融合为一体的综合。艺术教师应尽可能地将各类知识巧妙导入课堂,使艺术课内容更加丰富多彩,把某些抽象概念转化成形象概念,充分发挥造型艺术的直观性、形象性,在寓教于乐中达到艺术课的教学目的。③

1. 艺术学科的综合活动与单元设计

《全日制义务教育艺术课程标准》将促进学生艺术能力和人文素养综合发展定位为课程的总目标,从过去以音乐、美术学科体系为设计中心转变为以学生的发展为中心;从单门艺术学科的设计转变为建立多门艺术学科的沟通和融合。④ 在中学艺术综合课程的实施中,实现以音乐、美术为背景,整合其他学科内容,打造跨艺术领域和多艺术门类融合的课程,是艺术综合学习的一个导向。出现了以综合学习主题、艺术综合活动项目的设计,组织系列音美合科的课堂教学,探寻艺术课程综合学习的新形式、新途径。

通过单元教学,整合各方资源,也是促进艺术学习有效性的有效途径。单元教学设计是依据单元教学主题,对教学目标、教学内容与要求、教学程序与策略、教学资源、学生学习活动、教学评价等要素进行的设计与规划。它不仅是课堂教学的设计,也是对课内课外和校内校外的学生学习活动进行整体管理的教学设计与组织。单元教学需要从学校艺术教育的整体角度、实施角度,建立教学活动和学校艺术活动相互促进、相互彰显的整体格局,借助校园文化活动的引导,形成"课堂教学—课题研究和实践活动拓展—校园文化活动"三阶段、三层次相结合的教学活动模式,拓展学生多

① 易晓明.关于学生艺术素养测评的问题思考[J].美育学刊,2018(03):77-87.
② 席恒.栉风沐雨砥砺歌行——上海市中小学音乐学科课改 30 年[M].上海:华东师范大学出版社,2018:2.
③ 刘佩君.艺术课与各学科整合教学初探[J].美术教育研究,2012(10):128.
④ 罗炜.新版课程标准解析与教学指导·艺术[M].北京:北京师范大学出版社,2012:37.

样化学习空间,有效促进艺术学习的有效性。①

2. 五育并举中的艺术教育

艺术教育又隶属于"五育"中的"美育"。张嘉鸣在《初中艺术学科"五育"融合的思考》中指出:"五育"应该是一个融合的整体。有教育者认为,"五育"可分为三个层次,德育、智育、美育属于心理发展层次,体育属于身心和谐发展层次,劳动技术教育属于创造性实践能力层次,"五育"相互关联,构成了一个不可分割的整体。也有教育者认为,"德"定方向,"智"长才干,"体"健身躯,"美"塑心灵,"劳"助梦想,"五位一体"共同促进人的全面发展。正因为"五育"是整体,所以学生德智体美劳全面培养,不仅需要确立"五育"并举理念,更要确立"五育"融合的理念。在实践中,我们要把"五育"看作一个整体,在教学设计时注入"五育"融合的基因,让其巧妙包含"德智体美劳"这五种元素。②

(四) 艺术学科有效性学习的问题和不足

近几年来,艺术教育受到了空前的重视,迎来了新的发展机遇,进入了新的发展时期。但随着教育理念不断更新,教育需求的不断提高,艺术教育在如何更好地支持学生有效性学习方面还是存在一些问题和不足,值得在艺术教育过程中持续改进和完善。

1. 重"专业实用"轻"整合融通",需注重观念更新

艺术学习是一种美的学习,艺术学科有效性学习应该突显培育审美能力和艺术素养的学习。但家长一味追求艺术专业考级的现象还比较普遍,艺术教学中也有针对艺考的反复操练。为此,艺术教育需要继续更新观念,关注艺术有效性学习,使艺术学习能够建设心灵品质,化育人心,培育核心素养,促进学生终身发展。

2. 重"知识技能"轻"演绎创新",需拓展学习方式

随着课程改革的深入,艺术学科教学不断得到优化,但是不少艺术教学还是以知识技能的传授与学习为主,学生学习的积极性不高,学习效率低。我们要拓展艺术学习方式,注重体验、演绎和创作,通过多元学习将静态的知识技能内化为情感意志、艺术能力和生命智慧,这才是我们主张的艺术学科有效性学习。

3. 重"课堂学习"轻"亲近自然",需加强主体激发

陶行知先生提出,"生活即教育"。陈鹤琴先生也说过:"大自然,大社会,都是活教材。"③目前,艺术教学中还存在着学习内容课本化、单一化,学生学习兴趣不足等

---

① 钱熹瑗,李嘉栋.跨域体验融合创意——上海市中小学艺术学科课改经验总结[M].上海:华东师范大学出版社,2018:6-7.
② 张嘉鸣.初中艺术学科"五育"融合的思考[J].新课程研究,2021(07):31-32.
③ 朱彦丽.幼儿美术教育生活化[J].科学教育(科学大众),2018(06):66.

问题。将生活化教学方式融入到艺术课堂当中,能够为艺术课程注入活力,提升学生的艺术学习兴趣,助力艺术有效性学习。

综上所述,通过端正育人发展观念,使学生在感受美的熏陶和感染的同时受到思想上的震撼和启发,从而正确地对待生活,确立价值观,塑造阳光心态;通过培育学科核心素养,通过"艺术感知""创意表达""审美情趣"和"文化理解"培育艺术素养,提升艺术学科有效性学习。总体来说,教育者们不断地探索研究,推动了艺术学科有效性学习,但还存在着诸多问题和不足,有很大的改进空间,有效性学习可以走向更深的层次、更高的水平,需要我们作更深入的理论研究与实践探索,努力从有效性学习走向有价值的学习。

二、艺术学科的价值追求

艺术学科以多样化、可选择的艺术学习活动,引导学生在视、听、画、演、创的过程中探索艺术世界,启发艺术想象,激发艺术创意,发展艺术思维,理解艺术文化,实现感知美、表现美、创造美的育人目标。审美和实践作为艺术学科的基本特征,在育人方面发挥着重要作用,也彰显出艺术学科育人的独到性、全面性和有效性。我们在关注艺术学科有效性学习的同时,更应关注艺术的育人价值,让学生从有效性学习更好地走向有价值学习。

(一)关注艺术的道德性,立德树人,培育学生正心正举

苏霍姆林斯基认为:审美教育同人的思想面貌的形成,同儿童和青少年审美的道德标准的形成密不可分地联系在一起。[1] 艺术学习本身就是让学生通过学习欣赏艺术,陶冶情操。而且学生的审美判断和道德判断往往具有一定的相容性。

艺术教育的目标与任务在于普及艺术基本知识,提高人的艺术素养;健全人的审美心理结构,充分发挥人的想象力和创造力;陶冶人的高尚情操,培养完美的人格。艺术又是真善美的体现,艺术学习是以发现美、鉴赏美、创造美等审美活动,培养学生对美丑善恶的分辨、对美好事物的向往与追求。

因此我们认为,审美活动本身具有储善、导善和立善性,美育与德育不是非此即彼的关系,而是相互融合的关系,审美发展和道德发展是密切相关的。一方面,艺术教育能够促进德育,另一方面德育也能确保艺术教育发展的正确方向。艺术学科除了有丰富的德育内涵之外,其潜移默化、寓教于乐的育人方式是其他学科所不能比拟的。艺术学习需要成为能够促进个人全面健康成才、和谐发展的有价值学习。

(二)关注艺术的情感性,高情远意,促进学生健康成长

随着现代生活节奏的不断加快,社会竞争的日趋激烈,人的心理压力普遍较大。

---

① 胡继渊,沈正元.苏霍姆林斯基美育思想的浅析和借鉴[J].外国中小学教育,1996(04):32-36.

艺术作为美育的主要手段和途径,能够通过学生内心达到审美状态,良好心理得到培养和发展,不良心理受到疗治和矫正,使各种心理功能趋于和谐,各种潜能协调发展,最后达到提高人的生存价值,体验与实现美好人生的目的。[1]

艺术教育也是一种情感教育,要重视以情感人,利用艺术的内容和技巧引导学生的情感向正确方向发展,提高学生审美能力。艺术蕴含着丰富的情感因素,会引起审美主题的情感运动,会让心灵对美和艺术产生一种激情。艺术家通过艺术来表达自己的审美意识和感受,通过艺术的欣赏来获得感知,同时也获得了审美的需要。艺术学习让学生通过艺术活动感受到真、善、美的熏陶,引起思想感情和人生态度的改变,获得精神的享受和审美愉悦心情,形成积极向上的心理价值。

我们要关注艺术教育的情感性,可以培育学生健康的审美观念,陶冶高尚情操,认识文明成果,坚定文化自信,树立正确的文化观,激励想象力和创造力,培养创新精神,促进学生全面而有个性的发展,对全面提高学生的心理品质,开发心理潜能,促进身心和谐发展,具有不可替代的积极作用。

(三)关注艺术的文化性,浸润熏陶,培养学生社会素养

文化是艺术教育取之不竭的重要资源,在艺术教育过程中,多种文化的陶冶和熏陶,可以使学生感知世界、了解世界。艺术作为文化的一种表现形式,文化是艺术的载体和桥梁,二者相辅相成。文化支撑下的艺术学习不仅可以得到拓展和深化,而且艺术鉴赏活动也能够得以深入理解和认知,推动审美修养与文化内涵的深度融合和共同进步,提升艺术价值与文化价值。[2]

我国具有五千年文明历史,有着深厚的历史文化底蕴。艺术教育要与时俱进,紧跟时代发展的步伐,引领树立以人民为中心的艺术观,增强文化自信,传承中国精神,持续提高人民的艺术创造力和鉴赏力,不断提升人民的综合素质。艺术教育要彰显文化自信,专业建设与人才培养必须传承和弘扬中华优秀文化,成为时代风气的先觉者、先行者、先倡者,彰显中国精神,体现民族性。[3]"只有民族的,才是世界的。"艺术学习要努力弘扬民族文化,加深学生对传统优秀文化的认知和理解,增进对本民族文化的认同感,增强民族文化的传承和创造意识。

总之,艺术学习肩负着传承中国传统民族文化的责任,要让学生潜移默化地感受到中华传统文化艺术博大精深的人文内涵,从中感受到强烈的民族精神,从而增强文化自信、民族自信和民族自豪感,传承中华优秀传统文化的美学精神,实现以美育人。

(四)关注艺术的创造性,演绎创新,推动学生实践力行

艺术学习的重要目标是使人更富有创造力。艺术的实践与创作是提升学生艺术

---

① 孟丽君,陈林娟.浅谈艺术教育对心理教育的作用[J].课程教育研究,2016(12):195-196.
② 马书林.创造力:艺术教育的灵魂[N].光明日报,2011-01-14(12).
③ 邵圆圆.新时代艺术教育的责任担当与发展机遇[J].四川戏剧,2021(01):145-147.

素养和能力的基本途径,是想象力和创造力培养的主要渠道。艺术实践能增强学生的合作意识,促进自我表达和分享交流。艺术实践和创造行为也能让学生在未来社会生活中,树立起以艺术美化生活和环境的责任意识。

通过艺术学习,学生可以了解社会文化思潮,紧跟时代步伐,把握事物本质,从而更新观念,革新思想,用新的眼光和新的方式,发现并改造世界,推动社会进步。可以开设趣味性手工教学,让学生在课堂上学会动手,学会欣赏,以此让他们自身作品变得美丽,启迪学生聪明才智,发展学生思维,激发他们对美的想象力、创造热情和创造力。

由此可见,艺术学科的有价值学习,是以提高学生的艺术素养为目标,以实践创作为基础,通过审美感悟,促进学生提高审美能力,发展创新思维,养成健康心理品质,培养社会交往能力,提高艺术文化素养,塑造健全人格和完美人性。

第二节　体育学科有效性学习与价值追求

随着体育新课程改革的不断深化,我们要深刻思考体育学科关键能力和必备品质,做好体育工作现有经验传承与发展,挖掘"有效性"的学科价值,关注健康身心、终身锻炼、文明素养、社会适应等能力,积极倡导从有效性学习走向有价值学习,关注学科育人价值,应该说体育学科有其独特的功能和使命。

一、体育学科有效性学习的现状分析

当前,体育学科教学实践活动中,普遍比较多地关注体育学科的有效性教学,往往通过有效性教学来促进或支持有效性学习的开展。因此,我们要对有效性教学和有效性学习分类进行简要梳理和认识。

(一)体育学科有效性教学综述

在中国知网以"有效性教学"为主题,以"策略"或"评价"为内容,并含"体育"(精确),进行交叉检索,可以发现体育学科致力于有效性教学取得了一些成果,提炼了相应方法与策略,在评价方面也取得了一些进展。综述如下:

一直以来,基层一线体育教师采用动作示范、运动游戏和运动竞赛等方法,根据自己的教学经验以及教学条件,从教学手段方法及技能学习特点等方面入手,采用活跃课堂气氛、增加体验、开展趣味化教学等手段,运用有效性教学创造并总结出了许多促进学生有效性学习的教学策略,这些教学策略对提高学生动作技能以及促进身体机能等方面提供了较好的方法,一定程度上,促进了体育学科有效性学习的开展。

关文龙认为,在体育教学中,设计多样化教学方式,可以丰富学习内容,活跃课堂氛围,增加学生的快乐体验,让他们主动投入到学习活动中,在与教师的互动中掌握体育动作的要领,在积极锻炼中掌握运动技巧。教与学过程中,教师要结合学生的个体差异开展分层教学,让他们能通过自己的努力完成体育学习,促进他们体育综合素质的发展,打造初中体育高效学习。①

樊金威认为,高中体育教与学应立足学生发展,运用科学的教学方法,降低学习的难度,提高学习的实效性,提升学生的身体机能和体育素质,培养学生的感悟能力和实践技能,全面落实体育教学目标,提高学生的体育学科素养。②

总之,体育学科有效性教学策略主要从三个层面展开:第一层面是现代的教育方式和教育价值观直接影响解决事情的方式;第二层面是教育规则的制定制约着教育方式的实施内容;第三层面是教学过程中行使的具体教学方法和教学手段。这些策略近年来颇受中小学体育教育教学研究的关注。

王建林认为,小学体育教师必须要着眼于课程改革深化的新时期教育环境,认识到当前学练活动的低效问题,通过趣味化教学、加强实践以及培养学生核心素养等措施,推动体育教与学不断进步发展,取得更好的效果。③

当前,中小学一线教师较为广泛采用动作示范法、运动游戏法和运动竞赛法等方法,开展学科有效性教学活动。

《体育与健康课程标准(修订版)》指出:"体育与健康课程建立了有利于学生进步与发展的多元体育学习评价体系,要求对学生的体能、知识与技能、态度与参与、情意与合作进行综合评价。"体育学科普遍采用从评价目的、作用及实践三个维度,开展诊断性、过程性和终结性评价,以评促教,以评促学,通过对教学有效性的评价来指导和促进有效性教学。

根据课程标准要求,积极对学生进行有效、多元的评价,提倡多种评价方法融合交叉进行。通过评价来激励和促进学生开展有效性学习,也取得了一定成效。

(二)体育学科有效性学习综述

有效性教学是支持体育学科有效性学习的基本途径,文献研究表明:有效性学习的研究与实践主要从学习目标引导性、教师主导性、学生主体性方面展开。

1. 从目标引导性出发

王艳超认为在体育有效性学习过程中,要"坚持健康第一",在学练环节中不断尝试并实践。培养学生体育健身理念,调动学生活动积极性,促进学生身心健康和谐发展,尊重学生学习过程中的主体作用,关注学生学习时的情绪变化,考虑学生自然个体差异以及对于体育学习的个性化需求,最终使所有学生在体育学习中均有收获。④

① 关文龙.开展初中体育有效性教学的策略研究[J].当代体育科技,2019(09):123-124.
② 樊金威.高中体育中的有效性教学[J].学苑教育,2016(19):21.
③ 王建林.小学体育有效性教学策略[J].山西教育,2019(12):66.
④ 王艳超.初中体育课堂有效教学策略研究[D].新乡:河南师范大学,2013.

张海永指出体育学习有效性的目的在于关注学生的进步和发展,提高学习效率。[①] 在体育学练的过程中,教师也要遵循教与学规律,激发学生学习兴趣,这样的体育学习效果比较明显、学习效益较高。

施明雅、鲁纪红则具体到学习的各个环节。施明雅指出有效性主要包括:学习目标的有效性、学练活动的有效性、学习评价的有效性和学习管理的有效性,由此,提高学习有效性的策略包括:发挥教师主导作用,体现学生主体作用,开发课程、教材,构建合理的教学方式、方法,利用现代教学媒介等。[②] 鲁纪红认为体育有效性学习包括有效学习目标、有效学练活动、有效教学能力以及有效学习反馈与管理等方面。[③]

2. 从教师主导性出发

张洁提出体育有效性学习的主要内容,在充分利用现有教育资源的基础上,引用有效的教学思想、制订有效的学习计划、采取有效的学练策略并在体育学练活动中实践,凸显教师的主导性,激发对体育学科学习的积极兴趣,从而实现对学生体育素养的有效提升。[④]

司友兵认为体育有效性学习,主要就是由体育教师合理地运用精力与时间,并在遵循客观规律的基础下,获得更为有效的学习效果,进而更好地达成预期教学目标,并良好地满足学生个体以及社会对于体育价值的需求等。[⑤]

3. 从学生主体性出发

徐敏认为激发学生学习兴趣,增强学生学习主动性,从学生主体性出发,激发学生的学习动机,提高学生的学习兴趣,对于体育课堂教学的有效性有很大帮助。老师在进行体育课堂教学时,可以根据学生的要求和兴趣,对他们的学习进行引导,可以通过讲故事、做小游戏等方法来吸引学生的注意力,激发学生的求知欲望和学习主动性,提高体育课堂学习的有效性。[⑥]

赵红丽认为增强课堂互动性,以学生为主体,体育教师的教学内容设定要建立在充分了解学生需求、意愿的基础之上,在有限课堂教学时间内把握好互动,利用与学生的共鸣达到提升课堂效率的效果。[⑦]

通过对开展体育学科有效性教学和支持开展有效性学习等分析,我们不难发现,有效性教学和有效性学习实施对象不同,有效性教学的主体为教师,而有效性学习的

---

① 张海永.新课改下体育有效性课堂教学策略研究[J].理论前沿,2014(09):324.
② 施明雅.中学体育教学中有效性分析研究[J].当代体育科技,2014(27):44-46.
③ 鲁纪红.论中小学体育教学的趣味性与有效性[J].当代体育科技,2015(17):128-129.
④ 张洁.有效性教学视角下职业学院体育教改探究[J].东西南北,2019(16):199.
⑤ 司友兵.简析小学体育有效性教学的策略[J].读与写(教育教学刊),2018,15(06):198.
⑥ 徐敏.刍议初中体育课堂有效性教学对策[J].读与写(教育教学刊),2012(12):134.
⑦ 赵红丽.新时期体育课堂的有效性教学[J].文体用品与科技,2014(04):99.

主体是学习者。因此,通过合理设立学习目标,讲练结合,学练结合,尝试与实践相结合,遵循教与学的规律,关注学科基本知识和基本技能,激发学习兴趣等方法和手段,可以促进体育学科的有效性学习,取得一定的收获和成效。

(三)体育学科有效性学习的问题与不足

随着时代不断发展,社会对教育,尤其对关乎学生身心健康发展的体育学科,提出了更高的要求。不难发现在体育学科的有效性教学和有效性学习方面取得了积极的研究与实践成果,但从体育学科如何更加关注学科的核心素养,探寻学科育人价值这些角度考察,体育学科有效性学习,仍存在一些有待于改进和完善的问题,主要表现在两个方面:

1. 重视结果,轻视效率,需关注学习成本

体育学科有效性学习比较多地停留在效果层面,往往是投入相对比较多的时间成本,付出比较大的人力成本,达到学科基本知识初步掌握。看似有效学习效果可能是个计成本取得的。

2. 关注结果,忽视过程,需关注学科素养

在有效性学习中,往往关注结果,忽视整个学习过程。多关注当下学习情况,很少以发展的眼光,着眼学科核心素养和价值培育所在,而造成在学习中不计过程,只求结果,牺牲学生进一步发展的时空,换取眼前的短暂利益。

在体育学科有效性学习研究与实践成果基础上,如何聚焦体育学科的核心素养和学科价值,探寻有价值学习的方法、策略和途径等,是值得我们不断思考和研究探索的命题。

二、体育学科的价值追求

回归育人,促进人的全面发展,这是新时代学校体育工作的根本指向。体育学科要培养健康身心、规则意识、文明素养、顽强意志与体育道德等,通过"强身健体、自觉锻炼、意志品质、团队合作和社会适应"等方面的实践,锤炼学生的身心。

(一)强身健体

强身健体是指学生为完成设定的体育锻炼任务,联系实际采取的有意参与、强化练习、比赛运用和持续健身的决策能力,它伴随着动机、态度及价值观取向等活动,是自主健身的有效实现载体。随着有价值学习开展,增强学生体质的紧迫性需求不断提高和体能锻炼的广泛展开,要让一些针对性和科学性更强的身体锻炼内容走进课堂,成为强身健体重要的学习内容。

开展体育学科有价值学习时,要让学习内容和运动技术学习互相配合,达到共同担负着提高学生身体素质和运动素质的责任。同时,这部分学习内容要体现渗透力,让学生形成"健康第一,生命至上"理念,能有效地自主锻炼身体,并通过锻炼实践来掌握锻炼的基本原理和手法,进一步促进体育锻炼活动开展,形成良好身体素质。

(二)自觉锻炼

体育学科开展有价值学习是要培养学生自觉锻炼的意识,要唤醒学生主动锻炼的愿望,让学生不仅认识参与体育学习和锻炼活动的重要性,而且要让学生逐渐内化为自觉锻炼的习惯。

开展体育学科有价值学习时,一方面让学生提高参与意识,具备积极参与体育活动的态度和行为,另一方面还需设计出提供具备科学锻炼的方法和内容,能够让学生乐意参与体育活动,保证在安全条件下正常进行自主体育活动,逐步搭建系统开展运动和锻炼的科学方法。

(三)意志品质

通过体育运动项目胜负观,培养学生正确面对在体育活动或比赛中因为成功而获得的喜悦、因为失败而产生的挫折,进一步提高耐受压力的能力,达到培养学生积极进取、坚忍不拔、持之以恒的意志品质。

开展体育学科有价值学习中,需要充分了解体育运动对身心健康的作用,正确理解体育运动与自尊、自信的关系,让学生学会欣赏体育运动中所表现的身体美、姿态美、动作美等现象,学会通过体育运动等方法调控情绪,磨砺克服困难的坚强意志品质。

(四)团队合作

开展体育学科有价值学习时,利用小组合作的团体性学习活动形式,培养团队合作意识,不断提高学习兴趣和学习热情,促进学生身心健康的全面发展。

可以采用"异质分组"或"同质分组"的方法合理组建团队,设置团队合作任务,营造团体互帮互助的氛围,通过体育比赛等方式,提升成员的团结协作意识,也可以根据团队成员情况,设计拓展活动项目训练,并适时地给予学生耐心的指导。在团队合作中,充分感受既有合作学习,又有个体学习;既有合作,又有竞争的过程。让学生发挥自身价值,促进积极互助的同时,感受到团队合作的价值和集体荣誉感,为未来适应社会生活提供帮助。

(五)社会适应

培养学生具备较强的社会适应能力,是体育学科有价值学习的重要目标。按照社会发展的要求,优化原有的学习模式,关注培养学生的社会适应能力,提升学习的价值导向,帮助学生塑造人格,奠定良好的基础。

体育学科活动多是以集体活动的形式来进行的,而运动是以位置的变动方式来进行的,在运动、练习和比赛中,人的交往和交流又是极其频繁的。因此,在学习过程中,选择学习内容要具有更明显的人际交流的开放性,以人际交流的开放性为基础,让学习过程中师生、生生之间的关系更加密切、开放。学习活动中做到分工明确,让学生在体育学习中体会各种角色变化感受,学会调节、适应和控制自己的心理活动,在多变的运动环境中表现出身体、心理和人际交往等方面的调适能力,逐步培养学生社会合作和社会适应能力。

总之,体育学科有价值学习紧扣"立德育人"根本任务,关注学科的价值体现。体育教师应在指导学生有价值学习的过程中,明确学习活动的切入点,通过对学生体育学习行为过程的表现以及学习结果和效度,从学习方法、效率等方面给予评价,提出更多指导性的建议,从而促进学生学科核心素养发展,培育关键品质,实现以人为本的育人价值。学生应更多从强身健体、自觉锻炼、意志品质、团队合作和社会适应等方面着眼,积极提高自身的身心素质、规则意识、文明素养等素养,促进自身的社会化,更好地实现全面而健康的学习与发展。

第三节　聚焦有价值学习的艺体学科教学探索

《中国教育现代化 2035》聚焦教育发展的突出问题和薄弱环节,立足当前,着眼长远,重点部署了面向教育现代化的十大战略任务,其中第二项任务是发展中国特色世界先进水平的优质教育。全面落实立德树人根本任务,广泛开展理想信念教育,厚植爱国主义情怀,加强品德修养,增长知识见识,培养奋斗精神,不断提高学生思想水平、政治觉悟、道德品质、文化素养。增强综合素质,树立健康第一的教育理念,全面强化学校体育工作,全面加强和改进学校美育,弘扬劳动精神,强化实践动手能力、合作能力、创新能力的培养。

一、艺术学科有价值学习的实践探索

全面加强和改进新时代学校美育工作,更好地发挥美育的育人功能,要以高质量发展为导向,以改革创新为动力,以完善政策制度为保障,以提高学生审美和人文素养为主题,聚焦"教会、勤练、常赛",在更新观念上"移风易俗",在改善条件上"改天换地",在凝聚力量上"众志成城",要发挥艺术教育的阵地功能,开齐开足上好艺术课,构建以学生发展为中心的教学模式,普及面向人人的艺术实践活动,推进艺术评价改革,促进学生艺术学科的有价值学习。

(一)提高综合素养

经过调查,绝大多数学生对艺术持积极肯定的态度,能够积极主动参与艺术的学习,学生对艺术课的不满足更大程度上体现在对教材内容的不满意,学生喜欢主动地参与艺术的学习,不喜欢被动学习。传统以教为主的教学方式已不能满足学生对艺术的学习要求,教师需要由注重"教"向注重"学"的教学方式转型,发挥高效能。①

案例 7.1 名画中的少女②

最近发现校园内有不少女生有几乎一模一样的发型,留着厚厚的刘海,完全遮住眉毛,几乎压住一半眼睛,看黑板需要时不时拨一下头发。再留心观察,她们中的不少人都将书包的背带拉长了,包不是背在背部,而是在屁股的位置摇晃,觉得很不雅。通过询问学生才了解到,这原来是电视剧中某个女主角的造型,崇拜明星的小追星族们立刻效仿,结果就出现了上面的情况。于是,决定上一节"名画中的少女"欣赏课,指导学生树立正确的着装观和审美观。

步骤1:课件欣赏,名画中的少女。

《少女》(莫迪里阿尼)画中的少女留着齐耳的短发,刘海高过眉毛,上头部微倾、嘴巴紧闭、高扬着眉头,显示出年轻姑娘的纯洁、天真的性格。将《少女》发型与电影《罗马假日》中女主角短发形象比较,同样是短发和高过眉毛的整齐的刘海,配合赫本甜美的笑容,给人一种可爱、俏皮、干净、纯洁的印象。

《读书少女》(弗拉戈纳尔)画中的少女侧身而坐,专心致志地读书,文雅、恬静。那脸上的红色光晕洋溢着青春的活力,给人一种超凡脱俗的清新之美。她梳着高高束起的发髻,发顶处系有淡紫色的蝴蝶结。这种发型可以完美突出脸部的轮廓以及美丽的颈部。有种简单利落的感觉。

《康达维斯小姐的画像》(雷诺阿)画像上青春美丽的少女,含羞带笑,纯真优雅,有种恬静与向往的表情。她的发型是将长发从两鬓一起拢向后上方,再用漂亮的发卡固定。

步骤2:讨论三幅名画中少女发型是如何梳理的。讨论短发、中长发、长发各怎么梳理。

步骤3:欣赏"学生形象设计"的有关图片,问:展现的学生形象设计在精神面貌、发型设计、着装设计方面有什么特点?

步骤4:讨论学生应该怎样着装打扮才适合。

培养学生具有正确地鉴别美的能力,不断提高鉴赏美的水平,使学生能正确地理

---

① 上海市教育委员会教学研究室.春风化雨润育无痕——中学艺术学科育人价值研究[M].上海:上海教育音像出版社,2013:25.

② 尹少淳,段鹏.新版课程标准解析与教学指导·艺术[M].北京:北京师范大学出版社,2012:133-134.

解和判断事物的美与丑,这种对于事物美丑的鉴别力,并不是先天具有的,而只能在日常教育活动实践中逐步培养和发展起来。人们常说,"爱美是人的天性","爱美之心,人皆有之"。但事实表明有爱美之心,并不等于就有了美学修养。世界纷繁复杂,中小学生往往分不清真假、善恶和美丑,有的盲目崇尚"哥们义气",有的盲目模仿影视中的暴力动作,有的盲目追求"流行"。由于缺乏对美应有的鉴别力和鉴赏力,难免会出现美丑颠倒、是非混淆的情况。况且由于人们的生理基础、心理素质、文化教养、生活环境和生活经历各不相同,他们的审美情趣中不但有高下之分,还会有健康与病态、进步与落后之别。所以学生需要通过学习,培养正确鉴别美丑的能力,才能使人们树立起健康的审美情趣、审美标准和审美理想,从而满怀激情地去追求美。

(二)提升鉴赏能力

美育在全面发展人的性格方面具有重要的作用,它可以使人们完善品格,荡涤心胸,丰富感情,开拓思路,增长才干等。人们如果要欣赏瑰丽的大自然的美,欣赏、追求社会生活的美,探求人们心灵美的奥秘,就需要有相应的感受能力。将审美的理念渗透于各个学科、生活的方方面面,引导学生通过学习,形成良好的审美感觉和表现美、创造美的能力,最终成为一个拥有较高审美趣味、审美品格的人。例如:在语文和英语学科中,涉及小说、剧本的片段,可以编创课本剧、英语剧,又如在手工制作工艺品中,学习配色,掌握比例、大小;还可以与体育融合,比如拉丁舞。

案例 7.2　悲 惨 世 界①

这是高二年级《艺术》教材内容。学生先了解音乐剧:美国的一种音乐喜剧,兴起于 19 世纪末、20 世纪初。因以纽约的百老汇为演出中心,故又名"百老汇歌舞剧"。其特点为载歌载舞,演出时夹用说白,音乐浅显通俗,多以民歌或爵士音乐为素材,题材内容多取自日常生活。1920 年代起,又常取材于狄更斯、莎士比亚、萧伯纳等人的戏剧、文学作品。此后,其艺术水平进一步提高,并流传于英、法、德等国,著名的音乐剧有《演艺船》《卖花女》《西区故事》《音乐之声》等。音乐剧的特征,简单说,就是艺术的综合性、现代性、多元性、灵活性和商业性。然后,以互动的形式了解剧情缩微,及音乐剧里面的主要人物。

学生通过教师的解析,学习该剧的音乐特点。为了帮助学生深入了解音乐剧的特点,教师采用比较的手法辅助教学,小说、电影、音乐剧从人物形象、艺术感染力、内心描述进行思考交流,小说对人物的内心描述有明显优势,可以丰富细腻地刻画人物

---

① 彭学军.高中艺术课中的体验式教学[M].上海:上海教育出版社,2016:38-45.

的内心活动;电影对人物形象的塑造具有优势,生动且立体感强;音乐剧用接近于清唱的表现手法来表现人物的性格特点,及其考验演员的唱功,现场的艺术感染力更加强烈。

课内学习之后,撰写学习体会,可以从艺术角度谈对此部音乐剧的感受,也可以从人物形象、命运、内心的塑造等方面谈,还可以鼓励结合文学、电影等其他艺术形式进行比较分析,这样,学生会非常投入,对《悲惨世界》形成深刻感悟。

(三) 开拓学生创造力

人们认识世界是为了改造世界,同样地人们感受和鉴赏美是为了创造美,为了创造更加美好的生活。通过审美实践、审美教育所培养起来的创造美的能力,既包括诸如音乐、美术、文学等艺术创作的能力,也包括在科技、生产劳动、日常生活等各个领域中创造美的能力。美育对提高人们创造现实美的能力,也是不可忽视的。从原始的陶器、石器到现代的宇宙飞船、人造卫星,从原始的刀耕火种到现代的机械化生产,作为人类创造性生产的积极成果,这些都毫无例外地包含着美的因素。由于司空见惯,习以为常,很容易被人们所忽视。我们应积极引导学生从各种现实生活中接受美的教育,更好地按照美的规律去改造客观世界和主观世界。

> **案例 7.3 两次作业①**
>
> "小技法:无笔画"(六年级)这节课,主要是让学生了解无笔画的基本技法,掌握造型的基本要素。在尝试的基础上,以知识技能为指导,进行无笔画的体验与创作,培养学生的美术实践能力,体验无笔画创作的乐趣,激发创作精神,陶冶高尚的审美情操,完善人格。学生的第一次作业,是尝试对印法。通过学生的尝试,了解无笔画的几种不同方法。第二次作业就是在了解造型要素中点的疏密有致,线的粗细得当,面的深浅有别,色彩的两种搭配方法后,依据画面美的法则完善画面。使学生在了解掌握无笔画的技法后,能将这种方法运用到美术创作中去,真正使学生学有所用。
>
> "平视仰视俯视"(七年级)这节课,是让学生学习了解平视、仰视和俯视这三种不同的视点所产生的感受。通过对多媒体短片中三个视点的画面进行速写,进一步加深对平视、仰视和俯视的认识,最后以描绘浦东让学生感受到浦东的美、上海的美,激发学生热爱家乡上海的情感。这节课的作业形式就是选择了两次操作。第一次,

---

① 徐敏.向美而行——上海市中小学美术学科课改 30 年[M].上海:华东师范大学出版社,2018:175 - 181.

通过多媒体展示的图片,让学生在"看"的过程中抓住特征,根据教师示范,理解速写中的取舍要求,学生依据分镜头静态画面,先尝试写生三种不同角度的透视变化,体现"术"的要求。第二次作业就是让学生以全动态画面,选择自己比较喜欢的一个角度速写,既体现学生自主选择的权利,也体现出初步创作的要求。

"服装设计"(八年级)这节课,学习目标是了解服装设计的基本知识,掌握服装设计的基本语言和形式规律。学生以立体木人的方式来设计自己认为最有个性的服装,从中掌握服装设计的步骤,体验服装之美。学生的第一次作业是通过教师提供的平面模特基本造型,先尝试进行设计,利用所学的服装设计基本知识,运用服装设计的基本语言,简单画出设计草图。这是一个最基本的要求,为学生后面的操作提供技术支持。第二次作业是在小木人身上,通过款式、色彩和服装面料有机融合的立体服装展示,体现创意设计和制作。在制作过程中,学生要领会服装的款式以及设计方法。不要求每位同学都是设计师,但是学生要根据自己的条件来选择设计制作手段,通过这样一些基本操作,培养学生对"美术"学习的兴趣。

在学校生活中,艺术教育具有特别重要的价值,它不仅对于其他学科的学习具有显著的正相关,而且使学校生活张弛有度,充满活力。随着脑神经认知学科的发展,艺术教育的价值得到了进一步发掘,科学家们发现,艺术是为长期教育服务的。如果只关注考试成绩,而考试又只重视文化知识类的纸笔形式测试,则艺术会明显地处于劣势。不过,优势一旦显现,将无所不及,从精细的运动技巧到创造能力,乃至情绪平衡能力的提高都将表现出来。

二、体育学科有价值学习的实践探索

根据体育学科的关键能力和必备品格,聚焦体育学科学习的核心素养,开展单元整体设计,建构"教、学、评"一致性的知识体系,运用多元评价等活动,从促进学生的健康身心、培养终身锻炼意识、培养文明素养、培养规则意识和形成终身运动伙伴等方面,指导学生开展有价值学习,进行积极的实践探索,涌现了一些实践案例。

(一)强身健体,养成健康身心体魄

十八届三中全会《决定》提出在体育学科要"强化体育课和课外锻炼,促进青少年身心健康、体魄强健",但当前学生参与体育锻炼的内生动力存在不足,外在激励力度不够。因此,要充分关注学生身心健康状况,按照学生身心发展规律,科学制定锻炼内容,促进学生开展有价值学习。

案例7.4　啦啦操队形创编[①]

八年级女生,学习积极性高,对新知识和技能好奇心强,善于模仿,有一定的啦啦操队形变化基础。但这个时期的女生处于青春期,多数缺乏自信,积极参与运动和锻炼的意识不强。为此,学习目标确定为:

1. 通过分组合作练习,让85%的学生掌握啦啦操队形变化的原则,体验空间层次变化,能够合理地运用队形变化和空间变化完成队形的创编。

2. 通过啦啦操规定动作套路和体能练习,提高学生手臂操化能力和控制力,提高学生的有氧耐力和腿部、腰腹力量,培养优美体态。

3. 通过小组创编展示和互评自评,加强合作,培养积极锻炼,克服困难,欣赏美和创造美的素养和树立"健康第一"的理念。

在教师指导下,学生的学习内容和活动过程主要包括:

1. 热身,有氧舞蹈。

2. 复习啦啦操规定套路:(1)认真练习;(2)注意要点。

3. 学习两人组合队形变化创编:(1)观看视频,认真思考;(2)明确两人队形变化创编的方法;(3)将两人队形变化创编的方法运用于实操。

4. 学习五人组合队形变化创编:(1)观看视频,认真思考;(2)明确五人队形变化创编的方法;(3)将五人队形变化创编的方法运用于实操。

5. 五人小组队形创编分享展示:(1)分组学练,相互合作;(2)积极纠错,不断改进;(3)自信展示,勇于挑战。

6. 体能练习,下肢力量、腰腹力量:(1)跟随练习;(2)模仿动作,注意要点。

案例分析

啦啦操是一项集强健体魄、健身美体、陶冶情操于一体的集体性运动项目,极具感染力,可以向人传达乐观积极的精神和阳光张扬的表现力,学生可以学会用积极向上的心态面对生活,促进积极锻炼意识的形成。在学习过程中,遵循由易至难、循序渐进的原则。首先,用欢快的有氧舞蹈导入课堂,快速热身,活跃气氛,调动学习兴趣。再复习规定套路动作,为后面的队形创编打好基础。两人组合队形变化创编和五人组合队形变化创编,在创编中感受啦啦操的变化之美,进行小组的分享展示,培养学生积极锻炼意识和团结合作的品质。最后的体能练习中,很好地提高学生的心肺功能,增强腿部和腰腹力量,树立具有健康体魄的意志品质。

按照体育学科有价值学习导向,采用学生喜闻乐见的体育项目,设计符合学生的

---

① 本案例由上海戏剧学院附属静安学校章小琪提供。

认知水平和年龄特点,多样化、趣味化地开展,调动学生锻炼积极性,关注实现从技能学习向学生内在素养的有效转化,让学生对锻炼的价值形成全面认识,使学生形成良好的精神品质和意识,充分聚焦学生健康成长,打下从小养成"健康第一"理念。

(二)自觉锻炼,培养终身锻炼意识

自觉锻炼意识可以使学生更好地参与体育活动,促进学生运动习惯的养成,也是推动体育锻炼终身化目标实现的强大力量。因此,通过提高对终身体育的认知程度,加大学生社会生活身体锻炼,树立体育终身化的观念,可以促进学生体育学科的有价值学习,确立学生终身锻炼意识。

案例7.5 羽毛球——正手发后场高远球①

高一学生对羽毛球项目有很高的学习热情,该时期学生具有一定的独立思考能力和探究能力,接受新知识、技能的能力强并且快,在课堂上能够良好地自我约束,学生的观察具有一定的目的性、系统性、全面性,但受场地和器材等影响,学生缺乏自觉锻炼的意识。所以要通过精练的讲解、准确的示范,让学生学习正确的羽毛球技术动作,提高羽毛球实战能力,增强学生对羽毛球的热爱,逐渐养成终身体育锻炼的习惯。为此,确立的学习目标为:

1. 复习羽毛球正手握拍姿势,巩固羽毛球颠球球性练习。

2. 学习羽毛球正手发球、专项步法、身体素质训练,使80%学生初步掌握正手发后场高远球挥拍、步法。

3. 通过羽毛球技术、步法和身体素质相关训练,发展学生力量、协调和灵敏。培养学生自信、勇敢的心理品质,形成互帮互助,自觉锻炼的良好氛围。

分解为五个步骤:

1. 复习正确握拍姿势,颠球练习:(1)集体观摩学习;(2)分散练习。

2. 学练:正手发后场高远球技术:(1)分解动作要点;(2)规范挥拍动作。

3. 分组练习:(1)分解挥拍练习;(2)积极改正。

4. 练习与展示:(1)分组练习;(2)个别指导、纠错。

5. 步法与体能练习:(1)集中注意力;(2)动作到位。

案例分析

良好的羽毛球竞技水平靠长期训练比赛来保持、提高,第一步就是正确的挥拍练习,长期挥拍练习固定动作之后,进行多球的发球训练,慢慢地巩固动作,提高过程中还要强调羽毛球的方向、落点等,从而培养学生的长期羽毛球训练的习惯,羽毛球场地局限性小,年龄限制不大,是一个适合长期运动的项目,有利于学生养成终身体育

---

① 本案例由上海市市北初级中学胡斌提供。

的意识。而且,良好的身体素质,是羽毛球运动的基础,再加上正确的握拍、挥拍,有利于提高学生羽毛球的对抗能力,提高学生羽毛球比赛的竞争力,从而激发学生对于羽毛球项目的兴趣,有助于养成良好的自觉运动习惯。

体育学科可以让学生学得放松,多样的项目会让学生更加活泼。可以采用多种手段,多方位整合内容和资源,激发学生的体育兴趣,让他们发自内心地喜欢体育运动,努力改善体育学习环境,营造培养终身体育意识的氛围,逐步形成终身体育意识,体现有价值学习意义所在,让终身体育意识伴随学生走向更远的明天。

(三)意志品质,培养体育文明素养

"青少年参加体育锻炼,不仅仅是为了身体健康,还可以培养很多良好的品质。"通过体育学科培养文明素质,这是社会发展对人才素质提出的客观要求,是中学生行为发展的需要,也是开展有价值学习的必备路径。在体育学科学习中,学生可以学会尊重他人,文明锻炼,养成文明的行为规范,培养健康文明意识,形成科学、文明、健康、安全的锻炼方式和文明的卫生行为,从而培养积极向上的体育精神,提高文明素养。

案例7.6 武术十步拳①

七年级学生曾经接触过武术练习,对武术基本动作并不陌生,同时,他们处在生长发育时期,有很强的求知欲,也有较强的胜负欲。本节课讲练和比赛相结合,以提高学生的学习兴趣,感受中华传统文化,倡导科学、文明、健康的锻炼方式和文明行为,体会武术运动意志品质,培养健康文明素养。为此,确定学习目标为:

1. 掌握十步拳单式组合和虚步组合等动作,学会模仿与简单创编。

2. 发展力量、灵敏、柔韧等身体素质,提高身体协调平衡能力。

3. 感悟武术博大精深的传统文化,锻炼坚忍不拔的意志品质,培养健康文明素养。

学生学习内容和过程安排如下:

1. 复习十步拳1—3式:(1)观摩示范;(2)集体练习。

2. 学练:虚步亮掌、提膝劈掌、并步对拳、马步格拳:(1)分解动作要点;(2)观摩模仿。

3. 分组练习:(1)集体练习;(2)积极纠正。

4. 练习与展示:(1)分组练习;(2)组间纠错。

5. 功防讲解:(1)专心听课;(2)两人及多人攻防。

---

① 本案例由上海戏剧学院附属静安学校曹琪提供。

案例分析

本案例,主要学习十步拳的套路组合。根据武术套路以攻为守、刚柔虚实、动静结合等变化规律,通过练习帮助学生形成强壮的体魄。学生在得到身体锻炼的同时,培育坚强的意志品质和健康文明素养,使其成为一个有礼貌、有思想、有气质、不服输、肯拼搏的少年。并让学生在学习过程中充分感受中华文化,形成体育文明礼仪和素养。

体育学科学习活动形式多样,不拘一格,把体育课堂充分设计好,合理建构好,真正开展一些有意义、有内涵的学习活动,关注运动文明规范、仪态仪表文明素养、整齐和守纪的行为规范、安全文明行为规范及集体行为规范等要素,培养学生意志品质,找到学科价值所在。那么,体育学科的学习活动,真正做到不仅仅停留在体质健康方面,还会对他们的健康身心、意志品质发展产生积极的促进作用。

(四) 团队合作,培养竞赛规则意识

体育,不仅承载着教授学生体育运动知识、技能,增强学生身体素质,培养学生良好体育意识的基础教育职能,更是培养学生规则意识的重要渠道。在体育学习和活动中,学生认知、运用和遵守规则,有助于提高学生的社会适应能力内化为学生的规则意识,成为学生一种行事准则和行为习惯。

同时,遵守规则、敬畏规则是社会主义合格公民的基本素质。通过团队合作等学生活动,树立竞赛规则意识是体育学科的特有品质。因此,我们认为"规则意识"的培养需要与学科中技战术教学、训练紧密结合,长期地、有计划地、科学地、潜移默化地熏陶渗透才能逐步形成。

因此,在体育学科中,学生要有效运用合理时空,利用学习资源。在开展团队合作和竞赛过程中,学习规则,尊重规则,遵守规则,有助于学生规则意识的形成,形成对规则的正确认识、理解以及运用的能力。借助这种能力,可以机动、灵活地运用和发展各种技战术,并能最大限度地发挥自己的运动潜能和聪明才智,促进学生体育核心素养的培养,实现有价值学习。成员交流、团队合作活动,系统有机地渗透规则知识,建立竞赛规则意识,培养体育学科特有的品质。

案例 7.7　双手胸前传接球①

六年级学生,学习兴趣比较高,大部分学生已经接触过篮球,但总体水平参差不齐,动作的掌握程度还有欠缺,基本技术动作不规范,团队意识不强,随意性较强。为此,确定学习目标为:

---

① 本案例由上海市市北初级中学北校虞贤亮提供。

1. 复习双手胸前传接球,准确、熟练掌握传接球动作,知晓迈步传球的重要性,提高在对抗中运用传接球技术的能力。

2. 发展速度、耐力素质,提高全身协调能力以及综合分析能力和应变能力。

3. 激发对篮球运动的兴趣,培养团结合作、合作学习的能力以及适当的竞争意识和规则意识。

学习流程安排为五个步骤:

1. 篮球操:跟随示范,集体练习。

2. 复习四角传接球:(1)专心听课;(2)分组练习。

3. 学练:三传一抢传接球:(1)集体练习;(2)组内对抗。

4. 学练:运球传球综合练习:(1)分组练习;(2)组间纠错。

5. 竞赛:运球传球比赛:(1)专心听课;(2)分组竞赛。

案例分析

本案例首先通过篮球操引入,再复习原地双手胸前传接球,使学生明确原地胸前传接球的动作要领,并拓展至争抢球练习,提高学生对篮球运动的兴趣,掌握双手胸前传接球动作,培育学生对篮球规则的正确认识与理解,加强学生对抗、竞争中合理运用传接球技术的能力,理解规则意识。最后,结合之前行进间运球的学习,提升学生综合运用运球、传接球技术。培养队员的团结协作意识,激发学生集体荣誉感和参与运动的热情。

我们还可以在体育学科有意识开展课堂纪律、体育游戏、体育竞赛中学生的言语规则和行为规范的培养,通过看得见、摸得着的内容,采用客体和主体的合拍与相互渗透,将规则意识内化为学生的道德规范,对其日后接受更多的社会规范及其他各类社会规章等打下基础。这正是体育教育社会潜在功能的关键所在,也是发挥体育教育为社会培养遵纪守法的合格公民的关键所在。

实践性是体育学科学习的特有属性。通过体育运动和思维活动,掌握运动技能和科学知识与技术,发展和提高学生的认识能力。通过不同的时间、空间及自然条件,以身体练习为主要手段,合理渗透规则意识培养,体力与脑力并用,形象与抽象思维高度契合,提供其他学科无法取代的场所、时机、素材以及情景和角色扮演的功能。

(五)社会适应,形成终身运动伙伴

社会适应能力是指学生适应环境、适应集体、适应社会的能力。体育学科学习过程中,通过提升社会适应能力,积极开展各项体育活动,尤其能通过参加各类团体项目运动队伍的训练、比赛和活动,形成一起锻炼、一起运动的亲密伙伴,逐渐发现终身运动伙伴。

校园是一片小天地,而社会是一个复杂的大天地,体育工作者应当跨越空间的障碍,从小培养学生对社会的适应能力,让学生学会适应当下环境,学会适应未来环境,学会某种运动,积极和身边运动伙伴一起健康锻炼,快乐锻炼。例如,学校可以通过组建校级运动队,通过平时专业训练、友谊比赛、校际比赛,开展相关体育学科学习运动活动,充分培养学生社会适应能力,增强学生竞争意识,提升学生的自信心,提高学生的参与度,增强学生的合作意识,促进人际关系。

体育团队运动项目是一项需要团队合作精神及集体凝聚力的活动。运动团队队员需要理解、领会教练的意图,同时处理好团队成员间的关系,每一位球员要树立大局观念,真诚、互助、宽容、理解他人。当自己在比赛中遇到困难时,能够第一时间想到队友,与队友共同面对比赛中的困难,与队友共同获得比赛胜利的喜悦。或者当面对强大的对手失利时,他们也可以与队友共同感受输掉比赛的挫败感,这都是人生中重要的经历,也正是这些经历,让学生之间的友谊日益深厚,这些友谊不会随着时间的流逝而变化,相反,热爱可能会让他们成为一辈子的朋友。

聚焦高价值的体育学科实践探索,使体育学科学习活动能够实现价值回归,我们感到是一件非常有价值的事。相信我们新时代的教育工作者会进一步回归体育学科的教学规律和本源,顺应学生的身心发展规律,以立德树人为核心追求,为每一位学生的长远发展、全面发展奠定基础。

总之,艺体学科的育人价值,需要我们教育人进一步明确学科学习对学生成长的作用。教师要认真做到,通过课堂这个载体,设计有情境、多样、多层次的教学活动,通过实施合理、科学的教学手段,帮助学生在艺术、体育知识与技能、身体发展、情感态度与价值观等方面更好地发展。关注学科核心素养,关注学科关键能力,更要关注学科的育人价值,让学生不仅在艺术和体育相关学习活动中习得知识,获得相关能力,还要积极找寻开展有价值学习的有效路径,通过相关实践活动锻炼和提升,实现学生的全面而有个性的发展,最大程度体现艺术和体育学科的价值所在,让艺术和体育学科从有效性学习不断走向有价值学习。

第八章　接受性学习与探究性学习

> 学习,伴随着人的一生。在这一生中,如何针对不同年龄阶段,面对不同学习内容,采用适切的学习方式,使得学习更加有效,对人的成长与发展更有价值,始终是值得每个人思考和研究的问题。本章将围绕接受性学习和探究性学习两种方式展开讨论,试图在回应如何让学习更加有效的同时,走向更有价值的学习。

第一节　接受传递,系统学习知识

自 15 世纪班级授课制产生以来,随着学校教育实践研究的持续深化与发展,接受性学习已经成为大家普遍认可并广泛使用的一种学习方式。所谓接受性学习,是指人类来源于学习活动中个体经验的获得,即主体对他人经验的接受,把别人发现的经验经过掌握、占有或吸收,转化成自己的经验。[①] 在学校教育中主要表现为课堂上的"教师讲、学生听"。我们将有效的接受性学习的研究限定在"有意义的接受性学习",而不是一般理解层面上的被动地、机械地接受学习。时至今日,这仍然是学校教育中非常重要的一种学习方式。

一、接受性学习的特征

接受性学习是伴随着班级授课制而产生的,为工业革命之后培养一大批高素质的产业工人,发挥了极其重要的作用。在长期的学校教育中,接受性学习的优势与不足,更加鲜明地表现出来,具有目标统一性、内容系统性、过程单一性、结果高效性等特征。

(一)目标统一性

在学校教育中,接受性学习主要应用于与课堂教学直接相关的学习过程中,学生的学习目标是统一的。在教师的指导下,学生通过接受性学习,努力达成共同的、一

---

① 罗丹.论有意义学习对英语学习的启示[J].华章,2011(30):27.

致的目标,这是班级授课制"教师讲、学生听"为主的教学方式所决定的。

(二) 内容系统性

接受性学习内容往往以概念、原理居多,是人类在漫长的生活过程中的经验总结,内容基本都是现成已有定论的、科学的、具有一定系统性的知识。同时又经过科学的课程设置和教材编制,其呈现的具体知识、技能、思想观念、行为习惯更具系统性。

(三) 过程单一性

接受性学习的过程,主要表现在教师以讲授为主的"单一"形式的前提下,学生以被动听为主的"单一"形式的学习。在这一过程中,教师在引导学生学习过程中,往往在"如何教""如何讲"这类问题中展开研究,而对于学生的研究,特别对于学生"如何学""如何学会"等问题的思考相对偏少,这有时会对学生学习效果产生负面的影响。

(四) 结果高效性

接受性学习普遍应用于班级授课制,当一位教师面对十几名,甚至几百名学生,以讲授为主的方式指导学生开展接受性学习时,即使由于学生差异,部分学生并没有"听懂"、没"学会",当大多数抑或一部分学生通过这种方式,学会相应知识与技能的时候,我们仍然不能否认这种学习方式相对于学徒制的学习方式具有显著的高效性。当然,这种高效性是具有明显局限性的,特别是对于没有"听懂"或"学会"的学生是低效甚至可以说无效的学习。这个问题的实质在于整体性的高效与个体性的低效之间存在矛盾,这也是今天教育应该破解的命题。

正是由于接受性学习具备以上特征,使得学习成本的投入,如时间、精力、物力等相对比较少,使其长时间成为了学校教育中非常重要的一种方式。但接受性学习更多的是教师的"独角戏",学生并没有真正参与到学习中,甚至因缺乏科学的学习方式而造成了学生对学习的抵触,这样的接受性学习效果会比较低,甚至可以说毫无价值。

二、接受性学习的有效性策略

接受性学习的效度可以从效率、效果、效益三方面展开分析。第一,从效率上来讲,学生在接受性学习的过程中,往往是教师在帮助学生创造必要的学习条件,例如,学习前的心理准备,引入新知识所需的情境设置,将新知识与学生头脑中已有的认知结构相关联等,只要教师精心组织设计,并且将新旧知识的结构解释清楚,学生就容易接受新知识,从而提高学习效率。第二,从效果上来说,判断学生的接受性学习是否有效,就是要看学生在接受了知识以后,是否能够掌握,即整理、归类和具体化,也就是说,衡量学生是否学会掌握了知识,主要看学生能否把新的知识融入到已有的知识体系之中,并建立彼此之间的关联,能否为未来的学习提供"支架",以便于新知识的再融入。第三,从效益上说,接受性学习的知识往往是原理、概念居多,学生在接受知识的同时还要在教师的引导下具体化,应用于实践,进行一定的"产出",应用就是"产出"效益中的一种,为今后的学习提供"基础支架"也是"产出"效益的一种,只有做到了学以致用,这样的接受性学习才称得上有效益。

目前,课堂教学是接受性学习最为广泛的途径,广大教育工作者通过针对学习内容、过程和结果等方面的措施,在提升接受性学习有效性方面,积累了一定的经验和做法。

(一)学习内容的选择:系统学习有效知识

教学内容是经过课程设置和编制而形成的具体知识、技能、思想观念、行为习惯,是学生学习活动的主要部分。教学内容不仅仅是一个"教什么"的问题,更重要的是一个"学什么"的问题。因此,有效学习的前提是内容本身的系统性和有效性。

19世纪的英国哲学家和教育家斯宾塞(Herbert Sencer,1820—1903)把学校的教学内容体系分成五个方面:一是直接保全自己的知识;二是间接保全自己的知识;三是如何做父母的知识;四是做好公民的知识;五是准备生活中丰富自身娱乐活动的知识。从中,我们不难发现,学习内容的选择不论从体系构建还是内容本身而言,都是"为人的本身而服务的"。

案例8.1 《山中访友》的教学①

教师问:在这些拜访的朋友中,你最喜欢哪一位?尽情地去选择,并且能够说出你喜爱的理由。

教师请学生思考后,第一位学生说出对"古桥"的感受后,教师幻灯展示古桥图片,并追问从哪里看出古桥为人服务的精神,引导学生注意"送""渡""弓着腰"等动词,肯定学生所说的拟人的手法,引导他分析出古桥的精神,在其他同学的补充下,完善第一位同学对古桥精神的阐释,教师总结这正是"古桥"让人产生喜爱之情的原因,最后请一位同学有感情地朗读相关的语段。

继续请学生发言,第二位同学说出"白云",并读出了文中关键性的语句,但她无法继续阐述的时候,教师给予点拨明确,帮助同学理解作者对白云的喜爱之情。

第三位同学选择了"蚂蚁",在教师的点拨之下,明确了作者与蚂蚁的患难之情,与此同时将问题过渡到被作者称为"大哥"的"瀑布",让学生进一步思考:为什么瀑

---

① 本案例由上海市向东中学张漪老师提供,有改动。

布被称为大哥？为什么不把瀑布称为爷爷呢？最主要的理由和原因是什么？教师一连串的反问将学生的思考引向深处。在教师的点拨之下，学生明确了瀑布从外观和音色等方面体现出的大哥风范。

第四位学生选择"老柏树"，说出了他的喜爱之情，教师根据学生的回答特别强调了"慈祥、恩泽"，让学生对作者对"老柏树"的感激之情形成更深的理解。

教师根据教学内容，设计了在学生自由发言的基础上的追问，让学生的思考渐渐深入，让学生用语言表达学习的收获，体现了教师驾驭课堂的智慧。一环扣一环的提问犹如剥笋，带领着学生进入文本，课堂上充分体现了学生学习的主体性。

（二）学习过程的安排："层级式"的课堂进程

接受性学习的主要学习场所就是课堂，课堂学习主要是以教师为主导，学生为主体。在传统的接受性学习过程中，这样一对多的方式应用最为广泛。如果教师教学经验丰富，同时课前准备充分，学生的学习效度是比较高的。"层级式"的课堂进程是教师根据学生认知水平差异，有计划、有针对性地对学生实施以习惯培养、兴趣激发、能力提高为层级的梯度化螺旋式教学活动过程，以实现知识学习、理解运用、技能培养和行为参与。在接受性学习中，教师首先在预习环节设置符合学生不同认知水平的层级思考内容，以便学生开展思维习惯培养；课堂反馈环节针对学生兴趣提出问题；讲授新课时围绕层级思考内容逐层分析教学内容，然后在理解的基础上归纳要点，最后达成教学目标。

案例8.2　《香菱学诗》的教学①

上海高中语文《香菱学诗》选自《红楼梦》第48回，原题是《滥情人情误思游艺 慕雅女雅集苦吟诗》，教师在教学目标设计中希望学生通过学习能从"香菱学诗"这一情节中思考人物的深层追求与命运之间的反差，从而理解《红楼梦》塑造这一人物的意义。在教学过程中，教师提出层级问题引导学生在阅读中思考：

低阶问题：香菱为何要学诗？

中阶问题：香菱为何要向黛玉学诗？

高阶问题：通过学诗，香菱有哪些生命成长点？

对于低阶问题，教师主要引导学生研读《红楼梦》第一、四、五回，了解香菱出身官宦人家但从小被拐卖，长大后举目无亲、地位低下的悲苦身世和成长背景，归纳其屈服顺从的思想性格，从而领悟她悲苦的生命中更需要精神阳光的滋润，理解她学诗的原因。

---

① 本案例由上海市向东中学王剑老师提供，有改动。

对于中阶问题,则需要教师进一步引导学生重点研读第二、三、十四、三十八回,理解黛玉乃书香门第,虽然同样父母双亡,寄人篱下,却有满腹才华以及独立高洁的人格,令香菱为之叹服,达成对回目中关键词"慕雅女"丰富内涵的体会,理解香菱向黛玉学诗的原因。

对于高阶问题的思考,则鼓励学生结合情境进行个体阐述,如"苦难人生中的一次挣扎""底层人物对美好生活的期盼""卑微生命的精神萌芽与成长"等,可作为促进学生心灵成长的起点加以引导和催化,启发学生对自我生命的思索。

(三)学习结果的评价:"标准"框架下的学习评价

如何让课堂学习更有效,如何更好地评价课堂教学和学习效果,向东中学通过面对课堂的教学设计、学习过程、学习成果等进行评价,整合成一张表。

表8.1.1　基于有效学习的课堂评分系统

Ⅰ 教 学 设 计	1	2	3	4	5	6
1. 课的设计包含与学科教学内容相适应的任务、角色和互动。 2. 课的设计体现了精心的设计和组织。 3. 课堂运用的教学策略和开展的活动体现了对学生经验、准备、前期知识和学习风格的关注。 4. 课堂中的可用资源对达成教学目标是充分而丰富的。 5. 教学策略和活动反映了对学生的公平性、个性化需求的关注。 6. 课的设计鼓励学生采用合作性的方法进行学习。 7. 课上有充分的时间对问题进行"意义的理解"。 8. 课上有充分的时间促进学生更专注于学习。						
Ⅱ 学 习 过 程	1	2	3	4	5	6
1. 教师表现出对其教学能力的自信。 2. 教师提供的学习内容信息是准确的。 3. 教师的课堂管理策略提高了课的质量。 4. 课的容量和节奏对学生核心素养水平提升有帮助。 5. 教师能够读懂学生的理解水平并相应地调整教学。 6. 教师的质疑策略能够提高增强学生的概念性理解或促进学生对问题的解决。 7. 学习内容对这个班级的学生发展水平是合适的。 8. 学生积极参与了和课堂重点相关的重要活动。 9. 学习内容适当与其他学科或真实的生活情境进行联结。 10. 课堂中学习内容满足学生发展性的水平和个性化需求。						

Ⅲ 课堂学习结果	1	2	3	4	5	6
1. 学生将学习内容理解为一种动态的知识体,经由探究调查不断丰富。 2. 学生了解了重要的知识概念。 3. 学生学习的能力有提升。 4. 学生在涉及与知识相关的真实生活情境中有应用技术、概念的能力。 5. 学生在学习中的自信。 6. 学生对这一学科的兴趣和欣赏。						

注:关键指标评分中的 1 代表"完全没有体现",5 代表"完全体现",2、3、4 是基于 1—5 之间的逐级提升;6 代表"不知道"。

以上的评价表,不仅可以表达听课者的个人感受,更可以引导上课者与听课者、评课者之间作进一步的商讨和研究,从而提升课堂教学的有效性。

三、走向有价值的接受性学习

2011 年颁布的《教师教育课程标准(试行)》中提出了:"理解中小学阶段的学习在人生发展的独特地位和价值……要相信学生具有发展的潜力,乐于为学生创造发展的条件和机会。"因此,满足每一个孩子发展的需求,让每一个孩子都可以健康成长,成为每一个教育者共同的价值追求。

(一) 更高意义的目标确立

我们应站在促进人的发展的角度,追求更高意义的学习目标:学习不只是知识的传递,更是自我培养和成长的一种方式,学习最主要的目标就是实现人的全面发展。

那么如何让学习更聚焦于人的发展呢? 孔子说:因材施教。接受性学习中,教师是主导,学生是主体,主体就是"材"。我们在追求如何使学习更高效的同时,就需要我们对"材"进行充分的研究和了解,了解"材"的个性、特质、差异。并且在课堂教学过程中、教研活动中、学习评价中,探讨学生的差异对教师教学、学生学习与发展所产生的影响。然而目前,我们在引导学生接受知识学习的过程中,往往在教学的方式、方法和技巧上研究得比较多,而对于我们所教学生的状况、出现的问题,研究得比较少,很少思考我们主观的知识传递方式是否能够有针对性地解决学生的问题和弊病。因此,更具价值的接受性学习,就应该聚焦让学习改善个体差异,让不同水平的学生在不同的起点之上都习得基本的素养,都获得一定的发展。

(二) 链接生活的内容呈现

我们为什么要在接受学习的过程中一直思考关于"价值"的问题? 究其原因,

"价值感"是提供学习动力的一种形式,它将学习目标和学习活动同我们自身产生关联,和我们的生活产生联系,而这样的联系反过来又促进了我们的学习。因此,教师在设计学生如何有效接受知识的同时,要从有效提高"学生解题能力"转向提高"解决生活问题的能力"。

1. 链接生活情境的策略。教师可以有意识地将问题的提出和导入链接学生生活情境,可以是政治领域、经济领域、日常生活领域等多角度。

2. 链接科技创新的策略。先进的科学技术能大大激发学生学习知识的好奇心和兴趣,例如,如何开展生命探究,寻找动植物成长背后的奥秘和规律。同时,以兴趣为导向,组织学生开展相关内容的系列主题研究。

3. 链接人际交往的策略。教师可以根据学生不同学段、性格品质、发展需求,充分挖掘学习过程中隐形的知识,在学习的内容、方式、团队合作的意识等方面给予世界观、人生观和价值观的引导,甚至可以借助或创设问题情境,构建思辨、合作、包容的思维方式,培养良好的人际交往能力。

(三)结构多元的过程设计

在"教师讲、学生听"为主的课堂中,如果教师教学经验丰富、过程准备充分,让整个课堂内的学生有效、甚至高效地掌握知识,不是没有可能。但是从本质而言,它将教育的视角更多地引向知识本身的掌握,而不是知识为人的发展起了什么作用。反思我们的课堂教学,就是想寻找一些更有助于课堂学习的方式或环节,丰富课堂学习的模式,使学生在学习知识的过程中,更好地实现成长与发展。

1. 让学生知识内化过程显性化。学习过程中,师生之间、生生之间、团队与团队之间的对话和协作都是非常关键的。课堂中的互动让学生可以有陈述和表达的平台和机会。他们表达背后的思维和表达外在的内容的准确性和表达的清晰性,都应是被关注的重点。① 因此,在课堂教学过程中,教师要全力支持学生的表达,尤其要注意三方面:(1)为学生的表达创设平台,这个平台就是师生、生生针对问题解决的互动平台、交流平台,也就是创设能够让学生产生观点冲突和表达不同观点的情境;(2)为"平台"构建搭设"脚手架",即为学生解决认知冲突和问题搭设台阶,为问题层层深入剖析提供解决的线索;(3)教师要会"建",也要会"拆",教师要根据不同学生的个别化需求,根据其不同阶段的变化,拆除和修正不同的"脚手架",尽量使学生对知识的认知处于"最佳发展区"。

2. 让学生参与实践过程情境化。学习的价值在于知识为人的服务,为人的应用,同时知识也在应用中不断向前发展。将知识融于情境,让学生在情境中理解,在情境中应用、在应用中将知和行统一,知识就不只是原来的单纯的知识了,隐藏在知识背

---

① 夏雪梅.以学习为中心的课堂观察[M].北京:教育科学出版社,2012:94.

后的独特价值的显现,也是有价值学习的重要内涵之一。同时,实践出真知,知识在实践中原有的用途可能被进一步地挖掘、拓宽,也可能会与未来知识建构起一定的联系,让知识更具延展性,这也是有价值学习的重要内涵。再者,不同特性的学习内容的实践方式和途径也不同,学生在实践过程中,可能是一对一地解决问题,也可能是多对一或一对多地解决问题,这种不唯一的解决问题的思维方式和路径往往会激发学生创造独特的方法来解决未知或已知的问题,而学生在实践中形成的这种创新性素养,更是有价值学习的重要内涵。

3. 让师生课堂教学角色互换法。课堂教学过程中,接受学习的一方往往会被认为是学生,这样的想法是基于我们的关注点在知识本身,知识由教师传授给学生,接收方自然是学生。然而,有经验的教师往往在讲课之前,会了解学生学习的基础和他们在学习知识过程中可能产生的困惑,以及知识学习过程、问题解决过程中学生头脑中出现的不同路径或方法;甚至在课堂教学过程中,会让学生替代教师讲解分析问题,阐述解决问题的思路,这些行为其实都是换位思考后的结果。在课堂学习中,有研究表明,若学生在知识学习过程中,参与的活动越多,范围越广,构建越深入,则他们对知识的掌握理解越深,学习的效果越好,学习的动机也越强。例如,向东中学的陈琦老师,特别注重对学生阅读方法的指导。对于一篇新的课文,她在教学过程中运用"四步阅读法"进行指导。

案例8.3 如何学会阅读[①]

读一读。要求学生能借助书下注释以及工具书,了解字词的正确读音及注释,解决文字障碍,熟读课文,让学生养成有感情地朗读课文的习惯,从而有效提高学生的阅读语感。

查一查。指导学生学会运用各类方法、途径(例如书本资料、工具书、上网搜索等)查找作者的生平介绍和写作本文的相关背景资料等信息,这样做既能让学生对于文本的情感基调有一个初步的认识,又能培养并提高学生对于信息的收集、处理能力。

划一划。让学生学会圈划文本中精彩的、值得学习借鉴的字词句段,并适当地在书旁空白处注明理由、完成旁批,从而让学生在阅读的过程中能真正做到眼、手、脑并用,养成"不动笔墨不读书"的习惯。

想一想。针对学生在阅读过程中可能存在的疑问,老师布置1—2道预习题,让学生带着问题阅读文本,并让学生在通读文本之后,通过自己的努力写出可能的答

---

① 本案例由上海市向东中学陈琦老师提供,有改动。

案,完成在预习本上。老师的预习题在教授过程中有一个由"解答教师提问"逐步向"学生主动质疑"的过渡,即引导学生在通读文本后,能就文本的内容、中心主旨、人物形象、写作特色等方面有困惑的地方提出有质量的问题,并通过自己的努力去寻求答案,发表自己的看法和观点。

这种学习方式能帮助学生逐步学会归纳、概括,并在此基础上引导学生开展学习,对已有知识进行精加工、再迁移等,提升了学生的综合学习能力。

(四)更具价值的成果创造

在接受性学习中,人工智能的加入,不仅让学习的成果更有效,而且能够创造性地构建未来知识和已有知识之间的关联,并因人而异地铺设不同难度级别的台阶。接受性学习更具价值的成果创造首先体现为核心素养的提升,能根据不同对象选择适切的知识提升对象的核心素养;其次体现为合理的情境设置,能吸引学生的学习兴趣持续投入学习;还可体现为细致的实践过程,促进学生在体验和反思中推进知识的学习和迁移。例如:"自适应学习软件"不仅帮助学生更便捷地找出问题,规避了集体授课很难开展个性化教学的问题,同时也辅助教师针对学生问题采取一定的纠错措施,从而节省了教师的时间和精力,使得教师可以更好地投入教学。另外,软件的使用不受地域和时间的限制,可以用于课前、课中、课后,为线上线下教学的整合推进提供了支持,提升了学生学习的效率。再者,学习软件平台将学生大概率的错题进行了整理,形成了一个动态的自主学习资源库,内含错题整理、原因分析、配套训练等,使得不同时期、不同阶段、不同层次的学生都可以自视、自省、自我纠错学习。可见,自适应软件自始至终都是站在学习接受者的角度去设计学习,创造性地化被动为主动,完成了教与学可以互相转化的系统设计。

可见,接受性学习主要是由教师引起、维持、促进学生学习的一种学习行为。倘若有效的接受性学习能够使学生更想学、更会学以及学得更好,更多地满足社会和个人的需求,让学生的学习更增值,那么这样的接受性学习正是我们所追求的。

第二节　探究建构,提升人的素养

所谓探究性学习是指学生通过科学探究活动的方式获取科学知识,学会科学的方法和技能、科学的思维方式,形成科学观点,培养科学精神。探究性学习是学生关于学习方式的根本改变,学生由过去主要听教师讲授学科概念和规律开始学习的方式变为学生通过各种事实来发现概念和规律的方式。① 近年来,教育工作者在探究性学习的实施与指导方面,积累了一些经验和做法,促进了探究性学习有效性的提升,并在发挥研究性学习的育人价值方面,展开了一些有益的探索。

一、探究性学习的特征

探究性学习是学生通过主动探究获得信息、知识与经验,并实现知识与能力自我建构的一种学习方式,具有主体性、情境性、过程性和开放性等特征。

(一)主体性

探究性学习主张让学生积极主动地去探索,去尝试,去谋求自身个体创造潜能、关注周围的世界,从实际生活中根据自己的兴趣爱好特长自主地选择探究。选题、收集资料、提出方案直到最后的成果展示,都是学生个体的"自作主张"。在探究性学习的过程中,致力于每一个人都可以真正参与学习,获得尊重,并建立内在个体和外界彼此之间积极的联系。

(二)情境性

探究性学习需要在真实的世界中,面对真实环境下的真实问题,去探究与尝试,抽离并提出问题,并通过已有的知识与经验,或者根据问题解决的需要,主动寻找途径,学习相应的知识与技能,进而分析问题,在可能条件下有限度地解决问题。这样的学习过程,一定是在现实情境中发生的。所以说,情境性是探究性学习一个非常明显的特征。

(三)过程性

探究性学习的学习过程环节丰富:组建项目小组——驱动性问题提出——明确问题特征——建立知识联系——分析问题解决路径和方法——实践验证——问题解决——成果展示——迁移创造应用,在学习过程中学生有"亲身经历",用自己的身体、头脑和心灵去模拟、经历知识的发现、形成、发展,所有过程都能充分体现学生的自主性,不仅关注学习成果,更关注学生在探究学习活动中的体验、收获和进步,探究成果甚至会突破学生已有经验的边界,从而实现新经验的重构和统整,学生心智得到进一步挑战,能力得到进一步提升。

(四)开放性

探究性学习成果更多地指向学生对核心知识深度理解后,新知识体系的构建和内在素养的提升,还可包含探究后所得结果或作品及对这些结果或作品的成因的具体说明,甚而包括对实践活动的评价,基于个体不同的体验经历和感受能力,其结果表现出更强的开放性。探究性学习的开放性可以体现在学习内容的多样化、学习过

---

① 张超.聚焦文化意识培养的高中英语阅读教学活动设计[D].湘潭:湖南科技大学,2019.

程的个性化、学习成果的丰富化、学习评价的体验化等方面。

总之,希望学生具备怎样的学习素养,我们就应该让学生通过相对应的合适的方式来学习。希望学生用所学知识解决问题,那么我们就要让学习发生在真实生活之中;希望学生学会思辨,那么我们就要让学生在学习中合作、讨论,产生观点的碰撞;希望学生学会探索,那么我们就要鼓励他们敢于质疑,去实验、去操作、去发现问题并想办法解决。探究性学习所彰显的这些特征,正是一种包含知识、行动和态度的"学习实践",学生在学习的过程中可以将知识转化为素养的有效性"实践"。

二、探究性学习的有效性策略

探究性学习的有效性,主要可以从效率、效果、效益三个方面进行分析:第一,从效率上来说,探究性学习非常注重学习过程中潜在的教育因素,它强调尽可能地让学生经历一个完整的知识的发现、形成、应用和发展的过程[①],让学生尽可能地像科学家那样,发现问题、解决问题,经历一个完整的科学研究过程。而这个过程需要一定的时间去实现,因此它不同于接受性学习那样相对直接。[②] 第二,从效果上来说,探究性学习追求学习过程和学习结果的和谐统一,教师把学生作为活动的主体,立足于学生的学,以学生的主体活动为中心展开教学过程,学生在积极主动地参与教学活动过程中以自己的经验和知识为基础,经过积极的探索和发现、亲身的体验与实践,以个性的方式将知识纳入自己的认知结构中,并尝试用学过的知识解决新问题。第三,从效益上来说,探究性学习打破了传统教学在统一规定下的教学模式,为学生提供了大胆创新、实现自我超越的学习环境,学生能够大胆质疑,提出问题,探讨解决问题的方案,并对不同的结果进行分析,学生经历一个完整的科学研究过程,体验发现知识、再创知识的创新过程,学习效益显而易见[③],有利于学生主体意识和主体能力的形成和发展,培养了学生的创新意识和创造能力,有利于塑造学生独立的人格品质。[④]

当前,作为较为推崇的学习方式之一的探究性学习,其在学习内容、学习方式选择和学习过程安排等方面初步积累了一定的成功经验和做法。

(一) 学习内容的选择:基于已有经验且有生活价值

作为具有开放性的探究性学习,单纯地只靠教科书来学习是不够的,探究性学习对学习内容所涉及的课程资源需求是多方面、多层次的,往往涉及自然科学、社会生

---

① 章二香."活动探究式"教学模式在初中地理课堂中的实践研究[D].广州:华南师范大学,2012.
② 曾庆蕾.自主探究式学习在高中英语阅读教学中的应用研究——以中医大附中为例[D].上海:上海师范大学,2019.
③ 同①.
④ 沈菲菲.有效应对大学学习初探[J].黑河学刊,2010(12):162-164.

活等诸多领域。因此,基于已有知识和经验且有生活价值的学习项目或课题研究,充分利用现有的课程资源,积极开发新的课程资源,有效拓展学习时间与空间,是提高探究性学习成效的重要途径。

(二)学习方式的选择:个体探究和合作探究相结合

探究性学习主张让学生积极主动地去探索,去尝试,去谋求自身个体创造潜能,关注周围的世界,从实际生活中根据自己的兴趣、爱好、特长自主地选择研究课题。选题、收集资料、提出方案直到最后的成果展示,都是学生个体的"自作主张",也有群体的"合作共享"。在探究学习中,每一个人都可以真正参与学习,获得尊重,并建立个体探究和合作探究彼此之间的关联。个体探究注重的是主动参与、共同学习、独立思考、积极表现。合作探究是在个体分工合作基础上,注重对彼此关联的一些复杂性问题进行探究。在合作探究中,可以挑战彼此的推理和结论,交换使用资源和信息,有效处理复杂问题对个人产生的焦虑和紧张,为团队完成共同的任务,获得共同的利益而努力。个体探究和合作探究的彼此关联如图8.2.1。

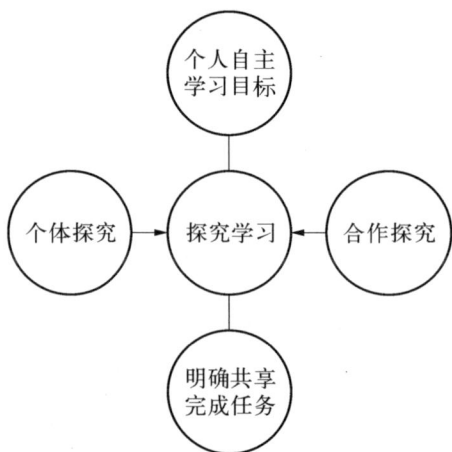

图 8.2.1　个体探究与合作探究关系图

(三)学习过程的安排:"互动模式"框架下的学习流程

学生与教师都是探究性学习的参与者,但二者在各环节中的地位及职责不同。学生是主体,在探究学习的整个过程中都是有目的、有意识地独立发现和探究问题,从而收获知识、习得科学研究的方法和学习策略。教师处于主导地位,引导激发学生的好奇心,培养探究学习的兴趣。从任务设计、分工、做研究到分享成果及评价,都需要师与生、生与生之间彼此的合作与互动,这种"互动模式"框架下的学习流程见图8.2.2。

三、走向有价值的探究性学习

探究性学习,从创设探究情境开始,通过引导鼓励学生猜想、推理、实验等推测验证探究性学习的结论,是提升学习有效性的必要路径。

(一)确立更高意义的学习目标

探究性学习是转变和完善学习方式的一个重要突破口。确立并达成学习目标是提升探究性学习有效性的根基。在更高意义上确立探究性学习的目标,有助于更好地发挥探究性学习的育人功能,促进学生的有价值学习,这可以从三个方面加以判断和改进。

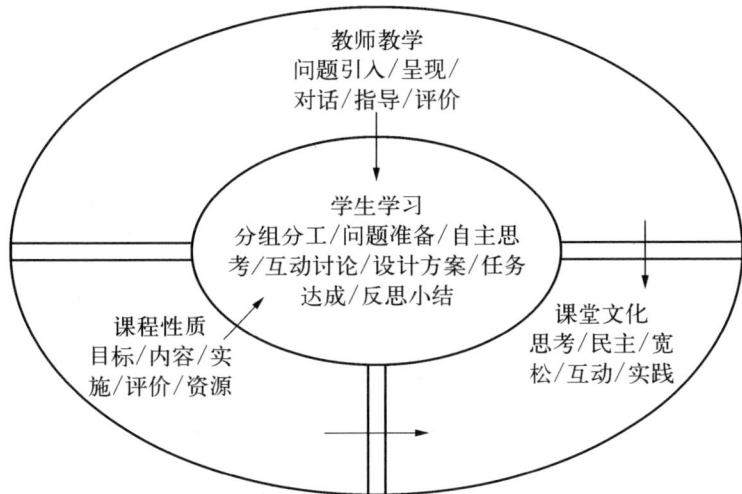

图 8.2.2 "互动模式"框架下的学习流程图

1. 预设目标的合理性。主要体现在两方面：一是探究目标是否符合学生已有的认知基础和学习需求，以及通过探究活动达成预期结果；二是探究目标的实现是否体现学习内容的科学性，并有助于学生能力素养的提升。

2. 探究过程的发展性。衡量探究性学习确立目标的意义，不能只是看学生探究性学习后形成的"成果"，更要关注学生在活动前后的"位移"变化。既要清楚知道学生探究前的认知基础和活动准备情况，也要清楚学生探究终点后的"增长值"，即学生在探究中学到了什么、收获了什么，过程的实施对学生的观察、实验操作、归纳总结等能力提升有哪些帮助。

3. 探究结果的长效性。探究性学习，若只是站在任务完成基础上的简单信息获取和规则取得，这样的学习对于学生长远发展的影响意义和价值并不大，因为过程中没有发生深刻的"转化"。对于探究的内容，往往是接受性学习的课堂中，教师通过传统的讲授和练习得以有效完成的。因此，探究中学生学到的东西能够得到迁移、应用和拓展显得更有意义，学生在过程中认知水平和能力的提升，对学生未来发展产生持续作用，则更有意义和价值。

所以，当确立"更高意义的学习目标"作为一种教育理念，上述三方面标准得以兼顾的时候，探究性学习会逐渐实现从"有效"走向"有价值"。

（二）更加系统地呈现学习内容

在探究性学习中，师生可以逐渐发现、指向更有价值的学习，不管是从单学科还是从跨学科出发，都会涉及到探究性学习的核心任务是什么？学生在探究之前的知识和能力起点有哪些？探究过程中如何以问题驱动引发学生进行积极思维？学生如何独立或以团队合作形式完成实验操作等任务？探究性学习资料的来源选择和过程呈现方式有哪些等一系列问题。这些都需要我们从以下三方面加以关注。

1. 探究性学习的认知起点。探究性学习往往以项目或活动形式展开，应关注学生两个方面的认知起点：一是学生已经理解和掌握的核心知识；二是学生已有的关键概念与原理知识，并将其应用于实践应用的能力。找准这两个起点，并使它们融合互通，是更好地发挥探究性学习育人功能的前提。

2. 探究性学习的内容逻辑。探究性学习通常表现为：在学习过程中"用"知识和"做"知识，这需要以科学的方法验证探究性学习的各种假设。所以，探究性学习需要在过程中紧紧围绕"聚焦核心知识，形成核心概念，构架核心知识网"这个三方面，并以此形成结构框架，清晰阐明探究内容之间的逻辑关系，这样可以更好地促进学生的有价值学习。

3. 探究性学习的资源统整。探究性学习通常是从真实环境中发现问题，并经过知识的运用、提炼，再次回到"真实"生活中，产生"后置迁移"。因此，学生在探究过程中经常会经历多个阶段，甚至在单个阶段中循环反复。在这一过程中，探究所需的学习资源往往会被反复抽取、多元使用、多样呈现。其中，包括起点知识的准备、过程中知识间联系的构建、知识体系的解释运用和推理、探究模型的设计呈现和应用等，这些都需要不断思考与完善，才能使学生的探究性学习更有意义和价值。

（三）设计针对任务的学习过程

科学安排学习内容和任务，是设计学习过程的基础，通过探究性学习任务的针对性设计，有助于激发学生的学习兴趣和探究欲望，促进学生的有价值学习。

1. 主题驱动。基于生活背景下探究主题的确立和引发思考的问题设计，是引发学生自主探究学习的"诱因"。学生探究性学习的内容往往来源于生活中遇见的问题，多数会比较复杂，所涉及的知识面也比较多元，学生容易因此产生畏难情绪而止步不前。因此，探究性学习需要教师在过程设计和准备中，聚焦探究内容的核心问题，了解发现并研究学生在探究性学习过程中可能出现的真正疑难，使学生开展探究性学习的主题能够反映学生的学习需求、认知困境，并激发他们的认知兴趣和认知冲突。

2. 探究实践。实践是探究性学习至关重要的一部分，是在主题驱动下，对真实环境中所产生的问题进行分析和解决的重要路径。实践的过程包含对问题的观察和分析、找出对应的知识并进行关联、抽象提取核心要素和概念、再应用于真实世界产生迁移或提升。在探究性学习中，至少经历提出真问题、建立知识间联系、设计探究方案、实施探究方案、分析和解释、发展解释、设计解决方案、基于证据的评论等过程。

（四）建构更加科学的学习策略

用怎样的认知策略能够更好地带动探究性学习？教师作为引导的主体，需要如何设计并推进？学生作为实践的主体，如何探究和实施？站在更科学、更有意义的角度,我们需要从如何协调探究内容本身、探究项目的设计和管理、学生探究活动的开展和实施等方面,开展策略研究。

1. 学习认知协调策略。马扎诺(2015)的学习维度框架体现了学生在学习过程中对不同维度和层次学习内容及方式的整合理解。基于探究内容的复杂性,探究认知策略有高阶和低阶之分。教师在激发学生主动学习的过程中,既需要大量的低阶认知策略,如基本概念、基本背景知识等,也需要在已有经验基础上的分类、比较和知识扩充、重组等高阶认知策略。在探究性学习的过程,运用多种认知策略共同参与,可以更有效地提升学习的价值与质量。

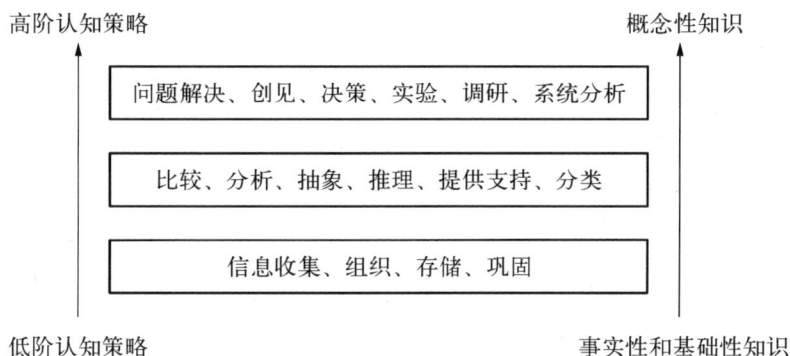

图 8.2.3　探究性学习的认知策略

2. 学习认知管理策略。探究性学习的顺利推进,更新教师的观念是根本。首先,构建教师项目研修共同体培训教师。项目培训中的老师身份必须转变,变身为"学生",经历探究性学习方案的主题设计、过程实施和结果总结、反思评价环节,才能初步起到模拟学习过程的作用。其次,教师要开展探究性学习的"试水"。教师可以结合自己所教学科,带领本班学生开展学科"微项目"的尝试。此时的探究项目可以是线性的,设计的内容可以比较简单,这样有助于教师和学生把握核心概念。再次,在"试水"成功的基础上,教师可以尝试"大项目"的推进。这样的项目建立在原先多个有关联的"微项目"基础之上,可以是跨学科,甚至跨年级的。"大项目"的推进需要成立专门的项目组,设计统整的项目推进方案,制订项目实施计划,设计项目流程等。在此基础上,带领学生开展探究实践。

3. 学习活动实施策略。活动实施的策略主要有三点:一是学习活动必须是学生的亲身实践,学生活动的过程是整合了一定情感、态度和价值观的动手动脑。实践的内容不只是简单的看和做,实践的成果更不是所谓的作品。在实践的过程中,需要学生"行动"中有"思考","实验"中有"假设"和"验证"。二是主题驱动所提出的问题存在于真实生活中,探究实践的过程一定会有复杂性,不可能只是单一的、孤立的探究流程。所以,要求学生在学习活动中学会用多角度的方式,全方位地看待问题和处理问题,学会用多种方式和方法的实验和探究,对于探究成果的成功和失败都要有科学理性的思考和分析。三是探究实践需要有一定的情境创设和身份代入。要站在一定的高度投入到探究性学习中,学会多元认知策略的综合应用,去探究一定领域内的知识和问题,从而迁移并应用到真实的生活情境之中。

(五) 探索更具价值的学习成果

怎样的探究性学习成果才更有价值? 探究性学习的成果,普遍指向了驱动主题中的核心问题解决,而且问题的解决体现了真实性要求,成果的呈现往往一般指探究报告、创意作品等,但这样的成果呈现知识是表象和外在的。探究性学习成果的价值,应表现在以下几方面:

1. 成果应指向核心知识的深度理解。成果更多的价值是具体指向学生对核心知识深度理解后的新知识体系的构建和内在素养的提升,能够体现出学生或所在团队成员对核心概念的理解和应用。每一个探究主题中学习目标所列出的重要概念都需要在成果中表现出来。同时,对成果的评价,要指向学习目的,具备一致性。例如,通过学生成果中的实验报告、演讲、数据分析等进行阐述,通过内在知识的联系、外在实际的应用,甚至任务完成后的感想感悟等,都可以表现对核心知识上的深度理解。学习的价值,最终的体现和落实是学习者内在素养的提升。

2. 成果要包含对探究结果和过程的说明。探究学习后的成果可以说明整个探究过程的有效性,但其价值不应只是公开"做出了什么",更应该包括自己和团队伙伴为什么这样做,以及对每一过程的设计思考与完善。而这些过程,及其对知识概念进一步的综合分析、推理、再设计和创造,才是更具价值的探究性学习成果。所以探究成果有两大类:一类是探究的直接产品或结论;另一类是对完成产品和结论的过程说明,包括文本、PPT、口头或书面的报告,以及观察日志、过程记录、实验报告、活动清单等佐证材料。

3. 评价应贯穿整个探究过程。探究性学习的评价过程也是成果之一。对于实践活动的评价有助于学生拓展相关的知识,提升理解力,增强对学习的热情,并能促进学生积极反思,促进自身评估能力的提高。探究学习的过程评价,不应只关注成果,更应关注过程。关注学生在探究性学习过程中的深度的评价量表,应包含四个方面:一是对探究项目本身成果的评价,二是对探究工具使用合理性的评价,三是对探究性学习过程的评价,四是对项目结果的报告进行评价。

总之,以有效地开展探究性学习为起点,将探究从学生原有知识基础上出发,把知识学习过程中的新观点、新理念,和实际生活应用、问题解决及现代科技结合起来,必能促进学生发挥潜能、激发创造性思维,从而更加彰显有效探究的意义与价值。

第三节　接受性学习与探究性学习
相结合的实践探索

接受性学习和探究性学习作为两种最基本、最重要的学习方式,二者各有所长,相辅相成,适合不同的学习内容和学习对象。我们需要研究的是在教学过程中如何将二者有效结合在一起,依托"接受",倡导"自主、合作、探究",从而实现从"有效"走向"有价值"。

一、两种学习方式的比较分析

接受性学习与探究性学习存在显著差异,各有特点,主要表现在自主性、系统性、实践性、开放性四个方面。

(一) 自主性比较

接受性学习是由教师创设一定的学习条件,以集体授课的形式传授知识,学生会体现出较大的被动性,当然,因为需要学生接受,也会有一定的主动性。接受性学习的自主性主要体现在学生能够把新知识纳入已知知识体系中,并建立新旧知识之间的关联,在新的知识体系建构之后,能为未来学习提供"支架",以便持续接受学习。但是,接受性学习中学生主要任务是接受、存储,整体上自主性具有一定局限。

探究性学习相对于接受性学习,其自主性显然更强,探究性学习每一过程都有学生"亲身经历",用自己的身体、头脑和心灵去模拟、经历知识的发生、形成、发展,所有过程都能充分体现学生的自主性,不仅关注学习成果,更关注学生在探究学习活动中的体验、收获和进步。

(二) 系统性比较

接受性学习的内容往往以概念、原理居多,是人类在漫长的生活过程中的经验总结,经历了反复的完善和实践的检验,经过课程设置和编制而形成的具体知识、技能、思想观念、行为习惯本身,都是系统且有效的。

探究性学习涉及知识的整合、认知策略的选择、学习实践操作、个人与团队的合作、学习成果呈现方式多个方面,在学习过程中,就某些知识点本身来说,它有可能是零散的、不成系统的。但是,探究性学习可能涉及单学科知识,也可能涉及彼此间有关联的多学科知识,是对构建相关知识、概念彼此间联系的系统性深度理解和应用。它非常注重学习过程中潜在的教育因素,它强调尽可能地让学生经历一个完整的知识的发现、形成、应用和发展的过程,体验发现知识、再创知识的创新过程。就这个过程本身而言,其实更具有系统性。可见,接受性学习的知识点更具系统性,探究性学习的学习过程更具系统性。

（三）实践性比较

接受性学习强调学生接受现成的已有定论的科学基础理论或成果，并加以内化存储以便将来运用，主要表现为对知识的记忆、理解、再现与建构，实践性不够明显。

而在探究性学习中，从项目活动设计、活动探究实践到探究成果展示、迁移创造应用，都需要学生的亲身经历，要求学生在学习活动中学会用多角度的方式，全方位地看待问题和处理问题，学会使用多种方式和方法进行实验和探究，对于探究成果的成功和失败都要有科学和理性的思考和分析。显然，探究性学习相较于接受性学习而言表现出更大的实践性特征。

（四）开放性比较

接受性学习的内容为已有的科学概念或原理，是人类漫长的发展历程内的知识总结，一定程度上很难体现出开放性。

而探究性指向学生对核心知识深度理解后的新知识体系的构建和内在素养的提升，包括对所得结果或作品的具体说明，甚而包括对探究活动的评价，表现出更强的开放性。正是由于这种开放性，才使得探究性学习更具有因材施教的特质，也更适合不同水平、不同接受能力的学生积极参与。探究性学习的开放性可以体现在学习内容的多样化、学习过程的个性化、学习成果的丰富化、学习评价的体验化等方面。

二、接受性学习与探究性学习的融合

以自主性、系统性的接受性学习为基础，更好地发挥探究性学习的实践性、开放性，促进两种学习方式的融合，可以更好地实现有价值学习。我们可以依托"接受"，倡导"合作、自主、探究"，培养学生创新精神、实践能力、科学方法，塑造独立的人格品质，提升学生核心素养。[①] 充分挖掘接受性学习和探究性学习方式的优势，不拘泥于某个已有的学科，而是创新学科整合的思路，让学科优势从"单一"走向"多元"，让学习过程从有效走向有价值，最终对学习者产生根本的影响力。学科整合就是将学科知识有机融合在学习活动过程中，使学科课程结构、学习内容、学习方式、学习资源等融为一体，更好地完成学习目标，提高学生获取、分析、加工、交流、利用、创新的能力，培养协作意识和自主能力，实现学生更有价值的学习。

（一）学习内容的"整合"

学科整合的实施最终落实在课程的设置环节上。要使学习内容实现最终的"整合"，必须设置学科整合的综合活动课程，在大学科的学习过程中，才能达成学科知识

---

① 杨文杰.探究性学习与接受性学习的有机结合[J].中国教育学刊,2013(S3)：65.

的整合。例如,上海市向东中学对语文、历史、艺术学科进行学科整合,设置了学科整合的综合活动课程:"走进传统的非遗课程",对剪纸艺术、棕编工艺进行学习,接受并传承中华传统文化技艺知识,带领学生探究艺术之美,还通过亲手实践,领略技艺的巧妙与神韵。这样的课程吸引了学生的兴趣,发展了学科的多元优势,让学生在习得知识之外,锻炼了能力,增强了交流,落实了实践目标。

案例8.4 赤 壁 赋①

统编普通高中语文教科书语文必修(上)第七单元第 16 课《赤壁赋》。涉及学科:语文、戏剧、艺术、历史、多媒体制作。

阶段一:任务布置,情境学习

请选取《赤壁赋》中的一个或几个片段,拟写拍摄脚本,挑选合适的音乐和场景,制作一个 5 分钟左右的小视频,视频题目:《我之赤壁赋》,要求如下:

视频体现情与景的融合,并由此体会文章景与情是怎样完美融合在一起的;自由组队,4—5 人为宜,以做好分工,各司其职;周末完成,视频上传班级邮箱。

此阶段体现语文、历史、艺术、多媒体制作等学科内容的整合。

阶段二:课堂探究,效果呈现与鉴定

环节一:赏析视频,完成表格。

赏析学生制作的视频,并完成课堂学案。

表 8.3.1 《我之赤壁赋》课堂学案表格

《我之赤壁赋》赏析				《赤壁赋》
	①	②	③	原文文本
景与情是怎样完美融合的?从哪些词语、语句或画面可以看出来?拍摄者/作者是如何表述或展示的?(情景交融、融情于景)				
音乐				
服装				

---

① 本案例由上海市向东中学刘向老师提供,有改动。

环节二：分组讨论，代表发言。

环节三：修改确定表演剧本。

此阶段体现语文、艺术等学科内容的整合。

阶段三：学生课堂表演

根据剧本，学生在课堂中表演，表演中要体现课堂评价表所列的各项内容和要求。

表8.3.2　课堂评价表

学习内容	具 体 呈 现	个人评价
历史人物	内容忠实于《赤壁赋》原文；"风""月""水""主与客""酒""乐器"等核心要素；人物角色清晰；情感到位。	
音　乐	配乐符合《赤壁赋》的描述，如洞箫声，悲情能选用悲调，乐情能选用乐调。	
语　言	吐字清晰，语调鲜明，声情并茂，富有感染力。	
动　作	动作到位，能准确表现人物的内心世界，符合人物形象。	
态　度	态度积极，有较强的团队合作精神，充分参与各个环节的活动。	
知识迁移	能够对自己的活动进行修改、完善；能够理解《赤壁赋》由景入情、由情入理，写景、叙事、说理三位一体的方法；能够了解艺术创作遵循文本的原则；能够正确判断作品原作者的真实情感。	

此阶段体现语文、历史、戏剧等学科内容的整合。

案例分析

1. 以课内文本为抓手，引导学生学习情与景的关系，品味苏轼说理艺术，旨在提升学生的认知能力、认知水平、语文素养，"问题导向—认知理解—迁移创新"的思维路径发展，体现了接受性学习和探究性学习的融合。

2. 通过以小视频制作和剧本演绎的探究性学习活动设计，促进学生在语言建构与运用、思维发展与提升、审美鉴赏与创作、文化传承与理解这四个语文学科核心要素上有所提升。"拟写脚本"旨在锻炼学生对于文本的理解能力，体现语文和历史学科学习内容；"挑选合适的音乐和场景"旨在引导学生真正理解作者细腻的情感，体现音乐和艺术学科学习内容；"制作一个小视频"旨在通过"跨媒介阅读与交流"，体现新时代学生的综合实践素养；小组合作，以任务为驱动，旨在致力于每一个伙伴都可以真正参与学习,在相互尊重的基础上建立个体探究和合作探究彼此之间积极的联系。写脚本、着汉服、吹曲调、诵诗词,这些融接受性学习和探究性学习为一体的活动设计,体现了对中国经典文化的理解和传承。学生通过此次课堂的参与、学习所激发出的民族自豪感和自信心,也正是"立德树人"教育所倡导的精髓。

(二)学习环境的"跨界"

学科整合还强调对学习资源的极大利用,主张学习环境的"跨界",在已有的课堂学习环境的基础上,充分扩展课程的外延,把学习环境延伸到社会生活中去。尤其是基于城市场馆的"大课堂"学习,为学生营造了更好的学习氛围,有助于接受性学习和探究性学习的融合。博物馆、文化馆、展览馆、纪念馆等场馆甚至大自然,成为个性化学习优秀的学习环境。例如:向东中学的"3E"课程就是充分挖掘场馆资源,让教师带领学生走进不同的场馆,利用场馆有效资源、图片、声像等介绍,学生在教师指导下预设预学单、反馈表,完善探究性学习的内容,巩固接受性学习的知识并迁移应用,得到了良好的效果。

案例8.5 经济和社会生活的变化①

针对初二年级"经济和社会生活的变化"内容,发现上海历史博物馆中的馆藏资源与这节课的内容契合度较高。

可以通过馆校结合,将历史与社会学科整合在一起设计教学,于是,设计了以五位同学为一小组完成学习任务。

(一)学习任务

学校计划表演《面粉大王荣氏兄弟》话剧。话剧主要包括荣氏兄弟两个历史人物。请你为话剧设计场景,选择道具。

任务1:根据教材内容,参观上海历史博物馆补充素材,构思场景。

任务2:从衣食住行、习俗礼仪、休闲娱乐等角度全面考虑。

任务3:分组合作,代表发言。发言人要讲清自己设计的场景是什么,用何道具,并简要说明理由,理由需用相关史料加以佐证。

(二)任务要求

1.提出问题:根据表演《面粉大王荣氏兄弟》话剧任务,设计话剧场景,选择道具;

---

① 本案例由上海市向东中学何汝云老师提供,有改动。

2. 驱动性问题：对搜集到的材料进行整理；

3. 合作探究：筛选出适合本小组主题的内容；

4. 分享成果：将探究成果做成 PPT 进行展示。

案例分析

教学过程中，教师把学习环境拓展到上海历史博物馆，利用馆藏资源，引导学生完成整个探究活动设计，还引导学生去上海图书馆翻阅《申报》，去外滩等地观察建筑来弥补博物馆资源。教师主要进行的活动是确定教学核心内容，设计项目概要和学习单，创设主要问题，引导学生接受并设计探究活动。学生需要阅读教材，参观博物馆，实地考察，阅读课外文献资料，将查阅到的所有资料融会贯通到一个剧本当中，并完成剧本。利用学习环境的"跨界"，体现了接受性学习和探究性学习的融合，更加能够培养学生的史学素养、文学鉴赏力和自主合作探讨的能力。

（三）学习过程的"融合"

学科整合不是学生对知识单向输入的单调重复，而是要将接受性学习与探究性学习方式融为一体，积极创设综合活动课程，将基本概念、原理等知识与能力同等重视，既有被动的"输入"，又有主动的"产出"，在活动中强化经历和体验，完善知识体系与能力的自我建构。

案例 8.6　动物体的细胞识别和免疫①

"动物体的细胞识别和免疫"是沪科版高中生命科学第二册第4节的内容。

教师将教材中的"免疫调节"比喻成"免疫系统的防卫反击战"，以人体内的免疫过程的三道防线内容为核心，以流感病毒入侵人体为起点，把难点分解为生活化的情境故事，即机体是如何依靠几道防线进行免疫防卫的，以及如何对抗相同病原体的再次入侵。将故事作为学生们上课阅读和思考的学习案例，引导学生自主探究三道免疫防线的功能特征和免疫过程。由此创设四个学习情境：

1. 创设情境一，故事引入学习主题。

教室里，小明同桌患了严重的感冒，课间大家一起亲密说话、玩耍，很开心，感冒病毒随着空气扩散，通过飞沫等进入小明同学的体内。

学生思考：我们生存的环境里有各种各样的微生物（很多是病原体），当它们入侵人体的时候，体内会进行相应的反击，保持机体的健康以及内环境的稳定，那么这场"免疫系统的防卫反击战"是如何进行的呢？

---

① 本案例由上海市向东中学桂旭君老师提供，有改动。

2. 创设情境二，学习两种非特异性免疫。

流感病毒进入小明身体后，在体内获取营养，进攻共生菌群。由此，围绕"病毒的结构""病毒在体内的生存方式""细胞对病毒的识别""病毒的结构基础"等展开学习。

学生回忆关于病毒相关知识点，通过结构图片和识别案例的接受性学习，归纳细胞识别的结构基础即细胞膜上的受体。

3. 创设情境三，学习两种特异性免疫。

"T淋巴细胞"部队和"B淋巴细胞"作用。

小组合作讨论：写出由B淋巴细胞主导的免疫反应——"细胞免疫"，以及由T淋巴细胞主导的免疫反应——"体液免疫"两者的流程图，总结这两种"作战"方式是如何进行的。

4. 创设情境四，学习二次免疫。

记忆T细胞和记忆B细胞，分裂和分化出更多的效应T细胞和浆细胞，进行"细胞免疫"和"体液免疫"。学生围绕"二次免疫战斗快速胜利的原因"思考讨论：

（1）疫苗的作用：目前对抗病原体保护未感病人群最有效的方法是什么？

（2）对于白血病患者，能做些什么？

（3）对于新冠疫情防控，最有效的方案有哪些？

案例分析

教师根据知识内容的内在联系，创设故事化的生活情境，分析人体防御新冠病毒的途径，将接受性学习的知识如"病毒的结构和识别""细胞的免疫"串联后具象化，呈现为案例，引导学生通过探究性学习，总结人体免疫系统的三道防线及其特征，了解免疫系统每种防御机制的特征和作用机理。在经历和体验中激发学生理解概念的兴趣，完善知识体系，彰显知识学习的真正价值。

（四）学习成果的"汇合"

"素养"蕴含着学生对学习和学会学习的一种个性化的理解。学习不是被动地、机械地接受和习得，也不是孤立地训练各种认知能力，而是借助于知识的载体，在知识学习的过程中，体验感悟并获得，从而形成生长性经验，并迁移或创造性地应用。因此，基于生活情境的"学习力"和"迁移力"是素养的核心。

学科整合不仅为学生知识体系的融会贯通创造了可能，同时也为学生获得创造性解决问题的能力提供了帮助。经过学科整合，学生既要综合运用所学知识原理进行实践探究，又要在原有概念的基础上进行体验、质疑、归纳、演绎，就是要灵活运用接受性学习和探究性学习方式，学习成果既指向驱动主题中的核心问题解决、辅证材料的说明、过程性实践评价，也指向学生对核心知识深度理解后的新知识体系的构建，最终达成学生内在综合素养的整体提升。

长白山火山是世界著名的活火山,有再次爆发的危险。学生通过调查 800 年前大爆发形成的火山碎屑物类型、分布和造成灾害的情况,编制长白山未来火山爆发灾害带预测图,为预防、减轻火山灾害提供建议。为此,要求学生运用卷尺、直尺、地质锤、放大镜等工具,对火山堆积物进行调查分析,步骤如下:

1. 填写剖面名称、测量时间、测量员等基本信息。

2. 使用手机 GPS 功能记录坐标,在地图上测算距离火山口的直线距离。

3. 观察剖面特征,如果有明显的沉积界限(成分、颜色、构造的突然变化)则对其进行分层,并从下到上依次标出 1、2、3……编号。

4. 使用卷尺垂直层面测量每层的厚度,记录厚度值。

5. 观察每个沉积层内是否发育纹层(细小的层理),观察纹层的展布规律,使用直尺或卷尺测量纹层的平均厚度。

6. 观察每层火山碎屑粒度的整体变化规律,并进行记录。

7. 观察每层堆积物风化面的颜色,然后使用地质锤将岩石敲开,观察内部新鲜面的颜色。

8. 对每层火山碎屑的成分进行调查。火山碎屑按照粒径的大小可以分为火山集块、火山角砾、火山灰,火山碎屑沉积层内还夹杂着部分碳化木。对以上成分的形态进行观察,并用直尺测量占主要含量的粒径范围。

9. 小组合作探究,录制实验小视频。

10. 公开成果:将探究成果做成 PPT 进行展示。

案例分析

本次跨学科课题研究,学习成果有过程性实践评价、辅证材料说明、研究报告等,也有学生内在学习素养的提升,不仅体现了地理学科中关于火山碎屑流、沉积岩等接受性学习方式下的知识积累,而且反映了直接参与火山碎屑流与火山泥流的探究性学习。知识不只是书本上的一条条定理、一张张表格,更是发现和再创造的过程。学生在分小组确定研究课题后,自行讨论课题的推进过程和具体设计,最后编写研究报告;学生的交流表述能力得到了提升,同时责任心和组织管理能力也得到了锻炼。

学科整合是接受性学习与探究性学习有机融合的重要途径,其目的是为了给学生创设一个自主探索、合作学习的环境,充分调动学生的主动性、积极性,利用已有的知识系统,建构属于自己的新的知识结构。学科整合有利于学生把握知识的内在联

---

① 本案例由上海市向东中学张伟容老师提供,有改动。

系与本质,从而实现知识的迁移与应用。学科整合有利于实现理论与实际的贯通,把接受性学习和探究性学习相结合,把学生的主观世界融入活动的客观世界,深化认知,尝试实践。学科整合的最终意义还在于帮助学生感受学习内容背后的意义与价值,提升解决问题的能力,形成学生自觉发展的核心素养。

总之,接受性学习和探究性学习的有机融合,可以引导学生从有效性学习走向有价值学习,从而发现、认识、体会日常不同领域的问题,并在学习过程中,帮助学生形成对知识的新认识、新见解,引导学生创造性地用学科知识施行新实践,引发他们更多地关注社会大环境中真实而复杂的各种问题,在问题探索、研究和解决的过程中,体现自己成为一个独立"社会人"的特有价值。

第九章　独立学习与合作学习

　　教师对学习方式的理解直接影响或者制约着所进行的教育教学行为,并对学习者产生直接而深刻的影响。终身学习理念下,独立学习是一种基本学习方式——知识都是通过学习者的自我建构而学会的。教师树立正确的学习观对有效提升教师专业能力、促进学习者有效学习尤为重要。[①] 但独立学习亦存在一些不足,比如不利于培育成长性思维、提升人际交往能力、发扬团队协作精神等,甚至可能导致学习效率和学习质量较低。[②] 而这些不足往往可以通过合作学习弥补。所以,独立学习和合作学习虽各具特色,但又相辅相成,独立学习与合作学习两种方式的融合使用更能提高学习的有效性。本章剖析独立学习与合作学习的内涵、特征与策略等,探讨独立学习与合作学习的有机结合策略,提出促进学生从有效性学习走向有价值学习的有效路径。

第一节　独立学习,提升个体学习品质

　　独立学习是学习者个体学习时的一种状态与情境,是通过运用个体已有知识、经验、能力、智慧,经由个人努力而独立完成学习任务的学习方式,是学习者个体最基础和关键的学习方式之一。明晰独立学习的内涵及意义,了解影响独立学习的因素,是帮助学生理解、认同、运用独立学习方式,达到高质量学习成效的前提条件。本节内容将主要剖析独立学习的概念、意义、影响因素,探讨提升独立学习的有效性策略。

一、独立学习的内涵与特征

　　国内外学者对独立学习的研究广泛见于各类著作中,通过综述已有研究成果,本

---

① 伍新春.学习的本源与真义[J].人民教育,2014(11):8-11.
② 臧一天,舒邓群,黄爱民.动物科学专业大学生课前能力评价指标体系构建[J].中国多媒体与网络教学学报(上旬刊),2020(08):239-240,244.

部分内容将从独立学习的内涵和特征两个部分,厘清独立学习的概念。

（一）独立学习的内涵

独立学习的内涵可追溯至学者对自主学习理论的探讨,独立学习是学习者展开自主学习的一种主要形态。魏德曼尔认为独立学习理论的核心可归纳为三条自主原则:（1）自主选择学习进度;（2）自主选择所学课程;（3）自主选择教育目标和学习活动。[①] 美国的齐莫曼教授对自主学习的有关定义作了系统性的梳理,并归纳出它们的共同特征:首先,强调元认知、动机和行为等方面的自我调节策略的运用;其次,强调自主学习是一种自我定向的反馈循环过程;第三,强调自主学习者知道在什么时机、怎样使用合适的学习策略,并作出适当的反应。[②] 美国宾特里奇教授认为,自主学习是一种主动的、建构性的学习过程,在这个过程中,学习者首先为自己确定学习目标,然后监视、调节、控制由目标和情境特征引导和约束的认知、动机和行为。自主学习活动在学习者的个体、环境和总体的成就中起中介作用,这些关于自主学习的理论探索,为探讨个体的独立学习提供了理论支持。

综上,本文认为独立学习指学习者依靠个人自己力量,不借助于他人教导而学习[③],具有独立性和有效性的学习方式。其中,独立性是要求学习者在学习的整个过程中,自我选择和控制学习状态,以独立地开展学习活动、完成学习目标;有效性是要求学习者将学习系统中的各种因素进行整合并予以最优化处理。学习的独立性越高,学习过程和效果的优化程度也越高,因此也更能提升学习质量。

（二）独立学习的特征

独立学习强调学习者作为个体而存在,并非处于集体中的被指导、被教育。喜欢独立学习的人,在学习时常常选择独立思考、解决问题,在课堂中倾向于师生“一对一”关系上的教和学,对外界干扰容忍度低,非常敏感,与其他人在一起时往往难以集中注意或注意持续时间短,学习效率低。其实,每个人都会在一定条件中展开独立学习,只是不同个体开展独立学习的效果可能存在差异。独立学习因为强调的是个体的学习过程,一般情况下,主要呈现出以下三个特征。

1. 个体性

学习是学习者个体基于自身已有的认知结构、思维方式和情感态度,通过作用于某种外部对象（书本知识、实际事物）而调整、改造和丰富自身身心结构的过程。同时,由于不同的个体存在遗传、生活环境、学习动力、学习能力和习惯等方面的差异,导致不同个体在学习过程中存在着巨大差异。从学习的本质来看,学习是需要个体

---

① 谢新观,丁新,刘敬发,张冀东.远距离开放教育词典[M].北京:中央广播电视大学出版社,1999:159.
② Schunk D. H. & Zimmerman B. J. Self-regulation of learning and performance[M]. Lawrence Erlbaum Associates, 1994:8.
③ 罗祖兵,温小川.学习独立性的意蕴及其实现[J].全球教育展望,2013,42(03):31-38.

亲身经历和独自完成学习的过程,这是一个完全只有自己才能完成的学习过程。也正因为如此,学习历来被理解为个体独立完成的行为,每个学习者的独立学习都具有个体性特征。如:行为主义心理学认为学习是个体行为与环境刺激之间的联结的建立;认知心理学则将学习解释为发生在个体头脑内部的信息加工的过程;建构主义学习理论强调学习是学习者基于自身经验而自主建构事物意义的过程,学习者的主体性是理解学习过程的关键问题,这也是独立学习最为鲜明的特征。

2. 自控性

独立学习的自控性,主要是指学习者对自己学习过程的自觉意识、反应和控制。比如会思考自己为什么而学习? 学习什么? 怎么学会? 怎么知道自己学会? 怎么学更有效? 这种自控性突出表现在学习者对自我学习的计划、调整、指导、强化、评估和反馈上。具体来说,在学习活动开始,学习者能够自己确定学习目标,制订学习计划,确定学习内容,选择学习方法,做好学习资源准备;在学习活动中,能够有意识地对自己的学习过程、状态、行为,进行计划制订,觉知学习状态,调整学习内容,审视思维方式,调节学习方法和自我评估反馈;在学习活动之后,能够对自己的学习目标达成度予以自我检查、自我总结、自我评价和自我补救。学习者在独立学习中自控性的强弱对一项学习任务的完成与否以及效率高低起到至关重要的作用。

3. 独自性

独自性是指在独立学习中,学习者必须依靠自己本人完成学习任务,而不是借助于他人的力量、在他人的帮助下完成学习任务。[①] 这就要求学习者要运用自己的智慧、能力与潜力去努力理解、思考。在遇到比较难以解决的学习任务的情况下,也要通过自己的努力使问题得以解决,学习得以完成。即使不能最终完成学习任务,也需通过自己独自学习,经过自己独自思考,使学习达到自己能够完成的最大程度。独自性衡量的是学习者的独自学习的能力与品质,是独立学习的一个重要标志。

二、独立学习的有效性策略

提升独立学习的有效性,应充分关注独立学习的个体性、自控性和独自性,发挥学习者的主体作用,增强自我认识、自我计划、自我实施、自我评价与自我调整的能力,可采取以下几种策略。

（一）了解自己的学习风格

每个人都有自己独特的学习风格,例如:美国桑德拉·切卡莱丽在《心理学最佳入门》中将学习分为两类:一是视觉——言语学习型,这些人看着材料学习效果最好,尤其是那些需要记忆的内容;二是视觉——非言语学习型,这些视觉学习者通过

---

① 刘春玲.自主学习、合作学习、研究性学习及其比较研究[D].北京:首都师范大学,2004.

图解、图片、表格、录像和其他图像导向的材料来学习的效果,要好于语言呈现的文本学习。其实,不同学习者的独立学习方式,都有自己的优势性偏好,比如有视觉优势、听觉优势和动觉优势之分,对于不同优势偏好的学生可采取不同的学习策略。所以,如果学生对自己的偏好的优势学习风格有所认知,并运用于独立学习中,就有利于提升学习的有效性。

(二)运用交叉学习的技巧

集中精力专注于某一知识与技能的学习,在一些特定的条件下,比如,临近考试的复习阶段,可能短期会有效果,而长期效果常常不太理想。几种学习内容或几个学习环节,交叉、交替着学习反而会效率更高,效果更好。例如,学钢琴的时候交叉学习音节、和弦和琶音,学网球的时候同时学习正手击球、反手击球和截击。这个结论在篮球、棒球等体育领域都验证过。为什么在独立学习中对学习内容予以交叉学习效果会更好?因为交叉学习的时候,每次学的东西都不一样,你的大脑没法"偷懒",这激发大脑去找更好的对策;每次知识点虽然不同,但都有内在联系,也强化了大脑的联想记忆,所以学得更快。而这也正契合了独立学习的特点,个体需要充分调动自己的各种资源,挖掘内在潜力,提升独立学习的有效性。

(三)掌握正确的学习方法

每个人都在学习、也都会学习,但是个体的学习效果却存在差异。学习效果好的学习者所运用的学习方法往往都是相似的。正确的学习方法对提升学习的质量和效果普遍适用。正确的学习方法可包括:第一,有计划地安排学习时间,做到有规律的间隔,不断强迫自己提取大脑中已有知识,基于大脑的"记忆曲线"规律使用间隔学习法;第二,对同一个或者同一类的学习内容,若能在不同场景、运用多种学习方式,学习效率和效能会大大提升;第三,注重刻意练习和即时反馈,经常进行自我反馈与评价可以检验是否掌握了相关的知识与技能,并及时改进和巩固学习内容;第四,学习的发生都是建立在已知的基础上,要适当将新知识和旧知识之间建立联结,新旧知识碰撞之后就有利于真正"长"在大脑中。

(四)培养反思型学习品质

在学习过程中不断反思是个体获得知识、增长智慧的重要途径,也正是独立学习的价值所在。个体在学习的过程中,必然经历从理解不够准确到准确理解,再到掌握熟练的过程,越是生疏就越容易犯错误。有的学生在知识学习上,主要是通过整理错题档案进行错题归纳、错误改正、错误分析和复习,总结经验教训,从而学习和掌握知识,这种学习过程体现了反思型学习品质的要求。学生在独立学习中,如果能够养成认真总结、反思错误的习惯,及时做好错误的归纳与分类,并分析错误产生的根本原因,就可以不断改进与完善学习,提升学习的有效性,提高自己的学习品质。

三、走向有价值的独立学习

通过对独立学习内涵、特征及有效性策略的分析,可以发现:在学校教育中,要进一步发挥独立学习的育人价值与功能,不仅需要教育工作者牢固树立以学生为主体的育人观和教学观,而且要激发学生热爱学习、追求发展的内在驱动力。独立学习可以让学生对自己的学习负责,实现知识与能力的自我建构。

(一)树立以学生为主体的育人观

独立学习是学习者个体的学习,学习者居于主体地位。作为教师必须树立学生是学习主体的育人观,充分尊重、引导和发挥学生在学习中的主体作用。一方面,教师依据学生的学习方式,调整教学方式、教学方法、教学任务和评价等,这有利于学生和教师的教学相长,同时独立学习也改变了传统的灌输式教育,尊重学生主体性,让学习和教育成为主动性的行为;另一方面,发挥学生个体的作用,自主选择、自主思考、自主提问、自主领悟,创造性地解决问题,培养学生独立思考的意识。学生经过独立思考、独立学习有利于其自主习得知识、掌握技能,根据已有的经验体悟情感、价值观,从而独立解决问题。这不仅促进独立学习习惯的养成,也涉及一个人精神品质的培养:即独立学习让学生通过自读、自思、自练、自结,把所学知识应用于实践中,培养学生发现问题、解决问题的自主意识和主动实践,使学生的学习不仅有效,而且更有价值。

(二)培育学生学习的自觉性

独立学习强调学习过程主要是一种发生在个体大脑中的信息加工和自主建构的过程。[①] 真正内化和有效的学习要求学习者成为学习的主体,要自觉主动地参与学习过程,并亲身经历和完成学习的过程。因此,开展独立学习需要充分激发学生学习探究的内驱力,在独立思考和学习任务完成过程中,形成自己独立的见解,并通过总结与反思,逐渐形成独立学习的自控能力、思考方式、思维发展、学习品质。学生在学习活动中,要对自己的学习负责,乐于灵活运用独立学习的方式,不被动地依附于教师和家长,充分发挥学习自主性和自觉性,成长为一个可持续的、综合素养全面发展的独立学习者,这就是独立学习追求的学习价值。

(三)引导学生认知的结构化

独立学习指向学生学习的本体性目的,可以促进学生具有个体性的学习认知与结构内化。教师在指导学生开展独立学习时,应特别关注独立学习所需要的知识与技能,指导他们在独立学习中要注重培养创造性能力和批判性思维。在独立学习中,学生需要通过自己的思考,而不借助外在的帮助去完成学习任务。在这一过程中,学

---

① 陈佑清.适应新的发展取向的学习类型多样化探讨[J].课程·教材·教法,2007(03):16-21.

习者充分调动自己的智慧,开动脑筋去学习,他们的智力将会得到极大锻炼并使其深度发展,独立思考、分析和解决问题的能力都将会随之提高。总之,个体要实现自身的发展必须通过自身努力以完成知识与能力的结构性内化,从而实现自身的变化与发展,在这个过程中,独立学习对于学生的终身学习和终身发展发挥着重要作用。

"独立学习能力是作为一般教育目标的人的自觉能力的一个必要方面。即按自己认识作判断、决定和行动的能力的一个必要方面。"一般来说,学生在独立学习的时候,由于不受干扰,往往精力集中,思维更容易达到一定的深度。[①] 而在现实教学情境中,学生的"学习独立性"缺失,部分也由于教师教学活动的绝对主导性,导致学生学习活动受到严重挤压甚至消失的现象。因此,对于独立学习不仅需要教师转变理念,充分认识独立学习的功能与价值,并将其贯穿于教学实践中,更需要学生充分认识学习的主体责任,以科学的方法体现在自己的学习过程中,这样才能使独立学习既有效率、效果,又更有价值。

第二节 合作学习,团队互助共同发展

合作学习,就是依托小组或团队,分工协作、同伴互助、相互支持,依赖学习小组或者团队每一位成员共同完成学习目标,实现共同成长与发展的一种学习方式。与独立学习相对,合作学习不是只由一位学习主体参与并展开的学习,而是有两位或两位以上学习者在某一时间内一起参与的学习。合作学习在完成一些复杂而疑难的学习任务时,具有不可替代的功能与作用,例如,在面对真实环境下真实问题的解决过程中,依靠一个人的独立学习,常常会碰到难以完成的任务,这时就可以运用小组或团队合作的方式,通过分工协作完成学习任务,提升团队成员能力。合作学习不仅有助于学习任务的顺利完成,还可以增强个体的团队合作能力,促进团队成员的共同发展。

一、合作学习的内涵与特征

人类社会发展至今,合作意识、合作需求已渗透到各个领域。政治上,人们通过对话合作以化解冲突;经济上,以共同遵守规则寻求广泛的合作;文化上,以国际理解与文化包容创造多元文化。可以说,合作已成为一种时代精神,合作既是手段,又是目的,既是人们获取利益的手段,也是人类追求发展的方式。因此,不能将合作学习仅仅看成是实现教学目标的手段与策略,其已经成为现代人生存与发展过程中不可或缺的学习和生活方式。

---

① 李燕.基于个体差异的初中语文小组合作学习探索[D].南京:南京师范大学,2014.

（一）合作学习的内涵

关于合作学习的概念，国内外不少学者莫衷一是。较有代表性的有以下几种：一是美国斯莱文提出的教学技术说："合作学习是指使学生在小组中从事学习活动，并根据他们整个小组成绩获取奖励或认可的课堂教学技术。"二是美国约翰逊兄弟提出的一种目的说："合作学习就是在教学上运用小组，使学生共同活动以最大程度地促进自己以及他人的学习。"三是以色列沙伦所表述的教学方法总称说："合作学习是组织和促进课堂教学并以自主与合作为基本特征的一系列教学方法的总称。"四是英国赖特所强调的环境说："合作学习是指学生为达到一个共同的目标在小组中共同学习的学习环境。"五是加拿大文泽指出的教学方法说："合作学习是由教师将学生随机地或有计划地分配到异质团队或小组中，完成所布置的任务的一种教学方法。"还有我国的王坦所提出的教学策略说："合作学习是一种旨在促进学生在异质小组中互助合作，达成共同学习目标，并以小组的总体成绩为奖励依据的教学策略体系。"

综上，本文认为"合作学习是学生为了完成共同的任务，有明确的责任分工的互助性学习方式"。合作学习是一种结构化、系统性的学习策略，通常由若干名特质各异的学生组成一个团队（小组），以合作与互助的方式从事学习活动，通过共同完成任务，实现各自的发展。[①] 在课堂教学中，合作学习的基本流程是：教学目标呈现—课堂教学—小组合作活动—测验—评价和奖励。需要注意的是，合作学习的目标不仅仅是完成学习任务和目标，还包括培养学生合作技能目标；不仅停留在认知领域，还包含情感领域（如相互尊重、相互帮助、荣辱与共等）的学习目标。[②] 它并不完全否定通过传统的集体性质的课堂学习，而是兼顾学习过程中的集体性与个体性。

（二）合作学习的特征

本世纪以来，国际上的课程改革方案普遍倡导合作学习，强调在合作学习中，培养学生人际交往能力，学会理解、尊重与包容基础上的团队合作，学会正确认识自我和评价他人，培养学生团队意识与合作精神，促进学生健全人格的形成，提升学生的核心素养。基于合作学习的概念与内涵，合作学习具有目标的确定性、过程的交互性、责任的个体性和机会的均等性等特征。

1. 目标的确定性

合作学习必须依托小组（或团队）展开学习活动，所以，小组必须有明确的共同学习目标，这样才能引导小组成员，分解目标，通过分工协作，完成学习任务。同时，当

---

① 董君武.个性化学习的系统建构与实践探索——以上海市市西中学为例［M］.北京：人民出版社，2017：72.

② 马红亮.合作学习的内涵、要素和意义［J］，外国教育研究，2003（05）：16 - 19.

学生达成小组目标时,其合作学习的动机将更容易得到激发,甚至强化,学生参与合作学习的热情也更高。在开展合作学习时,制定的小组目标必须是明确的,可能实现的,既重视学生个体的认知与能力起点,也重视通过互助互享的方式,使学生获得知识,内化能力,引导团队成员认识真理、体验价值、感悟人生。

2. 过程的交互性

要使合作学习产生更为高效的学习效益,需要特别注意合作学习运用的支撑理念,其中最为关键的是学生主体观、学习过程中面向全体学生的协作学习观。只有特别坚持这两点,才能更好地发挥合作学习的效能,才能培养出具有"合作精神和竞争意识、交往能力和挫折意识、主动精神和创新意识"的学生。在践行理念、发挥功能的过程中,需要十分重视合作学习的交互性,让学生在合作与分工中学习、在交往与沟通中学习、在讨论与分享中学习,引导学生面对具有挑战性问题的合作学习,在观点争鸣、方法甄别、路径选择、结论提炼等思辨性的求同存异的交互性学习过程中,学会尊重与包容,学会思辨与妥协,学会批判与反思,促进合作学习的团队成员共同成长与发展。

3. 责任的个体性

在合作学习中,学生构成的异质团体要求每一位参与者学会承担责任,不仅对自己负责,同时也要对小组同伴负责。[①] 在独立学习中,学生个体往往仅仅只关注自己所制定的学习目标是否达成,技能是否掌握,对于同伴的目标是否实现,则往往不予关注。但是,在一个合作学习团体中,每一个小组成员首先必须承担起属于自己的个体责任,协同努力为小组目标的实现竭尽全力,如同一场团体比赛一样,全体成员必须目标一致,团结协作才能赢得比赛。这就要求全体小组成员必须各自明确小组目标,各自负起个体责任并勇于反思,互相即时反馈和帮扶,各自发挥特长,运用社交能力,齐心协力。所以,在合作学习中,团队成员必须承担起属于自己的责任,并承担起支持他人完成任务的责任,这样才能保证更好地完成合作学习目标。

4. 机会的均等性

合作学习强调合作与交往,在互助、互信和互享中形成团结合作、平等开放的学习氛围,每一位学生获得平等参与、合作学习的机会,每一个小组成员的努力被尊重和认可。在实现小组学习目标的过程中,每一位学习者作为个体需要获得均等的学习、展示和成功的机会,每一位学习者都能有收获感和贡献感,都从合作学习中平等受益,即个体目标服务于团队目标的同时,团队目标也增加了个体目标实现的机会。此外,依托团队学习任务,学生必须与他人分工合作,从小组、班级甚至学校的总体视

---

① 马兰.合作学习的价值内涵[J].课程·教材·教法,2004(04):14-17.

野中思考自己的学习目标①,在生生交往、师生交往中进行资源共享,构成合作学习共同体,使每一位学生都享有均等的学习机会,都能实现社会性发展。

综上,合作学习具有目标明确性、过程交互性、责任个体性和机会均等性的特征。其中,目标明确性为异质团体的合作学习指引方向,是开展合作学习活动的内在动力;过程交互性强调合作学习中的团队成员必须分工协作、主动参与,共同完成学习任务,这是合作学习的基础性要求;责任个体性则保证每一位学生充分参与团体学习,是优化合作学习过程的保障条件;机会均等性有利于营造学生平等交流、合作共生的学习氛围,是发挥合作学习效益的潜在成果。

二、合作学习的有效性策略

合作学习过程中,学生一起开展合作交流活动,可以有效促进学生个人和其他小组成员共同学习与发展。同时,合作学习能够营造和谐的学习氛围,促进学生认知与学习品质的提升,以及品质的良好发展,增加人际交往的机会和能力,使学生更积极、更有效地投入团队学习活动。在提升合作学习的有效性过程中,要重视合作学习分组方法的选择、学习过程的形式把握和学习实施程序的设计,从而更好地引导学生积极主动参与合作学习,促进学生通过合作学习得到更加全面的发展。

1. 重视合理分组

合作学习中,进行分组是开展合作学习的开始,经过分组之后形成的小组成员共同完成学习任务。两人配对法、随机编号法、特质搭配法是合作学习常见的三种分组方法。

(1)两人配对法:指每两位学生构成合作学习小组,两人先进行学习讨论与交流,再在全班中共享讨论的结果,在班级授课制背景下,常用于同桌之间的合作学习。

(2)随机编号法:是通过随机抽签等方式,将学生分成若干组,再根据一定的规则,开展合作学习,进行讨论与分享。

(3)特质搭配法:是按照学生的学习特质通过有目的的搭配进行分组的方法,搭配方法有同质分组和异质分组两种常见形式,同质分组和异质分组在完成不同的学习任务中,各有其独特的优势和不同,特质搭配的分组方法,有根据兴趣爱好分组的,有根据同学情感分组的,也有根据学业水平分组的。

2. 把握过程形式

根据学习的内容、范围和要求等差异性,开展合作学习有不同的形式,常见的有五种合作学习形式,分别是问题式、表演式、讨论式、论文式和学科式合作学习。

---

① 岳定权.论合作学习的价值及其实现路径[J].内蒙古师范大学学报(教育科学版),2014,27(06):14-16.

（1）问题式：是指教师和学生互相提问、互为解答、互作教师，既答疑解难、又能激发学生学习兴趣的一种合作学习。

（2）表演式：即通过表演形式呈现的合作学习，激发学生的学习兴趣，培养学生自主探究的学习品质，或作为课堂小结的形式，检验学生对所学知识的理解。

（3）讨论式：即让学生围绕某一主题内容进行讨论，在讨论的过程中实施自我教育，以达到完成教学任务的目的。

（4）论文式：是指教师带领学生开展社会调查实践或项目研究学习，并指导学生以小组为单位以论文或作品展现学习成果而展开的合作学习。此类学习通常需要较长的时间。

（5）学科式：是指将几门学科教学要求联合起来，学生在教师指导下开展合作学习。

3. 设计实施程序

学生合作学习的有效展开，有赖于教师对学习过程的设计、安排和指导。教师在指导学生开展合作学习时，应注意下列六个方面。

（1）明确学习目标：在实施合作学习之前，教师必须向学生讲明通过合作学习，他们必须掌握哪一方面的知识和技能，即要有明确的学习目标。全体学生必须接受和认可既定的学习目标，全体成员需把各自小组的学习目标当作必须完成的任务。

（2）选择恰当内容：不同内容适合不同的学习方式，有的适合合作交流或独立思考，有的适合动手操作或教师演示。针对学生实际情况，要选择有一定思考价值或思维空间较大的问题，如探索性、开放性的问题可采用合作学习的方式。

（3）进行有效指导：教师必须在实施前给学生以明确的指导，包括学生要做什么、以什么顺序、用什么资料以及评价办法等，这些都必须提前告诉学生。

（4）小组研讨交流：小组的成员构成存在学习能力、文化背景、知识背景和性别等方面的差异，让学生能够接触到尽可能多的不同观点，扩大知识面。小组的学习任务，只有通过互相合作才能完成，并为每个小组提供充足的时间以完成任务。学生是一个集体，谁也离不开谁。学生要学会与别人积极交流、友好相处、相互帮助，通过直接交流和讨论，学会处理问题，学会接受建设性批评意见，学会妥协和谈判。

（5）重视个体落实：每一位学生必须完成一系列与学习目标相关的学习任务。合作学习的目的是提高学习效率和效果，学生必须对自己承担的任务负责，完成力所能及的学习任务。

（6）加强总结评价：对小组在学习中获得的成功进行认可和表彰，对出色完成学习任务的小组给予实质性的鼓励和表扬。合作学习任务完成后，学生应该对学习目标完成度、学习伙伴关系、学习态度状况、今后改进方向等方面进行总结与反思。

三、走向有价值的合作学习

合作学习是课堂教学中充分发挥学生主体作用的一种有效方法,也是当前引导学生主动学习的重要途径。它可以提高单位时间内学生学习、交往、表达的频度与效率,既有利于学生学科核心素养和高阶思维的培育与发展,也有利于培养探究意识和合作精神,使学生在团队合作中学得更有价值,得到更好发展。为了更好地发挥合作学习的育人价值与功能,在教师教育和学生学习中应该关注以下三个方面。

(一)注重个体间的互动与交往

合作学习强调学生的乐群性。在教师指导下,学生通过群体互动交往、资源共享,发现知识,建构知识,迁移知识和扩展知识。合作学习离不开每一位成员的自主学习,在合作学习中,每一位学生依据自己的学习特点、认知水平和个体特性接受明确的任务,实行"个人责任制",厘清自己学习任务和团队学习任务,让每个学生既有压力也有动力,充分调动每一位学生的主观能动性,明确自己主体责任的学习,为实现团队目标形成参与合作学习的自觉性,并在团队中相互依赖和支持,乐于合作、互助交往、共同进步。

合作学习作为一种多人互动参与式学习,有利于提升学生的交往协作能力。在合作学习过程中,要注重师生之间和生生之间的合作性互动。在学习内容上,学生面对的材料更加丰富、主题更加深刻、信息更加密集,面对个体学习难以高效完成或解决综合性学习内容与任务,需要与同伴互动交往、合作分工,在明确个体责任的基础上承担自己擅长或感兴趣的内容,并尽最大努力保证任务完成的质量、效率,以实现小组目标。随着合作学习的开展,学生接触到更多小组成员分享的信息和资源,在不断吸收和理解的基础上就某一学习任务主动思考和不断积累,既增进了对学习内容的批判性理解,达到深度学习的效果,又能够在合作学习过程中,提高人际互动与交往能力。

(二)注重团队中的协作与分享

在合作学习的互动与交流过程中,可以促进学生学会理解、倾听、尊重他人,逐步掌握与人交往、沟通的技能,为学生步入社会、适应社会奠定基础。合作学习是培养学生表达与分享能力的重要途径。具体地说,在合作学习中学生养成一系列的协作与分享的"习惯",例如养成良好的"表达"习惯,让学生先备后说、先思后说;在遇到困难时,虚心向同伴求助,同时也能向别人提供热情、耐心和有价值的帮助;虚心听取别人意见,并且能够修正或完善自己的思想;勇于承认自己的错误,并且能够支持与自己意见不同或相反的同学的正确认识。

合作学习中的每一位学生都是信息的分享者和创造者,合作学习的开展有利于提升学生的知识分享与生成能力。合作学习可以运用生生之间的互动，注重学生的潜能开发和主体地位，力求把大量的学习时间留给学生，使其有机会相互切磋，共同提高。合作学习不仅可以提高学生学习的积极性与参与度，而且学生可以尝试主动地研究问题，在不断试错后设计学习方案，促进学生通过协作分享完成复杂的学习任务。在合作学习中，学生主体性得到充分体现，自然会产生求知和分享欲望，会把学习当作一种乐趣，最终进入学会、会学和乐学的境界。

（三）注重反馈评价与思维发展

合作学习是借助团队成员力量不断学习和发展的有效方法。在合作学习中，学生积极参与、合作探究、互动促进，既体现了学生的主体性，也能促进学生多种能力的培养与锻炼。由两个或多个学生构成的多边互动的学习团队，能及时反馈学习进程中的信息，并根据反馈结果进行评价，灵活调整学习进程和策略。

合作学习构成的异质学习团体，每个学生的能力、性格以及任务的性质等都存在差异，但合作学习让学生们有更强的责任感和义务去共同协作达成学习目标。合作学习旨在实现学生学习的情意功能以及知识和技能、过程和方法、情感态度和价值观等的全面发展。[①] 组员之间和不同小组之间通过互相交流、彼此争论、互教互学、共同提高，既充满温情和友爱，又像课外活动那样充满互助与竞赛。将学习从课堂、书本延伸至生活、实践中，学生的学习场域可以得到充分拓展，学习时空由课堂的学习拓展到课余的学习。学生之间通过提供帮助而满足了自己影响别人的需要，同时又通过互相关心满足了归属的需要。在合作学习中，每个人都有机会发表自己的观点与看法，倾听他人的意见，做到彼此尊重和理解，分享彼此观点和看法。

合作学习方式促使两个及以上的学习个体构成了相互联系、亲密协作的学习共同体，尤其有利于实现"合作"这一技能目标。因此，在合作学习中，要充分体现学习目标的确定、学习过程的交互、个体责任的承担和学习机会的均等这些特征。学习者应该把握好合作学习中四个方面要求：（1）彼此了解并相互信任；（2）准确地阐述自己的想法；（3）相互帮助、相互支援；（4）建设性地解决冲突与矛盾。[②] 在这一过程中，科学合理主体分组、有效选择过程形式、精心设计实施过程等策略可以有效提高合作学习的有效性。在合作学习中，注重个体间的互动与交往、注重团队中的协作与分享、注重反馈评价与思维发展，更好地发挥合作学习的育人价值与功能，引导学生在学习中合作与反思，使合作学习从有效性学习走向有价值学习。

---

① 王坦.论合作学习的教学论意义[J].中国成人教育,2001(12)：3-5.
② 马红亮.合作学习的内涵、要素和意义[J].外国教育研究,2003(05)：16-19.

第三节　独立学习与合作学习相结合的实践探索

独立学习与合作学习虽是两种截然不同的学习方式,但两者相互支持、互为补充,共同促进学生的知识学习和能力发展。在日常教学实践中,教师应主动引导学生灵活使用两种学习方式,在解决综合性问题时将独立学习与合作学习相结合,以增强学生的终身学习能力。

一、两种学习方式的优势与不足

促进独立学习与合作学习相结合,需正确认识两种学习方式的优势与不足。在此基础上,学生和教师才能辩证看待、灵活使用两种学习方式。

(一)独立学习的优势与不足

独立学习充分尊重学生的主体性,鼓励学生个体自主选择、自主思考、自主提问、自主领悟、创造性地解决问题。这种学习方式能够给学生学习带来多方面的好处。独立学习注重个人的而非集体的学习活动,强调学习的个体性、自控性和独立性。运用独立学习方式对学生个体的素质要求较高,要求学生具有较强的自学能力和问题解决能力,而这与多数资质一般学生的学习习惯不符。因此,就学生学习的效率和质量而言,独立学习也存在不足之处。指导学生独立学习,对教师也提出较高的要求,因为学生一旦成为学习的主体,会提出各种预想不到的问题,所以教师要有渊博的知识,要更充分地备课,要具备随机应变的能力。

1. 独立学习的优势

(1)有利于实现学习本体性价值。即学习的目的就是让学生更愿意学习、更好地学习。只有学生愿学习、爱学习、会学习,才能真正实现自身的素质发展。同时有利于保持并发展学生的学习兴趣、学会自学的方法,激发学生的学习主动性。

(2)有利于促进知识的个性化。独立学习摆脱了教师对知识的固定解读,允许学生自由地学习、理解和运用知识,实现学生个体经验与符号化知识的相互作用和融合,从而丰富了学生的学习经验,实现了知识的个性化。同时学生自己评价知识对自我的发展价值,教师、考试等外部评价障碍大大削弱,学生真正成为学习的主人。①

(3)有利于培养学生的主体性。在独立学习的过程中,每一个学习者都是有责任的学习主体,学习者自己负责自己的学习活动。即学习不是为了考试,更不是为了老师,而是为了自身的素质发展。从而逐渐培养学生的学习责任感,自我承担学习和发展的使命,使学生成为了有责任的学习主体。

---

① 刘徐湘.个体知识的个性化与教学[J].中国教育学刊,2003(05):31-33.

2. 独立学习的不足

（1）独立学习强调学习的个体性和亲历性,这就对独立学习的主体及其学习体验提出很高的要求。一方面,个体在学习的过程中自我掌控学习进度、克服学习困难,需要学习者具备较高的学习力和自控力,而这种学习方式对于学习成绩较差、基础不好的学生来说难以奏效,甚至会挫伤学生的学习积极性。另一方面,学习的亲历性需要依托理想的教学情境和愉悦的学习体验。独立学习的个体在课堂教学时倾向于"一对一"的教和学,对外界干扰容忍度低、非常敏感,与其他人在一起时往往难以集中注意或注意持续时间短、学习效率低。

（2）与合作学习相比,独立学习不利于培养学生的综合素养。《学记》中提到"独学而无友,则孤陋寡闻"。独立学习的独自性表明学生的学习活动仅涉及个人,缺乏与他人的交流与协作。而这不仅不利于提升学生的人际交往能力,也不利于培养学生的发散性思维,限制学生在综合性问题解决方面的表现。

（二）合作学习的优势与不足

合作学习不只是一个认知的过程,也是一个交往与审美的过程。《论语》中有"三人行,必有我师焉",意指在学习中要相互商讨,相互学习,相互交流。合作学习组成的学习共同体不仅有利于解决综合问题,对学生个体的发展也大有裨益。[①] 随着新课改的不断推进,越来越多的教师热衷于运用合作学习组织开展课堂教学,但由于对合作学习认识不深、开展方法欠缺,在实践中暴露出各种各样的问题。实行小组合作学习,教师不能"稳坐钓鱼台",而要走下讲台,眼观六路、耳听八方。要深入课堂参与学生的讨论。这样可以对不同的学生作不同的反应。而且距离学生较近,易集中注意力,全身心地加入课堂中。

1. 合作学习的优势

（1）合作学习有利于团队学习目标的实现。[②] 针对个体无法解决的疑难问题,通过小组讨论、互相启发,达到优势互补、共同解疑。在共同的合作学习过程中,每个学生都发挥各自的潜能、智慧,从而生成强大的集体潜能、智慧,以利于学习任务的解决,达到预期学习目标。生生合作、师生合作等多种合作形式,不仅有利于集思广益,突破个人思维局限,同时也有利于寻找最佳解决方案。

（2）合作学习将个人之间的竞争转化为小组之间的竞争,有助于培养学生合作的精神和竞争的意识。[③] 组内的合作交往与组际的公平竞争使学习活动更加丰富有趣,将有利于激发每一个学生的学习主动性和责任感。学生的个体差异得到承认、潜

---

① 赵健.学习共同体——关于学习的社会文化分析[M].上海:华东师范大学出版社,2007:17.
② 梁应龙.小组合作学习在初中语文教学中的应用[J].西部素质教育,2019,5(07):239.
③ 李燕.基于个体差异的初中语文小组合作学习探索[D].南京:南京师范大学,2014.

能得到发挥,有助于张扬个性和满足学生的需要,从而真正实现使每一个学生都得到发展的目标。

（3）合作学习活动能使学生体会到相互间的关心和帮助,使师生在多维互动、相互砥砺、取长补短的过程中达到在和谐中进取的境界。

2. 合作学习的不足

（1）合作学习组织开展形式化。学生对合作学习方法的掌握不佳,极易出现讨论现场热闹却浮于表面、讨论结果脱离学习目标、学习实效性不足,导致"议学"流于"闲谈"。

（2）合作学习易出现小组成员分工模糊、责任不清的情况。无法保证每一位学生享有平等参与合作、充分互助交流的机会,个别优秀学生垄断小组话语权,其他成员没有发言和表现机会,互助性学习变为了单向传授。

（3）合作学习容易造成管理失范。教师未能就学生合作学习中出现的问题给予适时指导,任由学生随意讨论,使课堂产生"一窝蜂"的争论。而对于突发情况及学生过激争执处理不当,则会使学生的关注点偏离轨道,严重影响课堂秩序及教学进度,降低学习效果。部分教师控制欲较强,则使学生不敢自由发表个人观点,合作所需的平等、和谐、友爱的课堂氛围也随之烟消云散。

综上所述,独立学习与合作学习在学生的学习与发展中,各具特点与优势,也有其不足和弊端。但分析这些因素不难发现这两种学习方式具有一定的互补性与一致性,具体表现在三个方面:一是具有学习目标的一致性,皆是为了达成学习目标的学习方式;二是在学习过程中独立学习和合作学习往往交替使用;三是学习成果具有极强的互补性,这是因为独立学习与合作学习对于所学习内容的理解和掌握具有一定的差异性,而这种差异性是一种学生认知上互补性的结果。所以,如果将两者统整而运用于学习过程中,能更好地实现有价值学习,促进学生学习与发展。

二、独立学习与合作学习的融合

两种学习方式各有利弊,在学习的过程中应辩证看待两者的关系,做到独立学习与合作学习的有机融合。可以说,这两者的有机融合需要以其相互促进、相辅相成为前提:一方面,独立学习是合作学习的基础,独立学习让合作学习更有效。合作学习之前,要让学生主动独立思考与探究,学生有了自我见解和想法之后,再与同伴交流、讨论、解决问题,只有这样,才能避免合作学习浮于问题表面而不深入问题实质的现象。另一方面,合作学习是独立学习的延展,合作学习让独立学习更有价值。合作学习有利于拓宽学生的思路,帮助学生从多个角度探讨问题,并在思想交流与碰撞中促进彼此取长补短,在提升学生独立学习能力的基础上,团队协作、人际交往能力等综合素养也得以发展。

（一）正确处理合作学习与独立学习的关系

独立学习和合作学习这两种学习方式既有区别,又有联系。学习情境中,这两种学习方式是一种相互支持、互为补充的关系。因此,在教学中应首先引导和鼓励学生对学习目标和内容先进行独立学习,如果个人独立学习存在困难,通过个体学习研究还不能够达成学习目标,可以采用合作学习的方式,让学生互相帮助和启发进行独立思考后把问题解决。

如果教师片面地理解合作学习,过于看重小组学习的形式而在学生没有充分阅读、思考的情况下开展合作学习,由于学生对学习目标不明确、对学习内容理解不深入,那么开展小组合作学习也难以达成学习目标。[①] 有的教师甚至把合作讨论当作学生学习活动的唯一形式,有的教师只在公开课上开展合作学习,不管内容有无讨论的必要。比如我们在课堂观察合作学习时经常会看到这样的场景:

1. 一个学习小组总是一个学生代表进行发言,其他小组成员仰视地看着。

2. 学习小组中总有一个或者两个学生默不作声,自己想自己的或者无所事事。

3. 全班各个学习小组一起进行讨论,学生似乎都在讨论,但是讨论的主题不一样,等到代表发言的时候,发现都没有解决应该解决的问题。

4. 教师所提出的让学生进行讨论的问题,属于学生的个人偏好或者个人感受,对于这样的问题根本没有进行讨论的必要,但是学生之间兴致勃勃地发表自己的主观感受并进行分享。

以上各种合作学习,均未能充分发挥学生在合作学习中的独立思考能力。从根源上来看是教师对合作学习的理念遵循不够,没有做好实施合作学习的准备,也没有能够很好地处理好合作学习与独立思考的关系。实施合作学习需要以学生个体的前期的独立学习和独立思考为前提。运用合作学习是基于教学目标和学习目标,不能为了合作学习而运用合作学习。相反,如果教师正确处理独立思考和合作学习的关系,则能收到事半功倍的效果。

（二）正确处理"收"与"放"的关系

在独立学习与合作学习融合的过程中,要妥善处理"收"与"放"的关系。"收"与"放"包括内容上、形式上的收与放。内容上的"收"指安排自学内容时要充分掌握学生的知识、能力基础,不把超出学生认知范围的问题交给学生。"放"指教师要敢于将一些开放性的学习内容大胆教给学生,指导学生组成合作互助小组,分工完成收集、整理、归纳、分析、运用资料的任务,学会在大量的任务中合理分配学习任务、共享学习成果。形式上的"收"指教师要根据内容加强对学生自学过程与方法的指导,切不

---

① 靳超.合作学习的实践困境及其突破[J].教学与管理,2016(24)：14－16.

可随意安排、盲目布置。所有自学内容的安排不仅要考虑知识的获取，更要注重自学能力的逐步提高。形式上的"放"指教师指导学生合作学习过程中要充分考虑学生之间的个性差异，针对不同认知水平、不同能力水平、不同个性的学生要区别对待、合理分工。合作学习对每个层次的学生都要设置容易完成的自学内容与目标，切不可所有学生一刀切，挫伤"学困生"的积极性，打击优秀生的上进心。

在一些需要深入探究的内容教学中，可以更多地应用小组合作学习，反之则不宜多用。因为使用任何教法和学法都要因人而异、因课而异。课堂上不能只追求热闹的形式，有时寂静的课堂也能达到"此时无声胜有声"的教学效果。讨论问题时最容易使学生失去独立思考的机会，所以通常先让学生独立思考，任何人不能交头接耳，且需将疑惑和想法简单记下来，然后在组内进行交流。这样学生既能进行独立思考，又能在此基础上听取同学的想法互为补充。同时，教师要鼓励学生在组内积极发言、发表自己的看法，对于不同的见解教师要给予肯定，不要挫伤学生的积极性。讨论时不要轻易地否定学生的看法，要把不同的意见组织起来，先在小组内讨论，不能解决再进入更大范围内讨论，这样会营造一种探究学习的浓厚氛围，也能鼓励学生大胆发表自己的看法。

正确认识独立学习、合作学习这两种学习方式之间的关系是提升学生学、教师教的质量的前提。独立学习与合作学习是对立统一、相互促进的关系[①]，在学习过程中，独立学习中有合作学习，合作学习中有独立学习。合作学习与独立学习往往是同时存在的，但究竟选用合作学习还是独立学习，具体要依据学习者的个性、学习内容、学习时机而灵活变换。同时，独立学习和合作学习应取长补短，在教学中可以相互促进。没有独立学习，就难以体现出合作学习的高效能、高价值；没有合作学习，独立学习有可能会处于低效能、低价值。因此，独立学习与合作学习相辅相成，在教学过程中教师应引导学生注重两种学习方式的有机结合，培养和提升学生终身学习的能力。

（三）两种学习方式相互促进

独立学习促使学习者的独立思考、分析和解决问题的能力得到深度发展，能够提升学习的品质；而合作学习可以使一个人难以完成的学习得到更为有效的达成，也能够促使非智力因素得到发展。通过这两种学习方式的相互促进、有机结合，有利于使学习结果更有成效，让学习发生更有价值。

1. 独立学习支撑合作学习

在合作中人人都可以有不同的收获，也即在学生智力的交锋过程中带来相互提高。[②] 在合作学习中融入独立学习要求在学习过程中明确分工，每位小组成员各负其

---

① 刘春玲.自主学习、合作学习、研究性学习及其比较研究[D].北京：首都师范大学,2004.
② 李帮魁.优化小组合作学习的内在机制[J].教学与管理,2017(35)：23-25.

210 / 从有效性学习走向有价值学习

责,独立完成自己的学习任务,可以说这是一种集体性的自主学习。在合作学习中遇到的一些问题,如果个体不主动去承担小组成员的责任,不基于独立探究就无法完成合作学习任务。合作学习不仅需要学生具有合作的意识和能力,更要以独立学习为前提,要求学生具有主动探究的精神和动机,对自我的学习作出监控和调节,并将独立学习的成果贡献于团队学习目标的完成中,对学习成果作出总体评价和反馈。即使是合作学习的集体成果也需要学生自己决定学习内容、学习方式和表达形式,集体的研究性学习需要小组成员分工协作、各展所长、交流研讨、共同把问题解决好。

2. 合作学习引导独立学习

独立学习存在的不足应尽量避免,合作学习的优势应尽力发挥,即独立学习需要合作学习护航。就学习的功能而言,独立学习解决现有发展区的问题,合作学习解决最近发展区的问题,这也是对合作学习内容的要求。人类任何知识能力的获得都离不开独立学习,从外化于学习者而独立存在的知识经验内化为个人精神世界的财富,个体的习得、领悟、思考有着不可代替的作用,而合作学习是知识与经验共享、升华的有效手段。在不同的学习情境下,合作学习与独立学习往往是大量同时存在的。因此,要依据学习者、教师、学习内容等学习情境中的多种要素来决定。当下,围绕学生发展核心素养指标体系,学习应该是把学生培养成全面发展的人,项目式学习、探究式学习等学习方式就是很好的例子,即在合作学习的形式下注重学习者每个人的独立思考和学习,以合作学习目标为导向,培养个人在独立学习中的创造性能力和批判性思维。

综上可知,独立学习、合作学习都是有效的学习方式。一方面,两种方式各有利弊,学习者应根据个体的学习风格、特定的学习情境来确定使用何种学习方式,以实现既定的学习目标;另一方面,两种学习方式相互促进,学习者可以结合使用两种学习方式,做到取长补短、有机结合。而在认知、判断、选择、使用两种学习方式的过程中,学习的有效性体现在学习目标、学习预期成果得以达成。更重要的是,结合使用两种学习方式凸显了学习的价值:有利于学生核心素养发展,引导学生主动认知学习任务、自觉反思学习方式、持续挖掘学习潜力,成为一个"学会学习、学会生存、学会做事、学会与他人相处"的终身学习者。

第十章　自主学习与教师导学

　　"自主学习"和"教师导学"是一对由来已久且常见的学习方式。我们从出生起就不断地进行自主学习,去探知事物的本质、探寻世界的广袤、探索未来的神奇,我们的成长伴随着不断地以自我为主导的学习。其间有乐趣,有创造;也有挫折,有反思。同时人类的群居性特征,又让我们在学习中需要与他人产生互动,在教师导学中更好地完成知识与能力的传递,满足情感交流沟通的需要。随着时代的发展,我们更需要在教师的引导与点拨下激发学习优势与潜能,更好地进行自主学习,具备运用知识解决实际问题的能力,从而使学习从有效走向有价值。

第一节　自我主导,实现自主发展

　　自主学习的思想渊源可以追溯到古希腊和中国的先秦时期,现代教育讨论的自主学习有狭义与广义之分。狭义的自主学习,指学生在教师的指导下通过其创造性的学习行为实现自我发展。广义的自主学习,指学习者通过运用多种手段和途径,有目的地选择并完成学习任务和内容,从而实现自我发展。[①] 本节从分析自主学习特征切入,在阐述提升学习有效性策略的基础上,对有价值的自主学习进行讨论。

一、自主学习的特征

　　叶圣陶先生将自主学习分为三个方面:一是对自己学习活动的事先计划和安排;二是对自己实际学习活动的监察、评价、反馈;三是对自己学习活动进行调节、修正和控制。[②] 由此,我们可以剖析自主学习的主要特征,分析影响自主学习的诸多因

---

① 黄宇.外语自主学习课堂教学模式探讨[J].湖南医科大学学报(社会科学版),2008,10(05):202 - 204.

② 邱珍玉.自主学习策略在高中语文写作教学中的应用探析[J].内蒙古师范大学学报(教育科学版),2010,23(02):88 - 92.

素,促使各种因素相互促进,发挥综合作用。

（一）独立性

自主学习的本质特征是学习者的独立性,是指人们在对感情和行为的支配过程中,不依赖于外人的力量而根据自己的认识、情感、态度或价值观,独立自主作出决定,并付诸行动实践。一个有效自主学习的学习者,会在学习过程中始终秉承"对自己负责任"的态度,较少依赖别人的帮助而自我主导实施有效的学习,比如制定学习目标,确定学习内容和进度,选择学习方法,监控学习过程,评估学习效果,每个方面都进行主导性的决策。换言之,自主学习具有独立性特征,学习者运用一种独立的、批判性的思考,作出决定并独立实施。

（二）主动性

自主学习的学生一般具有很强的内在学习动机,也就是自觉主动的学习积极性。一旦学习方向明确后,能快速理解学习目标,选择学习方式,能够选择合适的学习策略,并监控自己的学习过程,有效管理自己的学习时间,主动营造有利于学习的物质和社会环境,客观地评价自己的学习结果。也正是如此,学习者在自主学习过程中,通过提升学习效能,有了更多可以自由支配的时间与空间,就能挖掘潜能,更好地开展自主学习,甚至通过研究性学习,获得创造性的学习成果。所以说,自主学习具有主动性的特征。

（三）相对性

由于学习者的主体地位是自主学习的基本特征,所以不同学习者的学习具有相对差异性,有些人在某些方面是自主的,但是在另一些方面却是不自主的。我们如果能做到自主学习下的"因材施教""因势利导",即一个有着明确学习目标和计划的自主学习者,按照自己的实际需要自主选择相关内容,匹配与自身的学习目标和学习任务密切相关的学习策略,势必学习效率高、效果好。所以相对性是自主学习的重要特征。

（四）系统性

自主学习还具有系统性的特征。自主学习强调培养学生强烈的学习动机和浓厚的学习兴趣,特别重视学习者的主动学习和探究学习。在系统学的观点里,自主学习由四个组成要素:自我识别、自我选择、自我培养和自我控制(控制含评价与调节),依次可以比喻成基础、核心、"船"和"罗盘与舵",它们形成一个系统,但不是封闭系统,而是开放系统,因尚有教师主导、信息环境等向其输入信息并互相交换。所以,自主学习过程就是一个自我完善的自组织活动过程[①],具有系统性的特征。

---

① 林毓锜.学生自主学习与相关教学思想[J].高等教育研究,2006(12):71-75.

二、自主学习的有效性策略

在自主学习中,学生可以根据自己的个体特点,主动选择适合自己的学习目标、内容、方式和时空等开展学习,实现自己全面而富有个性的持续发展。为了更好地保证和促进学生开展自主学习,教育工作者展开了积极的实践研究,形成了自主学习的有效性策略。

(一)确立适切性目标

自主学习是学生自觉追求个性发展的学习方式,其中适切性是基础。即能否根据自身情况和需要确立学习目标,并在付诸行动实践的过程中持之以恒,这不仅直接影响预期效果能否实现,还间接影响自主学习的品质和效能。

1. 选择适切,自我主导

学生的学习与发展之路,最终是由自己决定的,教师和家长在学生成长路上发挥着教育、引导、指导等作用。随着学生的成长,学生对自己的现状认识和未来发展的意愿应该逐渐确立,并逐渐内化为自我认知。每位学生只有结合自身实际确立合乎自己的学习目标,才能逐渐开始自主选择学习课程,自主安排学习内容和进程,并对自己的选择负责,这是每位学生走向成熟的标志。

2. 分层分类,逐步推进

课程目标的层次性可以更好地保证学生对自主学习所期待达到的发展水平的选择。教育者首先要考虑不同类型课程中的基础性目标,学生应基于基础性目标,结合自身实际选择适切的目标开展学习。其次,对同一课程要考虑不同学生的目标,包括学习内容范围的差异性以及同一学习内容要求的差异性,更好地满足学生不同的需要。最后还要考虑同一课程在学生不同阶段的学习目标,学生发展是一个渐进发展的过程,不同学习阶段的目标存在一定的差异性。

(二)选择个性化课程

在自主学习中,"学什么"是学习者对自己内在需要的一种表达以及自己未来发展方向的一种规划。教育者应提供具有选择性的课程体系和结构,以及丰富的课程内容,满足不同学生差异性的需求。具有选择性的个性化课程具有内容丰富性、过程生成性和结果多样性等特点。

1. 内容的丰富性

课程内容的丰富性,是学生自主学习过程中实现对学习内容选择的基本要求,为了保证学生能根据自己的现实需要和发展要求,选择并学习相关的课程。设计者应关注几个方面:课程内容包含学科基本原理,即知识的产生;学习这项内容的思维方法,即怎么学;与这个课程内容相关的学习领域有哪些,即拓展应用。总之,课程内容应反映学生获得知识能力过程中全面的学习体验的要求,为学生提供获得丰富多样的学习体验的课程内容,让学生在充分的选择中实现学习与发展。

2. 过程的生成性

由于学习内容是自主选择的结果,对这些内容的学习具有明显的个体差异,反映着学生个性化发展的要求。在这样的学习过程中,学生根据自己已有的知识基础,更容易激发反映自身发展要求的学习方向和内容。因此自主学习过程中往往有一些新的伴随性的问题生成,生成的学习内容常常是跨学科综合性的,对于这些问题的有效思考、分析与解决,能让自主学习更具有个性化特点。

3. 结果的多样性

自主学习的内容丰富性和过程生成性等特征,导致学生学习结果的多样性。学生对于学习目标和内容的不同选择,以及学习过程中生成的内容、问题、方法等方面的差异,直接表现为学习结果的差异,使学生的学习结果呈现出多样化的特征。正是学生学习过程中的挑战与考验是完全不同的,他们所经历的思维过程和问题解决过程中也是不一样的,对每个学习主体而言,获得的知识和感受也是不同的。

(三)运用多样化技能

在自主学习中,学生是最能动、最具活力的要素,是学习过程的具体计划者、实施者。每位学生应该充分了解自己的学习特点,认识不同学习方法与技能的特点,逐渐发现最适合自己的方法与技能,并在运用过程中持续优化和完善。在自主学习中,要重视下列技能的选择与使用。

1. 思维技能

在自主学习中,要特别重视分析、综合和评价这些高阶思维的培养与运用。在运用收集处理信息、记忆关键事实和思想观点、发现模式、建构概念等学习过程中进行批判性思考、分析与综合。

2. 研究技能

研究技能是自主学习的核心要素,发展学生的研究技能包括:如何确立研究主题、明确研究目标、文献检索与述评、调查与实验、验证与分析、解读与评价等一系列的基本能力,另外,在互联网时代,对开展任何形式的研究性学习,信息素养和媒体素养技能方面的训练至关重要,这其中包括了浏览(Browsing)、保持意识(Being aware)、搜索(Searching)和观察监控(Monitoring)四个关键性网络研究技能。[①] 所有这些研究技能,需要学生在自主学习过程中,通过实践运用得到理解和掌握。

3. 反思技能

有效的反思活动能使学生进行更深刻的思考,开展自我评价。在自主学习中,要

---

① Bates, MJ. Toward an integrated model of information seeking and searching. New Review of information Behaviour Research.[J]. 2002. Vol 3. Pp 1 – 15.

突出学生通过反思技能的运用,提高元认知能力。反思活动可以是书面形式的(例如反思性短文、阅读手记、案例研究),口头形式的(例如演讲、视频日志、讨论),也可以采取艺术创作的形式(例如照片)。在网络时代,可以鼓励学生使用合适的在线工具来开展反思活动。

4. 自我管理技能

在自主学习的过程中,学生对学习时间的科学安排与管理,是学生学习品质的基本要素,体现着学生学习的意识以及对自主学习的管理能力。对学生而言发现自己某一知识与能力的最佳学习与发展期,选择安排不同知识在一天中的最优学习时间,可以有效地提高自主学习的效率和效能。

三、走向有价值的自主学习

想要真正实现有价值的自主学习,学生实现更好的发展,优势学习不失为一个重要的路径选择。优势学习指学生偏好、更适合自己的学习,是一种基于学生学习需要,运用学习评价工具,自主选择学习内容和方式,自主安排学习时间和环境,积极主动开展学习活动的行为。研究表明,推进优势学习主要有下列五个方面的策略:①

(一) 优势学习评价

基于自主学习的优势学习评价设计,重点在于通过对学生学习过程中所表现出来的个体特质、行为偏好、心理倾向等方面进行定性比较和定量分析,评价学生自主学习的学习内容、学习方式、学习时间和学习环境等方面的心理倾向、行为表现和学习效能,从而确定更适合自主学习的学习内容、学习方式、学习时间和学习环境等。学生在自主学习的过程中,运用优势学习评价工具包括两个方面。

1. 自我认知,比较选择。分析个人自主学习的"优势"所在,即对自己的学习内容的兴趣和爱好,运用不同学习方式的效果,在不同时间学习相应内容的效率,以及在不同学习环境中学习的心理感受等方面进行分析比较,判断和选择更适合自己或者自己偏好的学习内容、学习方式、学习时间和学习环境,并将它体现在自主学习中,这样才会学得快乐,学得充实,学得更好。

2. 总结反思,持续发展。对自己的"优势学习"进行持续的反思,依靠优势学习评价的技术工具,通过"计划—实施—总结—反思—改进",再进入新一轮的循环,逐渐培养学生的元认知能力,不断完善对于自己的优势学习内容、优势学习方式、优势学习时间和优势学习环境的认识与判断,使自己在基于反思的持续改进中,更好地优势学习与发展。

---

① 董君武,方秀红.优势学习的理论建构与实践应用[M].上海:华东师范大学出版社,2019:181-184.

（二）优势学习内容

适合学生自主学习的优势学习内容，不仅要满足学生需要，体现个体喜好、适合自己的特点，更要着力于在精致化实施必修课程基础上，一体化设计丰富的选修课程，创造性开发体验性的实践课程。在自主学习过程中，优势学习内容还应把握好以下两个问题。

1. 多元选择，拓展视野。在学校提供的可选择的学习内容基础上，要从各个学习领域，比如语言文学、数学、自然科学、社会科学、技术、艺术、体育与健身、综合实践等领域中，根据自己的兴趣与喜好，分别选择若干学科组合搭配，形成适合自己的优势学习内容与结构。通过自主学习，各尽所能，各得其所。

2. 挑战自我，深度学习。优势学习内容通常指向培养学生志趣、培育高阶思维，往往需要跨学科的知识储备。学生在自主学习过程中，要有敢于挑战困难的勇气、刻苦钻研的探索精神，这也是对学生意志品质的考验，通过对于优势学习内容持续的自主学习，为学生的优势发展与终身学习奠定基础。

（三）优势学习方式

学生优势学习方式是学生在不同的内容学习过程中表现出来的独特的、有自己偏好的学习方式。在自主学习中，学生应充分认识自己的学习特点，认识不同学习方式的特点，对不同的学习内容，尽可能运用优势学习方式开展学习，并在过程中持续优化和完善。

1. 寻找最优，不断完善。每位学生的优势学习方式不一定是唯一的，学生在学习不同学科和内容，以及同一学科的不同阶段，优势学习方式就可能有差异。因此学生应该以发现的心态，在自己的学习过程中，不断地去比较各种学习方式对自己学习的影响，寻找最适合自己的优势学习方式，并在运用过程中不断完善。

2. 尝试融合，持续提升。学习是一个复杂的系统工程，需要运用不同的学习方式，才能全面掌握学习内容。在自主学习过程中，学生应注重不同优势学习方式的运用，尝试不同的学习方式相互结合、融合，并逐渐领悟运用各种优势学习方式的窍门和技巧，进而内化为自己的学习特质和学习风格，持续提升自主学习的效能。

（四）优势学习时间

在学习过程中针对特定的内容，相对效率更高、效果更好、更适合自己学习相应内容或者自己相对更加偏好的学习时间，统称为优势学习时间。运用优势学习时间，开展自主学习，可以提高学习有效性，促进更有价值的学习。学生科学配置自主学习时间，主要有三个策略。

1. 整体规划，合理配置。自主学习时间包括由学校统一安排的学习时间，以及在校或在家的课余时间。学生要加强计划，科学配置学习时间，把握好不同学习内容的优势学习时间,控制好自己的学习节奏。

2. 效率优先,取舍得当。学生应在教师指导下,通过比较分析,逐渐了解自己的优势学习时间,根据自己的优势学习时间安排不同的学习内容。例如:将重要的、困难的内容放在优势时间内进行,把重要而紧急的、能做好的事情放在前面,这样才能充分发挥优势学习时间的价值。

3. 劳逸结合,可控可测。优势学习时间能否在自主学习中得以充分发挥,还需要在利用时间方面的自觉意识与自律能力。所以学生要给目标设定时间期限,让学习有紧迫感,使之更有规律,既不松散,也不慌乱。可以借助一些诸如"番茄工作法"的科学方法进行时间管理,真正做到劳逸结合。

(五)优势学习环境

学生还可以通过自己的感悟、比较,逐渐发现完成不同学习任务的自己偏好的学习环境,使自主学习更加有效,更好地实现有价值学习。对学生运用学习空间的具体建议如下:

1. 主动尝试,体验感悟。每一种学习空间,有其特定的功能和定位,存在相对适合的学习内容和学习人群。因此,每位学生应该走进每一种学习环境去学习尝试,去体验感悟,逐渐发现并运用更适合自己自主学习的空间环境。

2. 因需而异,促进共鸣。每位学生的自主学习都具有一定的个体特质,对于学习空间环境的选择,具有不同的偏好。学生在体验学习空间环境不同功能的同时,应该逐渐思考比较自身与学习环境的适应程度,发现并运用适宜环境开展学习,实现优势学习与发展。

当今时代知识大爆炸,信息技术迅猛发展,新知识的层出不穷与更新周期的缩短,预示着未来社会每个人都需要不断学习乃至终身学习,而自主学习必将成为伴随人一生的重要学习技能。因此,在学校教育中,教师要以培养学生掌握科学有效的自主学习能力为目标,以促进学生在自主学习中优势发展为己任,为学生终身发展奠定良好的基础,这样才能体现教育以人为本的核心理念。

第二节　自主学习的一种特殊形态：线上学习

线上学习是以互联网为交流平台,依托网络发布学习资源,由学习者自主获得信息,掌握知识,培养能力,发展思维的一种新型学习方式。线上学习突破了时空的限制,无论是在课内课外,还是校内校外,学生都可以通过网络自主选择学习内容,安排学习进程,还可以自主选择在网上与教师互动交流。所以,从这个角度上说,线上学习是信息化时代依托互联网的一种特殊形态的自主学习,学习过程在具有自主学习特征的同时,又具有一定的独特性。本节将对线上学习,这一特殊自主学习形态,从有效性学习走向有价值学习进行探讨。

一、线上学习的内涵及特征

1998 年,希尔特率先提出线上学习的概念,此后线上学习的应用与影响逐步扩大。张敏在《线上学习的内涵、困境与策略》一文中提出,线上学习有不同的概念界定,如:在线学习(Online learning)、电子化学习(E-learning)、基于网络的学习(Web-based learning)或远程学习(Distance learning)等。这些不同的定义,有的侧重于对线上学习环境的关注,有的侧重于对线上学习方式的探索,有的侧重于对线上学习的影响因素、关系要素的分析等等,但无论是哪一种定义,其核心是以互联网为主要媒介进行的学习。[1] 线上学习是依托信息技术,利用互联网络、软件平台以及网络资源等,通过互联网媒介展开的学习。线上学习具有以下特征:

(一)自主性

学习环境——同一堂课学生可以自主选择在家里的任何区域或者图书馆、咖啡厅、公园等环境中学习,学生在学习环境的选择上拥有较强的自主性。

学习过程——线上学习缺少老师和同学督促,学习过程中的精神面貌、行为习惯等依靠自律,需要学生更多的自我管理和自我约束。

学习资源——线上学习平台具有丰富的学习资源,学生可以自主选择课程与内容,而不是确定教师讲授的同一内容,通过选择合适的资源,满足个体需求。

学习时间——学校都有固定的作息时间,而线上学习的时间相对更加自由,学生自主支配,自主选择学习时间。

(二)开放性

学习环境——学习从实体空间转移到虚拟空间,这个空间不是封闭的,学生的学习突破了学校和教室的壁垒。而且无论是家长还是社会人士,只要得到允许可以非常轻松、便捷地进入线上课堂。从而,相比于班级制授课,线上课堂可容纳的人数更多,使小众化学习走向大众化学习。

学习资源——线下资源的局限性被打破,线上学习资源更加开放,学生可以获取来自更多不同领域、不同类型、不同载体的学习资源。互联网将世界连接在一起,学习资源的来源更加多样,可以来自不同学校、不同地区、不同国家,各类学校和科研院所等机构与个人打造的网络教学资源、资源共享平台、教学网站面向全社会开放,学习资源不再是某个学校独有。

学习时间——学校有上学和放学时间,图书馆、博物馆等场所也有闭馆时间,而

---

[1] 张敏.线上学习的内涵、困境与策略[J].教育科学论坛,2020(06):22–24.

线上学习的学习时间是自主而开放的,学生可以在任何时候接入网络,自主开展线上学习。

(三) 个性化

学习目标——线上学习可以借助网络平台,实现学生的学习过程和结果的保存、记录,从而及时捕捉学生的学习情况,通过基于大数据的分析诊断,给学生的后续学习提供精准的学习建议,确定个性化学习方向与目标。

学习内容——传统的课本、练习册、试卷会逐渐被电子化和网络化,声音、图片、视频、动画、AR 等多种载体让单一的文本知识也变得更加有趣。个性化的学习目标为学习内容的个性化提供了方向,网络平台可以为学生精准推送不同的学习内容。同时,学生也可以根据自己的需求和爱好,选择不同的学习内容,更好地满足学生个性化发展需要。

学习评价——应用信息技术,依托互联网平台与资源线上学习,可以更便捷、更有效地记录和积累学生的学习过程和学习成果,通过基于大数据的智能化诊断分析,可以更好地形成针对不同学生的个性化评价。

综上所述,线上学习资源丰富,学生可以自主选择课程与内容,学习时间与空间开放,学生可以随时随地接入网络,开展学习。而且,线上学习的过程中广泛应用信息技术,依托互联网络和学习平台,互联网学习可以针对学生个体需求和学习基础,通过基于大数据记录汇总、跟踪分析和诊断评价,为学生提供个性化学习改进建议和方案。因此,线上学习具有自主性、开放性和个性化的特征,是自主学习的一种特殊形态。

二、线上学习的有效性策略

线上学习具有自主、开放、个性等特点,学生可以通过互联网自主筛选学习资源,接受学习平台推送的学习资源,自主制定学习目标、自定步调和自我考评,从而可以更好地发挥主观能动性,开展自主学习。因此,线上学习作为自主学习的一种特殊形态,扮演着越来越重要的角色。而对于在校学生的线上学习,教师的角色发生着变化。线上学习的有效开展需要充分调动学生追求发展的内在驱动力,提高学习过程的趣味性、时效性和多样性。因此,为提高线上学习的有效性应该从下列五个方面入手。

(一) 平台助力下的自我评价

线上学习作为自主学习的一种特殊形态,赋予自主学习新的方法与手段,学生可以借助网络平台开展自我评价,寻找到自己的位置,从而使用网络学习资源或教师指导下的学习资料,开展针对性的自主学习。教师进行线下教学时,经常遇到的一大难题是:不同基础学生同时学习同一内容,有的学生能跟上教师的节奏开展学习,而有的学生由于认知达不到，或者跟不上学习进程，从而影响学习效果。因此，课前，通过自主预习，在紧接着的学习内容中，基本理解掌握基础性知识，使学习起点趋于一致，对于后续学习大有帮助。

（二）自主学习中的认知加工

线上学习，相对于单一的讲授听课学习而言，给予了学生更大的自由空间，依托信息技术和智能化手段，让学生可以在海量的学习资料中进行筛选，结合自我评价，以适合自己的学习节奏或自己偏好的学习方式，自主安排学习时间和进程进行学习。在学校教育中，学生可以以已有知识作为基础，去获取一些新知识，主动完成一定的学习任务，而且通过线上学习自主学会的知识和技能，其掌握程度相对于通过单一的讲授式听课学习会更加牢固，更加有针对性，这样，可以使线上学习效果更好，效率更高。

（三）优质资源帮助理解内化

线上学习可以依托网络平台上教师提供的结构化优质资源，帮助学生在课堂教学前，自主安排时间进行学习，学生对于不懂的内容可以进行停顿思考以及反复回看，尽可能多地完成概念的理解与内化，达成部分学习目标，形成更高的认知起点。学生可以完成平台推送的相关配套习题，在了解自主学习成效的同时，师生还可以在线上反馈互动，为自主学习开辟出一条与教师实时对话、疑难实时解决的通道，从而使学生能更好地在课堂上聚焦自学过程中的困惑与难点。

（四）数据统计后的问题捕捉

数据的可视化作为信息时代的一大特点，为线上学习提供了更多途径。网络平台可以将学生线上学习过程中的学习数据进行统计，并通过特定的技术对收集到的数据进行分析诊断，由此让教师更为精确地捕捉到学生的问题，对课程教学设计进一步优化与完善。对于学生而言，数据可视化可以让他们更好地找到自己的问题，分类统计，找到薄弱点，有针对性地进行学习与训练，从而提高线上学习的有效性。

（五）基于线上反馈的课后巩固

线上学习同样离不开学生与教师的互动，互联网提供了更加便捷的互动环境，学生产生疑问或者教师准备辅导学生的时候，可以不受时空的限制，随时随地发起咨询、答疑、辅导等师生互动，促进学生的学习。而且，线上的反馈与互动，增强了师生答疑的私密性，可以避免一些学生对于问题的心理障碍。同时，线上教学让老师可以避免许多重复工作，学生学习后遇到一些课堂上讲过的知识时，可以去反复回看网络上课时的内容，而不是无从下手或是多次询问老师。所以，线上学习让学生可以自觉做好提高补偿，巩固学习，减少学习时间和学业负担，提升学习效率。

三、走向有价值的线上学习

线上学习的价值体现在为学生提供了一种新型的学习模式,让学生更加自主地在开放的学习环境中充分选择学习资源,开展个性化学习,使学生的学习能力、思维能力等诸多学习素养得到充分提升。同时,被列为 21 世纪公民必须拥有的关键素养——信息素养,在学生不断展开的线上学习中,得到培育与发展。

(一)培育学生信息素养

韩雪平提出要加强学校顶层设计、强化课堂主阵地建设、依托信息资源平台、完善评价反馈机制等提升策略,以此为学生信息素养的提升提供指引。[1] 信息素养包括信息意识、信息知识、信息能力和信息道德等方面。线上学习的开展对教师和学生的信息素养与能力都提出了更高的要求。学习资源的搜索、筛选、分析与运用,线上学习平台的操作,网络和设备常见问题的解决,线上学习任务的完成都是摆在学生面前亟待解决的问题。只有培育学生的信息素养,才能实现更加有效的线上学习。

(二)提升自主学习能力

线上学习时,来自学校、教师、同学的外部督促减少,同时网络游戏、小说、聊天等外在"分心"的诱惑增多,只有提升学生内在自我管理和控制的能力,才能抵制住诱惑,更好地运用线上平台和资源,开展线上学习。蔡旻君认为:具备自我管理能力的学生会对自己的学习过程和策略有清晰的认知,并会采取积极的方式适应学习环境。[2] 因此,指导充分利用网络学习资源,确立评价即学习的观念,使用智能化评价工具,让学生学会自我控制、自我调节、自我评价,高质量完成学习任务,这是线上学习的重要价值体现。

(三)促进主动参与意识

在线上学习中,教师的身份发生了改变,教师更多成为学习的设计者、支持者、促进者,让学生真正成为学习的主人。线上学习最大的优势之一就是数据支持。汤少冰建议:可采取在线即时测学、自动生成成绩报表、错题集等方式,生成个性化的大数据。基于数据,关注学生的最近发展区,以问题为导向,促进学生主动参与学习,课堂提问既要有挑战性,注重高阶思维能力的培养,又要有趣,推动学生后续的学习。[3] 粟娟则建议:结合课程内容实施有效翻转课堂,这需要教师对翻转进行内容的提前设计与任务布置,以问题导向式翻转、项目任务推动式翻转、案例讨论式翻转等多种

① 韩雪平.论"互联网+"时代高职学生信息素养的提升[J].教育与职业,2020(17):103-107.
② 蔡旻君.在线学习过程中如何实施有效的反馈——基于自我调节学习理论的在线反馈探讨[J].电化教育研究.2020(10):82-88.
③ 汤少冰.疫情期间初中英语线上即时互动反馈有效教学模式的构建与实践探索[J].中国教育信息化(高教职教).2020(21):76-80.

方式开展。① 在线上学习中,教师应捕捉学生的学习过程,进行及时的引导、肯定和鼓励,并通过线上互评互学等手段,让学生感受关注与合作。

(四) 创新多种评价方式

线上学习的评价内容主要包括:学生登录平台的时间和次数、视频学习进度、课堂发言或发帖等互动的次数和质量、行为规范、小组合作、作业上传时间、作业质量、在线测评结果或学习成果。评价主体有教师、学生和家长,评价方法有自评、互评和师评。大数据平台能够全程完整记录学生的学习过程和学习结果,并对学习的关键行为进行捕捉、管理和分析②,这使全过程化评价成为可能。另外,线下难以准确衡量和评价的内容,诸如学习兴趣、身心发展等因素,也可以通过平台收集、积累的大数据进行综合分析、精准评价,并为学生提供更加有效的引导和指导。所以,线上学习的展开,可以使教育评价大数据等信息技术的应用,更加精准且更有针对性地指导学生学习的改进与完善。

(五) 凸显差异因材施教

在网络平台的辅助下,教学者可以通过线上学习的方式为学生提供更合适的教学内容,真正落实"因材施教"。线上学习让学生可以拥有更多自主选择的空间,从新课预习到课后辅导推送,都给学生提供了优质的平台与资源,让他们可以在初始学习时就尽量找到适合自己的内容进行学习。同时,在学习进行到了一定程度的情况下,学生的学习数据已经在网络平台中形成了数据库,系统可以通过一定的规律以及大数据分析,对不同学生的学习情况进行科学的诊断与评价,并根据每个学生现有程度的情况精确推送差异化的学习内容与学习方法,为学生个性化学习赋能,让学生在整个学习过程中,可以真正学到自己所需要的知识,实现凸显差异的因材施教。

在信息技术与教育深度融合的时代背景下,线上学习作为自主学习的一种特殊形态,在满足学生个体发展需要方面的重要性愈加凸显,其出发点和落脚点都在于"以学习者为中心"。学生可以在线上自主学习的过程中,寻找适应自身特质的学习模式进行学习,在学习后反思自己学习过程中的学习策略、方法与效果并加以改进,真正做到对自己的学习负责,实现全面而富有个性的发展。

第三节 教师导学,按需个别指导

教师导学,顾名思义就是在教师指导下而展开的学习。在教师导学过程中,"导"

---

① 粟娟.应急情况下基于慕课的"混合+翻转"有效教学探讨[J].科技经济导刊.2020(28):106-108.
② 郭福利.线上教学质量评价及提升策略研究[J].科技风.2020(09):36-37.

是方式、手段，"学"是目的、方向。教师处于主导地位，"导"是为了促进学生更好的学习。学生处于主体地位，根据学生的"学"，教师要更及时、适切地去调整"导"。因而"导"与"学"两者互为依托，相互促进。

一、教师导学的特征

《基础教育课程改革纲要》中对教师导学有这样的描述："教师在教学过程中应与学生积极互动、共同发展，要处理好传授知识与培养能力的关系，注重培养学生的独立性和自主性，引导学生质疑、调查、探究，在实践中学习，促进学生在教师指导下主动地、富有个性地学习。"可见，教师导学是一种重要的学习方式，归纳下来有如下特征：

（一）不愤不启，不悱不发——为学而导

《论语·述而》中孔子有云："不愤不启，不悱不发。"说的是：不到学生努力想弄明白，但仍然想不透的程度时，先不要去开导他；不到学生心里明白，却又不能完善表达出来的程度时，也不要去启发他。教师"启"与"发"的前提是学生的"愤"与"悱"，只有学生经过独立学习与积极思考，产生困惑与疑难时，教师才去启发与开导。教师的"导"源于学生的"学"，如果学生未做学习思考或者还未达到"心求通而未得之意，口欲言而未能之貌"的状态，教师就无需启发，或者说还未到进入导学的最佳时机。

这句话的后半句是"举一隅不以三隅反，则不复也"，孔子讲得很明白，如果学生不能举一反三，那就先不要往下指导了。"举一"是教师的引导，而"反三"要靠学生在领会基础上去拓展、运用，这才是达成了"学"的目标，而一旦"学"的目标无法达成，那教师的导"则不复也"。这句名言很好揭示了"导"与"学"的关系，"导"的目的是为了让学生学得更好、更扎实。

（二）如切如磋，教学相长——驱动的力量

教师导学形成师生的双向互动，对教与学都会产生驱动共振作用，教学相长，形成合力，成为一个真正的"学习共同体"。[①] 在学习过程中，通过教师适时适当地指导，促进学生对知识的理解、掌握与运用，学习行为与习惯不断得到调整与完善，学习兴趣与主动性往往会被激发。在教师的支持鼓励下，学生大胆地表达自己的见解与想法，学习潜能和创新思维也能得到发挥与施展，又有助于沟通交往、倾听思考等能力的培养。

同时教师要实施好"导"，首先需要总体了解学生已学知识的掌握情况、认知能力的发展状况、身心成长的变化现状等，对于不同年龄、不同学生的性格特征等也要熟悉。其次教师不断钻研课程、教材等学科知识体系，根据个人的教学特长与风格，寻

---

① 李倩倩，袁洁，汪晓刚.高中课堂教学中师生互动的方式及其有效性策略研究[J].教师教育能力建设研究科研成果汇编，2018（09）：790-791.

找与之匹配的互动方式与指导策略。最后在"导学"过程中,一方面教师需要与时俱进不断学习,储备专业知识,来及时准确地解答学生的疑问与困惑;另一方面教师还需关注学生的学习反馈,对"导"做好过程性的调适,确保导学的质量。

(三)因势利导,因材施导——体现选择性

《关于新时代推进普通高中育人方式改革的指导意见》指出:要"全面贯彻党的教育方针,落实立德树人根本任务。努力培养德智体美劳全面发展的社会主义建设者和接班人"。因此,导学的内容极为丰富,必须包含德智体美劳诸方面,这就需要教师根据学生的不同发展阶段、不同的学习需求、不同的个性特点,对导学的内容进行分析与梳理,选择最适合的学习内容,在最适合的学习时间与空间,因材施导进行系统化的落实,这样的教师导学才能真正符合学生学习的需求,"以学定导"的方向就会更为明确。

同时,在学生学习实践中,并不是所有的内容都需要教师导学:有些知识点的学习需要教师"精讲",有些知识点的学习需要学生"多练",而有些知识点的学习通过教师导学,学习效果可能会更好。[①] 因此,教师无需过于牵强,面面俱"导",应基于课程标准,根据学科知识体系的特征,结合学情,进行筛选,确定真正适合导学的学习内容因势利导,才能发挥"以导促学"的作用。

二、教师导学的有效性策略

近年来的实践与研究表明,提升教师导学的有效性,可以从以下三个方面加以重视和实施。

(一)创建平等和谐的学习氛围

《基础教育课程改革纲要》明确了教师与学生要"积极互动、共同发展",强调的是教师指导下学生主动、富有个性地学习。所以,在教师导学中,师生双方应是处于平等、独立的地位,相互尊重,构成和谐的师生互动氛围。良好的师生关系与和谐的学习氛围,能促进学生学习效果的提升,巴班斯基说:"教师是否善于在上课时创设良好的心理氛围,有着重大的作用。有了这种良好的气氛,学生的学习活动就可进行得特别富有成效,可以发挥他们的最高水平。"因而,创建平等和谐的学习氛围,对于提升教师导学的有效性有着重要的作用。

首先,在导学的过程中要体现平等与尊重,应突出学生的主体地位,学生是学习的主动探求者,而不是被动的接受者。教师不能再以传统中的知识的占有者与权威者的形象出现,而是要完成从知识的传递者到学习的指导者、合作者与分享者的转变。

---

① 宋振江.高中数学课堂教学师生互动的问题与对策思考[J].才智,2019(08):151.

其次，在导学过程中，应贯穿着关爱与鼓励，给学生一种亲切感，为学生营造一种轻松愉悦的互动氛围。教师要注意自己的言行举止，甚至教师的眼神、表情、肢体语言，也会给师生的有效互动带来很大的帮助，同时，教师应该对学生的表现多给予鼓励，使学生的内心产生一种成就感，增强学生的学习自信。①

最后，在导学的过程中，教师要善于倾听与等待。"导"是引导、指导，也是点拨、启发，追求的是适时适当的"点到为止"，是为了让学生的学习水到渠成，助推学生学习更上一层楼。因而如果对学生"导"的时机未到，教师就需要耐心等待，静待花开；如果教师已"导"，那就应把大量的时间、空间留给学生，让学生进行表达、归纳、总结，或是生生之间进行讨论、交流、质疑、争辩，教师在一边耐心倾听，等待下一个"导"的最佳时机。

（二）选用多样化的导学流程

学习的内容是多样而丰富的，学习的过程是动态而变化的，学生的学习情况与需求又是各不相同，因而，要提升教师导学的有效性，就需要有多样化的导学流程供教师选择使用，更好地实现以"导"促"学"。

1. 先导后学

先"导"，教师有别于传统的知识传授，是把知识问题化、问题情境化，列举相关事例或提供学习资料，对于学习内容进行先行导引，目的是使学生快速进入学习情境，激发学生学习的积极性、主动性与创造性，而后的"学"，学生就能更快更好地投入学习状态，根据教师先前的指引，运用教师提供的学习资源主动地进行探索与思考，学习目标方向更清晰，学习内容更丰富充实。

2. 先学后导

先"学"是让学生运用已学的知识储备先进行自主学习。学生的学习情况与能力不同，先"学"并不意味学得盲目和随意，同样需要教师的专业指导，以确保学得有目标、有质量。因而导学案、学习视频、课程网学平台等支持工具应运而生，学生先借助这些学习工具进行学习，教师而后则通过对学生先"学"情况的收集、汇总、归类、分析，针对学生在学习中的困惑或疑难问题，结合知识体系中的重难点进行分析、点拨、拓展、追问，使教师的后"导"更贴近学情，"导"得更精准，学习效果会更明显。

3. 导学并进

学习随时随地都有可能发生，学生的学习情况也随时发生着变化，"导"就要根据"学"的变化，及时跟进、快速调整。可见，边导边学，边学边导，导学并进，必不可少。这其中的"导"更凸显了因学而设的导学目标，教师根据学生不同的学习能力、认知水平、性格特点，以及不同学习阶段的学习情况来以学定导，让每位学生都能获得及时

---

① 冯光学.提升高中数学课堂教学中师生互动有效性的策略研究[J].读写算,2019(05)：140.

有效的"导"的支持,更好地以导促学。同时在科学技术高速发展的今天,电子白板、电子终端、网络学习平台等信息设备不断升级迭代,让导学并进中大量"学"的数据能够快速采集、汇总、分析,与"导"相关的个性化信息数据也能及时推送,使边学边导成为可能,从而进一步提升教师导学的有效性。

(三) 发挥师生"对话"的最佳效应

保罗·弗莱雷指出"教育应具有对话性",没有了对话就没有了交流,没有了交流,也就没有真正的教育。教师导学中,师生对话是重要的互动载体,是沟通交流的重要媒介。"对话"不是单纯的信息传播,而是同他者通力合作、彼此交响的共同创造的活动。发话者即为倾听者、倾听者也成为发话者,对话的双方倾听着三种语言:来自对方的语言、自己发出的语言,以及自己内心的语言。[①] 彼此传递的,不仅是个人心中的某种意义,更是共同创造的意义。在这种对话的交流过程中,两者之间生成的意义得到深化与发展,教师导学的有效性被充分体现。

1. 问题引领,促思维的发展

疑是思之始,学之端。导学中,教师以问题为师生对话的引领,从设疑、质疑到答疑、解疑,学生的思维在问答之间循环往复螺旋上升。在问题设计的策略实施中要注意以下几个方面:

一是系统性。以主问题贯穿始终,形成问题链,引导学生针对问题,步步深入思考、学与思相结合,使学生答疑解疑的逻辑更为清晰,思想更为深邃。

二是探究性。问题的设计要能激发学生不断深入探索的欲望,要能进一步引发学生学习的兴趣。问题的内容可包含从一个知识点到多个知识点的学习,从书本知识拓展到生活现象的探究,学科领域可以从一门学科到跨越多门学科的联动,解决方式可以从个人解答到团队协作,以此来开阔学习视野,提升思维能力。

三是针对性。提问的覆盖面应兼顾全体学生,特别应关注到不同类型的学生,有时针对某些学生需要降低难度或借助学习工具,给他们量身定制个性化的问题设计,让他们通过问答对话的思维碰撞,从被动到主动进行师生、生生互动。

2. 深度对话,重知识的运用

OECD 教育革新中心划分了课堂对话的五种水平[②]:(1)背诵,这是师生之间问答的交互作用的最普遍的传统类型,基本上是由教师实施的持续的口头问答,由一连串的"IPE"问答组成,IPE 是指教师"提问"(initiate)、学生"反应"(respond)、教师"评价"(evaluate);(2)以教师为中介的对话。这是维持 IPE 的模式,以单元的逻辑为基

---

① 钟启泉.解码教育[M].上海:华东师范大学出版社,2020:116-120.

② OECD 教育革新中心.学习的革新:21世纪型学习的创发模型[M].有本昌弘,主译.东京:明石书店,2016:100-101.

础,有建设性的目的,或是指以苏格拉底式的问答法与比较自由的讨论,由教师引导学生发言的一种方式;(3)教师控制的讨论与辩论,指采用讨论、辩论以及表演等来提供对话结构的方式;(4)小组讨论,通常指学习者就给出的论题分小组进行非正式讨论,由教师担当评论员;(5)围绕真实性问题解决的讨论,互动的内容不是针对单纯的话题,而是围绕真实性问题解决的讨论。

这五项水平的互动对话由浅入深,不断推进,从以阅读教科书为互动内容的中心,由教师控制的对话,逐步过渡到以学生为互动对话的主体,直面真实问题的解决。要提升教师导学的有效性,我们所追求和实施的是师生之间的深度对话:教师在真实情境中引导学生去思考、寻找问题解决的途径与方法,而后通过对现实世界的一个个真实问题的解决,来剖析、理解、掌握解决问题背后的知识原理,进而再去运用学习掌握的知识原理去解决下一个实际问题,在学以致用、用以致学的螺旋上升的学习轨迹中,学生获得的是受益终身的运用知识解决问题的能力。

三、走向有价值的教师导学

就如同世界上没有两片完全相同的树叶,每一位学生都会有不同的学习优势和潜能,很难说哪一种优势和潜能更优异,但一旦被激发显现都会对学生的成长产生积极的推动作用,所以教师应运用教育的专业技术,引导学生比较分析优势智能、学习风格、学习关键期、学习环境等因素,发现并确定自己相对容易学得更好或感兴趣的学习内容、学习效率更高的学习时间以及更为适宜的学习环境,并引导学生将它更好地运用于学习过程中[1],这是教师导学的价值所在。

(一)注重能力培养的目标确立

目标是行动的引领,正确的目标更会给行动注入动力。在学习过程中,每个学生都应在对自我全面认识、准确评价的基础上确立适切的目标,这就需要教师给予专业支持与帮助,使目标更精准适切。

1.科学评价,认识自我

作为教师在导学之前,既要对相关的教育理论有准确的理解,又要全面掌握评价工具的使用技术。而后教师运用评价工具与技术,多维度采集、汇总、分析学生与学习相关的数据信息,了解判断每位学生的学习优势与潜能。进而,指导学生明确测评的流程、理解数据信息与对应的学习因素之间的关联,引导学生对自己的学习情况有合理准确的评估与认识。

2.个别指导,明确方向

教师要运用学习评价的相关数据,对每位学生的学习特质作深入细致的分析,例

---

[1] 董君武,方秀红.优势学习的理论建构与实践应用[M].上海:华东师范大学出版社,2019:14.

如最佳的学习时间、最感兴趣的学习内容、最优的学习方式等,使后续的指导能更具体清晰。在此基础上,教师要把这些深入分析后得出的结果与学生进行个别化交流,让学生清晰认识到自己在学习上的优势所在,并反思自己的学习状态,寻找学习进步或遭受挫败的原因,判断和选择最适合自己的学习内容、学习时间、学习环境等,调整自己的学习行为,确定与自己实际情况相匹配的阶段性学习目标。

3. 过程反馈,调整优化

教师要对学生的学习情况进行过程性的观察跟踪,鼓励督促学生根据目标,运用好自己的优势与特质进行学习,同时教师还需进行阶段性的测评诊断,进行比较分析,把测评结果及时反馈给学生,指导学生进一步调整学习目标,完善和优化学习过程,以取得更好的学习效果。

(二) 以学习者为中心的导学设计

教师导学要更好地走向有价值学习,对于导学的设计就会提出更高的要求。设计的核心应基于学习者内在的学习需求,明晰其学习优势和潜能,了解其学习中亟待解决的疑点、难点,而后通过个别化的学习内容、丰富的学习活动、灵活的作业练习等途径,开展适切的点拨与指导,才能更好地发挥教师导学在学生有价值学习中的功能与作用。

1. 个别化的学习内容

教师在导学内容设计时,应充分尊重学生的个体差异,熟悉了解每位学生的学习基础与能力,关注到不同学生的不同优势。基于课程标准,分析教材,梳理知识体系内容,根据学生不同的学习状况,进行差异化、分层次的学习内容个别化设计,让每位学生通过教师的导学设计,学习适合自己的内容。

2. 丰富的学习活动

教师导学过程中,根据学生不同的学习能力、认知水平、性格特点,设计丰富的学习活动,例如在课堂中的提问讨论、小组合作、分队竞赛等学习活动,特别是在以小组形式进行活动时,教师应设计角色与任务分工,或记录、或观察、或动手操作、或总结、或观点分享概括等,让每位学生积极参与其中,都有展现的机会与平台。同时,要为学生创设更为多样的课外活动,例如:聆听音乐会、参观博物馆、走进大自然、走入社会,在学生参观考察实践体验中,教师有准备、有设计地根据不同学生的学习需求,进行针对性指导、点拨,引导学生在广阔的学习时空中,体验学习的乐趣,实现学习潜能的发展。

例如,上海市风华中学的汽车电路设计公司课程:[1]

---

① 本案例由上海市风华中学杨国强、罗欣老师提供,有改动。

"汽车电路设计公司课程"是学校的特色课程之一。课程先设计了"风华汽车电路设计有限公司"这一真实的情境,课程实施则按照"教师示例下的案例性任务——教师引导下的团队合作项目——独立性学习任务"阶梯式设计思路来推进,既符合学生的学习认知规律,又在教师的适度指导下,不断推进学生的自主探索、自我创造。例如在其中一项学习活动具体实施时,教师下发"活动任务单",要求每个设计小组在规定时间、预算之内,完成汽车具有延时关闭功能的前大灯的设计并在车上完成测试,并给予项目任务的评价指标参数。每个项目小组经过团队分工,由四位学生分别以产品经理、电路设计师、电路工程师、成本核算师身份组成,团队协作完成相应的学习活动。最后在学生小组之间进行自评与他评的基础上,教师扮演的客户经理依据评价标准的各项指标同各项目小组一起选出最佳方案,并作出嘉奖。

　　从以上案例我们可以发现,学生自主学习的质量与最终实现的自我创造,与教师的导学设计有着直接的关系。结合真实世界的课程设计、从解决问题出发的任务设定,让学生觉得新奇,不断激发着他们的求知欲望。教师在学习活动设计与实施中根据每一位学生的特点和发展需求进行个性化的角色分工,并明确承担角色的任务要求,增加了学生获得更好学习成果的可能性。教师下发的"任务活动单"的"指标参数"与最终的"评价标准"有着高度的一致性,这样既为学生自主学习搭建了强有力的支架,也使评价能更好地引导学生的学习方向,发挥"以评促学"的作用。

3. 灵活的作业练习

　　作业练习同样要体现因人而异的差异性和分层化,要根据学生的学习能力设定不同难度、不同题量的作业练习,让每位学生都能体会到学习的获得感。同时作业练习设计要弹性灵活、新颖多变:从形式上可以是口头的、书面的,也可以是动手实践的等;从完成时间上可以有长、有短,甚至根据学生的学习发展情况,弹性设定完成时间,给予学生更多自主支配的可能。灵活多样的作业让学生有更多的选择,总有一款能适合独一无二的"你",从而激发学生的学习兴趣,促进学生优势学习与发展。

　　从孔子时代的"不愤不启,不悱不发"到今天关注个体差异,发挥优势潜能的教师导学,越来越关注的是人的全面而有个性的优势发展。教师导学作为学生一种重要的学习方式,在学校教育实践中要实现其价值性,需要教师充分尊重学生的个性发展,转变教育观念,不断提升专业素养。同时也需要学校做好顶层设计,从课程规划、教学实施、队伍建设、环境创建等方面做好系统化的构架,持续推进方能显出成效,进而更好地促进学生从有效性学习走向有价值学习。

第十一章　实践性学习与浸润式学习

人类认识世界所获取的经验,可以分为直接经验与间接经验。直接经验是人类个体或群体为了生存与发展的需要,面对大自然的环境与条件,直接参加生产劳动,以获取个体和种族延续所必需物质产品的过程中,逐渐形成或积累起来的经验。而间接经验,则是由直接经验经过归纳总结、提炼抽象而形成的具有一定概括性、普适性的人类经验,可以通过语言、文字等媒介,对于那些没有经历获取直接经验过程的人们,也可以获取相应的人类经验。随着社会发展与文明进步,间接经验的学习在人类知识与经验中的作用与地位,显得越来越重要,于是学校教育作为人类文明传承、传递与传播的重要机构,从萌芽、产生到发展,今天,已经成为人类发展不可或缺的组成部分。

然而,考察人类的知识与经验,我们不能偏废直接经验与间接经验的关系。事实上,知识经验根据传递的途径方式,可以分成明述知识与默会知识。明述知识指可以用语言表达并传递、传播的知识,而默会知识通常先于明述知识而存在,它更多与能力素养相关,却难以用语言表达,很难通过语言实现传递与传播。[①] 不难发现,默会知识需要人们投身于真实环境中,面对真实问题的解决,获得体验与感悟,接受文化浸润与熏陶,并逐渐内化为自己的知识与经验。因此,当学校教育对于学生学习间接经验的有效性得到充分提升的条件下,引导学生走向真实社会,在社会实践与文化浸润中,实现能力与素养的全面提升,应该是促进学生有价值学习非常重要的学习方式。

---

① 董君武.个性化学习的系统建构与实践探索——以上海市市西中学为例[M].北京:人民出版社,2017:79.

第一节　实践性学习,直面真实问题

实践性学习是学生在真实的社会环境或学习空间中,在教师指导下,针对自己学习需要,通过独立或团队合作自主解决真实性问题而展开的一种学习方式。实践性学习与其他学习方式具有本质区别,有其独特的内涵特征,在学生的学习与发展中具有不可替代的价值与功能。

一、实践性学习的本质与特征

近年来,"社会学习""综合实践""实践学习"等词汇已经引起中国教育界的广泛关注。20世纪末,我国将综合实践课程作为一种课程形态,纳入课程方案,这是从学习内容维度的一种设计。其实,实践是一种参与社会活动的过程,是一种学生参与活动的学习与体验过程,是学生获取直接经验,感悟默会知识的方法与途径,因此,从这一角度看,实践就是一种获取知识与经验的学习方式。

(一)实践性学习的本质

实践性学习从本质上来说,是新型的教学观或教学形式下的一种学习方式。每个教师的授课方式和风格都是不一样的,这是教师在长时期的教学中,因不同教学观念而导致的。对于很多教师,特别是那些教龄较长的教师,他们已经习惯了自己熟悉的传统的教学方式,如果想让他们使用实践性学习这种新型的教学方式,那么就要使这些教师在思想上确立"在实践中学习"这种新型教学观。实践性学习首先是一种观念的存在,只有在这种观念的指引下才会产生相应的行为,所以,实践性学习观念要先于教学实践形式而存在。

美国波士顿大学管理学院教授约瑟夫·A·雷林提出的实践性学习(Work-based Learning)理论认为,实践性学习即在工作中的学习,实际上是一种实践与学习相融合的过程,实践性学习崇尚理论,并将理论运用于现实生活。

理论与实践来自两个不同世界,理论往往被描述成是思维的世界,而实践则常常指行为的世界,实践者常常认为理论是不实用的,是"学院式的",是"象牙塔式的";另一方面,学者们通常将实践看作是平庸的,非理论性的。这两种看法都是很片面的,走向了极端。实际上,知识是经历了建构与内化的过程,它是一个静态与动态兼而有之的概念,既是集体的活动,又是个体的思索过程,所以,实践性学习强调必须将理论与实践相结合,因为,理论只有通过实践,才会变得有意义,实践也只有通过理论的思考过程,才会变得更有效果。实践性学习必须在显性知识和隐性知识之间建立桥梁,在理论与实践之间建立联系,基于情境的认识,实践者使用理论来形成自己对于环境的理解,与此同时,实践者还必须意识到组织活动所蕴涵于其中的社会进程。

实践性学习提出者舍恩认为,当一个学习者进行实践性学习时,他才会成为实际情景中的研究者,并在这种过程中获得正式的和严谨的专业知识。实践性学习是指在工作现场或实训基地、实验室等实践情境,学生通过实践方式进行的学习。实践性学习是实践教学的基础,它是一个完整的体系。实践性学习的重要价值更在于学习视野、思维角度、思想观念的变化,这种变化是"学习力"的基础。

因此,实践性学习即能够体现课程实践性特点的教学活动,是基于问题情境,以解决问题为核心的一种学习。我们可以从教师、学生、学习内容三个角度来理解实践性学习。从学生的角度看,学生应该处于主体地位。课堂应该是学生"践行"的场所,而不是仅听教师"言说"的课堂。在推行实践性学习的过程中,我们应该为学生设计一个与现实生活、与他人交往的情境,充分调动学生的积极性,使学生在言语实践中积累经验和体验,应该让学生更多地直接接触学科材料。从教师的角度看,教师应该由过去的传授者转变为组织者、促进者和合作者,教师必须转变"学科本位"的课程观,构建与生活密切联系的学科教育观,必须具备课程意识、资源意识和生成意识。教师应该在充分理解文本的基础上,"挖掘文本中的实践停靠点,促进实践性'场'的培育,着力于'场效应'的生成,激励、引导学生的主动性实践性学习、交往性实践性学习、创新性实践性学习、体验性实践性学习"。①

综上所述,实践性学习是指在教师有目的、有计划的指导和调控下,学生主动参与实践和体验,并由此促进并实现学生全面发展的学习活动方式。

(二) 实践性学习的特征

北宋著名的理学家程颢、程颐兄弟指出:"力学而得之,必充广而行之。不然者,局局其守也。""言而不行,自欺孰甚焉?"意思是,所学的知识只有在实践中加以理解和运用,才能使自身得以充实和提高,否则则裹足不前。只注重学习而不付诸行动不仅是自欺欺人,从本质上来说,还是没有获得真知。马克思主义实践观认为,实践是主体见之于客体的活动,它是连接主体与客体的纽带,主体与客体在实践中实现统一。实践活动在改变客观世界的同时,也推动着实践主体的主观世界发展。由此可见,实践性学习是连接主体与客体、理论与实践的桥梁,它是解决学校教育脱离社会生活的重要途径,也是培养学生掌握科学方法,启发学生思维,提高学生综合素质、实践能力和创新能力的重要基础。

实践性学习可以分为体验型实践、生成型实践以及拓展型实践。因此,实践性学习具有综合性、开放性、生成性、主体性、创造性的特点。

1. 综合性

综合性是实践性学习的基本特点之一。实践性学习注重学生的实践。它强调学

---

① 权文红.语文实践活动教学初论[D].济南:山东师范大学,2005.

生在实践中掌握和综合运用知识,注重发现问题、分析问题和解决问题能力的培养,注重实现本课程与其他课程的沟通,突出书本学习与实践活动的结合。实践性学习的内容与对象涉及到学生的生活领域、自然领域诸方面,具有综合性的特征。

2. 开放性

实践性学习展开的过程与形式,具有开放性的特征。通过实践性学习,书本知识与社会生活密切联系起来,丰富了教材内容,学生所获得的远不止书本上的知识和技能,而是视野的开阔、思维的开发,个性、创造性以及综合能力的提升,所有这些都不是封闭性的状态,而是开放的、可延伸与拓展的。

3. 生成性

实践性学习还具有生成性特征。实践性学习倡导自主、合作,在探究中学习,学生探究发现、大胆质疑、合作分享,在实践体验中,得到感悟,获得知识与经验。学生不仅能从预设的教学中获得知识,而且能在互动交流的动态过程中,发现和创造新的知识。

4. 主体性

从参与维度看,实践性学习具有主体性特征。在实践性学习中,学生主动参与、充分活动、积极体验、亲身感受、大胆表达。通过实践性学习,可以激发学生学习兴趣,调动学生内驱动力,由"让我学"真正转变为"想学—会学—乐学",学生对于学习的兴趣、意志能够最大限度地表现出来。

5. 创造性

实践性学习是推动学生独到见识、大胆创新的主要形式。通过实践性学习,可以开阔学生的视野,帮助思想和思维向深度和广度发展,丰富学生想象力,促进学生创造力的培养与发展。

总之,实践性学习具有综合性、开放性、生成性、主体性和创造性等特点,通过实践性学习,既可以把理论与实践有机地结合起来,提升学生理论学习的兴趣,又可以增强学生与学生、学生与老师、学生与知识间的联系,从而全面提高学生的素质和综合能力,使学生在"知"的基础上强调"行",通过"行"来理解"知",最终实现知行合一。

二、实践性学习的有效性策略

自从综合实践课程列入国家课程计划以来,我国教育工作者在推进学生实践性学习方面,开展了一系列的教育实践与研究,取得了一定成效,发挥了实践性学习对于学生全面发展的积极功能与作用,推动了实践性学习有效性的不断提升。通过教育实践研究,形成了一些实践学习的有效性策略,例如,内容丰富性、对象针对性、主题即时性和空间延展性等。

（一）内容丰富性

如何让学生积极主动地参与实践性学习,学习内容的丰富性和多样性尤为关键,它不仅能满足学生对学习的不同需求,更能将单纯的记忆、模仿等学习转变成学生动手实践、自主探究与合作分享的学习。

实践活动内容可以丰富多样:有社会调研、行动引导、作品设计、情景模拟、人物访谈、故事分享、学习反思等。其创新性体现在:一是实践活动多数是"跨类型"的,例如许多"调研类"活动可以与"人物访谈"类活动结合在一起,而很多活动的开展又都伴随着"故事分享""作品设计"和"行动引导"。二是实践活动的设计吸收、借鉴了职业生涯教育、创新创业教育、心理健康教育、游戏化学习等领域的一些有趣有效的内容,比如"生涯环游""电梯演讲""平衡轮"等,即使是一些社会调查、影视欣赏、阅读分享等传统实践内容,也力图通过活动流程、工具方法、成果形态的重构,使其更有趣、有效、有新意。

例如:学生社团活动开设的目的就是为不同年级的学生提供了不同的学习内容,社团课程是一种学生参与程度更高,参与面更广,主体作用更大的综合性实践课程。静教院附校将学生社团活动纳入学生的实践性学习内容范畴中,并且让学生作为课程设计与实施的主体,学生可以根据自己的兴趣爱好以及特长,自主开发和设计社团课程,自发申报社团。如蓝风传媒社团完全依据课程的要素开发和实施社团活动,制定了社团的目标,确定了社团的活动内容,拟定了社团的章程,设计了社团的会徽,并为每一位社员制作了印有社团名称的工作服,制定了独特的课程评价制度。蓝风传媒社团为学生提供了学习信息技术的平台,让每一位社员用自己的双眼发现身边发生的每一件事,并通过现代科技将他们的所见所想记录下来,可以是体现学生艺术与摄影技术的照片,也可以是运用信息技能制成的视频,并将视频挂到土豆网上,以点击率的多少来考评社员。又如生活百科社团,这是学生报名最踊跃的社团之一,原因是生活百科社团中的实践性学习,不仅能让学生掌握解决生活中实际问题的技能,而且打开了脑洞,让原来固有的思维有了突破,学生们在社团活动中,头脑风暴,合作互助,有成功、有失败、有喜悦,也有不尽如人意,但是这种学习知识与技能的过程是在书本学习或者课堂学习中无法体会到的,这样的学习发生在顺其自然、不急不躁的学生动手实践中。

具有实效性的德育应当走近学生的生活实际,挖掘两种资源:一种是资源本身十分感人,另一种是用身边的事教育身边的人。一本固定的教材永远无法涵盖千百万学生丰富多彩的生活经历,教材中所描述的某些故事学生没有经历过,学生经历过的教材中却没有。因此,实践性学习过程中,与生活紧密连接的实践活动,可以有效促进学生思想品德的内化与道德水平的提升,提高德育的实效性。

（二）对象针对性

真正高质量的学习，一定能够让我们与真实的世界建立有效联系。只有将学习从功利性的导向中解放出来，专注于让知识在今天就可以让自己变得更好，学生才能真正喜欢学习，努力提高学习能力，具备未来所需要的各种能力和素养。而一本教材无法顾及到千百万学生因为不同的的思想基础、生活经历和社会影响等，存在着的地区差别、校际差异，却一厢情愿地试图让全国、全市学生都"齐步走"。所以，让实践性学习具有对象的针对性，才能使学习更加有效。

例如：静教院附校不仅仅是看学生掌握了多少知识，提高了多少能力，而是以国家课程标准为准绳（方向），并将其内化为学生的思想品质，外显为学生的实际行为。从学生的实际出发，对上述相关问题进行了解和判断，从而促进了学生的品德形成，开启了他们自主探索、共同体验、共同感悟的生命投入过程与人生成长历程。

精准地分析学生学情，基于学情进行实践性学习才是最高效的。例如：静教院附校初中的学生相对生源比较好，在小学阶段担任各级各类干部占年级总数70%以上。尤其是广大家长认同校长的办学理念：全面关注学生学习生活质量；全面关注每一位学生的健康发展，并渴望让孩子在共青团组织中接受系统的人生观启蒙教育和学习。据统计，这一年龄段的学生渴望加入共青团组织的占95%以上，并把进入"少年团校"学习作为自己中学阶段的又一个人生目标。

学校将"少年团校"的学习作为学生实践性学习的平台，每一次团校的课程都基于学生的问题以及学生的实际需求进行设计，学习形式多样。学生参与少年团校不仅能对中国共产主义青年团有深度的理解，而且形成了自我学习、自我反思、同伴互助、合作共进的学习效果。

（三）主题即时性

让身边的事教育身边的人，让学习在实践中发生，让实践从课堂内走到课堂外。学校即社会，社会即学校，生活即教育，教育即生活。学校要充分利用师生身边便于获取的实践资源、教育资源，以学校、社区以及互联网空间为实践的主阵地，及时地利用各种资源，指导学生开展实践学习。

例如：目前学校使用的国家课程的教材通过编写、印刷、发行的过程，往往存在个别章节的内容有些滞后，而教育有效性的高低，又往往体现在它的时效性上。用新近发生的鲜活事例进行教育往往更加有效。如2019年12月爆发的新冠疫情，全民关注，这一教育资源在学生线上学习过程中凸现了教育学生的有效性，语文老师就适时指导学生开展实践性学习，引导学生收集新冠防控过程中的感人事迹，有发生在学生身边的真实的事情，有从身边的人获取到的信息，也有从各种媒体了解到的情况。这些事迹的发现与了解，让孩子们在收集各类信息的实践中被深深地感动。虽然不是学生的亲身经历，但通过自己的眼睛、耳朵发现的这些感人的事迹，让学生内心有了触动,人间的情谊不仅在亲情、爱情、友情、同学情,还有不相识的人,竭尽全力为之付出的真情。

(四)空间延展性

每一个学生的思维模式,处理和解决问题的方法都不一样,教师就需要延伸和拓展学生实践性学习的空间,鼓励学生用自己喜欢的方式、方法,大胆地进行尝试、猜想、探究,增强学生自主、合作能力,培养学生创新、探究能力。延展学习空间也就是拓展学生的思维空间,丰富学习知识,用科学的方法在实践中学习。

学校可以将能够反映学生学习经历的选修课程,在时间、空间、形式和内容上进行整合,形成一批深受学生欢迎的课程,拓展学习时间与空间,让学生在课程实施中学习,在学习任务完成中实践,真正体现实践性学习带给学生的价值。

例如:静教院附校的"明星闪亮三十分"拓展性实践课程,为学生搭建每周展示艺术才能的舞台。学校从时间、空间、活动机制上加以保障,每个班级的学生每学期都有机会闪亮登场,组织策划——具体实施——适时调整——评价反馈,都由每个班级的师生共同开发与实施,在"明星闪亮三十分"展示的准备期间,每一位学生都可以根据自己的实际能力有选择地投入到这个活动中,可以是主持人,也可以是台词的设计者;可以是演唱者,也可以是音乐的选择与编辑者;可以是编舞,也可以是舞者。在"明星闪亮三十分"表演的当天,学生可以根据自己的需求自己选择,可以在操场上席地而坐观看,也可以在教室的窗台上观看;可以边打篮球边感受,也可以边写着作业边听转播。这样的实践性学习过程中,无论表演者还是策划者,无论观众还是听众,都在不同的时空收获到了"明星闪亮"这种学习带给自己的喜悦,有对表现满意的喜悦,有对未来期待的喜悦,也有对同伴欣赏的喜悦。课程评价也是多元的,观看人数的多少,师生的喝彩声、掌声,校园网上的评论等都是对"明星闪亮"的认可。

三、走向有价值的实践性学习

实践性学习是一种面对真实环境和问题解决的学习,是学生实现社会化的重要途径。实践性学习基于学生的知识、经验,根据自身的兴趣与需要,联系社会实际,在面对真实环境中真实问题的提出、分析与试图解决的过程中,获得经验,学会知识,这样的学习超越知识与技能学习中的学科界限,有助于学生综合能力与素养的培养,有助于学生的社会化。因此,在指导和推进学生的实践性学习过程中,如果能够进一步关注学生的生存方式、关注学生的终身学习、关注学生的"生活世界",一定可以更好地促进学生的学习与发展,使实践性学习在促进学生成长与全面发展过程中,发挥更大的育人价值。

(一)关注学生的生存方式

学习是人类与生俱来的一种遗传素质,学生从出生开始就对自己生存的世界充满了好奇,充满了探究的欲望。当学生的知识积累和能力培养发展到一定阶段,他们会对世界产生更加强烈的探究欲望,不再满足对于书本知识的简单重复和死记硬背。随着学习和生活空间的不断拓展,学生的知识、阅历不断丰富,世界观、人生观和价值观开始形成,这时,学生逐渐形成对自我、对人生、对社会的认识,形成对个体和对社会生存方式的思考能力和判断能力。而这种认识和能力,需要在现实生活和社会实践中,接受与应用、比较与检验,这样才能使学生的认识和能力更加完善。在学校教育中,通过拓展学生的学习空间和学习内容,指导学生开展广泛的实践性学习,引导他们在生活中学习、在应用中学习、在行动中学习,是对学生生命及其生存方式的一种关注和尊重,有利于对学生学习需要的唤醒与激励,从而促进学生全面而富有个性化的学习与发展。

教育的重要任务在于培养学生的生存能力。生存教育的根本在于培养独立性,即培养每一位学生具有独立分析和解决问题的能力,它是社会生存及进行创造性活动必备的条件。中学阶段,每学年都有培养学生生存能力的实践性课程。如何更好地发挥这些课程在学生发展中的价值,更好地满足学生生存与发展的需要,更好地体现学习科学的要求,这是学校教育在指导开展实践学习过程中值得研究与实践的内容,以更好地推进实践学习从有效性学习走向有价值学习。例如:大部分学校都会安排六年级、高一新生夏令营,九年级学生集中军训活动,高二学生学农,高三学生学工等社会实践活动,不同年龄阶段的学生所具有的生存能力以及能进一步提升的生存能力都不同。

(二) 关注学生的终身学习

实践性学习是一种学生在教师指导下自主选择进行的综合性的学习方式,它超越单一的知识学习,重视直接经验与间接经验的学习。实践性学习的过程包括学生的探究发现、质疑猜想、调查研究、实验论证、合作交流、社会参与、社区服务等内容和形式,体现了学生是教育和自我发展的主体,反映着学生个体生活和社会生活的需要。通过实践性学习中学生的自主活动和广泛交往,他们学习与发展的愿望得到加强,主体性意识得到强化,社会实践和探究能力得到提高,有利于调动学习的积极性,释放追求持续发展的终身学习的动能,促进其形成积极的、主动的、自主探究和合作分享的学习方式,引导其逐渐将学习内化为一种生活方式。

终身学习是指社会每个成员为适应社会发展和实现个体发展的需要,贯穿于人的一生的、持续的学习过程,即我们所常说的"活到老学到老"或者"学无止境"。在特殊的社会、教育和生活背景下,终身学习理念得以形成与发展,它具有终生性、全民性、广泛性等特点。终身学习启示我们树立终身教育思想,使学生学会学习,更重要的是培养学生养成主动的、不断探索的、自我更新的、学以致用的和优化知识的良好习惯。终身学习,讲的是人一生都要学习。从幼年、少年、青年、中年直至老年,学习将伴随人的整个生活历程并影响人一生的发展。这是不断发展变化的客观世界对人们提出的要求。人类从出生之日起,学习就成为整个人类及其每一个个体的一项基本活动。不学习,一个人就无法认识和改造自然,无法认识和适应社会;不学习,人类就不可能有今天的一切进步与发展。学习的作用又不仅仅局限于对某些知识和技能的掌握,学习还使人聪慧文明,使人高尚完美,使人全面发展。正是基于这样的认识,人们始终把学习当作一个永恒的主题,反复强调学习的重要意义,不断探究未知世界,开展持续的实践性学习。同时,人们也越来越认识到,实践无止境,学习也无止境。古人云:吾生而有涯,而知也无涯。当今时代,世界在飞速变化,新情况、新问题层出不穷,知识更新的速度大大加快。人们要适应不断发展变化的客观世界,就必须把学习从单纯的求知变为生活的方式,努力做到活到老、学到老,终身学习。

学校教育就是要让学生对学习有一个正确的认识,在中小学阶段不让学生对学习产生厌倦和抵触情绪,这就需要学校在进行课堂外教育时,遵循学生的认知规律,帮助学生自我完成知识的建构,培养学生的学习兴趣,养成学习的良好习惯,进而,引导学生在实践性学习过程中更加喜欢学习,持续学习,真正实现终身学习,让有价值学习在学生身上真实地发生。

(三) 关注学生的"生活世界"

实践性学习超越间接经验的局限,要求学生根据自己的知识、能力和兴趣,从社会和生活中提出问题,围绕人和自我、人与他人、人与社会、人与自然等方面,自主提出学习主题,并深入到真实的自然情境、社会环境和生活领域,与学习伙伴一起,开展探究与学习,在社会性的参与和体验中,逐渐形成对自我、对社会、对自然的整体认识,进而发展学生良好的情感态度价值观。因此,实践性学习为密切学生与生活、社会、自然的联系架起了一座桥梁,是一种关注学生"生活世界"的学习方式。

例如,静教院附校为了让一年级新生尽快适应学校的学习与生活,完成从幼儿园到小学的过渡,自主开发了以"初识科学"(6 课时)为主题的综合活动实践课程,培养学生学习习惯,学会一些基本方法和技能,为以后的学习探究打好基础。"观察黄粉虫"是"初识科学"中的一课,见案例11.1。

案例11.1 观察黄粉虫

观察和记录是科学探究中两项最基本的技能,也是学生必备的基本学习方法。针对一年级学生,试图通过对黄粉虫的观察与记录的实践性学习,以三次"看、画、议"的循环过程,让学生在实践中体验、感悟观察与记录的方法,获得观察与记录的直接经验。学生的实践分三步完成,具体安排如下:

第一步,要求学生仔细观察黄粉虫,根据观察画出黄粉虫,并与同桌比较画出的黄粉虫的区别。然后,请学生把各种黄粉虫的画展示在黑板上。

第二步,以4位同学为一组,比较各自画出的黄粉虫,讨论:"哪些符合真实的?""哪些部分有问题?""原因是什么?""怎么改正?"教师适时以小纸条启发学生:"我画的黄粉虫有几条腿?身体分几节?"在小组讨论的基础上,要求学生第二次画黄粉虫。

第三步,各小组派代表交流讨论的过程与结论,引发全班学生讨论,将观察和思考引向深入,帮助学生将观察的切入点转向对数量与位置的精细关注,引导学生在实践中体验与感悟何为仔细、全面的观察,然后,要求学生根据第三次的讨论,再次修正黄粉虫的画。

在这一实践学习中,几次"看"和"画"的过程,帮助学生在实践中暴露相异构想,特别是对于某些第一次就画"对"的学生,如果没有后两次的暴露,教师是无法掌握他们"蒙对"的事实的。而且在"议"的时候,通过小组等形式,与他人比较讨论,并在教师小纸条的帮助下,引导学生在实践中逐步掌握观察与记录的方法。

这种在实践性学习中"先做后议,多次循环"螺旋式上升的教学方法(见图11.1.1),不仅适用于观察与记录能力的培养,在其他的探究与学习技能上,也可以适用。

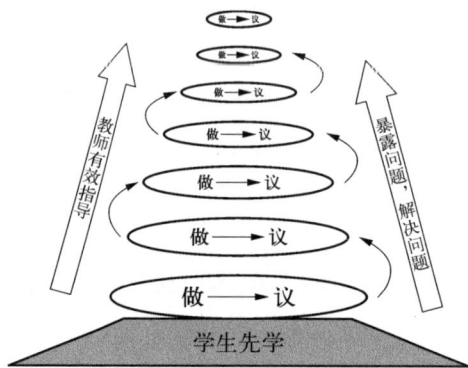

图 11.1.1

总之,实践性学习有利于学生加强对自然和社会的了解,增强学生的主体责任,促进学生终身学习意识的确立与强化,有利于在真实环境中学习与实践,促进学生创新精神和实践能力的培养,良好的情感态度价值观的形成。

第二节　浸润式学习,内化文化感悟

每所学校在长期办学过程中,会形成一种集体人格,成为全体人员(包括教师、学生、校友及家长)共同的价值判断与行为选择准则。这种内化于学校成员的文化存在,构成了学校之间的根本性差异,对学生的学习与发展产生着深远的作用与深刻的影响。因此,浸润于学校文化中而获得观念和规范、知识和经验、体验和感悟,是学生不可或缺的学习过程,也是学生学习与发展的重要途径。我们所讨论的"浸润式学习",是指在有目的、有计划设计并建构的学校文化环境与氛围中,引导学生主动投身其中,依靠自己的感官系统,有意识收集并思辨文化元素与信息,并逐渐内化为自己的文化认知与价值标准,外显为行为选择能力的学习过程与方式。①

一、浸润式学习的本质与特征

浸润式学习,不同于其他学习方式,具有独特的内涵与鲜明的特征。

(一)浸润式学习的本质

对于浸润式学习的概念的形成,可以从"浸润"的解释中溯源。我国辞书中对"浸润"一词有以下三种解释:第一,"浸",在《现代汉语词典》中有"泡在液体中""液体渗入或渗出"和"逐渐"之意。"浸润",则可解释为"(液体)渐渐渗入""渐渐发生作用"等意思,在教学中为学生创设一种浓厚的学习氛围,以期取得理想的教学效果。因此,"渗透"是浸润式学习模式所追求的一个目标。第二,"浸润"还有"逐渐浸染"之意。根据我国目前的师资现状和学生基础,要创设一种"渗透"环境决非易事,不可能一步到位,而只能是一个由量变到质变的渐进过程。第三,"浸润"作为一个物理学名词,指的是固体与液体接触时,它们的接触面能扩大而相互附着的现象。②

在教师通过创设一种浸润式的学习环境,让学生通过亲身体验获得知识、技能和态度的学习方式,是一种教师为学生创建一个自然接触知识并轻松把握学习目标的环境的学习模式。例如:在语言教学中,教师要运用视频、图片、教室内合适物品等,为学生构建一个和谐有趣的学习环境,让学生通过主动参与学习活动、合作互动等开放性认知方式发现语言规律,掌握语言知识和技能,轻松愉悦地完成学习任务。学生学习活动以接触整体学科内容为前提,以游戏、活动、互动对话、自我展演等为学习和输出语言的主要方式,通过师生间、生生间互动交流,不断调整情感态度与学习方法,从而达成学习目标,形成积极的情感体验和自主学习的认知策略。因此,"条件"是浸润式学习能否得以实施的一个关键因素。不难看出,"渗透""渐进"与"条件"是阐释浸润式学习模式的三个关键词。③

从教育教学的角度来看,"浸润"的主体不仅包括教师,还包括具有主观能动性的学生。"浸润"的客体则主要指教学主体所处的文化环境与氛围,而这种环境和氛围能真正发挥浸润性功能。因此,浸润式学习是指借助一定的教育手段,创设特定的育人环境,使得学习主体"泡"在便于理解、乐于接受的环境中,经过"渗透",获得知识、技能,以及积极的情感、态度,逐渐形成价值观的学习方式。浸润式学习方式所说的这种渗透过程,就是学习主体——学生自觉学习、主动参与、体验感悟的过程。浸润

---

① 董君武.个性化学习的系统建构与实践探索——以上海市市西中学为例[M].北京:人民出版社,2017:82.
② 姜宏德."浸润式"双语教学模式的建构与实践[J].教育发展研究,2004(06):32-34.
③ 同②.

式学习方式强调要把被动接受转变成自觉建构。①

学校文化环境与氛围的创设,是浸润式学习的关键性环节。这需要学校成员在全面分析了解学习主题现实与发展需要的基础上,综合运用语言、情感、活动、情境等手段,营造出有利于激发学生学习兴趣,促进学生思维启动,帮助学生知识建构和陶冶学生高尚情操的学校文化环境与氛围。②

(二)浸润式学习的特征

浸润式学习是一种新型的学习方式,由加拿大学者提出,最早应用于双语教学,为第二语言的教学开辟了新的道路,成为加拿大双语教学中极具特色的教育形式之一。这种应用于语言学习的浸润式学习具有主体性、民主性、发展性、启发性和全面性等特点。我们所讨论的"浸润式学习"远远超越了加拿大学者的仅仅应用于语言学习的概念,是一种基于学校环境建构与氛围营造,注重学校文化的创生、传递与传播,而让学生浸润其中、内化于魂、外显于行的一种学习方式与学习过程,即:学生在环境与文化浸润过程中,得到学习与发展的一种学习方式。这种浸润式学习方式具有社会性、内隐性、深刻性和持久性的特征。③

1. 社会性

浸润式学习,是学生沉浸在他所处的文化环境之中,主动接受文化洗礼与内化的过程。这一过程体现着由社会和学校成员在长期生活、工作和教育过程中形成的共同的价值选择和行为要求。因此,浸润式学习,是在社会与集体中,通过体验和感悟,逐渐内化的过程,具有社会性的特征。教育的重要任务是实现学生的社会化,从自然人向社会人的转变,浸润式学习可以更好地引导学生通过感悟,形成社会共同的价值标准和行为规范,从而帮助学生更好地认识并融入社会,完成社会化过程。

2. 内隐性

文化对人的影响是在潜移默化中发生的,这种影响在人的发展过程中的作用和效果是潜在的。学生身处在学校和社会文化环境中,开展浸润式学习,是一种内隐性的学习过程,常常难以用一种简单的指标来测评学生通过文化浸润所取得的效果,然而,即使这样,学生在文化浸润过程中所获得的进步与发展,却是可以真实地感受到的。因此,文化浸润的学习具有内隐性的特征,这种学习是默默地、渐渐地,甚至在人们不知不觉中改变着学生的认知、思维,改变着他们的价值判断和行为选择。犹如"小火煲汤",我们不能因为"火小",短时间几乎观察不到什么变化,而忽视"煲汤"的

---

① 朱梅.高中思想政治课浸润式教学研究[D].苏州:苏州大学,2010.

② 同①.

③ 董君武.个性化学习的系统建构与实践探索——以上海市市西中学为例[M].北京:人民出版社,2017:83-84.

过程和潜在变化的价值,同样,我们不能由于文化浸润这一学习方式对学生影响的内隐性,人们短时间很难发现学生的变化,而忽略文化浸润作为一种学习方式的价值和重要性。事实上,也许通过文化浸润方式而获得的体验感悟,对于学生的个性化学习与发展更具"营养"价值,可以滋润学生的心灵。

3. 深刻性

学生通过文化浸润习得的经验和感悟,是在一种逐渐累积中获取的,似乎短时间难以观察到学生通过文化浸润而引发的变化。然而,学生一旦通过长期的文化浸润而获得对文化的认同,并外显为他的价值和行为选择,这时对学生的教育和影响,却是非常深刻的、牢固的。所以,作为一种学习方式的文化浸润,具有深刻性的特征,学生通过文化浸润而感悟的认知和经验,是他在社会和学校中形成的一种共同的文化追求,对学生而言,是一种"溶入血液"中的文化符号,既表征着他所生活、学习和工作环境所共有的集体人格,又使他在这种文化的深刻影响下更坚定地自觉追求学习和发展。

4. 持久性

文化浸润,是学生通过浸润缓慢地获得文化的认同,学生习得的这种认知和经验,不仅他们的感悟是深刻的,而且对学生未来学习与发展的影响也是持久的,浸润式学习作为一种学习方式,具有持久性的特征。持久性具体表现为:学生通过浸润而习得的认知和经验,一旦拥有,它就会持久地作用于人们的价值判断和行为选择,这种影响甚至会贯穿人的一生,作用于一个人的终身学习与发展。而且,学生通过浸润的习得,常常是非常牢固的,甚至一生也难以有些许改变。所以,作为学校教育,要重视学生的浸润式学习,重视这种学习方式对学生发展的重要性,应该积极建设学校文化来影响和熏陶学生,促进学生在"浸润"中逐渐形成正确的价值判断和行为选择,促进学生终身的持续的学习与发展。

二、浸润式学习的有效性策略

浸润式学习是学生沉浸于环境与文化中,在教师引导下,主动感悟学校文化特质,通过对环境与文化的认知、思辨、评价,逐渐内化为自己的价值判断与选择标准,并外显于行为的能力与表现的过程。因此,浸润式学习的有效性表现在学校环境与文化对学生的影响程度、内化水平和外显能力,提升浸润式学习的有效性,就应该在这些方面下功夫。

(一)环境氛围,引导浸润体验

学生的学习在校园中的任何一个角落,每时每刻都在发生。走进校门的那一刻,学生便浸润到校园环境文化中。校园环境的营造,温馨教室的建设,甚至学校的每一堵墙都有着育人的作用。因此,校园环境的优化是学校营造育人氛围过程中不可或缺的组成部分,可以让学生浸润在优美的校园环境中,在学习过程中得到更多的体验与感悟,更好地实现学生的持续发展。静教院附校在新校园设计与建设中,努力将育人理念融入建筑之中,赋予学校建筑以教育灵魂,给我们提供了一个很好的范例(见案例11.2)。

案例11.2　有教育灵魂的学校建筑

一个有灵魂的建筑,至少要符合两个条件,一是有生命,二是有理念。静教院附校新校舍不仅有生命,还有理念,是有灵魂的,由于教育的特性,更是一个有教育灵魂的建筑。静教院附校教师参与了校舍设计、建造和完善全过程,把学校育人理念融入其中,将她视为自己培育出的孩子,凝聚着教师的集体智慧。新校舍贯彻了三个理念。

1. 中西文化的融合

文化的发展呈多元化的趋势,中西文化不断碰撞与交融,新校舍正是中西文化融合的产物:(1)基础色调的中西文化融合体现在墙壁颜色上。由"哈佛"红和"江南"灰、白交映而成,"哈佛"红是西方学校建筑的主色调,"江南"灰、白则是中国南方传统建筑的主色调,从外看是红和白,从内看是红和灰,"哈佛"红作为主色调,与"江南"灰、"江南"白和谐搭配。(2)建筑造型上的中西文化融合体现在新校舍的外表和材料上。从外表来看,中国传统建筑讲究对称,西方建筑则是以非对称为美,新校舍则是对称与非对称的统一;在材料上,新校舍墙壁由砖堆砌而成,楼顶则是钢结构,从而实现造型上的中西融合。(3)内部设计的中西文化融合体现在专用教室的设定和教室座位的布局上。中国的专用教室设定的是单一学科的,西方多是跨学科的实验室,各有利弊。因此,新校舍既有单科专用教室,又有跨学科专用教室,而教室座位布局形式多样,既有中国传统的"秧田形",又有西方特色的"马蹄形""梅花形"。这样的校舍整体和布局设计,融合中西文化,赋予了校园更多教育灵魂,有助于学生浸润其中,更好地学习与发展。

2. 体艺科劳资源充沛

一所学校的办学思想决定着体艺科劳资源的配置程度。静教院附校始终以促进学生德智体美劳的全面发展作为办学目标与追求,新校舍配置了丰富的体艺科劳资源:

(1)体育设施占据了学校一半面积,包括250 m跑道的操场,3个篮球馆,1个智能化交互式室内体育馆和1个七人制的足球场,这个体育馆能实现多场地互换,又能记录学生的身体和运动信息。"让孩子爱上运动"使静教院附校学生浸润在落实"每天锻炼一小时"理念的育人环境中。

(2)艺术教室占据了新校舍的辅楼,包括2个音乐室(含合唱排练室)、2个形体房、2个乐队排练房、2个美术室、2个美术专用室。不仅有现代乐器的排练房,还有民乐排练房,特别安排了2个美术专用教室,实现了不同流派分开绘画,真正满足了学生对艺术学习的需要。

（3）电脑房和实验室,包括5个电脑房、2个物理实验室、2个化学实验室、1个生物实验室和7个综合实验室,特别配置了以"德国2代"实验设备为主的综合理科实验室,为学生科学与技术相关学科的浸润式学习提供了基础性环境条件。

3. 学生主体地位保障

新校舍外观呈不规则的"回"字型,在设置教室和教师办公室布局时,严格遵循学生主体地位保障的理念,将学生教室安排在内部,教师办公室安排在外侧,呈现出办公室怀抱教室的布局,这样,保证学生教室全部朝南,不沿马路,不沿操场,既能保障采光,又能保证安全。

校舍进一步设计了"议空间",即主楼每个楼层的交流平台,场地开阔,供学生讨论、交流使用。九年义务教育是各个学段中学生差异最大的学段。在反对全班补课,提倡个别辅导的教学理念下,主要用于辅导学生的"方圆"对话室应运而生。校舍主楼的每个楼层都设置了若干"方圆"对话室。

中学是学生求知欲和好奇心最旺盛的学段之一,把新校舍占地1 000余平米的图书馆建在校门口,让学生一进校门就能在图书里满足求知欲和好奇心。中学图书馆不是高中、大学图书馆,要便于让更多的学生进来读书。这个图书馆是开放的,最外面是露天的,但同时有配套警报设施保障图书馆和图书的安全。

而且学生出来就能看到老师,给学生安全感,在学生需要答疑解惑的时候老师能够及时出现。教室和办公室的布局安排,真正实现让教师紧紧围绕着学生,让校舍营造的学习氛围不仅是学生找知识,还有知识找学生。

（二）整合课程内容,落实隐性目标

浸润式学习的内隐性特征,要求学校教育不仅要注重学生明述知识的学习,还要重视学生默会知识的内化。教师可以设计一些学习活动,将隐性学习目标"植入"学生的活动中,引导学生在活动参与过程中,生成学习内容,通过浸润式学习体验感悟,潜移默化地使学生的隐性学习目标逐渐得到内化和强化。例如:在综合实践活动课程中可以设计隐形目标,通过课程内容的选择与实施,使这样的浸润式学习更加有效。这方面,静教院附校给我们提供了一个很好的案例。

案例11.3 智能校服"上衣的裁剪"

静教院附校将信息技术和劳动技术等课程统整为"趣普"课程,引导学生开展主

题式、探究性的综合实践活动。"布艺"的智能校服主题是其中一项内容。

学生对于校服既熟悉又具有吸引力,对设计和制作有极大兴趣。而这涉及到诸多实用的技能,如裁剪、缝制、装饰等,同时信息科技改变着人们的生活方式,"智能化"让生活和学习更加便捷,学生对新技术也充满好奇。所以,安排了"智能校服"这一主题,学习过程分为四个环节:学习准备、自主选择、团队合作、交流发展。整个学习过程,包括调查分析需求、制订研究计划、设计校服造型和新功能、小组合作缝制小样,使用 micro bit 制作智能化功能,使其实现智能化。记录制作过程,策划并举办作品发布会等。下面以"上衣的裁剪"为例,概要介绍。

1. 观看视频,自主探究

学生登录 AiClass,学习上衣缝制视频,自主探究上衣裁剪和缝制的步骤。

由于缝制使用的针线等都比较细小,视频比现场演示更加清晰,而且学生可以根据需要挑选针对性的视频内容。秉持"学生自己能学会的,教师不讲"的原则,学生可以依托视频和同学之间的"讲一讲、议一议",达成学习目标。

2. 上衣的裁剪

学生研读衬衫纸样,根据教师提出的一系列问题,小组讨论尝试解答;对于小组没有解决的问题,班级交流,必要时教师参与指导,引导学生学会读图,绘制纸样,并尝试裁剪;学生录制纸样和布料裁剪过程,小组之间可以相互学习、借鉴和分享,并运用 AiClass 实时评价。

这样的学习过程,不仅锻炼学生的动手能力,而且,每个小组校服造型的设计图都是个性化的,纸样千差万别。事实上,直接让学生绘制校服上衣的纸样是非常困难的,学生往往不知道如何下手,会产生诸多疑问:一件上衣是怎样用一块块布料拼凑起来的?这一块块布料又是怎么裁剪的?这时,教师采用问题链将复杂任务拆分成一个个小任务,为学生搭建了脚手架,降低了绘制难度。同时每个小组都安排了一个巡视员,向其他小组学习技巧和经验,促进小组间的知识共享,让学生浸润在课堂学习中,将个体学习知识与技能的方法,小组内合作探究的策略,以及向他人学习的技巧等隐性学习目标,在浸润式学习中得到了内化与提升。

(三) 创新文化活动,促进参与感悟

学校文化是一所学校的集体人格,是这所学校全体人员共同的价值判断与行为准则,深刻地影响着每个人的行为选择,对学生具有重要的教育价值与意义。每所学校应该以育人为宗旨,创新设计,营造团结进取、积极向上的学校文化氛围。通过组织开展形式多样的积极健康、文明高雅的各类活动,发挥学生追求学习与发展的积极性、主动性和创造性,引导学生求真、向善、尚美,塑造朝气蓬勃的校园氛围和精神风貌,推动校风、教风、班风、学风的建设与发展。

例如,可以组织"爱心义卖"或"商业模拟大赛"等活动,让学生在体验社会化经济活动的过程中,既得到知识与技能,又可以引导学生关爱他人,关注社会,内化为学生的仁爱之心与社会责任感。又如,可以利用学校环境,建立"英语长廊",营造优美的环境与氛围,学生可以自主地三五成群,浸润在看似自由的"聊天"中,既有自己真实想法的输出,也有同伴观点的输入,更有输入与输出的互动思辨与思维发展,在这样的文化浸润中,学习已经静悄悄地发生了。特别是体育、艺术、科技等活动,对于学生身心健康、审美情趣、艺术修养和创新创造等能力与素养的培育具有潜在而深刻的影响。因此,不少学校十分重视校园文化节日的设计与展开,以此推动学校文化的建设与发展。静教院附校一贯重视学校文化的建设,建立了游戏节、科技节、读书节和艺术节四大节日,引导学生在活动参与和体验过程中,实现浸润式学习(见案例11.4)。

案例11.4 校园文化节日的建设

静教院附校每年举行四个文化节活动,其中游戏节是面向一、二年级学生开展的一次亲子游乐活动,相对于中高年级开展的以竞技为主的运动会,低年级的游戏节则侧重于参与性与欢乐性,打造一个人人参与、个个欢乐的亲子多彩游戏活动。活动目的是为了激发学生家庭的主体作用,共同设计游戏节会标,营造其乐融融的亲子氛围。培养学生学会游戏,合作游戏,勇于挑战的能力。

学校的科技节则是以发扬"人人关注创新、人人支持创新、人人参与创新"的精神,让更多的同学参与到创新活动中来为目标,围绕未来环保智能城市的主题,让学生学会用科技的力量改变生活,制作出有创造性、实用性、科学性与美观性的作品,激发探究兴趣,培养科学研究的精神。每位学生能够至少参加一项表演类活动,以团队的形式参赛,目的是让学生在团队合作中学会沟通,学会相互尊重,提高领导和被领导能力。每年的科技节主题都会有所不同,科技老师根据学生的情况和当前的形势,设计科技节活动,既能体现学科要求,又能提升学生各项能力,让学生在活动中浸润式学习。

读书节以培养学生阅读能力为核心,探索以课堂为主体,课外校外为两翼的"大阅读教育"模式,形成鲜明的课外阅读教育特色,引导学生与书为友,增强自我学习的能力,丰富学生的学习素养,积极营造书香满校园的良好阅读氛围。每个年级阅读不同的国学书籍,一年级至九年级:《三字经》《弟子规》《千字文》《唐诗三百首》《论语》《红楼梦》《水浒传》《西游记》《三国演义》。每个年级针对学生年龄特征,开展形式多样的活动,通过活动的浸润,引导学生逐渐将阅读内化为一种生活方式。

学校的艺术节展示学校艺术教育成果,展现师生团结协作、奋发向上、多才多艺的精神面貌,推动校园文化艺术健康发展。例如:2020年,以"炫中国风 显附校范"为主题,有"十大歌手"比赛、民族乐器比赛,以及各班3分钟的集体展示,还有个性

DIY,学生可以参加青花瓷瓶填色手绘、艺术瓷瓶创意手绘、青花圆盘创意手绘、艺术方盘创意手绘、青花瓶立体创意手绘等活动,学生浸润于学校艺术活动的文化氛围,通过参与体验与感悟,内化其艺术素养和能力。

三、走向有价值的浸润式学习

任何组织都具有保证其正常运行的价值观、目标、准则、程序等要素,这些要素在运行过程中所表现出来的各种特性的总和,构成了组织文化,由此而形成的学校文化对学生的发展具有潜在而深刻的影响。教育工作者要充分认识到学生沉浸于学校文化中,就是一种浸润式学习过程,这种学习方式从学习环境看具有社会性的特征,从学习内容看具有内隐性的特征,从学习结果看具有深刻性特征,从学习影响看具有持久性的特征。由于学校文化对于学生学习与发展影响作用的深刻性和持久性,要特别注意文化浸润对学生发展可能存在的两面性,更要注重学校文化建设,以积极向上的文化引导学生发展,让学生浸润其中,得到更好的发展,使浸润式学习更好发挥积极的育人价值与功能。

学校组织文化主要包括价值观和理念,规范,期望和约束,象征性活动,个人和组织行为五大要素,它们之间的关系与结构如图 11.2.1 所示。在促进学生浸润式学习,推进学校文化建设的进程中,就是要通过对学校文化要素的改进和优化,实现学校文化的变革与发展,为学生的浸润式学习提供优质的文化环境和条件。①

(一)价值观和理念

建设学校文化,首要的是:会思考"在这所学校里,什么样的行为是人们所珍视的? 学校的奋斗目标是什么?"所以,要给学生创造优质的文化环境,学校应确立正确的价值观和理念,以此来熏陶和浸润学生。

例如:市西中学在确立"从优秀走向卓越"发展愿景之后,明确以"具有基于学校文化传统、体现时代特征和社会发展方向的教育理念;具有充分选择性,适合每一位学生发展需要的课程体系;具有高度开放性,民主合作互动高效的教学专业技术与环境;具有高度自觉性,积极主动追求发展的学生群体;具有高远境界,有思想、有理念、有追求、有素养的教师团队;具有民主、科学、规范、高效的学校管理与保障系统"这"六个方面"作为学校办学追求,并以"崇高的师德、自由的思想、独立的人格、民主的精神、包容的心态、专业的素养和创新的能力"作为优秀教师的发展目标,确立了"不以剥夺学生选择权利换取所谓的高质量;不以占有学生自主学习时间换取所谓的高质量;不以牺牲学生身心健康换取所谓的高质量",坚信"优质的教育质量是教育教学

---

① 董君武.个性化学习的系统建构与实践探索——以上海市市西中学为例[M].北京:人民出版社,2017:86-87.

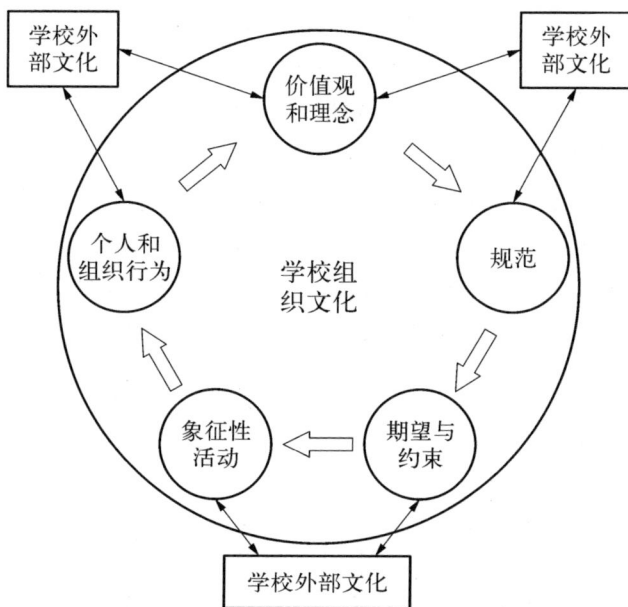

图 11.2.1　学校文化要素结构与关系图

管理精致化的必然结果"，努力培养"尊重规则会选择，合作包容有爱心，实践创新善质疑，身心健康全人格，胸怀天下担责任"的优秀学生，形成了学校按照教育规律办学的教育理念与价值追求。

（二）规范

学校价值观和理念需要学校的制度和规范，方能转化为学校人员的行为实践。规范可以告诉人们"什么可以做，什么不可以做"，它们可以达成调节和控制人们行为的目的。因此，建立学生的学习和行为规范，并要求学习遵守和落实，是学生的浸润式学习的前提条件与保证，而学生将规范内化为自己的行为自觉的过程，本质上就是一种浸润式学习。

例如：2007 年，华东模范中学就提出了改善学生学习行为的"四环节十六字"，即，预习环节的"读、查、思、问"，上课环节的"听、记、议、练"，作业环节的"温、纠、习、疑"，复习环节的"忆、理、联、研"，并对每个环节的每个"字"所表征的学习行为提出了明确的规范性要求，再通过一系列的活动，内化为全校师生共同的教学规则和学习规范，每位学生浸润于学校全体教师形成合力的规范性行为要求中，学生不良学习行为得到矫正和改进，良好学习行为得到优化和完善。也许，这就是学校浸润与学校文化中"规范"的学习与发展。

（三）期望和约束

学校文化中的期望是"规范"在具体情境中的应用，可以引导学生学习行为和结果的优化。期望总是与约束同行,而发挥作用。约束学生为实现期望而采取的措施,约束可能是肯定的,也有可能是否定的,可以是惩罚性的,也可以是表彰性的,这种约束会影响学生的学习。

例如:市西中学提出以"选择形成责任,规则造就品德"引导和教育学生。"选择形成责任"更多是一种期望,希望学生在选择过程中学会选择,并且学会对自己的选择负责,每位学生可能会因为正确的选择取得进步与发展,也要承担错误选择可能带来失败的风险;而"规则造就品德"一定程度上就是一种约束,选择是有规则约束的,比如,作为学生必须认真上课,不能迟到早退,更不能无故缺课,必须按时交作业,不能迟交缺交作业,否则就受到约束性制度规定的处理,而在学生取得成绩时,学校又有各类奖学金和综合评优,以精神和物质等方式奖励优秀学生。学生浸润于这样的学校文化中,通过积极的期望与奖惩结合的约束,可以促进学生更加自觉、主动地追求发展,这是浸润式学习的主要价值体现。

(四)通过象征体系的传播

学校或与之相关群体的期望和约束可以直接传播,也可以通过象征性活动间接表白。象征性要素通过强化学生对优异、成就、进取和竞争的追求,使学习目标的实现成为迫切的愿望。学校的象征性活动有多种形式,包括事件故事化、仪式教育、愿景目标等。例如:静教院附校依托仪式教育将学校愿景和培育目标融合于学校文化建设中,为此,从一至九年级设计的教育主题分别是:"戴上绿领巾,做祖国的好苗苗"的入儿童团仪式、"热爱红领巾,争当好队员"入队仪式、"今年我十岁了"珍爱生命教育仪式、"集体就是我的家"的集体教育仪式、"做个合格小学毕业生"的理想教育仪式、"飘扬的领巾,世纪的先锋"换戴大号红领巾仪式、"感恩责任立志"重温少先队誓言的少年励志教育仪式、"珍爱少先队向往共青团"的团队接力仪式、"回首成长路,放飞新理想"离队仪式暨毕业典礼。通过系列设计的主题教育仪式活动的持续发展,逐渐成为学校的一种文化存在,学生浸润其中,他们积极主动追求发展,得到持续巩固与强化,从而使浸润式学习的价值与功能得到充分的发挥。

(五)确立行为楷模的象征性活动

象征性活动也会体现于教师的行为之中。比如,如果学生经常发现教师读书,这种非言语的行为就会传递给学生一种象征性的信息,这比语言传递的信息对学生的影响更具意义。在学校中,教师(包括正式的和非正式的)的象征性活动中,行为所传达的信息对学生更具影响力。

例如:市西中学每学年都会安排两次优秀教师评选,一个学期是"师德先进",一个学期是"十佳好人好事",每次评选都组织家长、学生和教师分别进行推选,然后综合进行评定。每学期都在休业式中,面向全体学生进行表彰,并在第二学期开学时进行宣传。这样树立教师榜样的活动,经过多年的持续组织开展,逐渐内化为学校的文化内涵,并使学生浸润在这种象征性活动中,对学生的学习与发展产生深刻而持久的影响。因此,在促进有价值的浸润式学习中,必须重视以行为楷模的确立为内容的象征性活动的组织与开展,更好地推动积极向上的学校文化建设与发展。

实践性学习是学生走向社会,面对社会真实问题,通过亲身参与社会活动过程,获取直接经验,感悟默会知识,实现个体发展的一种学习方式,不能简单地将实践性学习理解为只是普通的动手操作或者普通的探究学习和实地考察。浸润式教学就是要把社会和学校文化的"书"读"厚",把知识变得"立体",撑开知识的外延空间,让学生可以"浸润"其中,全方位、自然地去汲取其中的养分。因此,只有有机地将实践性学习与浸润式学习相结合,学生才能更好地展开有价值学习,教育才能绽放更灿烂的光芒。

第十二章 有价值学习的研究结论与未来展望

> 有效性学习在长期探索、实践的过程中,逐渐积累了丰富的经验,但有效性学习对于满足学生需要、适应社会发展需要、符合学生认知规律的局限与不足日益突显。由此,从有效性学习走向有价值学习是教育发展的必然趋势。
>
> 有价值学习是学生根据自己的内在需要、发展追求,在教师的指导下,通过对有价值学习各要素的自主整合和运用,符合客观规律,适应社会发展的学习与发展过程。本章我们将基于对有价值学习的学科、方法等方面实践案例的剖析,对践行有价值学习的研究结论进行分析阐述,并展望未来的深化研究。

第一节 有价值学习的要素内涵与评价标准

经过文献研究和实证分析,我们提出了有价值学习由五大要素整合成一个相互联系的有机整体,影响并促进学生学习和未来发展。前文已经阐述了在教育实践中开展构建从有效性学习走向有价值学习的探索研究,在此基础上,我们将继续对有价值学习要素及其关系、有价值学习的评价标准进行剖析。

一、有价值学习的要素特征

随着有价值学习的研究与实践深化,我们逐渐认识到有价值学习对于学生发展的重要性,提炼了有价值学习的五大要素,分别是有价值学习目的、有价值学习目标、有价值学习内容、有价值学习方式、有价值学习成本,这五大要素的内涵与特征阐析如下:

(一) 有价值学习目的

有价值学习目的应是符合社会和个人的发展需要,使学生不断超越自我,是为了成为更加幸福美好的自己,并在这样一个过程中,使社会更加美好。由此,有价值学习目的具有长效性、科学性、社会性的特征：学习是一个长期的过程，应尊重客观科学规律，符合学生的成长发展、满足学生的个性需求；帮助学生从自然人向社会人的转变，形成适合社会未来发展需求的价值标准和世界观。然而社会上片面追求高升学率，将学习结果与学习目的简单地等同起来，一味地追求学习结果，这正是忽视有价值学习目的的表现。

（二）有价值学习目标

有价值学习目标在于培养学习能力，提升思维品质，提高综合素养，"学以致用"，使学生获得终身发展的必备人格与关键能力。有价值学习目标具有具体性、可检测性、层次性的特征：学习目标是学习目的的具体体现，可检测学生在学习过程中最终达成的程度。从学习的本质来看，学习是学习者个体经历的过程，学生自身已有的认知结构、思维方式和能力素养等方面具有的差异，制约着不同学生在学习与发展中可能达到的水平。学习目标的层次性可以更好地满足学生不同的需要，体现学生的身心发展和认知规律，保证学生对学习所期待达到的发展水平的选择，从而实现有价值学习。

（三）有价值学习内容

有价值学习内容是满足学生个体发展需要、体现着对未来发展追求更适合自己学习的内容。有价值学习内容的三个特征是丰富性、全面性、适应性。学习内容的丰富性，是学生有价值学习过程中实现对学习内容选择的基本要求。学习内容应涵盖不同的学习领域，比较系统地揭示相关学科的基本原理和思维方法，全面反映学生提升能力素养过程中的学习体验，学习内容也应适应具有不同特质学生的学习选择，这样才可能更好地满足不同学生的发展要求，体现不同智能的发展可能，从而实现真正意义上的有价值学习。

（四）有价值学习方式

有价值学习方式是学习者具有个体特质与学习偏好的行为方式。有价值学习方式具有多样化、差异性、选择性的特征。学习内容需要学习方式来获取、转化，从而成为学生的知识、素养和能力。为了每一个学生的发展，多样化的学习方式可以满足不同学生学习方式的需要。根据学习者的特质，学习方式也有差异，学生可自主选择和运用适合自己的学习方式，才能更好地实现有价值学习。相较传统学校教育，学习方式比较单一，多以集体接受性学习方式为主，虽然也能取得一定的学习效果，但抑制了每一个学生的个性发展，这正是忽视有价值学习方式的弊端。

（五）有价值学习成本

有价值学习成本关键在于实现学习成本付出与实际收益的最佳平衡，以达到效率最大化、效能最高化和效益最优化。因此分析有价值学习成本时，需要从系统性、平衡性、适度性这三个特征去考虑：学生身心发展自有规律，不同学习者学习能力不同,所需成本也因人而异,学习成本的投入应系统考虑学生的生命成长,诊断和评估每个学生个体的学习成本与学习质量之间的平衡关系,学习成本的适度投入才能更好地实现有价值学习。然而,在教育现实中,我们发现为了提高学习成绩,大量投入学习时间成本的现象时有发生,从而使学生负担明显超限,这正是不重视研究有价值学习成本产生的负面影响。

二、有价值学习要素的结构框架

学生是学习的主体,教师是教育的主体,是学生学习的引导者和指导者。学生和教师这两个主体,与有价值学习的五大要素相互联系、相互影响、相互作用,统整成一个系统,这对实现有价值学习具有重大的影响和作用。

(一)五大要素之间的关系

有价值学习目的、有价值学习目标、有价值学习内容、有价值学习方式、有价值学习成本是有价值学习的五大要素。它们之间相互联系、相互影响,支撑着学生有价值学习的推进与落实,通过对这五个要素的观察、测量和分析可以判断学生个体或群体是不是处于有价值学习状况,以及开展有价值学习的程度和水平。

有价值学习目的是有价值学习的内在驱动方向,有价值学习目的引领学生通过有价值学习积极主动地追求自我发展和超越,使学生成为能够展望未来、创造未来的社会实践主体。

有价值学习目标是有价值学习的评价标准,帮助学生根据有价值学习过程中的自身状况、认知水平和发展需求,确定不同的学习目标,并不断调整、完善,实现自我建构,重视学习品质,最终实现有价值学习目的。

有价值学习内容是有价值学习的核心,学生的学习是围绕内容展开的。学生根据自己的需要和实际确定学习内容,决定和影响着学习结果。有价值学习要求学生可以面对具有充分的选择性的学习内容,来满足学生的发展需要。

有价值学习方式是有价值学习的根本,它体现着学生个体特质。不同的学习方式相互融合与运用,进行优势互补,使学生能根据自己不同的内在需求、发展追求和现实情况,实现自己的有价值学习。

有价值学习成本是学生有价值学习的关键,学生的学习在不同的阶段具有非同步性,由此学习成本的安排具有明显的个体差异,这就要求学习成本在不同条件下适时投入、合理配置,这样才能适应学生在不同的学习过程中的选择要求。

总之,在有价值学习过程中,学习目的的发展性是有价值学习的方向,学习目标的差异性是有价值学习的标准,学习内容的选择性是有价值学习的核心,学习方式的多样性是有价值学习的根本,学习成本的科学配置是有价值学习的关键,这五个要素的有机整合构成了学生的有价值学习。

（二）五大要素与两个主体的关系

五大要素与学生、教师两个主体之间的关系整合成一个相互联系的有机系统。学生是学习的主体，是有价值学习的践行者。有价值学习目的、学习目标、学习内容、学习方式、学习成本这五大要素都是针对每一个特定的学生的。有价值学习目的体现着学生学习与发展的内在需要，学习目标使学习目的这一抽象性的学习需要，用一种可测量的、具体化的指标得以阐述；通过学习内容、学习方式、学习成本的自主选择准确反映学生学习的客观状况，进一步使学生明晰对自我的认识，从而激励或改进学习的目标，实现有价值学习目的。每位学生在教师的指导下，对自己的学习过程给予充分的关注，通过确定针对个体发展和未来发展需求，制定合乎科学规律的学习目标，运用丰富的学习内容、选择学习方式、配置学习成本，提升自己的思维品质和能力素养，可以更好地体现完善自我、超越自我的有价值学习目的。

教师是学生有价值学习与发展过程中最重要的支持和推动力量，教师对学生内在需要的发现、学习目标的确立以及学习方式的选择都可能发挥极大的影响与作用，因此是学生有价值学习与发展最强大的推动力量。作为教育专业工作者，通过对于学生有价值学习五大要素的分析与判断，关注每个学生的发展，重视个体差异，考虑学生的认知水平和运用能力、学习策略和情感差异等不同个性特质和发展优势，帮助学生设定分层学习目标，让每位学生都能根据自己的能力选择自己的学习内容、学习方式、学习成本，积极主动地投入到学习活动中，体验学习过程中的乐趣，收获学习过程中的成果，实现学生潜能的可持续发展，并督促学生在有价值学习过程中的落实与优化，使其朝着有利于社会发展的方向发展，实现社会发展对人才素质的基本要求与个人发展方向的一致，并为人的终身发展奠定基础。

三、有价值学习的评价标准

有价值学习的评价可以保证学习主体作出正确的学习选择与决策，也是有价值学习得以进一步展开和发展的前提。满足学生学习需要、符合认知发展规律、适应社会发展需要这三个基本标准是衡量有价值学习的关键点。

（一）满足学生学习需要

随着社会的发展，教育更需要关注人的个体特质和学生的学习需要，学生是学习的主体，强调学生的需要、愿望和意志等是有价值学习产生的根源，是评价有价值学习的客观依据。可以认为，推动学生实现有价值学习，把学习作为"为我之用"的动因是学生的学习需要，其制约着学生对学习活动进行选择、取舍、组合、利用，从而形成不同的学习形态。

学习目的与目标是学生内在需要的一种外显的表征；学习内容与方式是学生抽象性需要的一种可测量指标实现的具体化路径；学习成本一方面表现为对学生的内

在需要的观察与判断,准确反映学生在这方面的客观状况,另一方面进一步使学生清晰对自己的认识。

高价值的学习目的是对学生生命及其生存方式的一种关注和尊重,有利于对学生学习需要的唤醒与激励,使学生成为能够展望未来、创造未来的社会主体。高价值的学习目标通过可检测的方式检验学生在学习过程中不断体验进步与成功,认识自我需求,促进学生发展的过程。高价值的学习内容既要满足不同学生的实际需要,如真实生活中的生存需求,或是专业学习中的知识与学科素养等;又要满足学生的精神需求,如获得深刻的学习体验,感悟人生的真谛,享受审美的愉悦,担当社会的使命等。高价值的学习方式意义在于让学生主动认知自我,"参与"学习实践,使得学习生活与现实社会息息相关。高价值学习更重视学习成本的配置,鼓励学生根据自己的学习状况和发展要求,科学安排学习时间,开展针对自己学习需要和发展状况的学习,这样才能更好地满足有价值学习需要。

(二)符合认知发展规律

学习是人类的天性,是一种与生俱来的遗传素质。学生从出生开始就对自己生存的世界充满了好奇,充满了探究的欲望。当学生的知识积累和能力培养发展到一定阶段,他们对世界会产生更加强烈的探究欲望,学生不再满足于对书本知识简单地重复和死记硬背。随着学习和生活空间的不断拓展,学生的知识、阅历不断丰富,世界观、人生观和价值观开始形成,这时,学生逐渐形成对自我、对人生、对社会的认识,形成对个体和社会生活方式的思考能力和判断能力。而这种认识和能力,需要在现实生活和社会实践中,接受与应用、比较与检验,才能使学生的认识和能力更加完善。

人类在学习过程中存在个体特质及其差异性,根据学生的个体特点,开展有价值学习,能够更好地体现认知规律的要求。认识事物规律的形成是指向有价值学习目的达成的基本要求,有助于学生形成科学的世界观、价值观。选择符合学生认知规律的学习内容也是需要积极研究的问题。个人学习的节奏有快有慢,学习方式也各有偏好,学习成本也有所不同。我们应站在促进人的发展规律的角度,追求更高价值的学习。

然而,目前我们在引导学生学习的过程中,往往在教学方式、方法和技巧上研究得比较多,而对于我们所教学生的认知水平研究得比较少,很少关注我们主观的知识传递方式是否能够有针对性地解决学生的问题和弊病。孔子说:因材施教。这就需要我们对"材"进行充分的研究和了解,了解"材"的个性、特质、差异,并且在课堂教学过程中探讨学生学习与发展的差异对学习所产生的影响。因此,有价值的学习,就应该聚焦让学习改善个体差异,让不同水平的学生在不同的起点之上都获得一定的发展。

（三）适应社会发展需要

"培养什么人、为谁培养人"是教育的核心问题,这个问题反映着国家对社会发展所需要的未来建设者和接班人的期待,体现着教育者对学生的培养要求,也是学习者对自己未来发展方向的一种规划。

不可否认,现在日益规范化、标准化的现代学校教育取得了巨大的成就,但是某些方面仍存在迎合利益需求、功利化的趋势,作为教育工作者更应聚焦未来人才的发展需求:以科学理性、独立思辨理解和认知社会,并心存敬畏;面对复杂而多彩的社会,创造性地解决学习、生活中各种未知性、具有挑战的问题;与他人建立良好的协调沟通,包容不同观点,妥善处理与他人的差异,强调团队合作。这样,才能使学生形成适应人类社会可持续发展责任感的价值选择,更好地适应社会、服务社会,更好地推进社会的进步与发展。

有价值学习目的的核心在于帮助每一个学习者发现更好的自我,发展和成就最好的自己,与社会和谐共处,从而成长为符合社会发展需要的国家栋梁。有价值学习目标的达成是教育应对社会需求和挑战的重要途径。有价值学习内容可以以兴趣为导向,链接社会生活,将不同学习方式有机融合,引发学生更多地关注社会,构建思辨、合作、包容的思维方式,最终成为一个独立的"社会人"。

第二节　走向有价值学习的行为路径

开展有价值学习,必须充分考虑学习目的、学习目标、学习内容、学习方式和学习成本等要素,以此观察和评价有价值学习的落实与达成程度。从有效性学习走向有价值学习,最根本的是学习行为的改进与优化。

有价值学习的行为是指学生并不机械被动地接受知识,而是主动地"进入"知识、发现发展的过程,"亲身"经历知识的"再形成"和"再发现"过程中的一种学习行为。有价值学习目的直接引导学生学习行为选择的方向,使学习行为的展开指向方向正确的学习目标,以及目标导向下的学习内容,保证学习行为的选择符合学生的个体特质与需要,符合相关内容学习的认知规律和学习科学,合理投入学习成本,有效促进学生有价值学习。有价值学习行为在于使学生能够作为主体"参与"人类的社会实践,了解并认同知识背后所蕴含的情感态度与价值观,提升学生的文明素养与精神境界,使其成为有社会责任感、勇于担当的未来社会人。有价值学习至少包括下列六种行为路径:

一、减少机械化操练,实现学科与情境相互融合

传统教学背景下的课堂学习,往往充斥着大量机械操练的学习任务,如果学习方

式相对单一,记忆、背诵、刷题等学习任务和内容占据了学生大量的学习时间,往往事倍而功半:一方面,学生学习的兴趣和主动性被消磨殆尽;另一方面,学习内容和形式与生活情境脱节,难以将学习的内涵与生活经验建立关联,学无所用,学生不理解学习的意义,造成学习的动力不足。

所以,有价值学习的行为路径要突出学生发展需要,加强在真实生活情境中学习知识与应用。例如,跨学科、多学科的融合式学习,可以说是结合复杂真实情境与不同学科融合的一种创新性学习策略,学生在关联和使用不同学科的知识解决跨学科问题过程中,增进其对各学科知识的理解。开展跨学科融合式学习,有利于通过学习内容、学习方式的跨学科融合,发展学生综合能力,提高学生综合素质。同时,基于融合式的学习体验使学生根据学科的不同特点与视角剖析相应的真实问题,为学生从不同维度提供思考问题的角度及分析、解决问题的方式,有助于学生学习需求、学习过程、知识结构、思维发展和情理多元的全面融合,引导学生在融合式的学习体验中,实现能力培养、素养提升和思维培育。

科学实验是创设学习情境的一种重要形式,有价值学习要更加关注在实验创设的情境中学习和体验相关学科的知识,培养学科能力、素养和思维,实验的过程揭示了科学现象的本质及其规律,学生通过观察与动手实践,探索新知识,获取新知识,以适当的方式掌握规律,最大程度引发学生的好奇心和学习热情,从而通过引导学生主动去观察现象,揭示本质、发现规律,以此提高学习的效能和效益。学习一旦产生内驱力,必将推动学生积极主动学习,提升学习的价值感与成就感。在实验、探究解决复杂的真实问题过程中实现学习与发展,这对于学生未来的发展,具有深远意义和价值,从而使学习成为一个人未来成长的终生需求。

二、打破信息碎片化,实现知识能力的自我建构

每一门学科都有其相对完善的知识体系,学习均有一个由浅入深的过程,需要经过一定的学习时间和学习经历,才能达成学习的目标。知识构建不是一蹴而就的,有价值学习应遵循学生原有的认知水平、能力基础,循序渐进地深化概念,拾级而上形成相对完整的知识脉络,逐渐实现知识与能力的自我建构,促使学习目标的达成。

然而,教材通常以章节为呈现方式,在传统的学校教育过程中,学生一节课一节课学习,导致学生所学的知识相对支离、孤立,是零碎、片段的,不成体系的,单一、固定的接受性学习方式只是获取碎片化信息的过程,未能形成相应的学科知识与能力体系,这就需要学生在学习过程中通过筛选、梳理、归纳整理等学习行为,将碎片化的信息知识进行统整,逐渐内化为自己对于相关知识与能力的系统化认知,促进更有价值的学习。

在进入课堂学习之前,学生的已有经验大多只是自主地存在着的,在教师的引导

下，学生应根据当前的学习活动去联想、调动、激活以往的经验，以融会贯通的方式对学习内容进行组织，建构起属于自己的知识结构，使自己的知识不再是零散的、碎片式的、杂乱无章的信息，而是有逻辑、有结构、有体系的知识。学生并不是孤立地学习知识，而是将系统结构中的知识转化为与个体有关联的、能够操作和思考的学习内容。将学科知识与能力结构化的学习过程，即是学生通过"质疑""探究"，或是"归纳""演绎"学会学习的过程，在这样的学习中，学习内容的系统性、结构性以及随着学习行为深化而展现的深刻性与丰富性，学生学习的主动性、积极性、自觉性都在学习行为过程中得以培养与加强，形成对学习内容进行有价值加工的意识，提升学生的思维能力水平，从而实现有价值学习。

三、突破方式单一化，实现多样方式与多元经历

学习不只是知识的传递，更是自我培养和成长的一种方式，是学习者积极主动地对环境因素进行理解、建构和不断突破原有认识、改进行为的过程。学习最主要的目的就是实现人的全面发展。学习的本质，就是在一定的时间里，在已有信息存量的基础上，运用学习技能有目的地拓展认知、培养能力、发展思维。所以，学习者自身的行为是首要的，个体是从他所遭遇的环境出发，通过自身经历来创造学习的意义，实现个人和社会的发展。

在"教师讲、学生听"为主的课堂中，学生的学习方式与过程单一，如果教师教学经验丰富、过程准备充分，让整个课堂内的学生有效掌握知识，不是没有可能。但是就实质看，它将教育的视角更多引向知识本身的掌握，反思这样的学习方式，就需要寻找更加多样、更加丰富的学习方式，使学生在学习过程中，获取多元经历与体验，更好地实现成长与发展。

以自主性、系统性的接受性学习为基础，更好地发挥探究性学习的实践性、开放性，这是走向有价值学习，以多样的学习方式实现学生多元经历的行为路径之一。充分挖掘接受性学习和探究性学习方式的优势，促进两种学习方式的融合，依托"接受"，倡导"合作、自主、探究"培养学生创新精神、实践能力、科学方法，塑造独立的人格，提升学生综合素养。接受性学习与探究性学习的融合，不拘泥于某一学科，而是创新学科整合的思路，让学科优势从"单一"走向"多元"，最终培养协作意识和自主能力，实现学生更有价值的学习。

独立学习与合作学习的有机融合，包括在合作学习的形式下注重学习者每个人的独立思考和学习，以合作学习为导向，培养个人在独立学习中的创造性能力和批判性思维。独立学习促使学习者的独立思考、分析和解决问题的能力得到深度发展，能够提升学习的品质；合作学习有利于拓宽学生的思路，帮助学生从多个角度探讨问题，并在思想交流与碰撞中促进彼此取长补短，在提升学生独立学习能力的基础上，

团队协作、人际交往能力等综合素养也得以发展。因此，独立学习与合作学习的融合，有助于学生多元化的学习体验与经历，促进学生的有价值学习。

自主学习是一种学生在学习过程中进行自我导向、自我激励、自我监控的学习方式。学生可以根据自己的个体特点，主动选择适合自己的学习目标、内容、方式和时空等开展学习，同时学生在教师的指导和帮助下，形成与现代社会需要相适应的学习交流，并不断促进自身的学习与发展。所以当自主学习和教师导学这两种学习方式有机融合，既可以使自主学习在教师的引导、指导下，目的更加正确，目标更加明确，学习内容更加落实，又可以使学生因教师导学积极性、自主性得以发挥，学得更有动力、更有兴趣、更加扎实，从而真正实现学生的有价值学习。

四、突破思维表层化，培育问题解决的高阶思维

在学习中，不能仅重视知识的学习和技能的培养，还应该更加重视基于知识与技能的思维发展与思维品质。知识、思维是分为不同层级的，如果学习过程还只是停留在知识、思维的表层，就是浅层学习，是一种缺乏高阶思维的学习。然而，当前的一些课堂学习，仍存在聚焦于学科知识与技能，对学习内容理解的深度不够，思维表层化，缺乏深度思考，无法用批判的精神发展高阶思维等问题。事实上，只有引领学生走向知识、思维及思想的广度延展与深度挖掘的学习，才能提升思辨能力，培育高阶思维。例如：议题式学习、辨析式学习等不失为培育学生高阶思维，促进学生有价值学习的行为路径。

议题式学习是以开放性、指向性的探究话题为抓手，以结构化的学科知识为支撑和主线，通过学生参与社会实践、课上合作探究等方式展开的一种学习。议题式学习基于课程标准，将学习内容凝炼成相关议题，学生带着议题在课堂上历经讨论与思辨之旅，或走进社会，在调查活动中带着数据和问题回到课堂，深度研究和合作探讨，理论与实践有机结合解决问题，让学生在"理论—实践—再理论—再实践"螺旋式上升中思辨学习。这能锻炼学生辩证思维能力和逻辑思维能力，让学生学会用联系、发展、全面的观点看问题，通过合理的形式、合乎逻辑的推理，创造性地生成新的观点，有助于学生的有价值学习。

辨析式学习因其独特的辩证性思维特征为越来越多的学习者所青睐。通过开放的辨析式学习过程，理性思辨的形式，面对各种不同观点或生活中的两难话题，或在自主辨识分析的基础上作出判断，或在小组交流讨论的基础上作出选择，达到对规律的把握，从而更好地认识、把握世界，求真知、求真理。正是这种思维与思想的碰撞，促进了高阶思维的培育。在深度思辨的层层推进的学习过程中，学生的思维深度也在逐层递进，学生思想中的一些模糊与错误的认识得以不断地廓清与澄明，可以有效培育学生的理性精神和批判性思维。

在信息化背景下，课堂已经延展成时空无界的学习场所，基于互联网的学习平台与资源，以高阶思维培育为价值取向，让学习者有独立、长时间的思考，使他们在思考过程中对概念进行反思与质疑，提升对知识的理解深度，弥补单一学习的思维局限性，提升思维能力；另一方面是通过观察、比较、分析、推断、归纳、建构、辨识、评价等学习活动的开展，进而敢于创新与挑战，并提出独特的、创新的观点，这是高阶思维培育的重要途径，也是走向有价值学习的行为路径。

五、摒弃学习功利性，推动文化浸润与实践学习

目前社会上对学习充斥着急功近利的情绪，学生把大量的学习成本花在对技术性知识、应试技能的盲目追逐上，思维被禁锢在机械训练之内，从而对学习很难保持持久的兴趣；学生的眼界变得狭隘，视野变得狭窄，很难形成健全独立的社会人格，而成为"精致的利己主义者"。

而文化浸润式学习从一定意义上正是解决这一难题的有效途径。浸润式学习是一个循序渐进的过程。通过创设一种文化育人的环境，使学生在自觉学习、主动参与过程中获得体验感悟与价值提升，这是一种内隐性的学习过程，难以用一种简单的指标来测评学生通过文化浸润所取得的效果。然而，这种学习是默默地、渐渐地，甚至在不知不觉中改变着学生的认知、思维，改变着他们的价值判断和行为选择，从而使他们发展为具有社会意识，"求真""向善"和"尚美"的社会人。所以，文化浸润式学习是学生有价值学习不可或缺的行为路径。

实践学习是感悟默会知识，内化真善美，获取直接经验的有效途径，是学生开展有价值学习不可替代的行为路径。在实践学习中，借助调查研究、参观访问等兼具广度与深度的学习资源，让社会生活真实地、充分地展现在学生面前，把事实过程、理论观点放在一个真实而复杂的多维社会化空间中呈现，引导学生投身实践、知行合一，让学生突破了时空限制，及时发现学习之间的内在关联，思维更加活跃、学习热情高涨、综合能力提高，更好地促进了社会化实现，这无论是对于学生的个人成长需求还是整个社会的发展需要都极具价值。

六、发挥教师主导性，创设"真实"学习情境

我们时常会看到教师在备课上花了很大的力气，教学目标精准，问题设计精妙，课堂练习精选，激励评价精美，课堂教学也很精彩，但学生的反馈与教师的预想却大相径庭，学生收获甚少，感到没有多大意义。究其原因，主要就是教师仅仅从自己的立场设计和组织教学，一味地追求课堂教学的有效和高效，只是想把知识平移、灌输给学生，而缺乏对学生个体特质与需要的关注，缺乏对有价值学习的重视。

因此，从有效性学习走向有价值学习，必须充分发挥教师在学生学习过程中的主

导作用。走向有价值学习的教师行为需要教师创设真实的生活和学习情境,设计挑战性的学习任务,在计划与决策、组织与监控、管控与合作、整合与表达、总结与反思过程中,引导学生面对"真实"问题的发现、提出、分析与解决,从而,提升学生综合素养和思维品质,实现有价值学习。

(一) 搭建知识结构支架,解决"真问题"

有价值学习要求教师在学生解决问题时,释疑深化、提供支架,并根据学生学习的反馈情况适时推送经过教师精心选择、符合学生需求的巩固练习,避免对已掌握知识的重复训练,只有围绕复杂、真实、富有挑战的"真问题"展开学习,才能实现真正意义上的有价值学习。

学习是从未知到已知,从旧知到新知的过程。帮助学生把握知识的内在联系成为自主学习者是教师的重要工作。这个过程,不是教师将事物本质直接告诉学生的过程,而是由学生主动去建构的过程。问题意识是探究的基础,善于在生活中与学习中发现问题,发现可以通过探究进一步探索、建模、实验的问题是探究的起点。

在教学中,教师要尽力创设有利于深化高价值学习的内容和方式。如注重情境与学习的关联,以"真问题"引发学习兴趣,激起学生真实而主动的学习,促进学生根据已知内容进行思考、推理、分析、整合,并作出判断与评价,从而发展必备品格与关键能力。在此基础上,帮助学生关注知识的内在关联,构建综合性、结构化的知识体系,提升学科素养,提升解决实际问题的能力,促进人的可持续发展,实现以人为本的育人价值。

(二) 以单元活动为载体,创设"真情境"

知识的获得来源于对问题的认识和解决的过程。基于国家课程标准,通过创设具有挑战性、开放性、贯穿性和社会性的单元活动情境,激发学生内驱力,使学习者产生更主动、更有价值的学习。

单元活动教学围绕某个核心概念,以真实的学习情境为依托,充分考虑学生学习的认知规律与学习需求,实现有价值学习的发生、发展过程。单元学习是一个完整的学习系统,它具有知识、方法与价值观念统整性的目标,建构系统化、结构化的知识体系,形成逻辑化、整体性的思维脉络,开展多样化的学习活动,可以帮助学生达成素养提升的目的。

单元活动教学倡导激活学生已有认知,激发学生兴趣,从而主动参与到学习情境中,形成完整而科学的概念,获得有关的知识和解决实际问题的能力,同时,教师将语言知识和能力融入情境中促进学生的运用,强调因材创设,方式多样,关注知识的内涵和使用。这体现学科有价值学习的要求。

在有价值学习的研究中,我们要认识到学习行为方式的重要性。通过以上六种有价值学习行为路径的剖析,使我们认识到应为学生在学习过程中提供适合学生的学习行为路径,使学生不断认识自我,找到最适合自己的学习行为路径和发展方向,学会把握自己的未来人生,从而实现持续学习的能力,保持不断学习的驱动力,实现有价值学习。

第三节　深化研究的问题与展望

本课题通过对有价值学习的研究,提出了有价值学习的评价标准,剖析了有价值学习的内涵、要素与特征,并提出了有价值学习的教育行为方式和学生学习方式。反思本课题的研究过程和结论,我们感到下列问题还值得进一步深入讨论和研究:

一、深化研究的问题

我们时刻关注着与本课题相关的研究动态与研究成果,在了解相关研究现状的过程中,发现还需要在理念的确立、教师的共识、技术的操作等方面作进一步的深化和改进。

(一)进一步追问教育本原,确立学校的价值追求

近年来,不少教育研究与实践工作展开了有益的探索,在某些地区也取得了积极的进展。然而纵观整体性现状,在片面追求升学率等因素的影响下,关于教育本原的追问是讨论有价值学习方向的逻辑起点。教育承担着立德树人的任务,教育的价值追求是要考量对于培养德智体美劳全面发展的建设者和接班人,以满足社会和学生发展需要。教育要顺应学生的认知规律,努力帮助学生实现自我建构。坚守教育合乎目的的本原要求,明确学校教育应该以促进学生的未来发展作为基本出发点和最终归宿,才能真正引领人的持续学习与发展,使教育更好地服务于人类的自我完善与超越。

(二)进一步探寻教育目的,厘清目标与结果的关系

教育的目的是把人潜在的天赋转化为外显的能力,让学生成为更好的自己。教育的目标则是教育方向可检测的呈现方式,从而指导教育过程,获得与之相适切的教育结果。然而,很多人都将教育目标与教学结果等同起来,甚而简单地以学生的学习结果(成绩)作为教育目标和教育目的。有价值学习的评价作为一种具有专业要求的行为,必须确立正确的理念:认识到人具有差异性,全面考察有价值学习的相关要素,而不是以最终结果作为评价教育目标的依据。

(三)进一步思考学习本质,摒弃功利化倾向

学习是人类与生俱来的天性,人一出生就开启了学习的旅程,婴幼儿起经常缠着父母接连发问:"这是什么?""那是怎么回事?""这是为什么?"所有这些问题,本质上就是孩子探究未知世界的学习过程。然而在现代教育中,因为对有价值学习理念认

识的欠缺,导致社会和教育存在功利化的倾向,将学习概念窄化,把"学习"固化为一种任务,忽视学习体验过程,以"分数"把复杂的学习简单量化,将学习成败悬系在"分数"这一细线上被动学习,一旦受挫难免后患无穷,学习便也失去了本该有的意义和价值。如何正确引导学生认识到学习是发自内心的需要,是自觉主动的投入,是当务之急。

(四)进一步统一教育理念,形成教师共同追求

随着教学改革的深化,部分教师团队对于有价值学习会给学生带来的终身受用有很强的认同感,意识到学习品质对学生未来的影响远比以"分数"表征的学业质量深刻得多、长久得多。但是仍有教师简单地将有价值学习与有效学习等同起来,仅仅关注学生学业质量的提高,忽视教育过程"合目的"与"合规律"的统一,忽视学生学习品质全面提升,一味超越学生的发展,使学习仅仅成为达成教育目标的手段,更使教育成为全社会的焦虑之源。有价值学习的研究与实践,如何成为全体教育工作者的共同追求和目标,回归教育本原价值的视域,这一点仍需要进一步加强。

二、有价值学习的未来展望

在对本课题相关的理论成果进行综合分析的过程中,需努力使本课题的研究在研究要素、长效机制、推广辐射方面进一步深化与发展。

(一)有价值学习在目前国内外科学研究领域涉猎尚少。目前开展的有价值学习实践研究主要依托五个要素,即学习目的、学习目标、学习内容、学习方式、学习成本来进行,而更深层次的践行有价值学习,可能需更多地关注学生,也就是针对有价值学习主体的个体特质进行区分和个性化推进,我们目前所做的一些实践活动应该只是这个复杂理论的一小部分或浅层面,进一步深化研究将有助于我们在教育教学实践中更有的放矢地去进行,也更有系统性全面性地去实践,这样可以更科学更有效地促进学生有价值学习。

(二)政府及教育行政管理部门在促进教育公平、实现教育的优质均衡发展的过程中,如何将有价值学习置于教育公平的语境中来思考、讨论和建构,是一个值得深入讨论和研究的命题。有价值学习的基本要求是从学生长远发展出发,关注学生个体特质和未来发展,顺应学生学习天性自然成长,激发学生内在的学习动机,引导学生积极主动投入智力、精力和时间,进行知识建构、能力增长和思维提升。因此,讨论与研究教育公平与有价值学习之间的关系,对有价值学习的理念建构与应用具有重要的意义。

(三)本课题的研究过程和结论主要是基于部分学校的实践探索展开的。由于教师教育素养、学生学习方式、社会资源的保障等因素,如何将有价值学习的理念与应用策略,更大范围地应用于学校的教育实践中,使教师认同这一教育理念,达成共

识、凝聚智慧、落到实处,有效促进学生有价值学习,应成为所有教育工作者群体共同追求的影响因素,并在行动实践中进一步优化完善,这也是本课题研究值得进一步深化和推进的方面。

(四)有价值学习需要一定的评价体系,这样才能使有价值学习的过程与结果,得到更好地甄别和判断,更好地促进学生的未来学习与发展。为进一步加强和改进有价值学习,全面了解学生学习投入情况,研究将关注的视点从学生现实转向学生未来发展,将质量评价的重点从短期的教育结果转向长期持续的教育过程。这不仅可以作为有价值学习评估和诊断的工具,也可以形成一个以学生为中心,涵盖学生成长过程和未来发展需要的一体化的数据采集和评价系统,服务于学校在学生培养方面的自我监控、诊断及改进。因此,有价值学习的评价将是本课题深化研究的一个重要方向和内容。

参考文献

[1] 巴班斯基.教学过程最优化——一般教学论方面[M].北京：人民教育出版社,1984.

[2] 包红燕.借鉴学习进阶理论,建构高中生物核心概念[J].试题与研究.2020(22)：74.

[3] 包世平.历史课堂中如何培养学生的家国情怀[J].亚太教育,2019(09)：85.

[4] 鲍银霞.新课程理念下有效学习评价指标的构建[J].教育导刊,2008(01)：44-46.

[5] 毕建华.议题式教学促进深度学习[J].思想政治课教学,2018(10)：51-53.

[6] 蔡丽珍.高中新课程物理有效教学的策略研究[D].福州：福建师范大学,2009.

[7] 蔡旻君.在线学习过程中如何实施有效的反馈——基于自我调节学习理论的在线反馈探讨[J].电化教育研究.2020(10)：82-88.

[8] 曹开华.用现代信息技术破解化学实验教学的困惑[J].知识经济,2019(16)：2.

[9] 曹黎丽.从生活化视角看初中语文古诗词教学的路径[J].语文教学通讯,2020(10)：44-46.

[10] 曾庆蕾.自主探究式学习在高中英语阅读教学中的应用研究——以中医大附中为例[D].上海：上海师范大学,2019.

[11] 常玉华.让初中语文教学深入学生生活[J].语文教学通讯,2020(11)：47-49.

[12] 巢宗祺.关于语文课程性质、基本理念和设计思路的对话[J].语文建设,2012(05)：4.

[13] 车肖华.高中化学新课程作业设计研究[D].武汉：华中师范大学,2007.

[14] 陈厚德.基础教育新概念：有效教学[M].北京：教育科学出版社,2001.

[15] 陈辉.高中历史新课程的理论与实践[M].北京：高等教育出版社.2008.

[16] 陈杰,叶回玉.地理课程家国情怀"沉浸式"培养的教学探索[J].天津师范大学学报(基础教育版),2019,20(04)：67-70.

[17] 陈静.挑战性任务：如何走向深入？——从深度学习的角度谈起[J].江苏教育,2020(22)：21-25.

[18] 陈丽松.地理教学生活化的有效性策略探究[J].西部素质教育,2016,2(01)：137-138.

[19] 陈琼.新课程背景下语文教师课堂评价语言有效性探究[J].语文建设,2013(35)：19-20.

[20] 陈锐利.立足学生思维发展 创设有效学习情境——略论初中地理教学情境创设的典型途径[J].教育革新,2020(05)：33.

[21] 陈燕.初中语文课堂教学的有效性研究[D].上海：上海师范大学,2012.

[22] 陈佑清.适应新的发展取向的学习类型多样化探讨[J].课程·教材·教法,2007(03)：16-21.

[23] 邱珍玉.自主学习策略在高中语文写作教学中的应用探析[J].内蒙古师范大学学报(教育科学版),2010,23(02)：88-92.

[24] 丁晓良.语文有效教学的基本特征[J].中学教育,2002(08)：31.

[25] 董君武,方秀红.优势学习的理论建构与实践应用[M].上海：华东师范大学出版社,2019.

[26] 董君武.个性化学习的系统建构与实践探索——以上海市市西中学为例[M].北京：人民出版社,2017.

[27] 董旭午.弃本博功：语文教学失真低效的最大症结[J].语文建设,2013(13)：11.

[28] 杜静.新课程背景下物理教学有效性研究[D].中国期刊网硕博士论文库,2005(07).

[29] 杜鹃,于洋.基于特征的生态英语教学效率评价方法探究[J].外语学刊,2012(05)：125-128.

[30] 樊金威.高中体育中的有效性教学[J].学苑教育,2016(19)：21.

[31] 冯光学.提升高中数学课堂教学中师生互动有效性的策略研究[J].读写算,2019(05)：140.

[32] 冯丽.谈中学数学习题讲评课的有效性教学[J].新课程学习(中),2015(02)：122-123.

[33] 傅登顺.语文统编教材迈向深度教学的新构想[J].教育科学论坛,2020(31)：9-14.

[34] 彭学军.高中艺术课中的体验式教学[M].上海：上海教育出版社,2016.

[35] 顾海燕.基于学生深度学习的有效地理课教学现象分析——以"亚洲的位置和范围一节"为例[J].文化创新比较研究,2018,2(03)：127-129.

[36] 顾庆梅.基于APOS理论视角下的数学定理教学[J].考试周刊,2019(77)：58-59.

[37] 顾燕萍.语文联结性学习：在寻找联系中建立体系[J].上海教育科研,2019(08)：83-87.

[38] 顾云萍.高中历史有效教学的研究[D].武汉：华中师范大学,2016.

[39] 关文龙.开展初中体育有效性教学的策略研究[J].当代体育科技,2019(09)：123-124.

[40] 郭福利.线上教学质量评价及提升策略研究[J].科技风.2020(09)：36-37.

[41] 郭华.深度学习及其意义[J].课程·教材·教法,2016,36(11)：25-32.

[42] 郭华夏,陈宏之,蔡东.核心素养导向的政史地跨学科课堂建构[J].思想政治课教学,2020(03)：33-37.

[43] 郭俊辉.新课改下初中阅读教学有效性初探[J].语文建设,2018(26)：14-17.

[44] 郭秀敏,许海鸥.学科核心素养主导下的议题式教学[J].北京教育(普教版),2019(05)：80-81.

[45] 国秀龙,张丽杰.基于现代信息技术的高中物理实验教学[J].科技视界,2020(16)：173-174.

[46] 韩雪平.论"互联网+"时代高职学生信息素养的提升[J].教育与职业,2020(17)：103-107.

[47] 何小亚.与新课程同行——数学学与教的心理学[M].广州：华南理工大学出版社,2003.

[48] 何之.钱梦龙"三主四式语文导读"简介[J].江苏教育(中学版),1984(11)：21.

[49] 胡华琴.提高阅读教学有效性的四个关注点[J].上海教育科研,2015(10)：92-93.

[50] 胡继渊,沈正元.苏霍姆林斯基美育思想的浅析和借鉴[J].外国中小学教育,1996(04)：32-36.

[51] 胡颖华.初中语文课堂教学困境及出路分析[J].考试周刊,2020(32)：31.

[52] 黄伟.语文综合性学习教学实践中的误区辨析[J].中小学教材教学,2002(17)(中学文科·第6期)：9.

[53] 黄秀凤.高中数学习题课教学有效性探讨[J].亚太教育,2016(35)：110.

[54] 黄宇.外语自主学习课堂教学模式探讨[J].湖南医科大学学报(社会科学版),2008,10(05)：202-204.

[55] 黄源镜.探索有效教学,打造语文高效课堂[J].语文建设,2016(32)：7-8.

[56] 姜宏德."浸润式"双语教学模式的建构与实践[J].教育发展研究,2004(06)：32-34.

[57] 靳超.合作学习的实践困境及其突破[J].教学与管理,2016(24)：14-16.

[58] 黎薇.课堂教学因"问"而灵动——初中语文教学课堂提问的艺术[J].牡丹江教育学院学报,2020(03)：127-128.

[59] 李帮魁.优化小组合作学习的内在机制[J].教学与管理,2017(35):23-25.

[60] 李勃.提升高中物理教学有效性的策略研究[J].科学咨询(教育科研),2021(03):279-280.

[61] 李海林.语文课程改革的进展、问题及前瞻[J].语文建设,2006(03):9.

[62] 李吉林.中国式儿童情境学习范式的建构[J].教育研究,2017(03):91-102.

[63] 李倩倩,袁洁,汪晓刚.高中课堂教学中师生互动的方式及其有效性策略研究[J].教师教育能力建设研究科研成果汇编,2018(09):790-791.

[64] 李淑颖,冯实.提高语文课堂运用多媒体的有效性[J].教育教学论坛,2020(06):94-95.

[65] 李婷.基于核心素养的思想政治课情境活动教学研究[J].思想政治课研究,2020(02):153-155.

[66] 李燕.基于个体差异的初中语文小组合作学习探索[D].南京:南京师范大学,2014.

[67] 李艺,钟柏昌.谈"核心素养"[J].教育研究,2015(09):17-23.

[68] 李影.浅谈情境教学法在高中历史教学中的应用[J].中学政史地,2020(12):62-63.

[69] 李征娅.支架式教学策略在小学英语课堂中的体现——基于两节小学英语骨干教师课堂语料的分析[J].湖北经济学院学报(人文社会科学版),2011,8(05):191-192.

[70] 梁应龙.小组合作学习在初中语文教学中的应用[J].西部素质教育,2019,5(07):239.

[71] 林毓锜.学生自主学习与相关教学思想[J].高等教育研究,2006(12):71-75.

[72] 刘春玲.自主学习、合作学习、研究性学习及其比较研究[D].北京:首都师范大学,2004.

[73] 刘大为.语言知识、语言能力和语文教学[J].全球教育展望,2003(09):15.

[74] 刘金凤.初中道德与法治课教学中融入历史学科知识的方法探究[J].科学咨询(教育科研),2020(08):211.

[75] 刘佩君.艺术课与各学科整合教学初探[J].美术教育研究,2012(10):128.

[76] 刘通.有效提问:"课堂革命"的一个突破口——以初中语文课堂教学为例[J].科学咨询,2020(11):226.

[77] 刘蔚华,陈远,王连法,于绣文.方法大辞典[M].济南:山东人民出版社,1991.

[78] 刘秀玲.促进学生有效学习的策略探究[J].内蒙古教育,2017(22):67-68.

[79] 刘徐湘.个体知识的个性化与教学[J].中国教育学刊,2003(05):31-33.

[80] 刘永安.任务型教学实证研究[J].海外英语,2015(13):46-47.

[81] 刘正喜.新课标下英语情境教学策略的优化[J].教学与管理,2012(27):132-133.

[82] 卢衍黄.师生对话衰减与平衡[J].中小学教师培训,2017(06):37-40.

[83] 陆俭明.语文教学之症结与出路[J].课程·教材·教法,2006(03):36.

[84] 陆振权.普通高中艺术课程标准学科核心素养解读[J].现代教学,2020(10A):26-27.

[85] 鲁纪红.论中小学体育教学的趣味性与有效性[J].当代体育科技,2015(17):128-129.

[86] 罗丹.论有意义学习对英语学习的启示[J].华章,2011(30):27.

[87] 罗明,张川.培养学生主体意识的历史学科育人探索[J].历史教学问题,2019(02):110-113.

[88] 罗生全,程芳芳.大学教师有效教学特质及其养成[J].黑龙江高教研究,2012(06):12-15.

[89] 罗炜.新版课程标准解析与教学指导·艺术[M].北京:北京师范大学出版社,2012.

[90] 罗祖兵,温小川.学习独立性的意蕴及其实现[J].全球教育展望,2013,42(03):31-38.

［91］ 闫彬.初中道德与法治课教学人文性实现路径［J］.中学政治教学参考,2020(25)：56－57.

［92］ 吕世虎,吴振英.数学核心素养的内涵及其体系构建［J］.课程·教材·教法,2017,37(09)：12－17.

［93］ 吕西萍.谈影响课堂教学有效性的因素［J］.咸宁师专学报,2002(05)：106－107.

［94］ 马红亮.合作学习的内涵、要素和意义［J］.外国教育研究,2003(05)：16－19.

［95］ 马兰.合作学习的价值内涵［J］.课程·教材·教法,2004(04)：14－17.

［96］ 马黎明.艺术学科"情景引导探究"教学策略［J］.现代中小学教育,2010(03)：57－59.

［97］ 马书林.创造力：艺术教育的灵魂［N］.光明日报,2011－01－14(12).

［98］ 梅德明,王蔷.普通高中英语课程标准(2017年版)解读［M］.北京：高等教育出版社,2018.

［99］ 梅德明.普通高中课程标准(2017年版)教师指导·英语［M］.上海：上海教育出版社,2019.

［100］ 孟丽君,陈林娟.浅谈艺术教育对心理教育的作用［J］.课程教育研究,2016(12)：195－196.

［101］ 莫雷.教育心理学［M］.广州：广东高等教育出版社,2002.

［102］ 穆娟.罗杰斯教育思想学理价值及对高校课程建设的启示［J］.中国成人教育,2018(08)：84－86.

［103］ 聂鸿英.钱梦龙的教育理念对我国语文课程改革的借鉴价值［J］.吉林省教育学院学报,2017(10)：71－73.

［104］ 牛学文.社会科课程在教学改进中不断前行［J］.人民教育,2019(02)：73－75.

［105］ OECD教育革新中心.学习的革新：21世纪型学习的创发模型［M］.有本昌弘,主译.东京：明石书店,2016.

［106］ 彭玲玲.高中英语新课程有效教学的问题与对策探讨［J］.中国校外教育,2018(08)：98.

［107］ 祁顺成.基于"学习场域"的思考［J］.中小学校长,2018(06)：28－30.

［108］ 钱熹瑗,李嘉栋.跨域体验融合创意——上海市中小学艺术学科课改经验总结［M］.上海：华东师范大学出版社,2018.

［109］ 权文红.语文实践活动教学初论［D］.济南：山东师范大学,2005.

［110］ 阮毅贤.高中英语语法教学有效性探究——以定语从句为例［J］.英语教师,2016,16(13)：140－142.

［111］ 单成香.高中数学定理教学中若干思考［J］.中学生数理化,2014(11)：68.

［112］ 上海市教育委员会教学研究室.春风化雨润育无痕——中学艺术学科育人价值研究［M］.上海：上海教育音像出版社,2013.

［113］ 邵圆圆.新时代艺术教育的责任担当与发展机遇［J］.四川戏剧,2021(01)：145－147.

［114］ 沈德立.高效率学习的心理学研究［M］.北京：教育科学出版社,2006.

［115］ 沈菲菲.有效应对大学学习初探［J］.黑河学刊,2010(12)：162－164.

［116］ 沈琪,严艳.核心素养导向下的美术与地理跨学科教研探究［J］.教育参考,2019(05)：87－93.

［117］ 施明雅.中学体育教学中有效性分析研究［J］.当代体育科技,2014(27)：44－46.

［118］ 司友兵.简析小学体育有效性教学的策略［J］.读与写(教育教学刊),2018,15(06)：198.

［119］ 宋秋前.有效教学的理念与实施策略［M］.杭州：浙江大学出版社,2007.

［120］ 宋振江.高中数学课堂教学师生互动的问题与对策思考［J］.才智,2019(08)：151.

[121] 苏晓.趣味化学实验在高中化学课堂教学中的作用[J].焦作师范高等专科学校学报,2016,32(03):2.

[122] 粟娟.应急情况下基于慕课的"混合+翻转"有效教学探讨[J].科技经济导刊.2020(28):106-108.

[123] 孙红芬.如何展开多重对话,提升语文教学有效性[J].才智,2020(10):88.

[124] 孙美.导入艺术,演绎初中音乐课堂精彩[J].江苏教师,2013(19):88.

[125] 孙亚玲.课堂教学有效性标准研究[M].北京:教育科学出版社,2008.

[126] 汤海侠.浅谈初中数学中的概念教学[J].科学大众(科学教育),2013(01):49.

[127] 汤少冰.疫情期间初中英语线上即时互动反馈有效教学模式的构建与实践探索[J].中国教育信息化(高教职教).2020(21):76-80.

[128] 唐珺.提高词汇教学有效性的策略[J].教学月刊(中学版下),2007(11):41-43.

[129] 屠锦红.我国阅读教学改革的突围之路[J].中国教育学刊,2013(10):59-63.

[130] 汪伢忠.语文教学存在的主要问题及原因分析[J].文学教育(上),2007(01):106.

[131] 汪晓勤.从"勾股容方"到均值不等式[J].教学通报,2015,54(02):7-9.

[132] 汪志刚.高中英语课堂有效性教学的理性思考[J].英语广场(学术研究),2014(08):163-164.

[133] 汪主荣.提升阅读教学有效性的几个措施[J].语文天地,2020(03):71-72.

[134] 王党飞,陈吉香.影响远程学习者学习有效性的因素分析[J].新疆广播电视大学学报,2020(04):1-6.

[135] 王方敏.如何有效地使用语文教材[J].科学咨询,2017(07):78.

[136] 王家伦.语文教学的"平民"建构[M].南京:东南大学出版社,2017.

[137] 王建林.小学体育有效性教学策略[J].山西教育,2019(12):66.

[138] 王宁.网络学习有效性的内涵分析[J].软件导刊(教育技术),2011(05):39-41.

[139] 王坦.论合作学习的教学论意义[J].中国成人教育,2001(12):3-5.

[140] 王涛.让学生"活"在历史中——初中历史学科的教学价值与学生发展之我见[J].中国教育学刊,2018(S1):191-193.

[141] 王同来.中学语文教学中的几个误区[J].神州,2012(37):29.

[142] 王晓辉.数学课程与教学论[M].长春:东北师范大学出版社,2005:131.

[143] 王晓娜.议题式教学中的逆向情境创设[J].教学月刊·中学版(政治教学),2019(04):51-53.

[144] 王艳超.初中体育课堂有效教学策略研究[D].新乡:河南师范大学,2013.

[145] 王永伟.论初中道德与法治课的情感教育[J].华夏教师,2019(12):51-52.

[146] 王永祥.高中英语阅读教学的有效途径探索[J].基础外语教育,2017,19(01):79-86,111.

[147] 魏son林.把握"三个环节"打造高效课堂[J].课程教育研究(新教师教学),2016(25):179.

[148] 魏薇,于璇.小学语文教师课堂提问策略有效性的比较研究[J].基础教育,2014(04):57-65.

[149] 魏兴,吴莎,张文霞.中国职场领域英语能力现状与需求的调查分析[J].外语界,2018(01):43-51.

[150] 吾娜·叶尔腾巴特.浅谈如何让初中语文的教学更加有效[A]."2020年中小学素质教育创新研究大会"论文集,2020：147-148.

[151] 吴水容.提高高中数学有效性的几点思考[J].读与写(教育教学报),2017(06)：102.

[152] 吴晓英."深入新课程改革,促进学生有效学习"的课题研究[J].学周刊,2016(24)：70-71.

[153] 伍新春.学习的本源与真义[J].人民教育,2014(11)：8-11.

[154] 武利峰.初中语文探究法教学存在的误区以及改善对策[J].学周刊,2015(24)：50.

[155] 席恒.栉风沐雨砥砺歌行——上海市中小学音乐学科课改30年[M].上海：华东师范大学出版社,2018.

[156] 夏雪梅.以学习为中心的课堂观察[M].北京：教育科学出版社,2012.

[157] 向立政.数学基本活动经验的获得：例探其基本过程、水平层次和主要特征[J].中国数学教育(高中版),2017(09)：2-5.

[158] 徐敏.向美而行——上海市中小学美术学科课改30年[M].上海：华东师范大学出版社,2018.

[159] 肖述剑.跨学科整合：提升思政课教学质量的有效途径[J].湖北成人教育学报,2020,26(02)：72-75,85.

[160] 谢新观,丁新,刘敬发,张冀东.远距离开放教育词典[M].北京：中央广播电视大学出版社,1999.

[161] 新华网.习近平同德国汉学家、孔子学院师生代表座谈[EB/OL].(2014-3-29)[2021-10-1] http://www.xinhuanet.com/world/2014-03/29/c_126331994.htm.

[162] 邢强,孟卫青.论有效性学习与教学环境的设计[J].开放教育研究,2001(06)：16-17.

[163] 徐敏.刍议初中体育课堂有效性教学对策[J].读与写(教育教学刊),2012(12)：134.

[164] 许建东.高中生物教学有效性的研究[D].上海：上海师范大学,2007.

[165] 许蓉.高中英语语法教学实践与思考——以人教版 Module 4 Unit 2 Working the land (Grammar)教学为例[J].福建基础教育研究,2012(01)：78-80.

[166] 杨晨.高校英语有效教学思考[J].才智,2014(16)：200.

[167] 杨迪.高中物理分层作业实施策略的研究[D].大连：辽宁师范大学,2020.

[168] 杨林.历史学科有效开展思想政治教育的思考——以初中历史教学为例[J].中国民族教育,2021(01)：59-60.

[169] 杨文杰.探究性学习与接受性学习的有机结合[J].中国教育学刊,2013(S3)：65.

[170] 易晓明.关于学生艺术素养测评的问题思考[J].美育学刊,2018(03)：77-87.

[171] 殷志洋,张文秀,姜玉涛.高中生物作业的优化设计[J].教育观察,2017,6(04)：3.

[172] 尹少淳,段鹏.新版课程标准解析与教学指导·艺术[M].北京：北京师范大学出版社,2012.

[173] 于漪.弘扬人文改革弊端——关于语文教育性质观的反思[J].语文学习,1995(06)：2-5.

[174] 于漪.语文课堂教学有效性浅探[J].课程·教材·教法,2009(06)：31-35.

[175] 于漪.于漪全集：语文教育卷[M].上海：上海教育出版社,2018.

[176] 俞云莉.对英语有效性教学理论的价值审视与实践探索[J].新课程研究(基础教育),2010(04)：12-14.

[177] 岳定权.论合作学习的价值及其实现路径[J].内蒙古师范大学学报(教育科学版),2014,27(06):14-16.

[178] 岳铁艳.大学英语网络自主学习环境下"脚手架"搭建策略探索[J].辽宁工业大学学报(社会科学版),2013,15(05):124,127.

[179] 臧一天,舒邓群,黄爱民.动物科学专业大学生课前能力评价指标体系构建[J].中国多媒体与网络教学学报(上旬刊),2020(08):239-240,244.

[180] 张超.聚焦文化意识培养的高中英语阅读教学活动设计[D].湘潭:湖南科技大学,2019.

[181] 张传鹏.关注数学思维,演绎精彩课堂——习题课有效性教学的一点探索[J].中小学数学(高中版),2013(02):58-60.

[182] 张大均.论因材施教的策略[J].课程·教材·教法,1998(07):35.

[183] 张殿宾.对高中数学教学的着力点分析[J].赤子(上中旬),2014(12):308.

[184] 张凤琴.语文核心素养下课堂的有效性教学探索——从"最近发展区"说开去[J].求学,2021(36):51-52.

[185] 张凤霞.新课程背景下高中物理课堂教学有效性研究[D].济南:山东师范大学,2011.

[186] 张更立,沈静.建构主义视野中儿童的有效性学习[J].内蒙古师范大学学报(教育科技版),2012,25(04):42-44.

[187] 张海永.新课改下体育有效性课堂教学策略研究[J].理论前沿,2014(09):324.

[188] 张嘉鸣.初中艺术学科"五育"融合的思考[J].新课程研究,2021(07):31-32.

[189] 张洁.有效性教学视角下职业学院体育教改探究[J].东西南北,2019(16):199.

[190] 张敏.线上学习的内涵、困境与策略[J].教育科学论坛,2020(06):22-24.

[191] 张士宏.视频资源在高中地理教学中的应用研究[J].才智,2020(12):52.

[192] 张雪燕.基于学习进阶理论的中学化学教学设计[J].数理化解题研究,2020(20):98-99.

[193] 张奕富.基于思想政治学科核心素养的议题式教学路径探寻[J].思想政治课研究,2019(05):123-125.

[194] 张芝燕.高中思想政治课学习过程性评价存在的问题及对策研究[D].武汉:华中师范大学,2018.

[195] 张志公,刘国正.语文教学改革新成果选粹[M].广州:广东教育出版社,1990.

[196] 章二香."活动探究式"教学模式在初中地理课堂中的实践研究[D].广州:华南师范大学,2012.

[197] 赵红丽.新时期体育课堂的有效性教学[J].文体用品与科技,2014(04):99.

[198] 赵健.学习共同体——关于学习的社会文化分析[M].上海:华东师范大学出版社,2007.

[199] 赵晓霞.语文课堂教学有效性模式探微[J].中国教育学刊,2014(11):47-52.

[200] 赵亚夫.历史课堂的有效教学[M].北京:北京师范大学出版社,2007.

[201] 赵彦美.化学课程有效教学策略研究[D].西安:陕西师范大学,2005.

[202] 郑淮,孙烨超.论学习有效性的概念及其功用[J].中国成人教育,2018(08):15-18.

[203] 郑辉,庄玉兰.影响学习有效性的因素分析[J].南京理工大学学报(社会科学版),1998(03):74-75.

[204] 中华人民共和国教育部.普通高中物理课程标准[S].北京：人民教育出版社,2017.

[205] 中华人民共和国教育部.普通高中艺术课程标准（2017 年版）[S].北京：人民教育出版社,2018.

[206] 中华人民共和国教育部.普通高中化学课程标准[S].北京：人民教育出版社,2017.

[207] 中华人民共和国教育部.普通高中生物学课程标准[S].北京：人民教育出版社,2017.

[208] 钟启泉.中国课程改革：挑战与反思[J].比较教育研究,2005(12)：18.

[209] 钟启泉.解码教育[M].上海：华东师范大学出版社,2020.

[210] 仲秀英.学生数学活动经验研究[D].重庆：西南大学,2008.

[211] 周桂霞.现代信息技术和化学课堂教学深度融合的途径[J].名师在线,2019(23)：85-86.

[212] 周先进.学会关心：教学价值观的反思与重建[M].北京：教育科学出版社,2012.

[213] 朱德全,李鹏.课堂教学有效性论纲[J].教育研究,2015(10)：93.

[214] 朱立明.基于深化课程改革的数学核心素养体系构建[J].中国教育学刊,2016(05)：76.

[215] 朱梅.高中思想政治课浸润式教学研究[D].苏州：苏州大学,2010.

[216] 朱千里.有效问题设计嵌入的初中地理深度合作学习[J].现代教育,2020(12)：50-52.

[217] 朱小超,李洪山.情境教学模式三大核心要素"真"思考——以初中道德与法治课为例[J].天津师范大学学报(基础教育版),2021,22(04)：51-56.

[218] 朱彦丽.幼儿美术教育生活化[J].科学教育(科学大众),2018(06)：66.

[219] 左璜,黄甫全.网络化学习概念的批判与重构[J].电化教育研究,2014,35(01)：24-32.

[220] Bates, MJ. Toward an integrated model of information seeking and searching. New Review of information Behaviour Research.[J]. 2002. Vol 3. Pp 1-15.

[221] ML Gick, KJ Holyoak. The cognitive basis of knowledge transfer[J]. Transfer of Learning：Contemporary Research and Applications, 1987(9)：47.

[222] National Research Council.Systems for State Science Assessment[M]. Washington, D. C.：The National Academies Press, 2006.

[223] Ovando C.., Collier V., Combs M. Bilingual and ESL Classrooms：Teaching Multicultural Contexts (3rd ed.)[M]. Boston：McGraw-Hill, 2003.

[224] Schunk D. H. & Zimmerman B. J. Self-regulation of learning and performance[M]. Lawrence Erlbaum Associates, 1994.

[225] Woolfolk Anita. Educational Psychology[M]. Boston：Allyn and Bacon, 2004.

后记

《从有效性学习走向有价值学习》在全球防控新冠病毒的背景下,历时两年多,终于完成,即将付梓。"有价值学习"这一概念,源于我在二十余年的学校管理中,积极探索教育规律,通过对教育本原及其价值基于实践研究的持续思考,在"有效性学习"的基础上,逐渐形成而提出的。

2003年1月,我在上海市育才中学副校长的岗位上兼任育才初中校长,在童永歆校长的支持下,终于可以挤出一些能够自主安排的时间,攻读硕士学位。经导师吴志宏教授的悉心指导和郅庭瑾教授的大力帮助,我以育才初中三年课程与教学改革为研究样本,完成了硕士学位论文《重组型学校组织变革与发展研究》,主要着眼于对课程建设与教学实施有效性的研究,开始关注学生的自主性学习与发展,但在心中隐隐约约感到一种疑惑:有效性教学与有效性学习,是学校办学品质与教育质量提升的核心目标与途径吗?

2006年7月,我调任华东模范中学校长,2007年申报立项国家级课题"在组织变革中提升学校领导力的行动研究",开始关注校长、教师和学生三个层面的领导力,试图以学校领导力的提升,促进学校组织变革,实现学校文化传承与再造,推动学校内涵持续发展。2010年,我参加了第二期全国优秀校长高级研究班学习,在陈玉琨教授的指导下,以华东模范中学的实践研究为主要对象,凝炼了"让学生带着笑容走进校园"的教育思想,这一过程引发了自己对于教育本原和价值更加深入的追问,逐渐萌发了对于"有价值学习"的初步思考与认知。

2011年暑假,承蒙上海市静安区教育局主要领导吴丽萍、陈宇卿的信任和关心,给我提供了半年的"学术假",使我能够静下心来,一边思考一些教育问题,一边谋划上海市市西中学的文化传承与创新发展之路。在与陈宇卿局长多次讨论市西中学发展长远规划的过程中,他作为市西校友对于学生时代"每天跑步"的记忆,以及作为教育管理者对于市西学子"有限认知原理"的概括……所有这些成为我持续学习思考的重要元素,并成为我坚定推进教育改革的一种精神支撑与强大推力,不仅为市西中学这十年教改实践中"思维广场""优势学习"等教育概念的提出与落地,提供了创新的思想火花,更是在区域推进"个性化教育"的背景下,逐渐清晰了"有效性学习"与"有价值学习"两个概念差异性的辨析与研究。此时,经代蕊华、由文辉和蓝发钦三位教授的鼓励和推荐,我报考教育博士,师从陈玉琨教授。

2012年2月6日,我担任市西中学校长。2012—2016年,以市西中学的教改实践为研究样本,完成了博士学位论文《个性化学习的系统建构与实践探索》。2013年,我正式形成并提出了"有价值学习"这一概念,以及衡量与判断"有价值学习"的三个基本标准,即,学生的学习是否符合社会发展的需要与方向,是否符合个体学习的现实基础与发展追求,是否符合教育规律和学习科学。从此开始了"从有效性学习走向有价值学习"的教育实践与研究,成为引领市西中学持续改革与发展的一种教育理念,在方秀红、张芸、林勤等校级领导的具体组织与安排下,全体教师团结合作,创新实践,开展了一系列富有成效的行动研究。华东师范大学熊斌、谈胜利、温玉亮(2015年起)、王意如、周宏(2015—2017年)、倪文尖(2019年起)、刘森(2017年起)等学科与教学专家领衔的团队,先后与市西中学建立数学、语文和英语学科建设与教学研究合作项目,为"有价值学习"的实践探索,提供了强大的智力支持与研究指导。在这一过程中,上海市教研室纪明泽书记对市西中学积极践行的"有价值学习"理念给予了充分的肯定,提出了不少建设性的实践建议,并在不同场合进行了持续的推荐与介绍。上海教育电视台、《上海教育》及公众号"第一教育"等媒体持续关注,并适时报道了市西中学一系列的实践探索。

2019年,正式立项教育部重点课题"从'思维广场'到学校整体因材施教的行动研究"。此时,上海市教育系统第四期"名师名校长"培养工程高峰计划——董君武校长工作室正式组建,来自不同学校的工作室成员主动表示愿意加入这一课题研究团队,并将"有价值学习"作为指导学校整体因材施教的一种价值追求和教育理念,展开探索性研究。通过合作研究、分项实践,取得了一些研究成果;并通过集中研讨、分工撰写,完成了《从有效性学习走向有价值学习》书稿。在近三年时间里,共有18人参与了研究过程,张人利校长作为特聘专家参加了一系列集中研讨与展示性活动的指导。

针对书稿撰写,基于学校整体因材施教的行动研究,结合对"有效性学习"与"有价值学习"两个概念的理解,我设计了本书的总体结构与大纲,每位成员结合所在学校实际与自己的专业背景,选择撰写相关章节。根据分工要求,各自完成,并对自己撰写的内容负责。在撰写过程中,我与每位成员反复讨论写作提纲,确立核心观点和案例选编原则。此后,几度磨稿,几易其稿,每一次研究讨论与修改完善的过程,对大家而言,都是在深刻理解教育理论、艰难探寻教育本质、准确把握教育规律、坚定践行学习科学过程中,推进整体因材施教的一次次思想凝炼与实践深化。因此,这本书稿倾注了全体成员共同的努力与付出,凝聚着全体成员的集体智慧。

在课题研究与书稿撰写过程中,一大批领导和专家给予了悉心的指导和全力的支持,静安区教育发展基金会为本课题研究和专著出版提供了很大支持。在此,对所有为我们提供指导、帮助与支持的领导、专家和教育同仁,表示最真挚的感谢!

每一章节的执笔人员分工如下:第一章,郑岚(第1、3节),董君武(第2、3节);

第二章,马玉文;第三章,李凯;第四章,陈婧怡;第五章,单颖;第六章,徐怡敏;第七章,黄晓红(第1节),吴沈刚(第2节、第3节体育部分),张益(第3节艺术部分);第八章,盛毓;第九章,马毅鑫;第十章,苏华(第1节),高燕(第2节),冯青芙(第3节);第十一章,周璐蓉;第十二章,董君武(第1、3节),郑岚(第2、3节)。我对全书进行统稿,每一章节都有不同程度的修改,郑岚也参与了一些章节的修改和统稿工作。周晔为书稿的材料汇集与文稿录入等,做了不少具体的事务性工作。江苏省盐城市教育局徐卫东全程参与了书稿撰写的各类研讨活动,并审读了部分章节,提出了不少中肯的修改意见和建议;贵州省贵阳八中周静参与了工作室部分研修活动。

最后要感谢华东师范大学出版社领导及专家的厚爱,使得我们的课题研究与实践体会可以与大家分享。特别感谢出版社教辅分社社长倪明和本书编辑徐红瑾等老师的悉心付出,为本书的出版提出了不少中肯的意见和富有价值的建议。

限于我们研究团队的经验与水平,对于"有价值学习"概念及其内涵、特征等方面的阐述,难免存在值得商榷之处,有待于以更加深入的研究与实践,使得论述更加全面、准确、深刻,特别是需要以更加丰富的实践,使"有价值学习"真正成为学校整体因材施教的价值导向和实践理念。我们真诚期待专家和同仁的批评、指导,促进我们的研究与实践工作更加深入地推进、丰富与完善。

董君武

2022 年 2 月 6 日